Jimi Hendrix

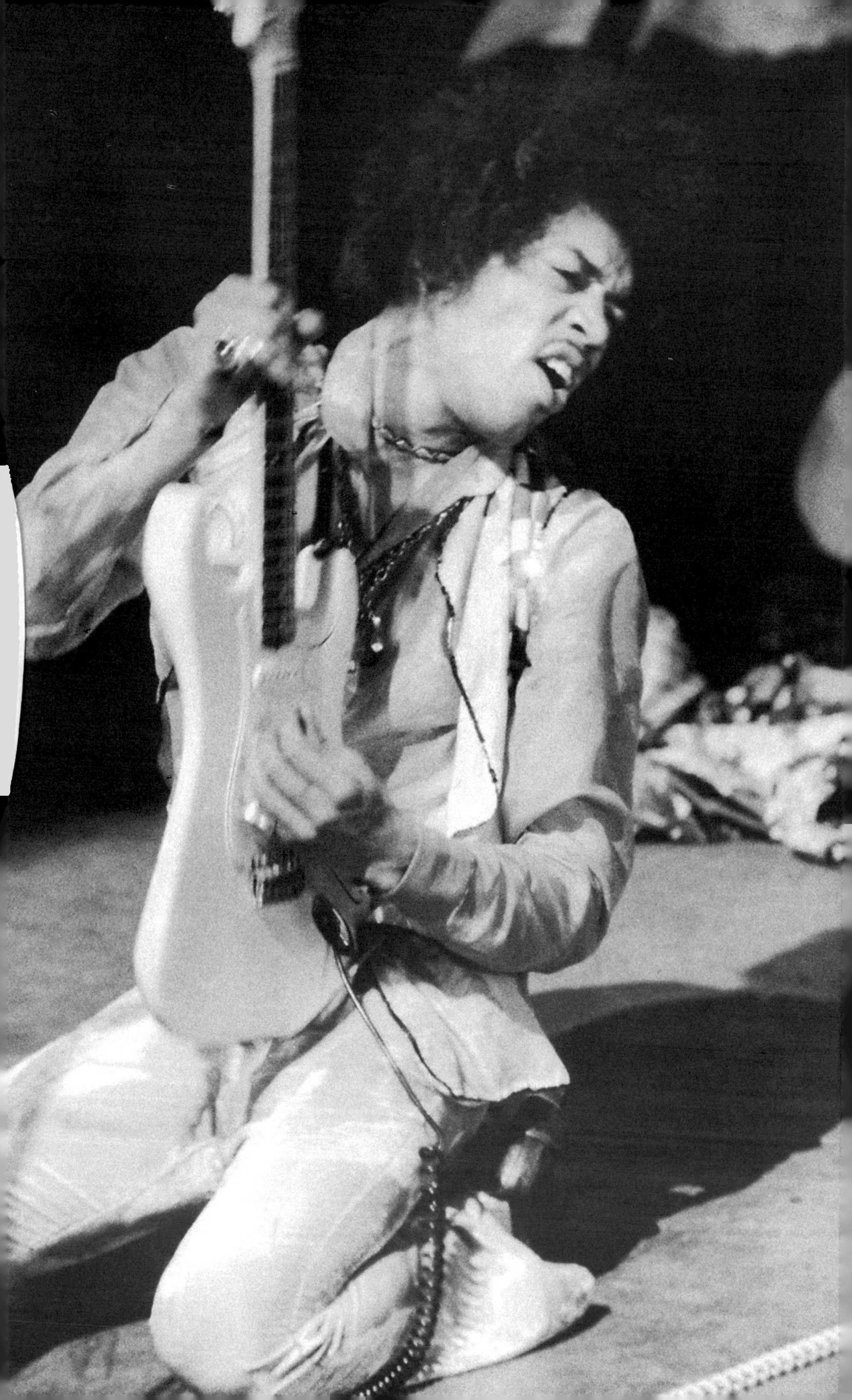

Sharon Lawrence

Jimi Hendrix

A dramática história de uma lenda do rock

Tradução:
Roberto Franco Valente

ZAHAR
Jorge Zahar Editor
Rio de Janeiro

Título original:
Jimi Hendrix
The Man, the Magic, the Truth

Tradução autorizada da primeira edição norte-americana, publicada em 2005 por HarperCollins*Publishers*, de Nova York, EUA

Jorge Zahar Editor Ltda.
rua México 31 sobreloja
20031-144 Rio de Janeiro, RJ
tel.: (21) 2108-0808 / fax: (21) 2108-0800
e-mail: jze@zahar.com.br
site: www.zahar.com.br

Capa: Sérgio Campante
Foto da capa: © Michael Ochs Archives/Getty Images

CIP-Brasil. Catalogação-na-fonte
Sindicato Nacional dos Editores de Livros, RJ.

Lawrence, Sharon, 1948-
L447j Jimi Hendrix: a dramática história de uma lenda do rock / Sharon Lawrence; tradução, Roberto Franco Valente. — Rio de Janeiro: Jorge Zahar, 2007.
il.

Tradução de: Jimi Hendrix: the man, the magic, the truth
ISBN 978-85-378-0042-3

1. Hendrix, Jimi, 1942-1970. 2. Músicos de rock – Estados Unidos – Biografia. I. Título.

CDD: 927.8042
07-3801 CDU: 929:78.067.26

Tecnicamente, não sou um guitarrista.
Tudo que toco é verdade e emoção.

JIMI HENDRIX

SUMÁRIO

PRÓLOGO

9 de fevereiro de 1968

Observei aquela extravagante auréola de cabelos negros cuidadosamente eriçados. O rosto, com luminosos olhos castanhos mirados direto em mim, era meigo. Seu aperto de mão foi firme. Ele sorriu de maneira cordial, até mesmo respeitosa, e disse em voz baixa e sussurrada: "Obrigado por ter vindo esta noite."

Então esse era Jimi Hendrix. As estranhas fotos que eu vira nas revistas musicais inglesas transmitiam uma imagem de certa forma assustadora. Naquela noite, no entanto, conheci uma pessoa tímida e educada.

— Sharon – disse-me Leslie Perrin ao telefone, — acabei de chegar de Londres, gostaria de apresentá-la a Jimi Hendrix. Ele é muito especial. E vai tocar perto da Disneylândia hoje à noite!

Há muitos anos Leslie Perrin se destacava na imprensa e nos círculos musicais londrinos. Jovial – embora esperto –, decidido e fumante inveterado, já na meia-idade, era perito em relações públicas. Seus clientes iam de Frank Sinatra aos Rolling Stones. Agora ele incluíra em sua clientela o Jimi Hendrix Experience. O lema em seu papel timbrado era: "Telefone-me a qualquer hora do dia ou da noite."

— Seria ótimo, Les, mas não poderíamos deixar para outra hora? Eu adoraria ver você, é claro. Podemos almoçar amanhã. Essa semana foi terrível de tanto trabalho, não estou nos meus melhores dias. E, com toda essa chuva, não é uma noite legal.

Todos os dias eu encontrava e entrevistava celebridades, em especial grandes estrelas de cinema, como parte de meu trabalho de repórter novata no escritório de Los Angeles da United Press International – UPI –, uma poderosa organização de notícias. Les ficou decepcionado, o que me fez sentir vergonha. Ele não conhecia bem L.A. e ficara desorientado com aquele súbito aguaceiro na ensolarada Califórnia. Além disso, precisava de carona. Lembrei também que ele era um grande companheiro de vários jornalistas amigos meus em Londres, e que fora muito amável e hospitaleiro comigo numa visita que fiz à Inglaterra.

— Onde eu lhe apanho, Les?

Foi assim que conheci Jimi Hendrix, então novo astro a brilhar no cenário da música internacional: só porque estava fazendo um favor a um amigo – e meio de má vontade.

Os pneus de meu Dodge Dart azul cantavam pelas auto-estradas encharcadas e escorregadias enquanto eu dirigia, debaixo de uma chuva incessante e lúgubre pelos cerca de 50km, desde o sudeste de Los Angeles até Anaheim. Fumávamos nossos cigarros, e Les me divertia com as últimas novidades musicais da Swinging London. Afinal, saímos da auto-estrada e seguimos por ruas tortuosas até dobrarmos para a via que levava ao Anaheim Convention Center, cuja lotação era de 78 mil pessoas. Ao manobrarmos até uma vaga perto da entrada reservada para o pessoal autorizado, atrás do palco, pudemos ver que o estacionamento estava lotado.

Hesitante, segui Les Perrin até os camarins repletos de gente, e ele me apresentou ao baterista Mitch Mitchell e ao baixista Noel Redding, dois rapazes ingleses absolutamente adoráveis e delicados. Conversamos sobre aquele último round da "invasão britânica" – modo como todos se referiam ao crescente número de bandas inglesas que percorriam os Estados Unidos nos anos 1960 – e a recente entrevista coletiva do Experience em Nova York, no último andar de um arranha-céu no centro comercial da cidade. Tudo que eles diziam me fazia rir, até bobagens como: "Isso é o que eu chamo de ficar alto!"

Les me pegou pelo braço e passamos pela porta. Lá estava Jimi Hendrix, com uma camisa roxa de crepe de seda, calças de veludo e jaqueta preta também de veludo. Eu nunca tinha visto um músico pop vestido daquele jeito, com toda essa sutil elegância. Parecia que Hendrix fora convidado a posar para a capa da Vogue. O rosto e a voz revelavam timidez:

— Eu estava afinando minha guitarra – falou.

Dez minutos mais tarde, Les Perrin, que saíra para conversar sobre o pacote "invasão" com outros músicos – que incluíam Eire Apparent, Soft Machine, Eric Burdon e The Animals, tendo o Experience como atração principal –, retornou com um sorriso de aprovação ao ver que Hendrix e eu estávamos numa animada conversa. Eu dizia a Jimi que assistira ao Experience logo depois do Monterey Pop Festival, quando o trio abriu o show do Mamas and the Papas no Hollywood Bowl.

— Achei fabuloso vocês chegarem ao palco tocando "Sgt. Pepper" – falei. — Uma música perfeita para conquistar aquela multidão.

Os olhos de Jimi se iluminaram: ele gostou daquele elogio, parecia compreender que eu apenas dizia o que pensava. Eu amava música, conhecia música, de Tchaikovski a Ella Fitzgerald, Ray Charles e os Beatles. Minhas lembranças mais antigas são as de um lar em que o toca-discos estava sempre em atividade, com vozes maravilhosas e melodias cativantes, dos spirituals negros aos concertos de Gershwin. Tive um namorado, Ron, meu colega de colégio em Nova York, que era um ávido colecionador de discos. Ele era louco pela nova música pop. Pessoas que não ligavam para música normalmente não me interessavam.

— Minha mãe achou que vocês foram maravilhosos no Bowl – continuei. — Adorou suas músicas, e também suas roupas. Ela me disse: "Aquele rapaz tem um bom gosto incrível." Mamãe adora roupas bonitas.

Ele arregalou os olhos:

— Você levou sua mãe para ouvir a gente?

— Na Califórnia, o Hollywood Bowl sempre foi um local freqüentado por famílias, onde se pode fazer piquenique e escutar música olhando as estrelas. É uma tradição no verão – expliquei.

Ele fez um gesto afirmativo.

— Por favor, diga a ela que também gosto muito de roupas.

Esperava que Hendrix encerrasse a conversa, mas, como ele parecia estar gostando, prossegui:

— Mamãe coleciona materiais de costura, debruns, franjas... Ela é uma costureira maravilhosa.

Ele pareceu encantado ao ouvir isso, e comentou:

— Se eu tivesse um lugar apropriado, também colecionaria essas coisas.

— Só coleciono discos. Tenho centenas de álbuns. Comecei a comprá-los quando tinha dez anos. E uma das melhores coisas do meu trabalho é que hoje sou convidada para ver quase todos os filmes que estréiam, e as gravadoras me mandam muitos discos de graça.

— Devem gostar muito de você!

— Não – respondi. — Acho que é mais por causa da publicidade. Larguei os estudos e tive de fazer alguns bicos até chegar ao meu trabalho atual. Acho que eu era ingênua, pois só há pouco tempo me dei conta de que quando as pessoas nos dão alguma coisa, quase sempre esperam algo em troca.

Hendrix lançou-me um olhar sério:

— Isso não é verdade – falou.

Les juntou-se a nós e lançou uma olhadela para o relógio.

— James, acho que já está na hora de você ir para o palco.

Hendrix sorriu-me afetuosamente:

— Até logo!

Enquanto ele se dirigia ao camarim, surgiu Eric Burdon, vindo de outra direção. Eu já o encontrara algumas vezes. Com exuberância, agarrou meu braço e disse:

— Venha, vamos lá para a frente. É sempre emocionante ver Jimi tocar.

Eric acabara de "esquentar" sete mil jovens no primeiro dos dois shows daquela noite. A maior parte da platéia aguardava ansiosa pelo Experience. Sem dúvida alguma, não eram poucos, entre aquela garotada, os que haviam assistido no verão anterior à emocionante estréia do Jimi Hendrix Experience no Monterey Pop Festival.

No instante em que Hendrix subiu ao palco, aquele camarada contido que eu há pouco conhecera transformou-se no mais sensual, escandaloso e espetacular artista que eu jamais vira. Em retrospecto, o show no Hollywood Bowl parecia bem-comportado. Ele agora atacava a guitarra com os dentes, com a língua, tocava-a nas costas e deitado no chão, numa brilhante exibição de talento cênico e sonoridade. Embora eu já houvesse assistido aos Beatles, aos Stones e a Bob Dylan, nunca dei muita importância à guitarra. Como muitos outros aficionados por concertos, costumava me concentrar no cantor. Mas, naquela noite, um mundo ousado, de cores brilhantes, de novos ritmos e sons emanava daquela Stratocaster branca que Hendrix tocava com tanta facilidade que ela parecia fazer parte de seu corpo. Sim, pensei comigo, isso é importante. A platéia, hipnotizada, mal parecia reparar que havia outros dois músicos no palco, até que uma inspirada seqüência da bateria de Mitch Mitchell a pegou de surpresa. Apesar de todos os holofotes estarem sobre Hendrix, aquele era um verdadeiro conjunto: a apresentação do Experience parecia ao mesmo tempo rígida e espontânea, uma combinação rara e revigorante. Noel Redding e Mitch Mitchell formavam uma poderosa base para Jimi: os três juntos sabiam como criar um ambiente mágico. Contínuas ondas de aplausos cresciam até se tornarem rugidos entusiásticos de aprovação. A multidão ficava suspensa a cada nota, com o canto comovente e sussurrado, com os rápidos e tímidos comentários ao microfone. Sentado atrás de mim, um adolescente disse ao amigo: "Hendrix está falando com a gente!"

Um ano antes, eu me convencera de que toda aquela agitação em torno do Experience não passava de um fenômeno de imprensa e moda. Agora entendia por que todos os principais guitarristas britânicos não paravam de falar a respeito de Hendrix.

Atrás do palco, depois da performance, Jimi voltou a ser a mesma pessoa suave que eu conhecera duas horas atrás. Ele me impressionou, parecia uma criatura – mais um espírito que propriamente uma pessoa. Sem saber o exato motivo, percebi estar diante de alguém ímpar.

Les Perrin murmurou algo estranho enquanto voltávamos a Hollywood: "Espero que você venha a conhecer Hendrix melhor. Ele pode ser útil como amigo." No banco de trás do carro, o grandalhão Chas Chandler, ex-baixista dos Animals e co-empresário de Jimi, sorria enquanto contava os milhares de dólares em espécie arrecadados com o show. A chuva caía com mais força. Eu, porém, acelerava ainda mais o carro. Estava com os nervos em frangalhos, queria que Chandler colocasse logo aquele dinheiro no cofre do hotel.

Eu não sabia que Les Perrin dera meu número de telefone a Jimi. Por isso, fiquei surpresa, uma semana mais tarde, ao ouvir no serviço de recados que um senhor Hendrix havia telefonado para agradecer por minha presença no concerto. Ele deixara o número do hotel em que se hospedava. Quando liguei de volta, me agradeceu de novo. Nossa, pensei, Les deve ter pintado uma imagem minha como alguém que de fato vale a pena conhecer em L.A. Será que Hendrix gostaria de visitar algum estúdio de cinema, ou o quê? Outros músicos ingleses que conheci sempre insistiam para que eu lhes mostrasse onde Elvis morou e para levá-los ao Grauman's Chinese Theatre, ou ao Hollywood Boulevard, para verem as impressões de mãos e pés dos artistas de cinema. Mas enquanto prosseguíamos em nossa conversa, Jimi não parecia querer nada além de trocar idéias. Quando lhe perguntei sobre a vida na estrada, fiquei espantada pela maneira como falou abertamente sobre os problemas que enfrentava por ter se tornado um astro do rock de uma hora para outra.

Seu tom de voz era tenso, quase desesperado. "O grupo cresceu tanto e tão rápido... Estou deixando muitas pessoas tristes, não quero ofuscar ninguém."

Eu não sabia o que responder. O mundo da música agarrara Jimi pelas entranhas. Seu sucesso parecia sem limites. Esperava que ele me dissesse que estava no topo do mundo.

Veio-me à lembrança um anúncio de congratulações da Track Records publicado alguns meses antes, numa edição da Melody Maker: TODOS SAÚDAM O REI JIMI. Na capa, o autodidata Jimi Hendrix recebia seu troféu de Maior Músico Pop do Mundo, com a cabeça baixa e uma expressão de profunda humildade no rosto. Recordei-lhe aquele momento.

— Que honra fabulosa. Imagino que você tenha ficado muito feliz!

Um sorriso coloriu sua voz:

— Ah, é!

Conversamos sobre as novas gravações apresentadas no rádio e no cinema. Ele me disse que admirava Marlon Brando, James Dean e Sidney Poitier. Falou:

— Não tenho muito tempo para ir ao cinema, mas gosto muito deles. O último filme a que assisti foi *No calor da noite*. Extraordinário. Você viu?

— Formidável – respondi. — Poitier é um grande ator! O que eu gostaria de saber, no entanto, é por que Brando e Dean? *O selvagem*, *Juventude transviada* – é assim que você se vê?

Eu brincava com ele e ria enquanto falava. Ele riu também e acrescentou em tom sério:

— É, tenho a ver com esses filmes. Eu me inspiro muito nesses filmes. Gostaria de ter uma jaqueta vermelha em homenagem a James Dean. É tão triste que ele tenha morrido tão jovem, não é?

— Muito triste, muito mesmo – respondi.

Em meados de março, Hendrix me telefonou de Nova York para dizer que vira no jornal um artigo meu para a UPI. Fiquei surpresa por dois motivos: receber notícias suas mais uma vez e constatar que ele costumava ler jornais. A maioria dos músicos que conheci não os lia, a não ser as matérias sobre eles próprios.

Jimi parecia cansado.

— Há quase um ano e meio que estamos em turnê e gravamos. Desde que apareci em Londres, no outono de 1966, conheci centenas de pessoas, além de fãs. Essa parte em geral é tranqüila. Mas, em cada país, tentar estar sempre em contato com gente do rádio e das gravadoras, produtores, agentes, diretores de programas, a imprensa, a publicidade e blablablá... Isso é, ahn... ahn...

— Difícil? – interrompi.

— Exato, é difícil. É como viver numa montanha-russa. Não quero me queixar. Só estou cansado. E se a gente juntar também todas as pequenas tragédias da banda e da administração, e mais toda essa estonteante papelada legal, isso com certeza acaba nos afastando da música. Eu gostaria de ter três horas para me concentrar e compor uma música.

Ele parecia mais alegre só de remover temporariamente aquela angústia do peito.

— Não tem nada de errado comigo que uma semana inteira de sono não possa dar jeito! Estava pensando nisso quando conversávamos sobre filmes. Assim que me sentir mais revigorado, gostaria de ir ver dez filmes seguidos!

— Por que você não arranja um tempo para ir em casa ver sua família? Saia de circulação por um tempo – sugeri.

O tom de Hendrix modificou-se por completo.

— Não tem nada para mim em Seattle – disse de forma taxativa. — Lá é muito lindo, mas eu não poderia ficar. Eles não compreendiam antes. E não compreendem agora.

Ouvindo Jimi falar, eu jamais poderia saber como ele precisava com urgência de um confidente, de alguém com quem pudesse se abrir, um amigo verdadeiro que não estivesse envolvido em sua carreira. Nem conseguiria imaginar que, nos próximos anos, iria vê-lo muitas vezes, numa variedade de lugares, situações e sobretudo estados de espírito que variavam da alegria ao medo.

Jimi não se reprimia muito em nossas conversas. Parecia que eram tantos os sentimentos aprisionados dentro dele, e por um tempo tão longo, que às vezes ele engrenava e despejava tudo para fora. Eu era uma boa ouvinte, fazia algumas perguntas enquanto ele relembrava sua vida, e só uma vez ou outra tecia algum comentário. Houve momentos em que me senti surpresa e consternada diante de sua sinceridade. Ele não chorava em meu ombro ou me pedia que sentisse pena dele, apenas relaxava. Ao menos era assim que eu via as coisas. Impressionou-me a forma como falava com sensibilidade inata a respeito de seus momentos especiais e de suas descobertas musicais. Compartilhávamos algumas risadas cínicas pelos absurdos e desilusões no lado comercial de nossas carreiras.

Achei que seria importante lembrar tudo o que ele disse sobre seus problemáticos anos de formação. Decepções, sonhos e objetivos, além do divertimento e da paixão pela música. Mesmo assim, quem poderia esquecer aquela cabeça tão poderosa e vibrante, e a maneira como ele se expressava?

Ver e ouvir o prazer que ele obtinha em "praticar e trabalhar com palavras e frases musicais" sempre fez com que eu me sentisse uma privilegiada por estar presente em alguns desses momentos de criação.

Esperei anos para escrever este livro. Não sabia se queria revisitar o doloroso e torturado território dos "Anos Hendrix", e estava convencida de que a perspectiva do tempo e a experiência acumulada de vida iriam me fazer ver Jimi de outro ponto de vista. Mas eu estava errada. Meus sentimentos acerca de quem foi de fato Jimi Hendrix e de tudo que se relaciona a ele permanecem como eram na época.

Jimi foi o maior músico e também a pessoa menos entediante que já conheci.

Los Angeles, novembro de 2004

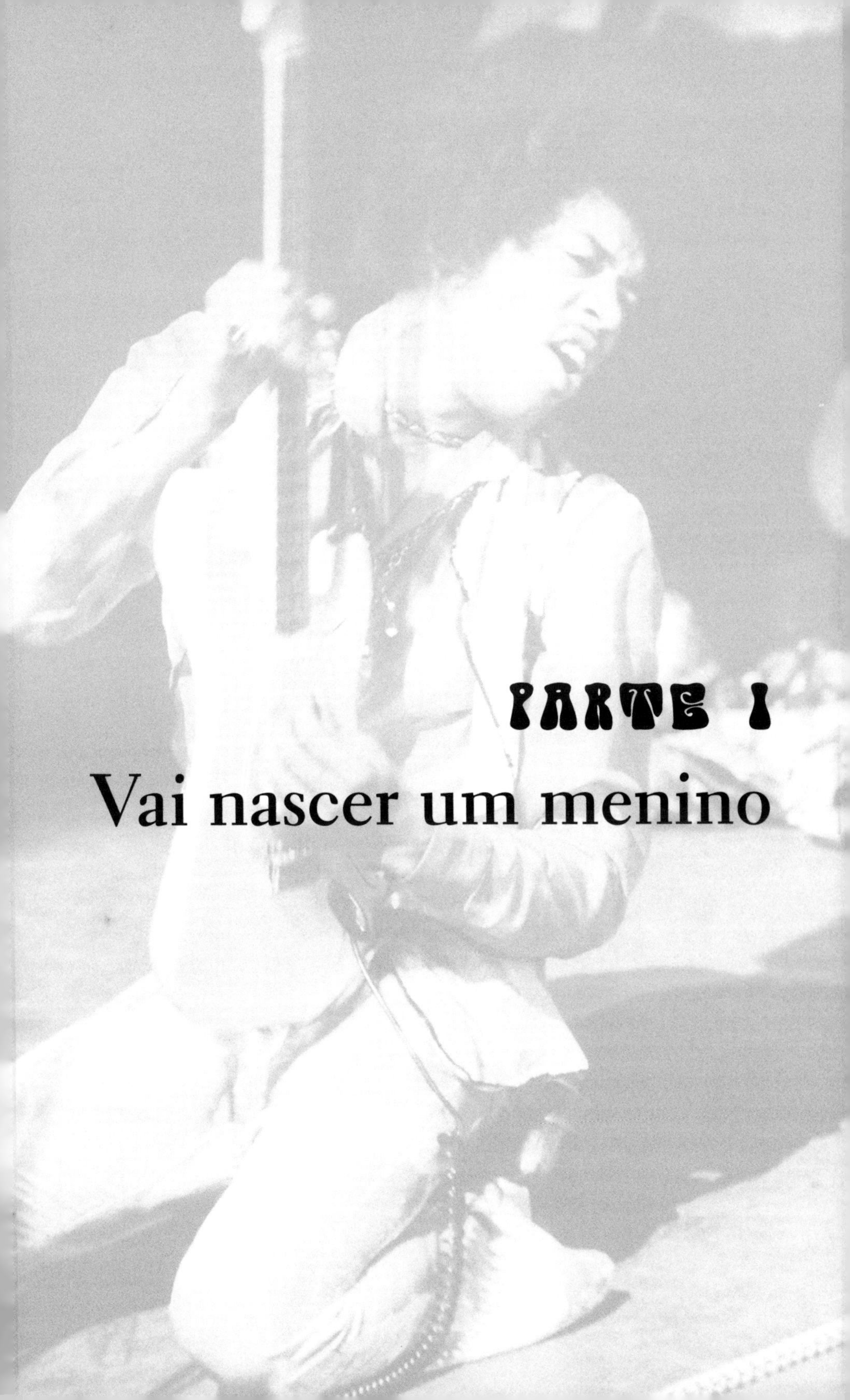

PARTE 1

Vai nascer um menino

Capítulo 1

"Johnny/Jimmy"

Ela gostava bastante de diversão. Mas não houve muita diversão em sua vida curta e infeliz.

Lucille Jeter jogava para longe o sombrio véu de ansiedades que perturbava todos os adultos ao seu redor, durante a guerra, e, apesar das advertências da família, ignorava os entediantes pingos... pingos... e mais pingos da eterna chuva noturna de Seattle para sair e dançar sempre que havia oportunidade.

Lucille, a "queridinha" da família Jeter, de natureza doce e ingênua, tinha um irmão e três irmãs mais velhas. Seus pais, Preston e Clarice, eram, como a maioria dos residentes negros de Seattle nos anos 1940, homens e mulheres que migraram para o Oeste em busca de uma vida melhor, mas que haviam se decepcionado. Nascido na Virgínia, Preston Jeter teve educação, mas poucas oportunidades. Trabalhou por diversas vezes como mineiro ou estivador. Sua mulher, Clarice, que nasceu em Arkansas, provia a tão necessária renda familiar esfalfando-se como faxineira e empregada doméstica. Às vezes entravam em cena alguns cheques beneficentes. A religião pentecostal era o alicerce e também a vida social da senhora Jeter. Ela se preocupava e rezava por Lucille, cuja saúde sempre fora frágil. Lucille tinha tendência a se estressar.

Ao ver aquela linda menina mulata agitar os pés e rir ao ser lançada para o alto enquanto dançava, Al Hendrix sentiu-se cativado. Será que ela jamais se cansava das luzes brilhantes e dos ritmos animados dos passos de jazz? Lucille adorava música!

Mas aquelas emocionantes noites na pista de dança não durariam muito tempo: semanas depois do primeiro encontro do casal, Lucille apareceu grávida e teve de se casar às pressas com Al, de 22 anos, um atraente – se não belo – galinho garnisé de pouco mais de um metro e meio de altura. Lucille disse à mãe que tinha gostado do jeito de Al sorrir para ela.

O jovem marido era um cidadão norte-americano criado em Vancouver, British Columbia, que se estabelecera em Seattle vários anos antes para tentar a sorte como boxeador peso-leve no concurso Luvas de Ouro. O pai de Al, Ross Hendrix, natural de Ohio, tornou-se policial em Chicago, mas, por fim, numa estranha guinada, empregou-se como contra-regra de uma companhia de *vaudeville*. Casou-se com uma das dançarinas da trupe, Nora Moore, cuja mãe era uma cheroqui pura e o pai, um irlandês. Nora e Ross desistiram de viver viajando e resolveram começar vida nova em Vancouver. Não tardou muito e Nora deu à luz duas crianças, uma filha e James Allen Hendrix, conhecido como Al.

Como sua educação fora interrompida no sétimo ano, e ele não estava preparado para um trabalho mais especializado, Al voltou-se para o dom herdado da mãe e passou a ganhar alguns dólares aqui e ali em concursos de dança. As especialidades dele eram sapateado, jazz e improvisações solo. Embora mais tarde se referisse a si próprio como membro de uma importante família do *show business*, sua mãe, após deixar o *vaudeville*, trabalhava por muitas horas na cozinha de um restaurante em Vancouver. Quando adolescente, Al também trabalhou como garçom nessa cidade.

Quando se casou com Lucille, Al talvez tivesse apenas três coisas em comum com a esposa de 16 anos: ambos eram os filhos mais jovens de suas respectivas famílias, os dois adoravam dançar e tinham um filho a caminho. Poucos dias depois do casamento, em 31 de março de 1942, Al despediu-se de Lucille com um beijo. Convocado para o Exército, foi enviado para Oklahoma, a cerca de 2.500km de distância, e de lá para a Geórgia.

Lucille mal completara 17 anos quando deu à luz o primeiro filho, Johnny, em 27 de novembro de 1942. O parto ocorreu na casa de Dorothy Harding, uma grande amiga de Dolores, a irmã de Lucille. Parentes e amigos acharam engraçado que aqueles dois baixinhos concebessem um bebê tão gracioso e longilíneo.

Criar uma criança não era brincadeira. Lucille não estava preparada para enfrentar a transição de ex-colegial para mãe. Por causa da confusão reinante no Exército, ela nada recebia do pagamento de Al. Não muito tempo depois do nascimento de Johnny, Preston Jeter morreu de um ataque do coração, e Clarice herdou muitos problemas financeiros. Ela amava o filho de Lucille, mas não podia cuidar dele e ainda trabalhar fora cinco dias por semana. Clarice e Dolores estavam muito preocupadas com o bem-estar de Johnny, que ficava de lá para cá num círculo de parentes e amigos, e às vezes até de gente estranha, em residências de Seattle e das proximidades. Johnny nunca sabia ao certo quem "se encarregaria" dele a cada semana – e essa expressão permaneceu para sempre em sua memória. Dormia sobre travesseiros, em cestos e nas camas dos outros. Um berço de verdade foi um luxo que poucas vezes Johnny pôde experimentar. Lucille flutuava pela vida de Johnny, a "mamãe" que ele tanto adorava, embora não pudesse sustentá-lo ou tomar conta dele por mais de alguns dias seguidos.

Quando estava com quase dois anos e meio, o menino foi levado por uma conhecida de sua avó Clarice. Essa mulher então adoeceu de repente e morreu. A irmã dela foi da Califórnia a Seattle, onde viu o pequeno Johnny e se encantou. Aquele foi um encontro do destino, e, embora depois ele acabasse por esquecer o nome daquela mulher, ela jamais saiu de sua lembrança. A mulher se dispôs a tomar conta do menino em sua residência em Berkeley, Califórnia, durante a guerra. Lucille não se opôs.

Johnny vivia agora numa casa mais bonita, um bangalô simples, a algumas quadras do campus da Universidade da Califórnia. Ali ele se sentia confortável e seguro, e pôde desabrochar sob o afeto e os cuidados da mulher que o resgatara, sem mencionar as atenções da filha mais velha dela, que tinha cerca de 20 anos, e de duas alegres adolescentes. Mais tarde, Johnny iria lembrar de quanto gostava que lessem histórias para ele, que ficava sempre ávido por ouvir mais uma. O vocabulário de Johnny aumentou muito durante essa feliz trégua na insegurança de Seattle. "Elas me chamavam de pequeno tagarela", disse-me ele sorrindo com essas antigas lembranças.

Al Hendrix nutria certas dúvidas quanto ao seu casamento, ainda mais depois que ouviu falar que Lucille tinha um caso com outro homem. Pensava em se divorciar da jovem esposa. Algumas semanas depois de receber baixa do Exército, no final de 1945, viajou até Berkeley pela Costa Oeste para ver o filho pela primeira vez. Johnny não foi capaz de relacionar a fotografia de seu pai uniformizado, exibida com destaque na sala de estar, com o jovem sem uniforme que agora o examinava. Al permaneceu por alguns dias com os anjos da guarda de Johnny, conheceu os vizinhos do garoto e depois, quando o menino parecia acostumado com ele, embrulhou as coisas do filho, e ambos embarcaram numa exaustiva viagem de trem por quase 1.300km de volta a Seattle. Anos mais tarde Johnny lembraria de como chorava e soluçava quando aquele homem pouco familiar, que agora ele devia chamar de papai, quis discipliná-lo no meio da viagem: "Quero ir embora desse trem! Quero ir para *casa*. Deixe-me ficar em paz, quero minha *família*!"

"Eu só berrava", ele me disse. "Sabia que elas me amavam, que iriam *sentir minha falta*."

Embora os detalhes tenham se esvaecido, Johnny jamais esqueceu daquela família substituta. "Aquele tempo foi como um pequeno sonho aconchegante em minha cabeça", diria ele já adulto.

Quando Johnny estava para completar quatro anos, o pai resolveu mudar legalmente seu nome para James Marshall Hendrix. Incomodava-o imaginar que Lucille tivesse dado aquele nome ao filho por causa de algum namorado. Disseram ao menino que ele passaria a ser chamado de Jimmy. Isso o perturbou e confundiu, mesmo porque vinha treinando pronunciar e escrever "Johnny" em um livro infantil de alfabeto que recebera de presente em Berkeley. "O garoto", como muitas vezes se referiam a ele, tinha nomes demais. Sua tia Dolores, a irmã preocupada e protetora de Lucille, já o apelidara de Buster.

Mais tarde, Johnny/Jimmy referiu-se aos primeiros anos de sua vida como "cheios de confusão". E não era fácil para ele conversar a respeito de suas lembranças da infância. Houve um período, antes de ir para a escola, em que ele, a mãe e o pai viviam todos na pequena casa de tia Dolores, como parte da própria família dela, que se tornava cada vez maior. "Tia Dolores procurava sempre melhorar as coisas", disse ele. O casamento dos Hendrix era uma união intermitente. Vez por outra, para afastar Jimmy da crescente tensão entre os pais, mandavam-no para o outro lado da fronteira, em Vancouver, British Columbia, para passar curtos períodos com a mãe de Al, Nora Hendrix. Em janeiro de 1948, quando Jimmy tinha seis anos, seus pais tiveram outro filho, Leon. Nem um ano se passara, e Lucille deu à luz um terceiro menino, Joseph.

Lucille sentia-se presa numa cilada. Ela era muito jovem para ser mãe de um filho, quanto mais de três. Não podia suportar que a amarrassem. Al ficava cada vez mais mandão, temperamental e controlador com o dinheiro – sempre um problema para muitos habitantes do bairro central de Seattle. Não havia mais amor – ou passos de jazz – para aquele casal.

O pai de Jimmy estava sempre a lhe dizer: "Saia do caminho", "Não faça bagunça", "Não seja atrevido." O menino logo aprendeu que ficar quieto e ser obediente de vez em quando evitava as desagradáveis trocas de agressão em voz alta. Al lhe dizia: "Essa mulher é uma vagabunda." Jimmy odiava ouvir o pai falar mal de sua mãe, assim como se arrepiava ao vê-la intoxicada, trôpega e trêmula. Al também não era nenhum abstêmio, e muitas vezes Jimmy soluçava sobre o velho travesseiro, sem conseguir dormir enquanto explodiam brigas horríveis a poucos metros de sua cama. "Às vezes", diria Jimmy mais tarde a um amigo, "eu ficava lá, perguntando a mim mesmo: 'Quem sou eu? Por que isso está acontecendo? O que posso fazer?'"

Numa noite digna de pesadelo, Lucille partiu para nunca mais voltar. "Meu querido Jimmy", disse ela ao filho, "tenho de *fugir* disso!"

Para Jimmy, as palavras e as lágrimas da mãe permaneceram como uma lembrança indelével.

O casal se divorciou em dezembro de 1951. Al requereu e obteve a custódia dos filhos. Providenciou, como desejava, que Joseph fosse "criado fora".

Al preveniu Jimmy e Leon para que ficassem longe de Lucille. "Ela é uma bêbada, não vale nada!"

"Não vale nada." Essas palavras também perseguiram o menino – que veio a se tornar o homem Jimi Hendrix – pelo resto da vida.

CAPÍTULO 2

Não olhe para trás

Seattle ostentava a generosidade da natureza abundante, mas nunca se podia confiar no tempo. Em questão de minutos, todo aquele panorama azul vibrante, de beleza arrebatadora, desmaiava para um cinzento soturno, marcado por assustadores aguaceiros intermitentes. "Inconstante", esta era uma boa palavra para descrever a existência do jovem Jimmy: momentos felizes e ensolarados se alternavam com fome, maltratos, negligência e a costumeira e desagradável trilha sonora de gritos que seus pais lançavam um contra o outro.

Depois que Lucille Jeter Hendrix foi embora, o padrão que vigorara a partir do nascimento de Jimmy voltou. Ele e o pai viviam se mudando, mesmo que fosse de um cubículo de aluguel barato ou de um cortiço empoeirado para outro. O pequeno Leon ficava com parentes ou em diversas casas de adoção, voltando para junto de Al e Jimi durante pequenos períodos. Dos três aos 16 anos, Jimi morou em 14 lugares diferentes, sendo empurrado para uma dezena de colégios para logo ser deles arrancado.

"Por mais longe que vá minha memória, sempre está presente a idéia de fugir", recordou ele. "Mas não havia lugar para ir em Seattle, a não ser visitar de vez em quando minha tia Dolores em sua casa, ou ver tia Dorothy. Ela não era de fato minha tia, mas eu a considerava como tal. Ela me dava muita atenção. Eu sabia que não era certo fugir e deixar meu irmãozinho para trás."

A melhor coisa de seus primeiros anos de vida era pegar o *ferryboat* para Vancouver e visitar a família do pai. "Eu sempre esperava para ver vovó Nora, a mãe do meu pai, em Vancouver, em geral no verão", disse ele. "Metia algumas coisas numa sacola marrom, e depois ela comprava calças, camisas e roupas de baixo novas para mim. Eu ficava cada vez mais alto e crescido para minhas roupas. Os sapatos estavam sempre horrivelmente arrebentados. Vovó me contava pequenas histórias indígenas que ela ouvira quando ainda era criança. Eu mal podia esperar por uma nova história. Ela tinha sangue cheroqui. Vovó Jeter também. E eu tinha orgulho de que esse sangue também corresse em minhas veias."

Jimmy era mais chegado a Clarice, que, aos domingos, muitas vezes o levava até a pequena Igreja Pentecostal de Deus em Cristo. "Eu aprendia alguns hinos lá", recordou Jimmy. "Hoje não lembro de todas as letras, mas ainda sei cantarolar as melodias." Clarice Jeter também apresentou o neto a uma das diversões preferidas dele: "Ir aos shows", como falava Jimmy. Era emocionante para ele caminhar até uma sala de cinema, tanto naquela época quanto depois de adulto. No início, imaginava-se ator. Gostava quando Clarice lhe contava que também levara a mãe dele à igreja e para ver os filmes, "quando Lucille era pequenininha feito você". Jimmy escutava com atenção quando a avó compartilhava com ele as recordações da filha mais jovem.

Desde o nascimento de Jimmy, Lucille passou a viver uma vida de incertezas. Era muito frágil física e emocionalmente e queria ser "crescida" como suas irmãs. Porém, não tinha estrutura para trabalhos que exigissem esforço físico, e os empregos em Seattle andavam escassos. Quando trabalhou durante pouco tempo como garçonete, por exemplo, foi difícil para ela erguer e transportar uma pesada bandeja de pratos de um lado a outro do salão. Doce e bonita, Lucille era suscetível aos homens que a elogiavam ou convidavam para dançar e beber. Tabernas e botecos não eram difíceis de se encontrar naquele bairro, e a música era sempre quente na Jackson Street e nas cercanias. Lucille não sabia escolher os homens, que chegavam e partiam. A família também comunicava a eles que deviam "se mandar". Sua mãe e a irmã Dolores se angustiavam cada vez mais por causa dela e ajudavam-na de todas as formas possíveis. "Quando eu ia à igreja com minha avó, ela rezava por todos que amava, mas principalmente por mamãe", recordou Jimmy.

O menino via a mãe com pouca freqüência, mas sempre ouvia comentários sobre a vida de perdição e muita bebida que ela levava, alguns deles tecidos por seu pai. Jimmy chorava na cama ou escondido em um armário, onde ninguém o pudesse ver, por sentir-se constrangido e aterrorizado por Lucille. Mesmo assim, sempre ficava contente quando podia passar algum tempo com ela, esperando ansioso que a mãe estivesse bem e que talvez parasse de beber.

Embora Jimmy freqüentasse escolas multirraciais, e o bairro onde morava abrigasse o Yesler Terrace – um dos primeiros projetos de habitação pública plenamente integrados dos Estados Unidos –, Seattle como um todo, a exemplo da maioria das cidades norte-americanas durante os anos 1940 e 1950, também tinha seus bolsões de racismo. O jovem Jimmy se acostumou a escutar o termo "negro", e inúmeras vezes ouviu pessoas se referirem a ele como tal. Por sua natureza pacata, em geral dava de ombros. Apesar de ser reconhecido na escola como "uma criança brilhante e interessada em arte", Jimmy tinha notas apenas medianas. Costumava chegar atrasado e quase sempre ia para o colégio somente com uma xícara de leite como café da manhã. Almoçar era algo incerto.

"Al se descuidava do menino", lembrou um antigo residente do Yesler Terrace. "Quando víamos ele prestar um pouco de atenção ao filho, logo depois o menino já estava sozinho de novo. Al saía para umas cervejas, um joguinho e uns namoros. Ele gostava das mulheres."

Outro vizinho da família Hendrix falou sobre os filhos de Al: "Leon ainda mal sabia andar, e minha esposa e eu víamos que os dois garotos ficavam muitas vezes sozinhos à noite, apenas com uma luz acesa na casa. Em algumas ocasiões, levávamos um prato de comida quente para eles, ou deixávamos uma garrafa de leite na porta. Jimmy nunca pedia comida, mas com certeza não recusava quando lhe ofereciam. Agradecia à gente duas ou três vezes, era muito tímido. Costumávamos vê-lo pela janela, com Leon no colo, dando-lhe comida. Era uma situação triste. Às vezes Jimmy e eu brincávamos com uma bolinha de beisebol. Dei para ele uma luva velha que eu usava para jogar, e ele ficou tão emocionado... Por fim, eles se mudaram para algumas quadras adiante. As pessoas diziam que Al dava carne de cavalo para eles comerem. Depois que Leon foi mandado para um abrigo de crianças, muitos vizinhos faziam questão de convidar Jimmy para suas casas. Al Hendrix não ficou satisfeito com aquilo, ele não parecia querer que Jimmy fizesse amizade com pessoas da vizinhança."

Jimi me contou certa vez: "Quando meu pai perdia a cabeça ou ficava bêbado, muitas vezes me batia ou me esbofeteava. *E com força*. Eu tentava impedir que ele fizesse o mesmo com Leon."

Por algum tempo, Jimmy morou com o irmão de Al, Frank, a mulher dele, Pearl, e os dois filhos, Diane e Bob. "Refeições regulares", lembrou Jimmy. "Diane era uma garotinha pequena, mas muito inteligente. Ríamos de tudo." A personalidade dele durante toda a infância passava da felicidade e agitação para a tristeza e o silêncio, caso se sentisse seguro ou inseguro, dependendo do momento. Entretanto, com uma mãe e um pai errantes, uma vida enraizada na pobreza e nenhuma base duradoura e estável no lar, Hendrix sempre se sentiu "diferente". Ele ficava cada vez mais constrangido à medida que se dava conta de que a maior parte dos professores e colegas, além dos pais deles, sabiam que sua família era – como mais tarde diria – "uma confusão".

Jimmy e Leon moraram também com Grace Hatcher, filha de Pat, irmã de Al. Os Hatcher tinham filhos e pouco dinheiro, mas "eram bons para nós", lembrou Jimmy. "Os adultos em nossas vidas seguiam sem ter certeza se nós, garotos, estávamos com comida suficiente no estômago." Entre esses adultos estavam também Ernestine e Bill Benson, amigos de Al. "Ernie", como Jimmy afetuosamente se referia a ela, "era muito delicada comigo e com o meu irmão. Muito preocupada, sabe. Meu pai de fato nos atirava em cima dos outros quando saía para beber, jogar ou se mostrar para as mulheres. Ele sempre precisou de muita atenção."

James Williams e Terry Johnson foram os melhores amigos de Jimmy na infância, e, como gostava muito de estar na companhia dos dois, ele me contou que "não lançava sobre eles nenhuma história chorosa sobre mamãe e papai, nem de toda aquela encrenca". Vagueavam juntos pelos bairros preferidos e exploravam os parques verdejantes de Seattle, correndo montanha abaixo até a beira do mar. Conversavam sobre beisebol e futebol americano, esportes que Jimmy adorava jogar. "Ríamos muito, eles eram amigos fiéis e me ajudavam de diversas maneiras" – o que incluía, de vez em quando, darem-lhe algumas roupas decentes.

Como irmão mais velho de Leon, Jimmy mostrava-se cuidadoso e protetor sempre que estavam juntos. Em um domingo ou outro, arrumava-se e ao irmão com a aparência mais respeitável possível com aquele escasso guarda-roupa, a fim de poderem assistir aos serviços religiosos na Igreja Missionária Batista da Boa Vontade. Zina Jordan, que está entre os fiéis dessa igreja desde 1947, não se recorda de tê-los visto por ali. Porém, mais tarde, confessou rindo: "Acho que naquele tempo eu não prestava muita atenção nos meninos. Parece que Jimmy melhorou quando entramos no ginásio. Conversei recentemente com um membro mais antigo da igreja, e ele me disse: 'Sim, eles moravam apenas algumas casas adiante, e os meninos vinham aqui. Mas não participavam da escola dominical ou do coro. Sentavam na varanda.' A nossa igreja tinha sido uma velha sinagoga, e naquele tempo havia de fato uma varanda."

A lembrança mais antiga que Leon guarda do irmão é de quando tinha cerca de dois anos. "Eu era pequeno, achava que Jimmy era meu pai. Ele era o meu *protetor*. Mas eu também gostava de Al. Afinal, conhecia ele desde que nasci. Foi ele quem me levou do hospital para casa. Lembre-se de que ele só conheceu Jimmy com três anos de idade. Eles tinham outro tipo de relação. Fui um bebê feliz, mas quando olho minhas fotografias da época, acho que pareço um maltrapilho! Não tínhamos roupa. Jimmy sempre encontrava um jeito de me alimentar, e os vizinhos ajudavam. Tia Dolores também. Assim, eu nunca tinha medo. Meu irmão me contava histórias incríveis. Ele tomava conta de mim e me vigiava."

Leon recordou rindo: "Eu e Jimmy costumávamos criar confusão de propósito para podermos ir visitar mamãe. Papai fazia disso o nosso castigo: 'Vocês vão ter que passar o final de semana com sua mãe se não se comportarem bem!' E era aquilo mesmo que queríamos! Às vezes acordávamos de manhã sentindo cheiro de panqueca e bacon na cozinha, e então sabíamos que mamãe estava em casa, o que nos deixava felizes."

Para o irmãozinho, ele era Buster, não Jimmy. "Lembro de ver Buster jogar beisebol e futebol americano", contou Leon. "Eu gostava quando ele desenhava para mim... Buster era mesmo bom em arte. Onde quer que a gente morasse, ele estava sempre desenhando. Adorava lápis de cor e costumava procurar até descobrir a cor exata. Embora as pessoas achem que era canhoto, sabia escrever e desenhar com a mão direita."

Quando Jimmy visitava a mãe, eles escutavam rádio juntos. "De vez em quando ela cantava um pouquinho para mim", disse ele. "Eu já estava me interessando e tentando aprender música. Falava com mamãe sobre isso, ela sempre sorria." Lucille sabia que seu filho havia começado a "tocar" com uma vassoura e que fizera progressos treinando numa "guitarra quase completamente quebrada". Ele não lhe contou que suplicara e implorara ao pai para lhe comprar a primeira guitarra de verdade, um modelo acústico que pertencia a um dos companheiros de jogo de Al. "Ele lhe pagou cinco pratas. Mas, afinal...", disse Jimmy.

O garoto estava com 14 anos quando viu Elvis Presley se apresentar no Sicks' Stadium, em Seattle. Num lugar barato, longe do palco, ficou agitado e curioso com a energia e a linguagem corporal próprias de Elvis. Porém, o que lhe interessou mais foi a compacta banda de apoio. "Aqueles músicos eram mesmo bárbaros. Cara, eles eram demais", comentou. "Faziam com que tocar música parecesse a melhor coisa do mundo." Só dois anos mais tarde Jimmy pôde ter sua primeira guitarra elétrica, uma Supro Ozark branca. Al Hendrix comprou-a de segunda mão, após muita insistência do filho, numa casa de instrumentos musicais no centro da cidade. "Passei um bom tempo fazendo jardinagem para meu pai até conseguir aquela guitarra", disse ele. "Suava, levantava, carregava, ceifava, aparava... Foram muitas horas obedecendo ordens."

Enquanto o filho mais velho chegava à adolescência, a saúde de Lucille piorava. Jimmy visitou a mãe no hospital em duas ocasiões distintas, levando-lhe seus desenhos e um cartão feito por ele. Em fevereiro de 1958, Lucille, com muitas dores, mal conseguiu dar entrada no King County Hospital: morreu logo depois, de problemas renais que resultaram no rompimento do baço. Além de Jimmy e Leon, deixou outros quatro filhos, frutos de diferentes relações, que haviam sido adotados ou recolhidos em abrigos. Tinha 32 anos.

Al Hendrix não permitiu que Jimmy e Leon assistissem ao enterro. Por mais que o menino de 15 anos não gostasse da idéia de ir a um funeral, o fato de não lhe terem deixado prestar homenagem e demonstrar pela última vez o amor que sentia por sua mãe incomodou-o profundamente pela vida inteira.

Jimmy despejou toda sua emoção na música. "Na época, as palavras não significavam nada para mim", disse ele. Quanto mais aquele adolescente tocava guitarra, mais aumentava sua confiança. "Havia momentos", recordou Jimmy, "em que eu me sentia como se estivesse voando, *me elevando*. Sentia-me *livre*, como se pudesse fazer quase tudo. Era para *mim* que eu tocava."

Ele contou-me que, durante esse tempo, costumava tocar com uma alma gêmea chamada Sammy Drain, que conhecera na Leschi School, o colégio de primeiro grau que ambos freqüentavam. Essa escola – cujo nome homenageava um chefe indígena do século XIX, reverenciado por ter sido um "líder de coragem" – ficava três quarteirões acima, subindo-se a montanha, do lago Washington.

As recordações que o adulto Sammy Drain tem de Hendrix se referem à paixão pela música. "Nós dois tínhamos os mapas das trilhas próximas ao mar. Eu tinha 13 anos, Jimmy com 15. De vez em quando ficávamos sentados à porta e tocávamos juntos por horas e horas. Nós desafiávamos um ao outro e nos divertíamos muito em nosso pequeno mundo. ... Éramos autodidatas, ambos. Costumávamos nos imaginar como grandes astros tocando para o mundo inteiro, esse tipo de coisa que as crianças sonham. O pai dele não queria que tocasse ou falasse sobre isso. Ele era um tipo ruim, sabe. Al às vezes chamava aquilo de 'música do diabo'. Certas pessoas evitavam Jimmy e ridicularizavam a forma como ele ficava com aquela guitarra pendurada no pescoço em quase todos os lugares. Aquilo o feria por dentro, mas ele nunca falava sobre isso."

"Ele era um menino delicado, educado e louco por música", recordou a mãe de Terry Johnson, Florence, quando soube, anos mais tarde, que Jimmy sempre se lembrava dela como "uma senhora muito boa, uma dama de verdade, muito sábia. A senhora Johnson também cozinhava. Quando a gente tocava na casa do Terry, eu meio que costumava circular por perto da cozinha na esperança de que ela me arranjasse um prato depois que a gente terminasse. E ela sempre arranjava." Com seu jeito discreto, a senhora Johnson sempre evitou qualquer discussão sobre a vida familiar de Jimmy. Ela disse com tranqüilidade: "Aqueles eram tempos difíceis para muita gente. Mas sempre pensei em Jimi Hendrix como alguém que merecia mais do que tinha."

Por um ano e meio Jimmy tocou em duas bandas, os Rocking Kings e os Tomcats, embora sem exclusividade. Um homem chamado James Thomas era o orientador dos dois grupos. Decidia as músicas que seriam tocadas, providenciava as apresentações e atuava como empresário. Segundo uma pessoa que acompanhou a vida dos clubes de Seattle nos anos 1950 e início dos 1960, Jimmy era "um garoto que, se conseguisse transporte, iria a qualquer parte tocar guitarra em qualquer banda que lhe desse espaço. No começo, lembro-me de vê-lo no baixo, antes que lhe deixassem tocar a guitarra solo. Ele só conversava sobre música. Tocava em festas, piqueniques e até mesmo nas ruas." Disse também que Jimmy gostava em especial de tocar "músicas de Ray Charles e Chuck Berry". Os Rocking Kings e os Tomcats concentravam-se em versões *cover* de canções populares de

R&B.* As duas bandas se apresentavam em estabelecimentos da Jackson Street, como o Black and Tan e o Washington Hall, e muitas vezes num restaurante de beira de estrada perto do aeroporto, um clube de jazz conhecido como Spanish Castle. (Apesar das versões contrárias, esse lugar não foi a inspiração para uma música que Hendrix escreveria mais tarde.) Os Rocking Kings e os Tomcats também tinham admiradores fervorosos nas bases militares do estado de Washington. "James Thomas exibia um sorriso de orelha a orelha quando os Kings se apresentavam em festivais que envolviam todo o estado", lembrou Hendrix. "Ele até recebeu um troféu e tudo mais."

Jimmy ficou arrasado quando sua Supro Ozark foi roubada do palco no Birdland, um clube noturno onde tocava com freqüência, em geral com os Rocking Kings. Al não se compadeceu e disse ao filho que a culpa fora dele mesmo, por ser descuidado. A perda da guitarra provocou uma briga familiar, e, por fim, foi a nova esposa de seu tio Frank, Mary, quem interveio e comprou a prestação uma Danelectro branca para Jimmy, que logo pintou a guitarra de vermelho.

Carroll Collins foi colega de sala de Jimmy na turma de 1960, na Garfield High School. Todos a conheciam como cantora do popular conjunto vocal Hi-Fi's. Hoje chamada Carroll Brown, é uma mulher falante e cheia de energia que dirige duas organizações de caridade na Costa Leste dos Estados Unidos. Ela sempre fez questão de participar das reuniões da Garfield High School e, em 2000, pediram-lhe que fizesse um pronunciamento para a Associação de Ex-Alunos na 40ª reunião anual. Ela lembrou: "Falei de maneira espontânea, do fundo do coração, sobre tudo que a Garfield fizera por todos nós. Disse também que, se eles não tiraram proveito do que nos era oferecido, então era uma vergonha para eles. Com certeza não poderiam culpar o colégio. Ele fez de mim o que sou hoje. Tínhamos professores interessados, embora não se parecessem conosco. Os únicos professores negros eram o senhor Hayes e o senhor Gary."

---

* R&B: *rhythm and blues*, misto de jazz com música pop feita por negros nos Estados Unidos. (N.T.)

Carroll Brown prosseguiu: "Garfield foi embelezada de forma contínua. Sempre! Tínhamos rododendros em toda a frente da escola. Não podíamos comer no gramado, mas nos deixavam sentar debaixo das árvores. *Ensinavam-nos* a manter o colégio bonito. O respeito pelo colégio, pela propriedade e pelos bons valores era muito valorizado. As meninas não podiam usar calças compridas nem nos jogos de futebol ou basquete. Esperavam que nos comportássemos como jovens senhoras, usando saias ou vestidos. Era necessário respeitar uns aos outros porque nossos vizinhos tinham origens variadas. Naqueles dias, não precisávamos pegar ônibus. Nossos vizinhos eram afro-americanos, judeus, chineses, russos. ... Então, era esse o aspecto do colégio. Eles nos ensinavam a respeitar as diferentes culturas."

Ao lembrar do Jimi Hendrix que conheceu na Garfield High School, ela escolheu as palavras com cuidado. "Nós compreendíamos – alguns de nós – que Jimi tinha talento. Não achávamos que ele estivesse destinado à faculdade, mas sabíamos que faria alguma coisa com a música. Vivia o tempo todo com aquela guitarra! Enquanto todo mundo estava na aula, ele ficava do lado de fora, na escadaria, sozinho. Em geral ficava sozinho. Era proibido fumar numa área de dez quarteirões da escola. Fumar era novidade, todos sabiam quem fumava e quem não. Jimi fumava."

Jerry Carson era outro colega de turma de Hendrix na Garfield High. Hoje falecido, fez faculdade, tornou-se repórter do *Seattle Times* e tinha um carinhoso interesse pelo guitarrista autodidata. Lembrava que Jimmy "ficava muito agitado quando gostava de algum disco novo. Tentava aprender as músicas imediatamente. Quando penso em Jimmy, lembro-me dele sentado na sala de aula mexendo os dedos como se estivesse tocando uma guitarra imaginária".

Al Hendrix jamais teve um bom diálogo com os professores de qualquer das escolas que seu filho freqüentou. Assim, quase não houve discussão quando, no outono de 1959, Jimmy decidiu abandonar a Garfield High School. Ele se concentrou em duas prioridades: tocar guitarra e ganhar dinheiro. Sempre trabalhara bem, desde os sete anos era comum vê-lo ajudar Al nas tarefas de jardinagem, varrendo as folhas e aparando os gramados. Esse trabalho jamais foi interrompido por completo, e agora ele se voltava mais uma vez para a jardinagem com o pai, e também para outros biscates, de modo a se sustentar, uma vez que o dinheiro que ganhava com música era ínfimo.

À medida que Jimmy ficou mais conhecido no cenário musical de Seattle, muitas jovens começaram a prestar atenção nele. Sem dúvida gostou muito disso. "Minha garota especial era Betty Jean Morgan", disse-me ele. Economizou todo o dinheiro que pôde para comprar um anel barato de noivado. Porém, não estava em condições de casar, ainda mais porque não pretendia permanecer em Seattle, e Betty era muito ligada à família dela.

Em 1961, Jimmy enfrentou angústias que o mantiveram acordado por noites a fio. Prometeu a si mesmo que não seria como o pai, que rastejava por dinheiro e dançava conforme a música, sempre resmungando: "Você não sabe os sacrifícios que fiz." A lembrança da curta e desperdiçada existência da mãe e de sua morte infeliz traziam-lhe lágrimas aos olhos. Estava com 18 anos e ávido por seguir em frente. Não tinha plano algum, contudo, e por um período de vários meses tomou diversas iniciativas tolas: "Roubei umas roupas numa loja e 'peguei emprestado' um carro. Não fiz essas coisas sozinho. Mas acabei sendo pego e levado diante do juiz", contou ele. Um bem-intencionado advogado sentou-se à frente de Jimmy e sugeriu-lhe enfaticamente que ele começasse a pensar em alistar-se no Exército, já que não queria terminar o ginásio. "Entendi a mensagem", disse Jimmy. "Se eu acabasse na cadeia, sabia que não poderia mais tocar guitarra."

Jimmy ansiava por um futuro que nada tivesse a ver com seu passado. Foi até um posto de recrutamento no centro da cidade e se alistou. Tinha esperanças de que o enviassem para a 101ª Divisão Aerotransportada. Horas depois, ficou chocado com o que tinha feito: alistara-se por três anos! "Entrei em pânico. Então sentei na cama e conversei um pouco comigo. Pode ter sido a primeira vez que me vi pensando como homem, e não como um garoto bobo. Fiz a mim mesmo uma espécie de promessa: não olhe para trás. Se olhar, isso o manterá na retaguarda."

CAPÍTULO 3

Vôo alto

Jimmy chegou a Fort Ord, na Califórnia, em 31 de maio de 1961. Importante posto de treinamento militar desde a Segunda Guerra Mundial, Fort Ord ocupava mais de 100.000km^2 de terra. Era maior que a cidade de São Francisco. A aparência externa de edifícios repletos de escritórios, alojamentos e refeitórios era estritamente utilitária. A maioria dos cerca de 300 colegas de treinamento de Jimmy parecia tão apreensiva quanto ele naquele estranho mundo novo. Estar ali nada tinha a ver com fazer amigos, mas sim com aprender a servir e proteger os Estados Unidos. Assim como Jimmy, muitos jovens haviam se alistado para fugir de uma situação de pobreza.

Jimmy passou por um extenuante treinamento físico e aprendeu a marchar "de modo correto", algumas vezes por horas intermináveis. Ensinaram-lhe também a atirar. Ele tinha orgulho da insígnia de bom atirador que recebeu no final do serviço militar. Instruíam-no a respeito de tudo, desde como usar o uniforme e se conduzir em marchas no campo, nos treinamentos e nas cerimônias, até como cumprimentar os superiores. Na loja PX, ele e seus companheiros podiam comprar convidativos cartões-postais das cidades vizinhas, embora não tivessem permissão para sair da base e desfrutar por si mesmos das maravilhas da vida costeira na Califórnia.

O litoral da península de Monterey, imediatamente ao sul de Fort Ord, era pontilhada de cidades: a então recém-construída Seaside, a histórica Monterey e seu porto, além das tranqüilas cidadezinhas de Pacific Grove e Carmel-by-the-Sea. O torneio anual de golfe Bing Crosby, disputado por celebridades, era realizado nos campos verdes e aveludados de Pebble Beach, com suas belas mansões com vista estonteante para o oceano. Descendo a Highway 1, a cerca de 30km de Pebble Beach e Carmel-by-the-Sea, estava a linda Big Sur, dramática, misteriosa, inspirando um sentimento de reverência. Durante toda a vida, a beleza natural foi muito importante para Hendrix. Naquele momento, ele estava frustrado por ter aceitado regras rígidas que o impediam de explorar a costa californiana.

As ricas terras aráveis do vale Salinas ficavam 22km a leste do forte e formavam um verdadeiro tapete verde durante a estação da colheita. Carvalhos, nogueiras negras e eucaliptos altos com folhas graciosas arrastando pelo chão podiam ser vistos a caminho de Salinas, assim como barraquinhas ao longo da estrada, vendendo flores recém-colhidas. Aquela era a terra de John Steinbeck, descrita em seu famoso livro *A leste do éden*. Para Hendrix, a história e a paisagem eram familiares: quando ainda estava no ginásio, ele assistiu ao filme baseado nesse romance. Hendrix admirava muito o ator do filme, James Dean, que também tinha o apelido de Jimmy e morreu de forma trágica num acidente de carro, não muito depois de concluídas as filmagens. Hendrix ficou particularmente impressionado com o personagem interpretado por James Dean, Cal, um jovem perturbado por conflitos familiares.

Não havia árvores nem flores em Fort Ord: aquelas intermináveis extensões de poeira, cascalho, planícies e terrenos para manobras militares eram áridas ao extremo. Estar pronto para defender o país significava aprender a dormir ao relento sob qualquer condição meteorológica, e ainda agradecer a Deus ao receber ordens para retornar ao alojamento de madeira com chão de tábuas podres e dormir nos catres encaroçados – que pareciam então o supra-sumo do conforto.

Havia um instrutor de treinamentos em Fort Ord que costumava dizer a seus comandados: "Se vocês não me odiarem quando forem embora daqui, é porque não fiz meu trabalho direito!" Jimmy não odiava ninguém, mas tampouco fez amigos mais chegados enquanto esteve ali. A solidão em que vivera toda vida acompanhou-o até a Califórnia. Em seu íntimo ele sabia – segundo disse – que, na verdade, ninguém no forte se importava com ele. "Por volta das nove da noite eu já estava exausto.

Depois de todas aquelas malditas tarefas, de fazer flexões e descascar batatas, meu corpo, minhas mãos, tudo doía tanto que eu mal conseguia dormir." Jimmy não gostava de segurar uma faca ou de usá-la com as mãos compridas. Quando ainda era guitarrista novato, já percebera que as mãos precisavam ficar sempre protegidas.

Em setembro daquele ano, o Exército lhe concedeu uma breve licença, e Jimmy pegou o ônibus para Seattle, onde se encontrou com Betty Jean, Leon, vários amigos músicos e com o pai. Quando lhe perguntaram o que iria fazer em seguida, ficou bastante perturbado ao ter de reconhecer que não fazia a menor idéia. Não queria admitir que temia o futuro que a carreira militar poderia lhe reservar. Ser pára-quedista, saltar lá do céu, tudo isso era uma fonte de incitamento capaz de fazê-lo sonhar. Mas, e se acabasse designado para um trabalho de escritório ou algo pior? Ninguém em Fort Ord fornecera qualquer pista, e mesmo quando ele retornou à base, seu futuro no Exército continuava um mistério.

Nas semanas seguintes, Jimmy participou de treinamentos táticos com pequenas unidades e de exercícios físicos ainda mais severos. Seus dias eram exaustivos. "Quando minha cabeça batia na cama, eu desligava feito uma lâmpada", recordou. Começou a receber um salário de 65 dólares por mês e passou a ter direito a vários passes para sair da base por quatro horas. Em uma dessas saídas, conseguiu uma carona até Monterey para assistir ao festival anual de jazz.

Jimmy afinal recebeu as instruções pelas quais tanto esperara. Deveria apresentar-se no dia 8 de novembro de 1961 para o serviço em Fort Campbell, Kentucky, sede da 101ª Divisão Aerotransportada. Ele ficou exultante. Seu uniforme exibiria a todos o lendário bordado da "águia gritando", o orgulhoso símbolo da 101ª. *Além disso*, poderia saltar de pára-quedas pelo céu. Ele *adorava* essa idéia.

Em janeiro, Jimmy escreveu ao pai e pediu que lhe enviasse sua guitarra o mais rápido possível. Quando abriu o volumoso pacote, segurou de novo a Danelectro vermelha e testou as cordas; sentiu uma profunda felicidade. Embora sem o amplificador, Jimmy começou no mesmo instante a dedilhar alguns blues antigos e a cantarolar. Nesse momento, o soldado de primeira classe Hendrix lembrou que tudo o que de fato queria fazer na vida era tocar guitarra. Também pensou em Betty Jean Morgan lá em Seattle. Certa vez ele me disse: "Ela não gostava quando eu dizia que um dia iria para lugares como Los Angeles e Nova York. Eu tinha carinho por ela, porém, quanto mais eu permanecia no Exército, mais tinha a certeza de que haveria de sair pelo mundo. Minha guitarra vinha em primeiro lugar, não importava o que eu tivesse prometido, ou a quem."

Ele participou de uma série de saltos em Fort Campbell. "Era amedrontador e excitante quando eu ficava na plataforma de salto", disse ele, "movendo-me pelos ares mas com o pensamento concentrado em aterrissar direito." Jimmy mantinha contato com o pai, sempre pedia notícias de Leon e contava-lhe sobre seus progressos como pára-quedista.

Certa tarde, num momento de folga, ele se encontrava profundamente absorvido tocando sua guitarra, num departamento musical da base que emprestava amplificadores e instrumentos, quando um outro jovem alistado, atraído pela música, chegou e se apresentou. Billy Cox disse para Jimmy Hendrix, com seu jeito suave de falar: "Você tem muito talento."

Ninguém lhe havia dito isso antes. Jimmy jamais esqueceu essas palavras elogiosas, nem o ar respeitoso que percebeu no rosto do recém-chegado.

Foi Billy quem sugeriu que reunissem uma banda de cinco músicos, que ficou conhecida pelos clubes militares como os King Kasuals. "Um pouquinho de blues, muito R&B", resumiu Jimmy. Fora da base, a banda se apresentava de vez em quando em Clarksville, uma cidade histórica do Tennessee, a cerca de 60km de Fort Campbell.

Em seu 26º salto de pára-quedas, Jimmy quebrou o tornozelo. Embora o ferimento tenha doído muito, ele o considerou um bom augúrio. Consultou vários médicos e conversou com dois psiquiatras. Explicou-lhes o quanto significava a música para ele e afirmou não ter sido talhado para a vida militar. Foi interrogado exaustivamente a respeito de sua situação antes de se alistar. "Eles pensavam que eu fosse alguém esquisito", disse ele dando de ombros. O médico de quem ele mais gostara fez o relatório e escreveu que provavelmente o tornozelo de Jimmy, mesmo curado, não teria estabilidade necessária para ele continuar saltando.

Hendrix jamais serviu em combate ou fez parte da orgulhosa história da Unidade 187 da 101ª Divisão Aerotransportada. Durante a ocupação do Japão, após a Segunda Guerra Mundial, os pára-quedistas norte-americanos passaram a ser chamados de *rakkasan*, que em japonês significa "guarda-chuva que cai". O termo fantasioso agradou Hendrix, mas, por fim, a 101ª Divisão Aerotransportada lhe forneceu aquilo que ele mais desejava: dispensa por problemas médicos.

Capítulo 4

A luta

Solidão é tão chata...
JIMI HENDRIX

"Jimmy Hendrix é um idiota." Era o que ele dizia a si mesmo depois de obter a dispensa. "Desgracei o meu emblema da 'aguia gritando' no mesmo dia em que deixei Fort Campbell." Hendrix ficava agitado quando recordava seu comportamento naquele dia pelo qual tanto esperara. Após 13 meses, estava afinal livre da disciplina do serviço militar. "Recebi minha dispensa pouco antes do dia 4 de julho, em 1962. Eles me deram todo o dinheiro a que eu tinha direito, o que era um pouco mais de 400 dólares. Era mais grana do que eu jamais vira em toda a minha vida. E você sabe o tipo de idiota com quem está falando agora? Pois esse idiota torrou essa grana toda, acabou com tudo num dia só. Eu era *o maioral*, paguei bebida para pessoas que eu nem conhecia, emprestei – ou melhor, dei, já que nunca vi nem um centavo de volta – dinheiro. Foi quase tudo embora."

Nos dias seguintes, Jimmy entrou em pânico. Precisava sobreviver com os 18 dólares que haviam sobrado. Se alguém deixasse uma moeda de 50 centavos cair na calçada, ele correria para apanhá-la. Ainda não completara 20 anos, e ali estava ele em Clarksville, Tennessee, enfrentando os mesmos problemas da época em que saíra da Garfield High School. "Fazer biscates de novo", pensou. "Eu não podia acreditar que tinha me colocado mais uma vez naquela situação. Tocava guitarra por alguns dólares aqui e ali, enquanto esperava Billy terminar o serviço militar para conseguirmos fazer alguma coisa."

Mas a vida continuava a se arrastar, mesmo depois da dispensa de Billy Cox em setembro. Os dois tentaram a sorte em Indiana. Porém, sorte era coisa que não existia por ali. Voltaram para Tennessee e foram para Nashville, onde se apresentaram no Club Del Morocco. Jimmy e Billy também conseguiram empregos temporários acompanhando diversos artistas de *rhythm and blues*. "Eu precisava de dinheiro, mas, junto com a grana, estava sempre querendo aprender. Minhas melhores apresentações naquela época", recordou Hendrix, "foram quando trabalhei com Curtis Mayfield and the Impressions. Curtis era um guitarrista *realmente* bom, mas ele era o astro, e me achava pouco contido. Aprendi muita coisa naquele curto espaço de tempo. É possível que ele tenha me influenciado mais que qualquer outro com quem eu tivesse tocado até então – sabe, aquele seu som suave..."

Em Nashville, Hendrix conheceu Larry Lee, um jovem músico que tocava guitarra rítmica e o incentivou e ajudou de muitas maneiras. Larry foi uma das poucas pessoas, segundo Jimmy, com quem ele "podia *de fato* conversar".

O outono se transformou em inverno. "Com frio, saudades de casa e fome", Jimmy pegou algumas caronas e vários ônibus, percorrendo mais de 3.000km e atravessando toda a América do Norte até chegar a Vancouver, onde passou algumas semanas com vovó Nora, no apartamento dela. Conseguiu ganhar alguns dólares tocando com uma banda chamada The Vancouvers num clube conhecido como Inferno de Dante. Foi o suficiente para reabastecer sua determinação de vir a "ser reconhecido pelo mundo". Jimmy adotou seu grito de guerra mais uma vez: "Não olhe para trás!"

Ele não se deu ao trabalho de pegar o *ferryboat* de Vancouver para Seattle e visitar o pai. Duas ligações telefônicas para Al Hendrix já haviam sido perturbadoras e deprimentes o bastante. Al não sugeriu que Jimmy fosse lhe fazer uma visita, nem encorajou o filho a prosseguir na música: deixou claro que, se dependesse do seu desejo, Jimmy teria permanecido no Exército. "Ele fez eu me sentir um fracassado", disse Jimmy. "E era isso mesmo que eu era. Mas eu não planejava permanecer naquela situação."

Pegou sua guitarra e viajou de ônibus de volta a Nashville. Ele e Billy Cox eram sempre bem recebidos no Club Del Morocco, na Jefferson Street. Hendrix lembrava daquele trabalho como o mais firme que teve. O guitarrista James "Nick" Nixon conheceu Hendrix naqueles dias. "A música de Jimmy era quase como o delta blues com um pouquinho de distorção", disse. "Um pouco à frente dos outros. Na época eu ainda não entendia aquilo. Muita gente também não. Jimmy achava que não gostávamos dele. Mas não era isso. É que ainda não estávamos acostumados."

Nixon é hoje um respeitado professor de guitarra e integra a bem estabelecida banda New Imperials. Ao pensar em retrospecto sobre sua amizade com Hendrix, ele comentou: "Não é que eu tenha escutado muito a música de Jimmy. Naquele tempo, jamais me ocorreu que ele iria se tornar famoso. O que fiz, basicamente, foi sair por aí com Jimmy. Éramos todos muito jovens – Jimmy, Billy Cox e eu –, só relaxávamos e curtíamos."

A educação de Jimmy como artista e músico prosseguiu. Para ele, nessa parte inicial de sua carreira, a coisa mais importante foi "ouvir, ouvir, ouvir. ... Aprendi mais ouvindo músicos de blues nos clubes e no rádio em Kentucky e Nashville que em toda a minha infância em Seattle", disse. Mesmo assim, não foi possível para ele ganhar seu sustento em Nashville. Jimmy e Billy haviam conhecido George Odell, músico que conseguia ganhar algum dinheiro na estrada acompanhando diversos cantores e apresentando duas ou três músicas com sua própria banda. "Chamavam ele de *Gorgeous* George",* disse Hendrix. "Era uma figura muito criativa. Usava uma fantástica peruca prateada e roupas espalhafatosas. Billy não estava muito certo sobre o que fazer, mas eu não tinha nada a perder. Juntei-me à banda dele por algum tempo, em 1963."

Nos dois anos seguintes, Hendrix cruzou os Estados Unidos em várias direções com diversas bandas de *rhythm and blues*, num percurso que era conhecido como o "circuito *chitlin*" – uma série de clubes e teatros freqüentados por negros em grandes cidades e pequenos vilarejos no campo. (*Chitlins*, ou *chitterlings*, são os miúdos do porco, considerados uma iguaria por alguns círculos de negros do Sul dos Estados Unidos.) Ele acompanhou artistas populares como Jackie Wilson, Sam Cooke, King George e Wilson "Wicked" Pickett, e apareceu também em bandas desconhecidas que logo se desmembravam. Por fim, teve de enfrentar o fato de que aquele circuito não reservava futuro algum para ele. "Não havia dinheiro, eu via que os caras envelheciam e tentavam resistir. Acompanhavam qualquer um por alguns dólares, gostassem deles ou não."

Apesar da crescente atenção feminina que Jimmy despertava, ele sentia uma solidão intensa e permanente. Mandava cartões-postais para

---

* *Gorgeous*: magnífico, deslumbrante. (N.T.)

o pai, na tentativa de restabelecer uma relação que na verdade não existia. Sentia falta de Leon, ficava imaginando se ele ainda estaria em algum "abrigo". "Se eu fosse para uma cidade por alguns dias, mandava o endereço de onde ia estar", contou. "Às vezes meu pai me respondia. Uma vez me mandou dez dólares, e cinco pratas um mês depois. Mas nunca me ofereceu um bilhete de ônibus para voltar a Seattle para uma pequena pausa. Eu não podia chegar a ponto de implorar, não suportava a idéia de que ele me fizera admitir que eu não conseguia cortar nossas relações. A minha companheira – minha maior companheira, de verdade – era a guitarra. Eu ficava ansioso até cair no sono. Dormi muitas noites junto com ela, naturalmente para impedir que fosse roubada, e porque ela era tudo o que eu possuía, ao menos até que eu a penhorasse para ganhar algum dinheiro para comer." No Exército, Jimmy se tornara forte e saudável. Nas ruas, perdeu peso, ficou "muito magro", e seu estômago jamais estava cheio.

Jimmy completou 21 anos em 27 de novembro de 1963, e por muito tempo lembrou-se de como a vida lhe parecia sem esperanças naquele aniversário. Cinco dias antes, John F. Kennedy fora assassinado em Dallas. "Um grande homem acabar daquele jeito... Sempre admirei Kennedy, considerava-o alguém especial. Chorei por causa dele. Eu estava quebrado. Eu não contava. Mas chorei por ele e talvez um pouco por mim também. Kennedy veio ao mundo para realizar coisas importantes. Eu não tinha realizado nada. Precisava fazer algo para mudar isso."

Quatro meses depois, com alguns dólares economizados, Jimmy reuniu todas as suas forças para encarar a cidade de Nova York. Ele não conhecia ninguém lá e, enquanto o ônibus seguia pelas estradas do país, pensava, amedrontado, em como iria sobreviver. Ao chegar, foi direto ao Harlem, bairro da parte alta da cidade. "Foi terrível quando pus os olhos pela primeira vez no Harlem. Ratos enormes. Prédios gelados. Vozes ásperas. Gente apavorada gritava pelas ruas. Canivetes reluziam." Ele ouvira falar de um famoso concurso amador no renomado Apollo Theater, na 125th Street, que acontecia às quartas-feiras à noite. Ali, por mais de 25 anos, muitos artistas importantes de origens étnicas variadas começaram suas carreiras. "Ganhei o primeiro lugar", disse Hendrix. "Fiquei estarrecido! Aqueles aplausos eram para *mim*! Deram-me 25 pratas, que me pareceram uma fortuna." Não há registro da música que tocou naquela noite.

O dinheiro logo foi gasto com as necessidades cotidianas. O amigo de um amigo apresentou Jimmy aos Isley Brothers, e ele ingressou na banda de apoio deles. Trataram-no bem, e participou das gravações de diversas músicas, sendo "Testify" a mais famosa delas. Ed Salamon, que mais tarde se tornou um personagem ilustre do rádio, tinha cerca de 14 anos quando, por volta de 1964, foi a um clube de dança para adolescentes brancos conhecido como Club Giant, em Pittsburgh, Pensilvânia. "Era no distrito de Brentwood, em Brownsville Road, e havia mais de 200 meninos no clube dançando ao som dos Isley Brothers", recorda. "Eu era fã de R&B e reparei naquele guitarrista absolutamente estimulante. Nunca tinha visto alguém tão *radical* – ele superava Bo Diddley! Aquela não era a sua banda, nem ele era um astro conhecido, mas Ronnie Isley deixou ele se expressar. Aquele jovem guitarrista, Jimmy Hendrix, me impressionou muito. No dia seguinte, no colégio, não conseguia parar de falar dele."

Jimmy também participou de "Have Mercy", sucesso de Don Covay. "Mais uma vez eu me via bastante frustrado", disse ele, "porque parecia que eu jamais me tornaria algo além de um integrante da banda de outra pessoa."

Enfrentou um período de profunda depressão. A idéia de se tornar um fracassado o dilacerava. "Em alguns dias eu achava que a razão estava me abandonando. Tentei tudo o que foi possível fazer."

"Quando eu era adolescente", contou, "nunca imaginei que, ao sair de Seattle e tornar-me adulto no mundo de verdade, eu ainda pudesse rezar para que as solas dos meus sapatos durassem só um pouquinho mais." Jimmy havia se convencido de que, tão logo terminasse o serviço militar, sua musicalidade lhe abriria grandes oportunidades. Mas estava errado.

Hendrix viajou com Little Richard em dois períodos diferentes. Suas recordações não eram nada favoráveis. "Ele ficou me devendo 1.100 dólares. E eu estava precisando um bocado daquele dinheiro", disse Jimmy em 1968. Apesar de admirar o talento cênico e a importância de Richard para o rock and roll, trabalhar com ele foi uma experiência decepcionante. "No dia que botei uma camisa nova com uns babados, ele teve um ataque e gritou: 'Aqui só quem pode ficar bonito *sou eu*!'" Jimmy fez então uma imitação de Little Richard zangado: "'Hendrix, você ficou surdo? Vá já tirar essa camisa, *garoto*!' Sempre havia problemas. Eu queria ir embora. O irmão dele queria que eu fosse despedido."

Ellen McIlwaine recordou a primeira vez que viu Hendrix: "Foi em 1965, em Atlanta, no Royal Peacock, acompanhando Little Richard. Nós nos referíamos a ele como o Dylan Negro, pois Bob Dylan era a única pessoa naquele tempo que usava o cabelo armado. O de Hendrix não era natural: ele o eriçava e depois armava."

Sob muitos aspectos, 1965 foi o pior ano para Hendrix. No entanto, houve um aspecto positivo: ele começou a compor. Jimmy se concentrara com afinco na tarefa de aprender a escrever música, tanto letras quanto melodias. De maneira diversa de muitos instrumentistas negros, prestava a maior atenção à música contemporânea dos brancos. Como ele próprio dizia, fez muitas "garimpagens" nesse tipo de música, em particular na de um outro cara cujo som era original: Bob Dylan. Ele se sentiu melhor logo na primeira vez em que ouviu a música "Like a Rolling Stone", de Dylan. Jimmy comprou o álbum e o carregava para ouvir nos toca-discos dos outros. "Percebi que eu não era o único a me sentir tão por baixo. Estou me referindo ao refrão, sabe." Lentamente, ele recitou a letra para mim:

How does it feel
How does it feel
To be on your own
With no direction home
Like a complete unknown
Like a rolling stone?*

Sua voz ficou trêmula por um momento quando ele lembrou de suas angústias. *Conhecia* muito bem a sensação de estar sozinho. "É tão horrível que não há palavras para descrever."

Jimmy me disse que costumava carregar esboços de letras, frases e temas musicais anotados em bloquinhos de hotel, envelopes baratos e guardanapos de papel, tudo enfiado numa sacola de viagem. Algumas dessas anotações apressadas iriam mais tarde aparecer em canções memoráveis.

Nos anos de batalha, de avanços e recuos, de um lado para o outro e atravessando um país ainda mais vasto que parecia ser no mapa, ele escreveu no envelope de um bilhete de ônibus, por exemplo: "Highway Chile ... you'd probably call him a tramp..."**

---

* Como você se sente?/ Como você se sente? / Inteiramente solitário / Sem caminho de casa / Um completo desconhecido / Feito uma pedra rolando? (N.T.)

** Rodovia Chile ... provavelmente você o chamaria de vagabundo...". (N.T.)

Ele percebia a maneira como era observado pelas "pessoas normais". Suas roupas eram esquisitas e gastas, os sapatos, esburacados e com as solas arrebentadas. "Eu via aquela gente estranha me olhar com desprezo", disse ele.

O jeito como ele enfatizou a palavra "desprezo", apertando os olhos, deixava claro que esses momentos tinham sido opressivos. Um *vagabundo*? Não, esse não era o seu sonho.

No mesmo ano Jimmy conheceu três pessoas que iriam afetar o resto de sua vida de forma negativa: Curtis Knight, Edward Chalpin e Devon Wilson.

Curtis Knight, por nascimento Curtis McNear, era um jovem baixinho, negro, muito ambicioso e bastante eloqüente. Era bom guitarrista, talvez até excelente. A banda dele, os Squires, fazia diversas apresentações pela região de Nova York. Um dia, quando Knight deparou com Hendrix no hall de um hotel barato, eles conversaram sobre guitarras e a respeito da experiência de Jimmy no circuito *chitlin*. Quase na mesma hora Knight decidiu usá-lo em seu grupo.

Um baterista de Nova York que atuava no circuito de clubes nos anos 1960 falou mais tarde sobre Knight: "Curtis amava música, mas ele tinha muitos outros negócios além disso. Não é segredo para ninguém que era gigolô e também um falador dos diabos. Em resumo, um artista de araque." Vários músicos que haviam trabalhado com Knight e depois foram difamados por ele advertiram Jimmy. Mesmo assim, ele não teve outra escolha. Trabalhou vez por outra com Curtis apenas pelo dinheiro.

"Juggy" Murray, pessoa bem relacionada nos círculos de R&B, assinou com Jimmy, em julho de 1965, um contrato de gravação de dois anos com a Sue Records. Mas nada aconteceu. Na prática, Jimmy sondava a cada semana aqueles que poderiam ajudá-lo a encontrar trabalho. "Acho que Juggy bem que tentou, mas jamais conseguiu alguma coisa para mim", observou ele.

No outono de 1965, Curtis Knight apresentou Hendrix a Edward Chalpin, esperto produtor musical que tinha um escritório e um pequeno estúdio de gravação na esquina da Broadway com a 51st Street – bem no coração da área musical de Nova York. Na noite de 15 de outubro, Ed Chalpin caminhou quatro quarteirões, de seu escritório até o pegajoso hotel em que Jimmy estava hospedado, e apresentou ao jovem guitarrista de 22 anos que jamais tivera oportunidade ou verba para procurar o aconselhamento de um advogado, um contrato de gravação. Pelo insignificante pagamento de um dólar, Hendrix assinou um contrato concordando em "produzir e tocar e/ou cantar com exclusividade para a PPX Enterprises Inc. durante três anos". Segundo o texto, Jimmy receberia "um (1) por cento do preço de venda no varejo de todos os discos vendidos com sua produção, com pagamentos mínimos pelos arranjos que produzir". A cláusula seis declarava: "Jimi Hendrix tocará para a PPX sem qualquer custo para a PPX Enterprises Inc." O contrato não especificava nada além de "um por cento do preço de venda" que Chalpin daria a Jimi. Esse "um por cento" renderia a Hendrix menos de um centavo a cada single vendido, e talvez o total de três centavos por um álbum inteiro – na época vendido por cerca de três dólares. Durante todo o ano seguinte, Jimmy não recebeu dinheiro algum por esse contrato, e o tempo que esteve no estúdio com Chalpin foi mínimo. "As sessões que fizemos se concentravam apenas em Curtis", disse Jimmy. Por muitos anos Curtis se referiu a Ed Chalpin como "meu agente e conselheiro". Hendrix, porém, jamais teve uma relação representado-agente com Chalpin.

Hendrix fez alguns shows com Knight na Cheetah, uma enorme discoteca patrocinada por vários franceses na esquina da Broadway com a 53rd Street. Naquele tempo, ele se apresentava como "Jimmy James", nome inspirado em um de seus cantores de blues favoritos, Elmore James.

A solidão e a falta de dinheiro continuavam a perseguir Hendrix. À medida que ele se tornava um adulto alto e elegante, dono de um encantador e tímido *sex appeal*, potencializado por sua perícia com a guitarra, seus momentos mais enriquecedores eram os brindados pelas jovens que desejavam protegê-lo e ajudá-lo da forma que pudessem. Joyce, Fay, Rosa Lee, Kim... – esses foram alguns nomes que ele citou: "Eram garotas que acreditavam em mim, que me alimentavam, me davam dinheiro." Seu tom era de simplicidade, mas os olhos fitavam o chão. Ele sentia vergonha.

Durante muitos meses Jimmy vestiu-se de preto, "em parte porque assim a sujeira não aparecia". Toda noite ele lavava a calça preta, a única que tinha dessa cor. Em muitas ocasiões, como Jimmy contou, não podia nem comprar cuecas novas.

No final de 1965, uma jovem linda pôs os olhos em Jimmy num clube de Nova York e, como ele contou, "eu retribuí o olhar". Devon Wilson era uma garota negra, elegante, muito bonita e perturbada, que saíra de casa no início da adolescência. Tinha atração por pessoas interessantes em lugares glamourosos. Aos 16 anos, Devon adotara um novo e dispendioso meio de vida como *call girl* em Las Vegas. Depois de uma série de problemas com a polícia, ela se mudou para Nova York. Hendrix contou-me que foi Devon quem lhe apresentou ao LSD e a uma variedade de comprimidos. Até então ele usava drogas de forma irregular e em menor escala. Embora atraído por Devon, Jimmy não cultivou com ela um relacionamento mais firme.

"Devon tinha muitos contatos nas classes altas e baixas", revelou um integrante de seu ciclo de amizades no final dos anos 1960. "Ela conseguia qualquer tipo de droga. Parece que poderia se tornar modelo de sucesso sem a menor dificuldade. Mas Devon jamais conseguiu organizar sua vida. Ela feriu muita gente, inclusive a si própria."

No início de 1966, Jimmy juntou-se a King Curtis, um saxofonista de enorme talento. Curtis era muito requisitado para importantes sessões de gravação, em particular na Atlantic Records, e tinha também sua própria banda, os Kingpins. "Eu tive de ser muito rápido para captar o que eles queriam", recordou Jimmy. "E acho que fiz um bom trabalho. Cornell Dupree, um instrumentista de estilo muito puro, ficava com a guitarra solo. Bernard 'Pretty' Purdie e Ray Lucas se alternavam na bateria. Chuck Rainey tocava baixo, um baixo *grandioso*. Foram os músicos mais sofisticados com quem já toquei. Fiz também umas gravações com eles."

Com certeza, pensou Hendrix em seu íntimo, essa associação seria uma *enorme* oportunidade para ele. Teria chance de conhecer produtores musicais respeitados, que sem dúvida iriam prestar atenção à sua habilidade e ao seu som especial. "Não quero me gabar", disse referindo-se às esperanças que alimentava à época, "mas eu tinha melhorado muito a minha forma de tocar em relação a 1963. Tinha noites, juro para você, que eu simplesmente parecia soltar fumaça!"

Todo mundo nos círculos musicais de Nova York sabia que King Curtis trabalhava apenas com os melhores. Mas, apesar de alguns executivos e produtores – todos conhecidos, importantes e respeitados – terem ouvido a banda de Curtis tanto no palco quanto no estúdio, no início de 1966, o fato é que esses homens jamais consideraram Jimmy uma estrela em potencial. Muito depois, quando diziam "eu sempre soube que você chegaria lá" para Hendrix, ele exibia um sorriso forçado.

Embora aquele fosse um período de grandes mudanças sociais nos Estados Unidos, a segregação racial ainda se mantinha em muitas regiões do país. Na indústria fonográfica, como em muitas outras, com freqüência os negros tomavam a dianteira, em especial quanto ao aspecto financeiro, mas isso não mudaria da noite para o dia. Cinco anos depois, importantes selos de gravação começaram a considerar a possibilidade de preparar artistas negros também para as platéias de brancos.

No início de 1966, contudo, Hendrix era exclusivamente um músico de apoio; a situação dele não era a de alguém que pudesse atrair a atenção de um agente experimentado, capaz de conseguir fechar negócios, assessorá-lo e apoiá-lo em termos artísticos. "Lembro que vi Hendrix tocar diversas vezes em 1966", recordou um produtor musical branco. "Estava fora de questão apresentá-lo à minha gravadora, mas pude reconhecer todo seu potencial como músico. Mesmo assim, nunca o imaginei como um astro, nem achei que ele fosse um cara capaz de compor músicas poderosas. Para mim, era apenas mais um músico negro da onda, e que por sorte tinha um belo sorriso. Não sou racista. Acho que senti a mesma coisa em relação a muitos garotos brancos que andavam atrás de uma gravadora. Para mim, é como descobrir de repente uma canção de sucesso. Se Hendrix apresentasse uma música nova, pode apostar que eu pularia para conseguir os direitos. Ele teria sido muito bem pago, mas eu deveria dar a canção para um artista branco realçar."

Hendrix deixou os Kingpins depois de quatro meses. Simplesmente aquela não era uma situação que ele pudesse suportar. Chegou a crer que só ficando "fora do front" poderia obter o reconhecimento pelo qual lutava com tanto afinco. "Cheguei a um ponto em que preferiria cair no ridículo a deixar de tentar", disse ele. "É tão perigoso tentar ser diferente, perseguir os próprios sonhos." Ele conseguiu outras apresentações com o sempre insinuante Curtis Knight, e também com Carl Holmes, um cantor de *soul* da Filadélfia. Al Aronowitz, que então escrevia uma coluna de música muito lida no *New York Post*, lembra de ter visto Jimmy se apresentar na Cheetah em abril de 1966. "Nunca vi nada parecido", ele comentou. "Chegou um momento em que não consegui mais tirar os olhos de cima dele."

À medida que Jimmy se familiarizava com Manhattan, o oposto do modesto Harlem, ele resolveu que já era tempo de parar "de ficar só olhando a vitrine" da Manny's Music, na 48th Street, com todas aquelas guitarras que pareciam lhe acenar. Afinal reuniu coragem e um dia entrou lá. Examinou com cuidado as guitarras acústicas e também as elétricas. Por fim, tornou-se uma figura assídua daquela espécie de Meca da guitarra: os vendedores, muitos dos quais eram ótimos músicos também, gostavam dele e de seus sons, por isso permitiam que experimentasse várias guitarras.

Esse estímulo dispôs Jimmy a tentar a sorte no Greenwich Village, a 3km de caminhada da Manny's, descendo pela 6th Avenue. Foi a boêmia do Village – assim como as personalidades dali – que lhe renovaram as esperanças de um sucesso verdadeiro. Ninguém olhava para aquele negro jovem, alto, elegante, pálido, com uma guitarra à tiracolo. "As pessoas me trataram bem no Village", disse ele. De maneira muito tímida, começou a passear pelas ruas estreitas e a espiar pelas janelas dos cafés que reuniam os moradores para jogar xadrez, ler poesia, discutir os escritores *beat*, fazer fofoca e ouvir a música do "povinho" que habitava a região. "Um dos primeiros lugares em que pus os pés", contou Hendrix, "foi o Café Wha?. Dylan havia tocado lá bem no início. Então, era evidente que eu esperava que me deixassem tocar também. Era um pequeno sonho que eu tinha."

Próximo ao hotelzinho barato em que estava hospedado na época, Jimmy conheceu Mike Quashie, um famoso dançarino de *limbo*.* Ele era de Trinidad e se apresentava num ponto da 44th WestStreet conhecido como African Room. Quashie era uma figura bem conhecida nos clubes de Nova York. "Mike era um cara todo colorido", disse Hendrix em 1969, "não só por sua forma de se vestir, mas por sua maneira especial de falar. Ele foi maravilhoso, perguntou se eu precisava de dinheiro emprestado e se já tinha lugar para dormir. Em Nova York, eu estava sempre à espreita de um chão ou um sofá para desabar em cima, ainda mais se fosse, mesmo que remotamente, perto do Village." E Hendrix acrescentou com calma: "Um dia pude retribuir com juros sua ajuda e seus dólares."

Outro "incentivador de Jimmy" foi o saxofonista Lonnie Youngblood. Hendrix recordou certa vez: "Aprendi muito sobre tocar guitarra pela maneira como Lonnie tocava o sax tenor. As sonoridades que ele produzia eram incríveis. E também foi um ótimo amigo para mim."

---

* *Limbo*: dança própria da América Central em que os dançarinos passam, inclinando as costas para trás, por baixo de uma trave sem tocar o dorso no chão; a cada nova passagem, a trave é abaixada. (N.T.)

Youngblood lembra de Hendrix como alguém "inspirador". "Jimmy era um músico fenomenal", disse ele. "Sua grandeza e agilidade iam muito além das de um cara comum, entende? A profundidade na estrutura de uma pessoa cria algo diferente, e Jimmy tinha isso. Lembro de uma noite em que estávamos trabalhando no Lighthouse, um clube da Broadway no West Seventies. Eu queria tocar alguma coisa diferente. Queria tocar 'Misty', e esperava que ele não se importasse com isso. Eu não desejava colocá-lo em situação difícil, já que há muito tempo vínhamos tocando apenas R&B tradicional. E ele falou: 'Vá em frente, cara.' E eu disse comigo mesmo: 'Isso vai ser muito interessante'. E com toda certeza foi muito interessante mesmo. Jimmy botou o diabo para fora em 'Misty'! Era inacreditável que aquele cara pudesse ter tanta dedicação e amor pelos blues, e uma capacidade tão grande que podia chegar e adaptar sua forma de tocar a um gênero completamente diverso, criando uma interpretação tão maravilhosa que as pessoas presentes naquela noite adoraram!"

O saxofonista tratava Jimmy como a um irmão. Tomou conta dele, comprou-lhe um amplificador e fez o possível para que o sempre atrasado Hendrix chegasse na hora das apresentações. Lonnie e sua mulher ainda lhe ajudavam a pagar o aluguel semanal do quarto de hotel. Youngblood foi uma das raras pessoas na vida de Jimmy com quem ele pôde contar – e que não esperava nada em troca.

Em 1966, pouco antes de romper com Curtis Knight, Hendrix conheceu Regina Jackson (o nome verdadeiro dela não era este), uma adolescente de Minneapolis que fugira de casa. Jimmy viu logo que Regina, de 16 anos, prostituta novata, mas com várias prisões em seu currículo, não estava preparada para os perigos da vida muitas vezes degradante de Nova York. Assim como a maioria de seus "protetores" havia demonstrado preocupação com ele, com seus sonhos derrotados e sua vida miserável, Jimmy também tentou fazer suas boas ações. Desta vez foi *ele* quem assumiu o papel de protetor. Se a realidade de Nova York, com zero dólar por dia, o havia devastado, então aquela cidade imensa não era de jeito algum lugar para uma adolescente vinda do Meio-Oeste. Ele me contou que muitas vezes insistiu para que Regina abandonasse as ruas. "Ela parecia condenada a ter problemas terríveis." Viveram juntos por pouco tempo, em dois diferentes hotéis baratos na região de Times Square. Ignorando as firmes advertências de Jimmy, ela logo foi presa de novo, e desta vez teve de deixar Nova York às pressas para evitar ir em cana por um longo período. A obstinada Regina, que estava no início de uma gravidez, mudou-se de fato tão depressa que nem pôde encontrar Jimmy para lhe dizer adeus.

Havia algum tempo que Hendrix considerava a idéia de ter a sua própria banda. "Primeiro pensei em chamá-la Rainflowers, mas continuei com Jimmy James and the Blue Flames." Naquele verão, ele e um instável elenco de músicos novatos fizeram uma curta seqüência de apresentações no Village. Ali Jimmy revelou suas versões para duas músicas que lhe valeriam muito no futuro: "Hey Joe" (composta por Billy Roberts) e "Wild Thing" (de Chip Taylor).

Jimmy, o sempre desafortunado sedutor das atenções femininas, atraíra os olhares de uma jovem inglesa que iria atuar como importante catalisadora em sua carreira. Linda Keith sentiu-se primeiro cativada pelos movimentos exagerados de Hendrix com a sua guitarra na Cheetah; depois, a modelo inglesa começou a ir todas as noites ao Greenwich Village para ver Jimmy e os inconstantes Blue Flames. Keith chamava atenção com suas pernas compridas e o cabelo castanho brilhante e muito bem tratado. Uma antiga garçonete de uma cafeteria do Village disse: "Só de olhar a gente já sabia que ela era modelo. Parecia conhecer todo tipo de gente importante. Ouvimos dizer que era namorada de Keith Richards, mas estava louca por Jimmy James. Toda vez que ela aparecia, falava sobre o talento dele e de como ele ainda seria alguém. Aquele sotaque britânico se destacava num ambiente pequeno. Com certeza foi a mulher mais sofisticada que vi perto de Jimmy."

Linda Keith *conhecia* música e estava convencida – foi o que disse a Jimmy – de que o destino dele seria tornar-se um grande astro. Ela recitava de maneira incansável sua ladainha de elogios a Hendrix para todos os músicos ingleses que conhecia: "Você tem de ver Jimmy, ele é *fabuloso*!" Falou sobre Jimmy para o mentor dos Rolling Stones – Andrew Loog Oldham –, marido de sua melhor amiga, Sheila. Estava certa de que aquele "formador de gostos" da moda iria contratá-lo. Mas Oldham não reagiu com o fervor que ela esperava. De repente, contudo, os próprios Stones apareceram no dia 2 de julho para assistir à apresentação de Jimmy na Ondine, uma popular discoteca na 59th East Street. Ficaram muito agitados ao som da guitarra de Jimmy e diante daquela personalidade cênica única. A partir daquela noite, o Rolling Stone Brian Jones tornou-se um importante fã de Jimmy, e nos meses seguintes tratou-o melhor do que a quase todos os demais à sua volta. A aprovação dos Stones confirmou a impressão que Linda Keith tinha em relação ao potencial de Hendrix para se tornar um astro.

No dia 5 de julho, Linda Keith correu até Chas Chandler, baixista dos Animals, uma das primeiras bandas a percorrer os Estados Unidos como parte da "invasão britânica". Chas tinha mais de 1,80m de altura, uma sólida estrutura óssea, o rosto flácido, olhos azuis claros e o cabelo liso cortado curto. Como instrumentista, era medíocre. Mesmo assim, foi um dos fundadores dos Animals e sempre participou das turnês e gravações de todos os sucessos da banda, inclusive "House of the Rising Sun", "Bring It on Home to Me" e "We Gotta Get Out of this Place".

Circulava um boato de que Chas ia deixar o grupo. Ele próprio reconhecia que não era grande baixista. Além disso, ganhara pouco dinheiro graças às distorcidas estratégias comerciais do agente dos Animals, Michael Jeffery, que costumava só pensar em si. Naqueles dias, Chas acreditava que era na produção de discos que de fato se localizava o dinheiro. E ali estava Linda Keith, que na verdade ele mal conhecia, falando toda entusiasmada de Jimmy James.

Chas apareceu no Café Wha?, na esquina das ruas MacDougal e Minetta, poucas horas depois de sua conversa com Linda, para conferir com os próprios olhos. Tal como os Rolling Stones, ele também reconheceu de imediato que Jimmy era alguém "muito especial". Entusiasmou-se quando aquele radiante guitarrista tocou "Hey Joe", música que já escutara e achava fantástica. Chandler ficou tão apaixonado que viu a combinação de Jimmy James com aquela música como um bom presságio.

Ele se apresentou a Jimmy logo que o show terminou, falando com um sotaque gutural, próprio da região de Newcastle-on-Tyne, ao norte da Inglaterra, onde nascera. Hendrix recordou depois: "Tentei não parecer muito nervoso, mas só lembrava dos grandes *hits* dos Animals, de que eu gostava muito, e pensava que aquilo *poderia* ser uma boa conexão. Tentei ficar frio, mas Chas não parava de me elogiar com aquele seu sotaque forte. ... O fato é que ele falava o tempo todo, com tanto entusiasmo, que comecei até a ficar constrangido. Ele enlouqueceu com a versão lenta de 'Hey Joe'. Parecia até gostar do jeito como eu cantei a música. Eu nunca tinha conversado antes, por tanto tempo, com alguém como ele, um inglês conhecido no meio do blues e tudo o mais. Ele me disse que eu teria notícias suas assim que terminasse com a banda. Não o vi nas seis semanas seguintes."

Nesse meio tempo, John Hammond se apresentava no Gaslight, na rua MacDougal, um clube do Village onde Bob Dylan mostrara pela primeira vez sua poderosa música "Masters of War". Com tantos músicos falando de Jimmy James em termos tão favoráveis, Hammond se apressou em conferir. Apesar de seus vinte e poucos anos, Hammond já era considerado uma autoridade no blues, e tocava e cantava com verdadeira paixão. Hammond disse mais tarde: "Jimmy me fascinou. Tocando uma Strat com a mão esquerda e na posição invertida, ele foi *brilhante*. Fora do palco, era um cara suave, profundamente humilde e que sentia muita alegria por fazer música. Reconheci nele alguém único." Pouco tempo depois eles fizeram alguns ensaios juntos, e Hammond convidou Hendrix para juntar-se a ele em sua apresentação no Café Au Go Go, na rua Bleecker.

O rosto de Hendrix se iluminava ao falar de Hammond. "Ele toca e canta com tanto sentimento", disse. "Quando conheci Johnny Hammond, descobri que ele era não só uma pessoa linda, mas que suas mãos e sua alma tinham sido feitas para tocar blues. Ele é um dos seres humanos mais legais que já encontrei. John é um *gentleman*, e me tratou como se eu também fosse."

Quando Chas Chandler, agora já ex-Animals, retornou a Nova York no início de agosto, começou a procurar Jimmy James no mesmo instante. Muito perturbado porque Jimmy se mudara de seu hotelzinho – e o recepcionista não tinha a menor pista de seu paradeiro –, Chas foi para o Greenwich Village, onde entrou e saiu de todos os cafés e clubes. Alguém lhe informou que Jimmy poderia estar fazendo algo com Johnny Hammond. Chas sabia que o pai de Johnny era o famoso produtor da Columbia Records, John Hammond, que havia descoberto e protegido, entre muitos outros, Bob Dylan. "Eu praguejava só de pensar que poderia ter perdido Jimmy", disse Chandler. E se dirigiu ao Café Au Go Go. "Estava cada vez mais preocupado. E se o senhor Hammond estivesse a ponto de assinar um contrato com Hendrix?" Deu um suspiro de alívio ao encontrar Jimmy, que lhe perguntou: "Quando é que a gente vai conversar a sério?"

Na tarde seguinte, Chas, acompanhado por um colega, foi ao Café Au Go Go para falar de negócios. Ele observou Jimmy examinar uma guitarra acústica de alguém, encostado a uma das paredes de tijolos do clube. Apresentou Hendrix a Michael Jeffery, agente dos Animals e seu então futuro sócio. Jeffery – um inglês de estatura mediana, cabelos castanhos, aparência "séria" e olhos perspicazes emoldurados por óculos caretas, estilo executivo, que jamais tirava – ainda não ouvira Jimmy James tocar, mas não pediu que o fizesse ali. Estava no Café Au Go Go apenas para conferir "o aspecto" daquela personalidade incomum que Chas colocara nas alturas. Mas em questão de minutos já segredava para Chas: "*Ele* poderia ser o Elvis negro!"

Ellen McIlwaine, que se mudara de Atlanta para Nova York e que mais tarde ficaria conhecida por seu talento na guitarra *slide*, cantava e tocava piano no Café Au Go Go, onde conhecera Jimmy James. Ellen lembra das visitas de Chas Chandler ao lugar: "Quando Jimmy estava conversando pela primeira vez com os caras ingleses, ele me apresentou. Escutei quando Chandler disse a Jimmy: 'Venha comigo para a Inglaterra e vamos fazer isso, isso e aquilo.' Jimmy queria saber se podia levar algum dos Blue Flames com ele. Chandler respondeu: 'Você não precisa mais deles. Eu monto uma banda para você em Londres. E o nome Blue Flames tem de ser abandonado. Já temos os nossos Blue Flames lá na Inglaterra.'"

Jimmy escutou tudo o que Chandler e Jeffery tinham a dizer. Conversaram a respeito de seu nome verdadeiro e sobre mudar a grafia para J-i-m-i, mais imaginoso e de fácil apreensão visual. Hendrix mencionou o acordo de gravação que assinara com Ed Chalpin quase um ano antes, e também o contrato com a Sue Records. "Ilegal", declarou Jeffery. "Você não tinha representação própria. Não se preocupe. Eu trato disso."

Em particular, Chas não admirava Jeffery como pessoa. Afinal, os Animals viviam se queixando de que ele os enganava. Mas apreciava Jeffery por tudo o que realizara em sua vida: era um homem de fortuna e posses, sabia como tratar de negócios com executivos e advogados da indústria musical. Chas, na verdade, não conhecia nenhum outro agente que o levasse a sério. Achava que tinha muito a aprender com Jeffery e, sobretudo, que precisava dele como apoio para fazer Hendrix alçar vôo.

Jimmy não assinou nada com Chandler ou Jeffery nessa época. Entretanto, em meados de agosto, Michael Jeffery, que ainda não ouvira Hendrix tocar guitarra, abriu uma nova conta num paraíso fiscal nas Bahamas, em nome da Yameta, uma firma que ele organizara no início de 1966, em nome de "Jimi Hendrix". O titular não ficou sabendo disso nem foi signatário da conta.

"Na cena do Village daquele tempo", disse Ellen McIlwaine, "muita gente se sentava lado a lado para tocar junto, havia uma certa camaradagem. Jimmy me influenciou muito ao usar a guitarra como voz, e em apenas três aulas me ensinou a produzir efeitos sonoros com o instrumento!

Ele fazia aquilo com uma guitarra e um amplificador. Não precisava de todos esses recursos que se tornaram populares depois. Eu adorava vê-lo." Por mais que apreciasse o talento de Jimmy, Ellen ficou surpresa ao observar seu lado competitivo: "Ele tocava com Johnny Hammond e praticamente o expulsava do palco de propósito! Depois *ainda* queria tocar comigo, em meus números, o que me fazia pensar: 'Aaaah! Está brincando! Eu vou pedir que *você* me apunhale pelas costas!' Mas ele não fez nada disso. Pensando em retrospecto, acho que John era tão amigo dele que *permitia* que Jimmy se expressasse como quisesse. Era um ato de generosidade."

Chas gostava de observar a platéia nas apresentações de Hendrix e Hammond. A reação calorosa e agitada reforçava no novo agente a profunda crença no talento de seu futuro astro. Não importava até que horas ficara acordado na noite anterior, os seus dias agora eram dedicados a cuidar do futuro. Ele saldou a dívida com a Sue Records – foram menos de 100 dólares – para certificar-se de que a pequena companhia não requisitaria Hendrix de novo como músico de estúdio. Ficou muito contente porque sua magra oferta foi aceita na hora. Levou mais tempo para abrir o caminho em Seattle. Dirigiu-se várias vezes ao registro civil da cidade em busca de uma cópia da certidão de nascimento de Jimmy. O fato de Al Hendrix ter mudado o nome do filho complicou o caso. Chas procurou advogados em busca de ajuda em sua corrida para obter o primeiro passaporte de Hendrix, e ainda teve de enfrentar toda agitação de Jimmy por causa da vacina obrigatória contra varíola. Precisou literalmente carregá-lo a força até o consultório do dr. Meyerhoff, na 57th Street, onde, depois de Jimmy fechar bem os olhos, o trabalho foi afinal executado.

Mais de quatro anos haviam se passado desde que Jimmy saíra de Fort Campbell, confiante de que seu talento logo seria reconhecido pelos "círculos da alta roda". Não lhe ocorreu que estava, de modo inconsciente, se preparando para o desapontamento, a desilusão, a pobreza, as noites insones e a dolorosa consternação de dedilhar sua guitarra para continuar vivo. Vezes seguidas caiu de joelhos e rezou a Deus. Chorou, lutou e levantou-se de novo, ainda à espera do dia – como escreveu o grande *bluesman* Willie Dixon – em que "o mundo quiser saber o que é tudo isso."

Johnny/Jimmy/Jimi estava pronto.

PARTE II

Londres, Paris, o mundo!

CAPÍTULO 5

Tempos chocantes

O passaporte de James Marshall Hendrix ficou pronto na manhã de 13 de setembro de 1966. Chas não perdeu tempo: ainda no início da noite ele e sua "primeira descoberta e cliente" chegaram ao aeroporto John F. Kennedy, em Long Island, e aguardaram com ansiedade o embarque no vôo da Panan. Com eles estava Terry McVay, que trabalhava para os Animals como produtor de turnês, um rapaz de Newcastle, muito trabalhador e com os pés no chão.

Chas estava agitado e nervoso. As idéias para o lançamento de Hendrix fervilhavam em sua cabeça por toda a viagem. Estava certo de que os grandes músicos de Londres iriam todos ficar doidos com Jimi, da mesma forma como ele ficara: era *essa* a chave para fazer Hendrix explodir. Era essencial conseguir um contrato para gravar um disco. Ele sabia que teria de entrar de cabeça no negócio e fazer a própria sorte. Se as coisas se arrastassem, o impacto alucinante de Hendrix e tudo o que ele significava se perderiam. Chas estava obcecado, e o pescoço dele ficou rijo o tempo todo.

Sentado ao seu lado, a nova descoberta de Chas entregava-se aos próprios pensamentos. Jimmy Hendrix e Jimmy James *acabaram*. Agora o nome seria Jimi, para sempre! Hendrix divertia o sorridente Chas escrevendo sem cessar o novo nome. "Chas sempre achou que foi ele quem pensou primeiro nessa saída", disse-me Jimi em 1968. "Na verdade, aquela grafia já me passara pela cabeça antes. Cheguei até a usá-la algumas vezes em Nova York." No avião eles conversaram bastante sobre a importância de fazer com que tudo acontecesse rápido. Até aquele momento, nada de bom jamais ocorrera com rapidez para Hendrix. No fundo, pensava que ao menos tinha a oportunidade de viajar de primeira classe – o que para ele era uma grande coisa – e a chance de ver, talvez até de conhecer, os melhores guitarristas ingleses.

McVay, com calma e firmeza, ajudou a resolver as questões com as autoridades alfandegárias de Sua Majestade e levou a Stratocaster branca de Hendrix até o posto de controle. Jimi, por ser norte-americano, foi prevenido de que não poderia trabalhar durante aquela estada, e o seu novo passaporte verde e brilhante recebeu as devidas estampilhas.

Assim que saíram do aeroporto de Heathrow naquela manhã e se dirigiram para Londres, Chas, sensível às preocupações de Jimi quanto a "ajustar-se com os músicos ingleses", decidiu colocar seus temores de lado. Deram uma parada na casa de Zoot Money, na Gunterstone Road, oeste de Londres. Zoot (George Bruno era o seu nome verdadeiro) era uma pessoa gentil e extrovertida, um talentoso tecladista na tradição de Jimmy Smith. Ele tinha sua própria banda de *rhythm and blues*: The Big Roll Band. Zoot recebeu Chas e Hendrix, e elogiou o cabelo de Jimi, que parecia saltar da cabeça como uma inflorescência cheia, negra e levemente metálica, efeito obtido com bóbis. Orgulhoso, Chas explicou para Zoot que Jimi havia criado aquele estilo a partir de uma fotografia de Bob Dylan.

Em seguida, Zoot ofereceu-lhes chá inglês com leite. Hendrix havia aterrissado num acolhedor ambiente de brancos onde a maioria dos músicos era formada por "bons amigos". Zoot estava ansioso para ver Jimi tocar e declarou: "Todo amigo de Chas é amigo meu também!" Sua casa estava sempre animada por música. Ele e a esposa, Ronnie, alugavam pequenos apartamentos do casarão para outros músicos. Assim, por volta do meio-dia, Jimi já estava tocando em uma Telecaster branca que Zoot pegara emprestada com Andy Summers, um dos inquilinos e também guitarrista da Big Roll Band. (Mais tarde Summers iria ganhar fama como integrante do Police.)

Chas sorria satisfeito ao observar o entusiasmo que se estampava no rosto de Zoot enquanto Jimi executava antigos blues, passando depois para uma canção de Ray Charles. Jimi também sorria consigo mesmo à medida que se acostumava à Telecaster. Zoot adorava blues, e Ray Charles era um de seus heróis favoritos. Chas ficou feliz por ter parado na casa de Zoot e Ronnie. Zoot era um artista muito popular, a pessoa ideal para difundir a notícia sobre aquela espantosa descoberta norte-americana.

Na mesma noite, Chas e Lotta, sua noiva sueca, levaram Jimi até o coração do West End londrino, a um dos clubes favoritos de Chas, o Scotch of St. James. Aberto um ano antes, era o mais charmoso clube dos agitados anos 1960. À meia-noite, virava quartel-general dos astros pop já estabelecidos, dos aspirantes a astros e das belas mulheres à procura de namorados famosos. Pelas paredes viam-se gaitas de fole e abajures em tecido xadrez. Os garçons usavam coletes escoceses e serviam inesgotáveis doses de uísque com coca-cola, supostamente a bebida preferida dos Beatles. Quando os "Fab Four" apareciam por lá, relaxavam em uma cabine reservada, com uma placa especial: "Beatles".

Jimi jamais estivera num clube tão requintado como aquele. "O Scotch tinha muita classe", lembrou ele, "e era bastante confortável." No entanto, ele tinha certeza de ser a pessoa mais feia que já passara por aquela porta. Gostaria de estar vestido em roupas decentes e tinha consciência das inúmeras espinhas e marcas espalhadas pelo rosto, que ele costumava limpar religiosamente com uma loção especial. Sentiu-se um pouco aliviado quando alguém no Village lhe informou que Bob Dylan também tinha acne. Aquela noite, Jimi tocou por alguns minutos, e todo o mundo parou de conversar e brincar só para ouvir, *ouvir* de verdade. "Pareciam estar gostando muito. Fiquei apavorado por dentro ao ver que aquilo estava de fato acontecendo", disse ele. "Enquanto chafurdava na miséria em Nova York, eu costumava imaginar momentos assim. Mas nunca, o que é perfeitamente natural, poderia sonhar que isso fosse acontecer em Londres, Inglaterra."

Chas certificou-se de que o famoso cantor e pianista Georgie Fame, líder dos Blue Flames ingleses, estava no clube para ver Hendrix. Georgie e Zoot Money eram também grandes "camaradas", conhecidos por aparecerem juntos no Flamingo Club de Londres, onde por vários anos os músicos que tocavam com Fame formaram a banda oficial da casa. O Flamingo foi palco de muitas festas lendárias que avançavam até altas horas da madrugada, e onde Georgie e Zoot soltavam suas potentes vozes, seus inspirados talentos ao teclado e toda a fervilhante energia que possuíam.

Naquela noite, Zoot e Ronnie Money estavam acompanhados por Kathy Etchingham, de 19 anos, inquilina da casa de Gunterstone Road.

"Era bonita, tinha o cabelo cheio e comprido, os olhos eram atrevidos, uma gatinha cheia de confiança", disse Jimi. Os dois ficaram agarrados a noite toda. Kathy também era nova em Londres, embora soubesse se virar na cidade sem problemas. Já passava muito da meia-noite quando ela achou um táxi para acompanhar Hendrix até o Hyde Park Towers, um hotel modesto, onde Chas reservara provisoriamente um quarto de solteiro para Jimi. Alguns dias depois, ela deixou a casa de Zoot e Ronnie e se mudou para o quarto de Hendrix.

Embora Kathy Etchingham fosse a primeira namorada inglesa de Jimi, com certeza não foi a última.

Em 29 de setembro, dois fatos significativos ocorreram durante a criação supersônica de Jimi Hendrix. Chas e Jimi começaram a fazer testes no Birdland, um clube da moda instalado num porão bem no centro de Picadilly. Um guitarrista magrinho de 20 anos chamado Noel Redding, nascido em Kent, foi um dos que apareceram. Havia pouco tempo que retornara do continente, onde, como integrante do conjunto The Burnettes – mais tarde conhecido como The Loving Kind –, já era veterano no exaustivo circuito alemão de clubes. Redding recordou depois: "Eu achava que estava seguindo as pegadas dos Beatles, começando na Alemanha e tudo mais. Um empurrãozinho nos novatos, comprimidos para não dormir, horas seguidas tocando – não é assim que a gente se torna astro?"

No Birdland, Noel deixou bem claro que era guitarrista, e Jimi deixou igualmente evidente que precisava de um baixista. "James tinha a fala mansa, só murmurava e sussurrava, *de fato* estava me examinando", disse Noel. "Ele dedilhou alguns acordes. Tocamos 'Hey Joey' e mais algumas canções soul. Eu aprendia rápido. Hendrix sorriu duas ou três vezes com o som que estávamos levando e olhou de novo para mim. 'Gosto do seu cabelo', disse. 'E dos seus sapatos.' Ele realmente estava com um aspecto dos diabos com aquela lamentável capa de chuva surrada. Como Bogart num mau momento, se é que você me entende? Achei que ele era um bom instrumentista. A coisa da mão esquerda me pareceu muito legal, mas naquele dia não saquei logo o quanto ele era bom."

Ao sair do Birdland, Redding não tinha certeza se conseguira o lugar.

Passada meia hora, Jimi concluiu que Noel era a pessoa certa, com a vantagem de que era guitarrista. "Ele ficou atento quando lhe mostrei o som de baixo que eu queria. Não foi preciso explicar muito", recordou Jimi. "O cabelo dele era um pouco esquisito, uma espécie de versão mais leve e ondulada do meu. Isso era bom, porque achei que ia ficar estranho demais alguém como eu estar no palco acompanhado por rapazes ingleses com os cabelos convencionais. Noel era divertido, me fazia rir muito. Quando falava, sua voz era cheia de pequenos sons interessantes. Naquele dia ele usava botas de bico quadrado bem legais. Como eu desejei estar com elas! Na verdade, Noel sempre usou botas longas e sapatos que ele arranjava em Londres. Ninguém se dá conta da importância de usar o sapato correto no palco. Não só pela aparência, mas para a facilidade dos movimentos, pelo conforto."

Aquela noite, em um dos clubes favoritos dos Beatles, o Blaises, situado no subsolo do Imperial Hotel, em Queens Gate, Jimi participou da apresentação do Brian Auger Trinity. Auger, excelente tecladista, e a banda dele – que incluía o guitarrista Vic Briggs, de quem Hendrix iria se lembrar como "um músico realmente gentil e prestativo" – deixaram Jimi muito impressionado. Auger foi generoso e disse para Chas e Jimi que este seria "sempre bem-vindo a participar".

Johnny Hallyday, ídolo pop europeu – conhecido na Inglaterra como "Elvis francês" –, estava na platéia analisando a possibilidade de levar o grupo de Auger para fazer a abertura de um importante concerto dele na casa de espetáculos parisiense Olympia. Porém, aquele camarada norte-americano que transbordava som e emoção, e que tocava guitarra até com os dentes, representava algo a mais! Quando Hallyday saiu do clube, sentia-se bastante satisfeito: em apenas uma hora conseguira dois números de abertura: o Brian Auger Trinity e Jimi Hendrix, um completo desconhecido que sequer tinha uma banda.

Em outra noite no Blaises, Pete Townshend e Jeff Beck viram Hendrix demonstrar suas qualidades. "Aqueles tempos foram *chocantes* para mim", disse Jimi. "Jeff Beck, um guitarrista maravilhoso, me ouvindo! Lembro de Pete ir me ver em diversos clubes no início. Acho que fui tranqüilo com eles. Mas com toda certeza eu me fechava feito um idiota quando não estava tocando. Era muita coisa para acertar. O que me deixava mais nervoso era conseguir reunir a banda definitiva. Naturalmente ela deveria ser bem ajustada. Tínhamos de escolher as músicas. Compor as músicas. Aprender as músicas. E ensaiar, ensaiar, ensaiar... E até aquele momento, tudo que eu tinha conseguido era, talvez, um baixista. E nenhum baterista."

Jimi e Chas não eram os únicos ansiosos para reunir uma banda. Kit Lambert e Chris Stamp também tinham grandes expectativas de se tornarem integrantes do lançamento de Jimi Hendrix. Esses dois jovens ingleses, co-administradores da banda The Who, eram muito bem relacionados. O pai de Lambert era o brilhante compositor inglês Constant Lambert. O irmão de Christopher, Terence, se tornava um conhecido ator de cinema. Kit e Chris eram populares e respeitados integrantes do cenário musical. As opiniões deles contavam muito em Londres. Chris Stamp explicou: "Kit e eu vimos Jimi pela primeira vez pouco depois de sua chegada a Londres. Chas havia trazido Jimi até um clube, provavelmente o Scotch. Hendrix não tinha se programado para tocar, mas a certa altura se levantou e tocou de improviso com a banda. Ele possuía uma aura especial à sua volta. Eu amava a cara e o cabelo dele. Era exatamente aquela energia que consegue nos prender. Uma banda estava tocando, mas de repente outra coisa imensa começava a acontecer. Tudo não demorou mais de uns dez minutos. *Aquela noite*, fomos até Chas – conhecíamos ele apenas como baixista – e dissemos: 'Esse cara é... Bom, a gente queria administrar a carreira dele!' Chas respondeu: 'Mike, o nosso empresário, já está fazendo isso junto comigo.' Então falamos: 'Bom, nesse caso queremos produzir os discos dele!' Chas falou: 'Eu estava pensando em fazer exatamente isso...' Nós dissemos: 'Estamos pensando em inaugurar um selo de gravação.' 'Verdade? Bem, eu adoraria conversar com vocês sobre isso.' Chas estava precisando de dinheiro, mas o nosso selo, que pensávamos em chamar de Track Records, ainda nem existia naquele momento."

Jimi queria que Al Hendrix soubesse que a sorte do filho afinal mudara. Agindo por impulso, conseguiu achar o número de telefone do pai em Seattle. Já havia algum tempo que os dois não se falavam. Mas Al, da mesma maneira que muitos pais teriam reagido, horrorizou-se por seu filho fazer-lhe uma chamada a cobrar naquela hora da noite, a 80.000km de distância. Acusou Jimi de ter roubado dinheiro para viajar de primeira classe para Londres. "Acho que para o meu pai", disse Hendrix, "a Inglaterra era como um outro planeta. Ele fez eu me sentir muito mal. Sempre me arrependi de ter dado aquele telefonema."

Chas fazia questão de manifestar sua vontade de que Hendrix fizesse uma participação no concerto do Cream na London Polytechnic, em 1º de outubro, um show muito importante para o recém-formado trio, composto por músicos muito respeitados: Jack Bruce no baixo, Ginger Baker na bateria e Eric Clapton na guitarra. Naquela noite, no hall da universidade na Regent Street, Jimi fez sua primeira aparição pública no

Reino Unido. Eric, sempre sensível e cavalheiresco – e já conhecedor dos elogios feitos a Hendrix por Pete Townshend e Jeff Beck –, concordou que Jimi tocasse uma música de sua escolha, apesar de Ginger e Jack ficarem na dúvida.

Desde a primeira vez que ele e Chas conversaram em Nova York, Jimi sonhava com um grande espetáculo em Londres. Agora ele se aproveitava da situação e da platéia de outra banda, de uma multidão que comprara ingressos para assistir a três grandes músicos ingleses, e não a um desconhecido norte-americano. Hendrix, em sua Stratocaster branca, executou uma deslumbrante e extensa versão de "Killing Floor", do legendário *bluesman* Howlin' Wolf, enquanto um triunfante Chas se postava ao lado do palco junto com Clapton. "Eric foi ficando pálido, esmagado diante do talento de Jimi", disse Chas. "Mal podia falar." Para Clapton – reconhecido como o maior guitarrista da Inglaterra desde o seu trabalho anterior com os Yardbirds e os Bluesbreakers de John Mayall –, ouvir Hendrix se derramar daquela forma, naquele momento, foi chocante e ameaçador.

Hendrix comentou: "Quando me lembro disso, parece *tão* agressivo eu ter me intrometido daquele jeito no show dos outros... Mal posso acreditar que eu tenha tratado Clapton – um dos meus heróis – com tão pouco respeito. Ainda posso me lembrar de ter captado naquela noite, pelo canto do olho, um relance dele me observando. Eu sabia que estava sendo *grosseiro*. Mas naquela hora eu *tinha* que emocionar o público. E foi isso o que eu fiz." Enquanto falava, seus olhos faiscaram com a lembrança. Acrescentou: "Você sabe que adoro Eric Clapton. Minha idéia de felicidade seria nós dois tocarmos juntos durante horas. Por um dia, uma noite, uma semana! Apenas nos deixando levar por todas as músicas que viessem à nossa cabeça, aos nossos dedos..."

Alguns dias depois da apresentação no Cream, Hendrix começou a ensaiar com Noel Redding enquanto Chas saía à caça de um baterista. Aynsley Dunbar tinha boas chances. No entanto, ao saber que seu companheiro Georgie Fame fazia mudanças em sua banda, e que John Mitchell não seria mais o baterista dos Blue Flames, Chas entrou em contato com Mitch – como era conhecido nos círculos musicais. Ele era magro, louro e dono de um encanto todo especial. Tinha apenas 19 anos. Era muito equilibrado e já um veterano no show business. Quando criança, cursou a escola de arte dramática, atuou na televisão e ainda era um talentoso dançarino de sapateado. Mas a música era sua grande paixão.

Chas e Jimi não conseguiam decidir se escolhiam Aynsley Dunbar ou Mitch. Eles *tinham* de tomar uma decisão. A turnê de Hallyday começaria na semana seguinte. Chas estava enlouquecido por causa dos ensaios, não poderia haver falhas. Ele disse: "Nós todos achávamos que Aynsley era maravilhoso. E que Mitch também. Na verdade, a questão foi resolvida no cara ou coroa. Deu Mitch."

"Chas sabia que Georgie Fame poderia tolerar tudo, menos um baterista ruim, mas eu não estava nada firme em relação a Mitch", me contou Jimi. "Ele tocou com Noel e comigo várias vezes, mas eu achava que faltava alguma coisa. Eu me enganei terrivelmente sobre ele. Mitch se revelou um verdadeiro monstrinho na bateria. Ele se soltou muito no palco já em nossas primeiras apresentações. Eu ficava à frente deles, e de repente meus ouvidos quase se imobilizavam, atentos. Mitch era todo energia e precisão."

"Outra coisa sobre Mitch", disse Jimi, "é que foi ele quem me apresentou a Jim Marshall, que não era apenas um especialista em baterias, mas o cara que produzia os melhores amplificadores do mundo. Conhecê-lo foi mais que estimulante para mim. Foi um grande alívio conversar com alguém que conhecia e se preocupava com o som. Jim realmente me ouviu naquele dia e respondeu a uma série de perguntas que fiz. Eu amo os meus amplificadores Marshall. Não sou nada sem eles!"

A região do Soho, no West End de Londres, era o coração dos negócios no setor da música. Uma variedade de restaurantes, clubes de strip-tease, salas privadas de jogo, lojas de discos e pubs atendiam a uma clientela diversificada nesse velho bairro boêmio. O escritório de Michael Jeffery na Gerrard Street tinha na porta a placa ANIM LTD., pois era a sede oficial dos Animals em Londres. Ali, no dia 11 de outubro de 1966, Jimi, Noel e Mitch sentaram-se para uma reunião importante com Jeffery e Chandler.

Aos 33 anos, Michael Frank Jeffery, nascido no sul de Londres, construíra para si próprio uma bem-sucedida carreira de negócios. Possuía clubes em Newcastle e na Espanha, e uma considerável quantidade de imóveis, o que incluía uma casa em Londres. Como empresário dos Animals, ganhara milhares de dólares. Sabia como ser encantador, quando intimidar e tornar-se muito firme nos momentos em que se exigia absoluta autoridade. Várias vezes deu a entender que fizera, ou que ainda fazia, parte do Serviço Secreto Britânico. Algumas pessoas comentavam em voz baixa: "Ele é um espião, sabe." É evidente que a maioria dos que diziam isso era formada por músicos facilmente impressionáveis. Outros comentários sussurrados na época e mais tarde mencionavam as misteriosas "ligações gangsterísticas" de Jeffery. Na verdade, ele prestara serviço militar, passara um tempo no Egito, e dizia-se que era fluente em russo. Mas os detalhes disso tudo jamais foram explicados por completo aos músicos que tinham suas carreiras administradas por Jeffery. Não se abrem clubes noturnos assim de repente, do nada, e Mike mostrava-se sempre evasivo, recusava-se a ceder quando tentavam forçá-lo a detalhar o modo como virou empresário. Mais tarde revelou-se que o maior talento de Mike era saber atacar seus clientes quando eles estavam mais vulneráveis.

Naquele dia, porém, quando Jimi, Noel e Mitch sentaram-se para ouvir a leitura em voz alta do contrato, Mike não tinha muito com que se preocupar. Não encontraria oposições. A nova banda estava muito ansiosa para gravar, viajar, ganhar dinheiro e levar uma boa vida – e quanto mais depressa melhor. O contrato de sete anos dava a Michael Jeffery e Bryan James "Chas" Chandler o controle total sobre as futuras gravações do trio, suas composições e eventuais reproduções. O texto do contrato era bastante pesado a respeito das gravações, quando comparado às questões relativas à administração da carreira. Os músicos dividiriam apenas cerca de 2,5% dos royalties das gravações. A ampla maioria dos lucros, *no caso de* o grupo ter sucesso, ficaria com Chas e Mike. Pouca atenção foi dada à possibilidade de a nova banda vir a tornar-se um lucrativo sucesso nas viagens internacionais. Foram necessários só alguns minutos para que reunião e as assinaturas se concluíssem. No momento adequado, outros contratos legais seriam feitos.

Naquela noite, os olhos se arregalavam enquanto as notícias circulavam num pub do *music-biz* no Soho. Então era oficial: Chas de fato se associara a Jeffery na administração da nova banda. "Diabos!", exclamou o barman, amigo dos integrantes do Animals e conhecedor das queixas deles contra Jeffery. Extra-oficialmente, um antigo sócio de Jeffery em algum negócio falou o seguinte a um repórter de um semanário musical: "Jeffery apenas destinou novas ovelhas ao sacrifício. Chas, entre todos os rapazes, é o único que sabe quem é Jeffery. Foi uma decisão terrível chamar Mike para o grupo. Ele *vai* se arrepender." Palavras frias, sim, mas não se pode negar que Michael Jeffery fez ao menos uma grande coisa para a banda: foi quem teve a idéia do nome The Jimi Hendrix Experience.

O empresário musical Don Arden, fundamental para o sucesso de artistas norte-americanos na Inglaterra, como Gene Vincent, Jerry Lee

Lewis, Little Richard e Sam Cooke, sabia muito bem quem era Michael Jeffery. O filho de Arden, David, resumiu a opinião do pai acerca de Jeffery de forma bastante sucinta: "Michael Jeffery era um merda!"

Outros advogados e administradores que trabalhavam com talentos da música pop tinham dúvidas quanto à possibilidade de Hendrix e seu "grupo instantâneo" deslancharem no mercado internacional. Quando se soube que Jeffery comparava a si próprio com Brian Epstein, o dedicado empresário dos Beatles, as adagas se puseram em riste. "Brian é honesto e decente, dois termos que jamais poderiam se associar a Michael Jeffery."

O próprio Jimi recordou mais tarde que Jeffery lhe dissera: "Tenho mais experiência do que o Epstein. Você vai ver." Hendrix também falou a respeito da administração da banda: "Tudo o que eu sabia era que eles eram homens de negócios, e a gente devia ter uma representação. Chas me apresentou a Jeffery, foi isso."

Apesar das muitas garantias que davam a Jimi, Chandler e Jeffery estavam batalhando para conseguir um contrato de gravação. Primeiro se dirigiram à Decca, que recusou Hendrix por ele não ter "um potencial de longo prazo". Nesse meio tempo, Chris Stamp e Kit Lambert avançavam com seus planos para a Track Records. "O que emperrava tudo", relembra Chris, "era a insistência de Chas e Mike: 'Vocês *têm* de nos dar algum dinheiro.' Ninguém estava ganhando dinheiro com as bandas, o que depois veio a acontecer. Não queríamos perder Hendrix, e então arranjamos mil libras e prometemos que a Track Records colocaria Hendrix em *Ready, Steady, Go*!" Esse programa de televisão de enorme influência e que ia ao ar toda sexta-feira à noite mostrava talentos ingleses e norte-americanos da música pop, além de outros jovens em evidência. Os convidados iam desde o boxeador Muhammed Ali até o produtor de discos Phil Spector. O inovador programa era montado de maneira moderna e visual bonito por dois amigos de Stamp e Lambert: Vicki Wickham e Michael Lindsay-Hogg.

Stamp prosseguiu: "Também dissemos a Chas e Mike o que eles já sabiam: 'Olhem, fazemos o melhor tipo de promoção criativa do momento. Tudo é feito de forma conceitual.'" Lambert e Stamp já eram reconhecidos por sua capacidade e talento, qualidades que Jeffery e Chandler não possuíam. "Chas deixara de ser baixista havia pouco tempo, e Mike, embora tivesse muita sorte e fosse um agente sagaz, não atuava no mesmo nível que eu e Kit. Jeffery não era um cara dos mais imaginativos, mas com certeza era ambicioso e esperava pela melhor proposta. Como é provável em qualquer homem de negócios, ele fez com que eu e Kit parecêssemos bobos, porque não éramos tão fabulosos, por assim dizer, para fazer negócios."

Na realidade, Stamp e Lambert estavam muito longe de serem bobos. Foi apenas uma questão de semanas para conseguirem atrair o interesse da gigantesca Polydor Records em financiar o lançamento da Track Records.

A nova banda iniciou sua carreira no Novelty, em Evreux, França, e depois se apresentou em Nancy. Os franceses, como é costume entre eles, sentaram-se e observaram, aplaudindo poucas vezes até o final. Em sua maioria, gostaram daquele trio inusitado. E a banda de Hallyday aos poucos foi se aproximando do Experience, em parte – como recordou Mitch Mitchell – "graças a uma ou duas tragadas num baseado", em geral feito com uma mistura de haxixe e tabaco.

As duas bandas viajavam juntas de ônibus. Hallyday, até hoje grande astro na França, seguia em separado num confortável Aston Martin.

"Johnny era muito profissional, um dos mais bem ensaiados artistas que já vi. Chas e eu observávamos cada movimento dele, todos os seus truques de palco. Quando e por que atrasava o ritmo, como e por que se aproximava do público", recordou Jimi. "Nunca estava desatento. Nunca. Johnny estava sempre alerta em relação à platéia e à sua banda. Era fácil ver como havia sido determinado desde o começo para conseguir se transformar nesse grande astro francês. Muita reflexão, muito ensaio."

O Experience se apresentou com Hallyday em Villerupt e se dirigiu a Paris na manhã seguinte. Precisavam de tempo a fim ensaiar para o "grande show" do Olympia na noite de 18 de outubro. Jimi disse ter percorrido cada centímetro do palco e cada fileira de assentos da aconchegante sala para tentar sentir o que estava para acontecer ali, pensando na emocionante abertura que ele e Chas haviam planejado. Depois de algumas horas, calmamente deixou o teatro. Seus nervos estavam em descompasso, ele precisava ficar sozinho alguns minutos para sacar a cidade.

Começou a vagar pelo Boulevard des Capucines, prestando bastante atenção aos nomes das ruas para depois refazer o percurso. Como ponto de referência, concentrou-se na impressionante construção do Opéra de Paris. "Eu queria tanto me esgueirar naquele prédio que me pareceu o bolo de aniversário mais alto e elegante que alguém já criou, com o topo todo de ouro. Fiquei imaginando se algum dia deixariam um guitarrista tocar naquele palco."

Era isso mesmo que ele sempre quisera: o Grande Dia. Entre todos os lugares do mundo, Johnny, o menino querido de Lucille, encontrava-se agora em Paris, França. Ao contrário da mãe, ele conseguira realizar sua fuga de uma vida que pouco lhe oferecia. Hendrix falou acerca daquele dia de outubro de 1966, sobre o nervosismo e o terror que sentia: "Mesmo eu, com toda a minha imaginação, jamais pude pensar que existisse um lugar tão lindo, uma cidade tão cheia de história. Se eu pudesse, ia conhecer cada detalhezinho de tudo o que se passou ali, os reis e rainhas, as rebeliões, como construíram a cidade e que tipo de gente viveu ali no passado. Gostaria de poder fazer o tempo parar e explorar todas aquelas construções fantásticas durante semanas."

O tempo estava frio e nublado. Jimi tremeu de frio vestido em sua jaqueta de qualidade inferior. Continuou a andar. "Em questão de segundos, o cinza desapareceu como se eu tivesse estalado os dedos. Quando olhei para cima, vi uma bela torre se elevando contra um azul celestial. Nunca vou esquecer isso. Só podia ser magia, aconteceu tão depressa... Eu já tinha visto imagens da Torre Eiffel antes, mas não compreendia que ela é uma *obra de arte*."

Ele viu os postes de iluminação altos e antigos – e se impressionou com eles –, "decorados com detalhes em ouro. Eu queria chegar mais perto, então andei direto até o outro lado do rio, atravessei aquela ponte antiga, apenas me deixando levar. Então, quando me virei para voltar, vi ao longe fontes cristalinas, cheias de luz. Eu amei cada coisa nessa cidade. Os encontrões e a animação. O tráfego, todas aquelas buzinas grasnando. O perfume de rosas frescas pelo ar... aquela fragrância levemente adocicada de castanhas assadas em tonéis bem ali nas esquinas. ... O cheiro de tabaco, a fumaça dos táxis. O que pensei então, o que disse para mim mesmo, foi: alguma coisa afinal está do jeito que deveria ser."

Jimi estava muito agitado, antecipando os 15 minutos em que ele, Mitch Mitchell e Noel Redding iriam se apresentar como o menos conhecido de todos os números de abertura da história do Olympia. Estava perfeitamente preparado, com a certeza de que os franceses iriam guardar todos os seus aplausos para Johnny. "Será que eles vão se amarrar ao menos um pouquinho no Experience?", perguntava-se Jimi. "Será que vamos tocar alto demais? Será que vamos ouvir um ao outro no palco?"

Nos ensaios, o contra-regra, que falava um inglês bastante estropiado, tentou contar a Jimi sobre todos os astros que já se haviam apresentado no Olympia. Jimi jamais ouvira falar nas cantoras francesas mencionadas pelo homem, mas calculava que elas fossem muito especiais, a julgar pela emoção em sua voz. "Ele cantou para mim trechos de canções, imaginando que eu as conhecia. Foi muito amável da parte dele. Eu mencionei que queria dizer muito obrigado no palco, e fiquei praticando o meu *merci beaucoup* com ele. O que de fato me pareceu extraordinário foi ele me dizer que Bob Dylan tinha se apresentado no Olympia só alguns meses antes. Naturalmente, *esse* me pareceu um presságio muito bom... Tive certeza de que voltaria a me apresentar em Paris, que eles iriam *querer* que eu voltasse."

Jean-Pierre Leloir viu Hendrix tocar naquela primeira vez no palco do Olympia. Jovem fotógrafo que se tornaria famoso por suas imagens de lendas como Ray Charles, Miles Davis e Charles Mingus, Leloir tinha total acesso aos bastidores, ao palco e aos camarins para poder captar, com a maior naturalidade possível, as emoções e a concentração dos integrantes do Experience por se apresentarem numa casa de espetáculos de tamanho prestígio.

Mais tarde, Leloir comentou sobre aquela noite: "Fiquei chocado com a maneira de Jimi tocar e se comportar no palco. Foi parecido com o que se passou comigo ao ver Coltrane pela primeira vez, quando ele veio com Miles Davis em 1961. A música de Hendrix era *perturbadora*. Diferente. Ele não dava a menor bola para a câmera. Senti de imediato que ele ia se tornar alguém."

Segundo o fotógrafo, quando Hendrix fez sua entrada, percebeu-se um sobressalto na platéia. O que é isso? Todos olhavam para ele, ouviam aquela música "perturbadora" e murmuravam consigo: "Ah, o que é isso que temos aqui?"

Mitch e Noel já se encontravam a postos no palco quando o mestre de cerimônias anunciou: "Senhoras e senhores..." E a platéia escutou uma rajada de notas musicais vindas dos bastidores. O locutor falou de novo: "De Seattle, Washington..." Hendrix então surgiu com um terno de tropical azul brilhante e a camisa branca que Chas insistira para que ele usasse, com o braço esquerdo erguido de forma teatral. A platéia reagiu com espanto, pois continuava a vir música da guitarra, embora não parecesse que ele a estivesse tocando. Esse era um dos mais antigos "truques" de Hendrix. A apresentação começou. As músicas foram "Killing Floor", "Wild Thing" e "Hey Joe".

Leloir lembra: "Ele parecia uma *borboleta* naquele palco. Ele era todo movimento. *Natural*. Completamente *natural*."

O De Lane Lea Studios, em Kingsway, foi o estúdio em que Jimi Hendrix, Mitch Mitchell e Noel Redding gravaram pela primeira vez juntos, no dia 23 de outubro de 1966. Chas, que trabalhou lá muitas vezes com os Animals, pôde cortar muita coisa na gravação da demo do que seria o primeiro single deles, com "Hey Joe" de um lado e "Stone Free" do outro. Nos seis meses seguintes, a banda gravou (nos intervalos das apresentações que conseguiam realizar para sobreviver) no Regent Sound e no Olympic Studios, com retornos periódicos ao De Lane Lea.

Quando Hendrix dispunha de algum tempo para si, e a temperatura não estava muito fria, ele gostava de vagar pelas ruas de Londres. Achou Paris linda, emocionante e sofisticada. "Londres me fazia pensar num livro de histórias", disse ele. Adorava os parques e, em particular, as velhas igrejas com anjos nos vitrais. Ele girava ao redor das esculturas e as inspecionava demoradamente. Quando se aproximava de uma barraquinha de livros na rua, também examinava os exemplares. Não havia muitos títulos de ficção científica, objeto de sua busca. Mesmo assim, era possível encontrar alguns livros de Dickens e outros de poesia por apenas um *shilling*. Ele comprou um exemplar surrado de *David Copperfield*. "Eu o li certa vez numa viagem de avião e comecei a chorar. É tão triste em alguns trechos... Uma das coisas de que mais gostei em Londres foi ver as janelas com canteiros cheios de lindas flores, mesmo no inverno. Eu gostava muito de ficar sozinho, de entrar em contato com minha imaginação, meus verdadeiros pensamentos. A música pode ser algo noturno. E da maneira como fui criado, me acostumei a fazer parte da natureza. É aquela coisa da criança que deseja sair por aí e conhecer o lado de fora. Ou que tem a necessidade de fazer isso."

O interesse inato de Hendrix pelas palavras e sons foi enriquecido em sua estada em Londres. "As palavras pintam imagens em minha mente. Vejo agora que eu quase não sabia nada sobre compor música até chegar a Londres. Tinha as idéias e as frases, mas não me sentia à vontade para fazer com que elas se juntassem em uma canção inteira", disse ele. "Na Inglaterra, aprendia dezenas de palavras e expressões a cada dia que passava, o que ampliou minha forma de escrever. Chas me dava apoio, mesmo que não conseguisse compreender minhas divagações. Ele me estimulou a continuar escrevendo."

Hendrix encontrava inspiração até nas notícias da BBC. "Escutava aquelas palavras compridas, impressionantes, tão bem pronunciadas na televisão. Nunca vou esquecer, assistindo ao noticiário, de um repórter falando em 'águas inexploradas'. Desde aquele tempo, venho querendo usar 'águas inexploradas' em alguma canção. É a vida inteira numa só expressão! Ouvir o inglês falado na Inglaterra foi como abrir uma porta." Jimi registrou inúmeros dialetos do inglês, desde o *mayfair* até o *cockney* e o *geordie*, e ficava encantado com expressões como *taking the mickey*, *are you daft*? e *bugger off*!* O gosto que teve a vida inteira pelo rádio, agora também abrangia aquele tolo, cretino e maravilhoso Goon Show. "Acho que aquele Spike Milligan deve ser alguma espécie de gênio", dizia Hendrix.

Enquanto Noel, Mitch e Jimi se queixavam o tempo todo dos pequenos salários que não duravam mais que uma semana, Jeffery se mostrava evasivo como sempre em relação ao assunto. E embora pudesse muito bem apostar no futuro deles, não o fez.

Chas conseguiu uma apresentação na Alemanha. O Experience passou vários dias em Munique, tocando, junto com dois ou três conjuntos de *soul*, sobretudo para militares norte-americanos. Noel falava muito bem alemão e sabia como encomendar comida para os três. Jimi gostou de Munique, mas ficou imaginando por que vivia a mesma situação que deixara para trás nos Estados Unidos. Nesse tempo, mais uma das idéias de Noel chegou personificada em Gerry Stickells, "meu companheiro de bebida, em Kent". Noel informou que Stickells "era mecânico e tinha uma van que a banda poderia usar. O escritório de Jeffery contratou-o para ser o nosso motorista, transportar os amplificadores e aprender de um modo geral a ser nosso secretário durante a turnê". Noel acrescentou: "Gerry não dava mesmo muita importância para nossa música."

Uma idéia estimulante ardia no cérebro de Chas Chandler desde que encontrara o antigo Jimmy James pela primeira vez. Seu sonho era organizar um pequeno evento intimista que jamais pudesse ser esquecido pelo ambiente musical londrino: o lançamento oficial de Jimi Hendrix

---

* *Taking the mickey*: "chateando"; *are you daft?*: "você está louco?"; *bugger off*: "dê o fora!". (N.T.)

e sua nova banda. Nessa época, as "recepções" à hora do almoço para bandas pop começavam a virar tradição em Londres. Chandler embaralhava notas e mais notas de libras para pagar por aquilo a que depois a imprensa, de forma irônica, se referiu como a "bebedeira" do Bag O'Nails no dia 25 de novembro. Ninguém compreendia melhor que Chas que a qualidade da lista de convidados era a chave para possibilitar a cobertura jornalística e atrair o interesse dos promotores de eventos.

Chas sabia que aquele era um sonho arriscado. E se ele gastasse a grana e os astros da música com quem contava, acostumados a varar a noite e a acordar só à tarde, simplesmente não aparecessem? E se esquecessem a data? "Para Jimi, Noel e Mitch eu fingia estar confiante," recordou, "mas chegava a ficar enjoado de tanta preocupação." A mudança de baixista para co-administrador, empresário e produtor de discos era carregada de responsabilidades para Chas. Ele estava determinado a fazer tudo certo por Jimi, e pretendia atingir status e sucesso fazendo as coisas acontecerem da melhor maneira possível. Queria evitar os erros que agora percebia com crescente nitidez ao lembrar de Michael Jeffery e seu trabalho com os Animals.

Aquele dia de inverno acabou sendo de uma beleza incomum. O ar estava fresco, mas a natureza providenciara um daqueles famosos "intervalos ensolarados" da Inglaterra, e o céu estava todo azul. Pouco a pouco, os jovens e charmosos príncipes do rock londrino começaram a encher o Bag, na Kingly Street, a poucos metros da Carnaby Street. Era muito pouco provável que algum deles jamais tivesse estado antes naquele lugar à luz do dia. Chandler não precisava ter se preocupado. Eric Clapton, Beatles, Rolling Stones, Pete Townshend, Jimmy Page e muitos outros. Com sua altura, Chas pairava acima de todos e se entusiasmava ao perceber que o pessoal da imprensa acenava, sorria e anotava todos aqueles nomes: "os rapazes", como se referia aos jovens artistas. Era uma grande reunião da imprensa. Mas não grandiosa. Havia alguns repórteres dos jornais diários e representantes de todos os semanários musicais importantes: *New Musical Express*, *Melody Maker*, *Disc and Music Echo* e *Record Mirror*.

Outros dois "rapazes" estavam presentes naquele dia: Dan Kessel, de 15 anos, e o irmão dele, David, que tinha apenas 12. Eram meninos brilhantes e sofisticados musicalmente, filhos do guitarrista norte-americano Barney Kessel, que fora influenciado por Charlie Christian e era um magnífico instrumentista, reverenciado nos círculos de jazz e da música pop, onde trabalhara com muita gente, de Phil Spector a Ricky Nelson. Os meninos Kessel tinham ouvido falar daquela recepção especial no Bag O'Nails e convenceram o pai a usar sua influência com um amigo da Polydor para fazê-los entrar no clube. Tinham consciência de que eram muito jovens mas sabiam irradiar uma certa tranqüilidade. Conviviam com grandes músicos desde muito pequenos. Dan Kessel recordou: "Foi o dia mais emocionante da minha vida! Estar sentado apenas a alguns centímetros de todos os grandes instrumentistas de Londres... Nossos heróis! E ver Jimi Hendrix pela primeira vez, foi inacreditável. Ele foi fantástico! Os músicos ingleses enlouqueceram. Gesticulavam, aplaudiam e gritavam!"

A apresentação de 40 minutos foi num volume de arrebentar os tímpanos. Não havia a menor dúvida de que *aquele* era um trio *poderoso*. O brilhante talento teatral de Jimi deixou a platéia arrasada. A seqüência incluía "Like a Rolling Stone", "Everybody Needs Somebody to Love" e "Johnny B. Goode". Os guitarristas da platéia ficaram loucos com esta última música. Jimi Hendrix não seria a própria personificação da música de Chuck Berry? E depois foram tocadas "Wild Thing" e "Amazingly Cool", lembraria John Lennon. Entretanto, foi a versão de Jimi para "Hey Joe" que transformou aquela tarde num verdadeiro congraçamento. Todos os músicos presentes *sabiam* que muito em breve aquele seria um enorme sucesso. Depois do show, Noel e Mitch não acreditaram quando viram que John Lennon era o primeiro astro a aparecer no camarim da banda. "Grandioso!", exclamou ele. Paul McCartney vinha logo atrás: "James, você é uma maravilha!" Jimi sorria e escutava atento cada palavra de elogio proferida por todos aqueles "rapazes" de Chas.

É evidente que os meninos Kessel *tinham* de conhecer Hendrix. O amigo do pai deles na Polydor conseguiu isso também. "Jimi foi muito bacana com a gente", disse Dan. "Todos aqueles astros da guitarra estavam loucos para falar com ele, e mesmo assim nos concedeu tempo e atenção." Seus caminhos iriam se cruzar de novo, e Jimi sempre se lembrou dos dois.

No final da tarde, Hendrix sentia-se descontraído e feliz, de um modo que jamais sonhara antes, segundo disse. Ele irradiava alegria. "Jimi, você é um rapaz muito atraente quando sorri", disse Chas, assumindo plenamente seu sotaque *geordie*.

No dia 27 de novembro de 1966, quando completava 24 anos, Jimi só tinha motivos para se sentir otimista quanto ao futuro. Já possuía uma permissão para trabalhar na Inglaterra, teve ótimo desempenho em Paris, seus colegas ingleses do meio musical o adoravam e estava pronto para gravar seu primeiro álbum. Não o consideravam mais "somente um músico de apoio". A vida de Jimi Hendrix mudara de maneira drástica em apenas dois meses.

Na semana seguinte àquela em que o Experience deliciou os astros no Bag O'Nails, Mike acompanhou Hendrix até o escritório da Mayfair, do procurador John Hillman, o idealizador da empresa de Jeffery no paraíso fiscal das Bahamas, a Yameta Company Limited. "Jeffery já tinha me falado que estava montando um escritório em Nova York", recordou Jimi. "Ele também falou de um Rolls Royce. Fiquei muito impressionado. Ele e Chas me faziam crer que aquele escritório seria meu, e também do grupo. Depois de nos apresentarmos em Paris, Mike ficou muito excitado com as boas notícias que ouviu. Disse que estava inspirado, com várias idéias sobre o que se poderia fazer por mim em Los Angeles, inclusive filmes. Mas, para começar, ele concentrava forças num grande contrato de gravação com os norte-americanos."

Naquela tarde, Hillman e Jeffery apresentaram a Jimi um outro contrato legal, agora relacionado apenas a ele como artista, em todas as modalidades. Segundo o documento, Jeffery receberia colossais 40% dos ganhos totais de Jimi em suas apresentações, soma extraordinária para qualquer padrão do *show business*. Jeffery explicou que parte daquela percentagem seria para pagar possíveis despesas com viagens. Hillman disse a Hendrix que aquelas "deduções de taxas poderiam ser muito boas para a Yameta" e mencionou o nome de sir Guy Henderson. "Ele era uma pessoa muito importante nas Bahamas", contou Hendrix. "Mike me falou que sir Guy ajudara a começar a Yameta. ... Também falaram como, se eu me saísse bem nos Estados Unidos, as diversas contas das Bahamas evitariam que eu pagasse impostos excessivos e me sustentariam pelo resto da vida."

Nas primeiras semanas como líder do Jimi Hendrix Experience, sentiu-se agradecido pelas idéias que lhe foram apresentadas. Ouvir Hillman e Jeffery falarem de "sucesso" e "lucros" deixou Hendrix extremamente feliz. "Tudo cheirava a primeira classe!", exclamou.

Jimi lembrou mais tarde que Chas não estava presente na reunião. Embora ele e Jeffery fossem seus co-empresários, Jeffery ainda mantinha Chas sob contrato desde o tempo em que era baixista dos Animals. Esse contrato ainda não havia expirado. Antes de Chas deixar o grupo, Jeffery apresentara um cenário glorioso muito parecido para Eric Burdon e sua banda. Assim como Jimi, também os Animals ficaram agitados, achando que iriam economizar impostos graças à "proteção" da Yameta, e que podiam estar certos de que o dinheiro ficaria guardado para o futuro.

Jeffery não deu chance a Hendrix de procurar aconselhamento legal ou discutir a reunião e o contrato com Chas. Hendrix levantou a questão de Ed Chalpin, e mais uma vez Jeffery lhe garantiu que o documento que assinara com Chalpin "podia ser acertado". Esse novo contrato iria prejudicar – e muito – Hendrix nos anos seguintes.

Na mesma semana, uma tocante recompensa da admiração por Jimi: Ringo Starr emprestou seu flat em Montagu Square para Hendrix e Chas. "Era espaçoso, com dois quartos e uma boa iluminação. Eu já estava cansado do Hyde Park Towers, e Kathy ficou muito entusiasmada por se mudar para um bairro tão chique", explicou Jimi. Ele achou que Lotta, a dedicada namorada de Chas, não ficou satisfeita por dividir a casa com outro casal, mas não a culpou. Lotta era delicada com Jimi, embora tivesse de suportar discussões intermináveis sobre a carreira dele. "Lotta é uma garota sueca muito suave e tranqüila, como você sabe", disse ele. "É uma dama. Acho que foi chato para ela não ter muita privacidade."

Por insistência da namorada, e contrariando sua própria opinião, Hendrix foi visitar o ex-patrão Little Richard, que se encontrava em Londres para uma temporada no Saville Theatre. Kathy estava louca para vê-lo. Jimi comentou: "Little Richard sempre foi muito considerado na Inglaterra, sabe? Eu queria pedir que me pagasse o dinheiro que me devia, mas fiquei embaraçado e só consegui falar sobre 50 pratas. Foi uma dessas situações do tipo 'até onde se pode descer quando se precisa de grana?'"

O primeiro single do Experience, "Hey Joe", foi distribuído no dia 16 de dezembro. Naquela noite, graças a Stamp e Lambert, e a seus amigos da televisão, Vicki Wichkham e Michael Lindsay-Hogg, viu-se o Experience interpretar essa música no programa *Ready, Steady, Go!*. As primeiras notas logo prenderam a atenção de muitos espectadores. O mesmo fez a atmosfera musical de crescente tensão, além do alto nível da banda.

A aparência e a atitude únicas de Hendrix, Redding e Mitchell fizeram deles assunto de conversa entre os fãs do *RSG!* por toda a Inglaterra. "Como era aquele verso 'gonna shoot my old lady'?" – perguntavam-se as pessoas.

Assim como "Hey Joe" foi admirada pelos "rapazes", "Stone Free", música composta por Hendrix e que estava no lado B do disco, tinha um som essencialmente rock and roll muito apreciado por todos os guitarristas de

Londres. É possível dizer que ela firmou de modo convincente o lugar de Hendrix entre os grandes do rock e sustentou a brincadeira que acabou se identificando como sua marca: "Deixe Hendrix assumir o comando!"*

Pouco depois, numa matéria sobre as paradas de sucesso, o *Melody Maker* declarava: "Hendrix vence os Stones na corrida da música pop."

Em 26 de dezembro, Jimi, sentado no camarim antes de um show no clube Upper Cut, em Londres, terminava de escrever uma música nova cujo título era "Purple Haze". Ele disse: "Ela estava na minha cabeça há algum tempo. Eu não tinha nenhuma certeza de que iria dar em alguma coisa, mas Chas gostou do *riff* de abertura."

No último dia do ano, o Experience viajou para o litoral, indo até a pequena e modesta cidade natal de Noel, Folkestone. Uma apresentação no Stan's Hillside Club, depois de muita agitação promovida por Noel, angariou 50 libras. "Parecia uma fortuna para nós três", disse Noel, "e fiquei realmente ansioso para mostrar aos moradores o que estava acontecendo comigo." Na mesma noite, Jimi conheceu a avó e a adorada e extrovertida mãe de Noel, Margaret, que lhes serviu uma improvisada ceia. Acenderam a lareira naquela fria véspera de Ano-Novo, e Jimi sempre se lembraria da noite como "aconchegante e feliz". Ele gostou de ser bem recebido naquele que qualificou como "um verdadeiro lar de família", e de imediato sentiu-se à vontade com Margaret Redding. Ela tratou Jimi com afeto e humor, como se fossem conhecidos de longa data. "Minha mãe lhe agradeceu por me colocar no grupo. Disse-lhe como estava feliz por passarem o Ano-Novo juntos", recordou Noel. "Nosso James estava em um de seus melhores momentos, muito doce e educado com minha mãe. Ainda posso vê-los perto do fogo, rindo juntos. É uma das recordações favoritas da minha mãe."

Chas estava cheio de idéias nessa noite. "Folkestone, Londres, Paris, o mundo!", declarou ele levantando um copo para saudar Jimi. "Você conseguiu um brilhante sucesso com seu primeiro single, e outros estão a caminho! Cumpri minha promessa, colega!" Num momento em particular, Chas ficou satisfeito quando Hendrix o surpreendeu com um raro abraço. "Obrigado, Chas", disse ele. "Outra coisa, Chas", declarou Jimi. "Nada de ternos de tropical, nunca mais!", falou com aquele seu sorriso carismático.

"Nosso" e "nós", foi como eles entraram no glorioso ano de 1967.

---

* A exclamação iria figurar no primeiro disco gravado por Hendrix (Are You Experienced?), na música "Fire", antes do solo de guitarra, quando ele fala: "Oh, more over, Rover. And let Jimi take over." (N.T.)

Capítulo 6

"O melhor ano da minha vida"

"Hendrix é o artista mais excitante, sexy e sensual que já vi", declarou Mick Jagger, dos Rolling Stones, à imprensa britânica no início de 1967. Falava em nome de todos os músicos que, boquiabertos, assistiam às apresentações do Experience nas pequenas e apinhadas casas de shows de Londres, como Marquee, Speakeasy, Upper Cut e 7½, além de eventuais retornos ao Bag O'Nails. Jimi Hendrix estava prestes a atingir o status de ser reconhecido apenas pelo nome. Em Londres, quando se dizia em "ir ver Jimi", ninguém precisava perguntar de quem estava falando. Nos clubes, os Beatles, os Stones e o resto dos "rapazes" sentiam-se honrados quando Jimi aceitava o convite para vir juntar-se a eles em suas mesas. Ficavam abobalhados com sua fascinante figura. Admiravam o cabelo, as maçãs do rosto, o sorriso, as roupas criativas, apesar de baratas, a voz sussurrante e a maneira como os olhos de Hendrix brilhavam quando ele ria dos "britanismos" deles.

Na Inglaterra, Penny Valentine era a crítica mais influente da música pop. Os artigos que escrevia para *Disc and Music Echo* eram peculiares e muito significativos. Como mais tarde Richard Williams iria registrar no *Guardian*, "ela foi a primeira mulher a escrever sobre a música pop como algo de fato relevante". Valentine, pessoa adorável, com personalidade refulgente, era vista com regularidade por toda a Inglaterra no programa de televisão Jukebox Jury. Os Beatles e os Stones eram os principais fãs de Valentine e sempre apreciavam os artigos que escrevia.

Num trecho não publicado de seu diário, Valentine anotou, no início de 1967:

> Hendrix toca no Bag O'Nails, na Kingly Street. Vamos lá também. Pete Townshend presente, e Eric Clapton está quase irreconhecível. Acaba de retornar de Paris e parece um elegante dândi francês, cabelo à escovinha e suéter de caxemira bem justa. Na hora em que Hendrix sobe ao palco, o clube está tão quente e lotado que o vapor condensado escorre pelas paredes. O suor também desliza pelas minhas costas quando Hendrix inicia a característica e pesada introdução de "Purple Haze". Reclamo: "Não estou vendo ele!" Sinto-me desfalecer imprensada pela multidão, desejando não ter tomado três potentes doses de tequila. Alguém me ergue sobre os ombros para que eu possa ver o palco. Jovem, muito magro, negro, com o cabelo crespo que o envolve como um halo, Hendrix está com a guitarra pendurada bem baixo e ligeiramente distante do corpo, mas mesmo assim faz com que ela grite de maneira desafiadora, embora não pareça que seus dedos estejam se mexendo. Ele acaba por cair de joelhos e começa a tocar com os dentes. Ficamos espantados. Sinto um pânico momentâneo, achando que ele pode ser eletrocutado. Pete e Eric estão de boca aberta, mas nada dizem, e Hendrix termina com um floreio polifônico de ódio e lamentação. Quando desce do palco para falar com Townshend e Clapton, mostra-se tão tímido e respeitoso que ficamos todos encantados.

Chris Stamp e Kit Lambert apareceram com uma proposta para que o Experience, que tinha apenas dez semanas de existência, se apresentasse no Saville Theater, de Brian Epstein, em Londres. The Who seria a principal atração da noite, e os Koobas e os Thoughts fariam duas outras apresentações de apoio. Assim, Jimi, Noel e Mitch fizeram um show curto e ficaram sonhando em fechar, de uma "próxima vez", a programação. A apresentação desencadeou uma rivalidade, em grande parte amigável, com os Who.

No entanto, a aceitação por parte de um importante grupo de músicos famosos e o fato de ocuparem com "Hey Joe" o primeiro lugar na lista dos dez singles de maior sucesso não se traduziam necessariamente em um imediato caso de amor com o público quando o Experience se aventurasse fora de Londres. Ainda tentando sobreviver com seus magros salários, eles aceitavam qualquer apresentação que Chas conseguisse na Inglaterra, enquanto aguardavam que Jeffery cumprisse com sua promessa: "Vocês irão ter dinheiro no banco!"

O Experience provocou muita perplexidade nas platéias mais conservadoras. O que estariam fazendo aqueles dois ingleses, Redding e Mitchell, no mesmo palco que aquela criatura exótica vestida em roupas esquisitas? O que havia de errado em usar um terno? Por que as calças de veludo e as femininas camisas floridas? Muita gente da imprensa já havia apelidado Hendrix de "O Selvagem de Bornéu". Como aquela música perturbadora e extravagante, de letras estranhas, poderia ser considerada pop? O que acontecera com "Love Me Do"?

Jimi certa vez descreveu um dos shows do Experience num clube de operários: "Estávamos tocando nesse clube, no norte da Inglaterra, completamente diferente de Londres. Quando todos viram Noel, Mitch e, em especial, a mim, não sabiam que diabos estava acontecendo. Deviam pensar que éramos de Júpiter ou de Saturno. Alguns homens ficavam cochichando sobre 'aquele negro' e fazendo comentários bastante grosseiros a respeito de Noel e Mitch. Continuamos a tocar, e de vez em quando os caras pareciam se descontrair e prestar alguma atenção na música. Eles realmente se animaram na hora de 'Hey Joe'. Depois que terminamos, um grandalhão de cara vermelha, do tipo brigão, se aproximou de mim e disse: 'Neguinho, você tem dedos mágicos.'"

Após me contar essa história, Jimi me lançou uma olhadinha e riu. "Você devia ver a sua cara agora", disse, e logo acrescentou: "Aquele homem não quis me ofender falando assim comigo. E ainda me fez um grande elogio." Então ele olhou para as próprias mãos. Sentia muito orgulho de ter aqueles dedos mágicos.

Hendrix tinha uma atitude muito superior em relação ao preconceito racial. "Sou contra os rótulos de qualquer espécie, a não ser os de embalagens de picles", dizia. "Sei que as pessoas são apenas pessoas, sejam elas verdes, amarelas, pretas ou brancas. *Eu sou* de cor, e sou índio, e sou isso, e sou aquilo. Se alguém me chama de 'negro', desde que não esteja falando por maldade, e sim por ignorância, em geral não ligo muito."

Um dos principais rótulos colocados em Hendrix durante sua crescente popularidade foi o de "símbolo sexual". Ele se afligia quando ouvia isso, apesar de ter se envaidecido no princípio. Suas fotos sensuais e intrigantes chamavam atenção. Hendrix estava claramente envolvido no plano de Chas Chandler para atrair a cobertura jornalística. No palco, fazia movimentos com o corpo, com a língua e distribuía olhares provocantes. Além de ser um guitarrista canhoto, raridade para a época, a performance dele nos primeiros tempos incluía tocar com os dentes, com uma das mãos, dedilhar a guitarra pelas costas e, de vez em quando, sair rolando pelo chão no meio de uma música. Ele via tudo isso como "parte da encenação". "É para isso que a platéia paga", disseram-lhe uma vez Little Richard e outros líderes de bandas do circuito *chitlin*. Eles haviam usado Hendrix como músico de apoio. Mas agora ele era o líder. "Eu toco a maior parte do tempo para a platéia, mas também gosto de colocar umas coisas no meio para mim. Assim eu desafio a mim mesmo e esqueço todo aquele circo."

"Purple Haze" foi lançada na Inglaterra em 17 de março. Essa música, com sua introdução memorável e a voz característica de Jimi, estabeleceu uma química imediata com os fãs da música pop. Desde os meninos de escola e seus pais, até os operários de fábricas e os grupos de mocinhas debutantes, "Purple Haze" criou uma horda de novos fãs para o Experience e confirmou a opinião dos colegas de Hendrix de que ele era verdadeiramente único. Esse single abriu uma nova porta para a música pop inglesa.

O mês de março marcou o início de um período de constantes viagens da banda. Eles tocaram em comemorações de clubes, se apresentaram em programas de rádio e televisão na Inglaterra, Holanda, França e Bélgica, e até no antigo reduto dos Beatles (e de Noel) em Hamburgo – o Star Club –, antes de retornar à Inglaterra para a primeira turnê oficial pelo Reino Unido.

Em 1967, quando o repórter de um jornal lhe perguntou: "Você se acha sexy?", Jimi brincou. "Cara, não sou nenhum Engelbert Humperdinck!" Após Chas mexer os pauzinhos, o Experience e Humperdinck – combinação bastante improvável – haviam se apresentado nos mesmos palcos durante um pacote de shows. Os Walker Brothers, banda bastante popular na época, encabeçava a lista de artistas da turnê, que também destacava o cantor e compositor Cat Stevens. Keith Altham, articulista do *New Musical Express*, escreveu com muito humor sobre a apresentação do dia 31 de março no Finsbury Park Astoria, em Londres: "Engelbert Humperdinck foi sereno, suave e sofisticado, e seguiu Hendrix como o doutor Jeckill seguiria *mister* Hyde." Altham prosseguia: "O Jimi Hendrix Experience é um labirinto musical em que você acha o seu caminho até a sólida muralha daquela inacreditável sonoridade, ou fica para trás, ofegante diante dos malabarismos da guitarra de Hendrix e de toda sua capacidade cênica, imaginando o que aquilo quer dizer." E concluía:

"... O *gran finale* de Hendrix foi quando sua guitarra pegou fogo 'por acidente', como nos garantiram."

Chas ficou muito animado com esta e outras menções da imprensa a respeito do "acidente". Ele se divertia com a fúria demonstrada pelos Walker Brothers por causa da atenção que Hendrix despertava na turnê *deles*. Pessoalmente, no entanto, Jimi se deu bastante bem com todos durante a viajem. Certa noite, quando o guitarrista de Humperdinck não chegou a tempo para o show, Hendrix se dispôs a ajudar o cantor. Manteve-se no fundo do palco e tocou os trechos de guitarra com o estilo e volume adequados.

Quando Jimi não estava tocando, escutava. Dois elementos sempre foram importantes para ele em Londres: ouvir diversos músicos com os quais nunca tivera contato e fazer *jam sessions* com eles. John Mayall e Alexis Korner, grandes mestres ingleses do blues, teceram-lhe muitos elogios, o que fez Hendrix se envaidecer de maneira incomum. "Eles sabem tocar blues muito melhor do que eu jamais poderei fazer", declarou.

Uma coisa era o blues. Outra era Roland Kirk, o "multiinstrumentalista". Hendrix viu Kirk tocar no Ronnie Scott's Club e considerou uma revelação esse brilhante artista cego. "Roland pode tocar qualquer tipo de sax", explicou Jimi. "Ele é capaz de cantar e ao mesmo tempo tocar flauta. Insisto que não há ninguém melhor que ele. Mas também quero dizer que Roland é um mensageiro especial. Nunca falei isso a respeito de alguém!" Hendrix respirou fundo e acrescentou, com os olhos brilhando: "*E* ele é completamente único. *E* nós improvisamos juntos. *E* ele gostou do meu som!"

Quando os dois casais – Chas, Lotta, Jimi e Kathy – começaram a encarar o flat de Ringo Starr como uma casa, Chas anunciou que era tempo de se mudarem dali. Os vizinhos já estavam fartos de tanto barulho, em particular de madrugada. Era uma época de muito trabalho para Chas e Jimi, que tinham a cabeça o tempo todo voltada para shows e gravações. Chas saiu em disparada para tentar encontrar outro lugar perto dali. Então eles se mudaram para um apartamento na Upper Berkeley Street. Chas pediu que Jimi parasse de ouvir sua coleção nova de discos no volume máximo e que mantivesse a voz de Kathy num tom mais baixo. Jimi se desculpou: "É que ela gosta de gritar. Sem qualquer motivo. Vou falar para ela ir gritar no parque."

Chris Stamp recordou um de seus momentos favoritos com Jimi, no apartamento da Upper Berkeley Street: "Já havíamos gravado quatro ou cinco faixas de *Are You Experienced?*. Chas, Lotta, Jimi, Kit e eu estávamos no apartamento da Marble Arch. Não me lembro de que houvesse mais alguém. Estávamos conversando, só jogando papo fora, provavelmente fumando alguns baseados, bebendo ou coisa assim. O apartamento era bem pequeno, na esquina da Edgware Road. A TV estava ligada. A vitrola tocava. Jimi e eu jogávamos Banco Imobiliário, veja só.

"Todo mundo falava. A música seguia tocando. Havia o ruído do tráfego na Edgware Road. *Tudo* estava barulhento. E muito alto! Enquanto eu ficava sentado, a todo instante Jimi erguia os olhos e dizia alguma coisa sobre um *som*. Como o *som* do disco... o *som* da TV... o *som* de um táxi lá fora... Sempre alguma coisa a ver com *som*. Passados dez minutos, comecei a sacar que ele ouvia os sons de uma maneira diferente de todo mundo. Retirava as coisas do ar e colocava em seu grande vaso de sons. Depois as convertia numa nota musical e então voltava a jogar Banco Imobiliário. Escutava como nenhum de nós escuta." Para Jimi, o som sempre esteve ligado a descobertas.

Jack Nitzsche, cujos arranjos, composições e produções contribuíram para renovar o ambiente musical de Los Angeles, era provavelmente o músico mais bem informado que Mo Ostin – presidente da Reprise Records, o novo e pequeno selo de Frank Sinatra na Warner Bros em Burbank – conhecia. Jack trabalhara com Phil Spector, entre outros, e *conhecia* música. Quando Ostin, cuja experiência era no campo da contabilidade, não da música, precisava de uma opinião abalizada a respeito de algum artista, ele com freqüência pegava o telefone e chamava Jack. No início da primavera de 1967, ele disse a Nitzsche: "Não tenho ouvido nada além de elogios a um cara na Inglaterra chamado Jimi Hendrix. Você, que conhece todo mundo, poderia ligar para Mick Jagger e perguntar o que ele sabe ou pensa sobre esse camaradinha?"

Denny Bruce, de Los Angeles, produtor e amigo de Nitzsche, recorda que este lhe informou que, segundo Mick, "Hendrix é o artista mais instigante do rock a surgir em Londres ou em qualquer outra parte". Então Nitzsche passou a informação a Ostin. Ela foi de muita utilidade para Ostin nos anos 1960, quando a Reprise começava a deslanchar.

Um advogado de Nova York, Johanan Vigoda, foi essencial na orientação de Mike Jeffery para que este conseguisse um valioso negócio na época: cerca de 125 mil dólares de adiantamento, além de um considerável orçamento promocional para divulgar o Experience nos Estados Unidos. O contrato foi assinado entre a Reprise e a companhia Yameta, de Jeffery.

A Reprise lançou o single "Hey Joe" nos Estados Unidos enquanto a Track Records, no dia 12 de maio, na Inglaterra, começava a distribuir *Are You Experienced?*, o primeiro álbum de Jimi, Noel e Mitch. Provocante e sensual, tanto em termos musicais quanto nas letras, o disco confirmou os sentimentos de Chas Chandler, Chris Stamp e Kit Lambert em relação ao potencial de Hendrix a longo prazo. Os críticos elogiaram muito, prevendo um futuro fabuloso para o Experience.

Em 7 de maio, o grupo se apresentou de novo no Saville Theatre, logo após o lançamento do single "The Wind Cries Mary". Penny Valentine escreveu no *Disc and Music Echo*:

> Se fosse possível ver a eletricidade, ela se pareceria com Jimi Hendrix. ... Hendrix provou, se é que havia necessidade de provas, que não há hoje outra força explosiva na cena pop britânica que se iguale a ele.
>
> É uma figura resplandecente: alto, lembra uma cobra com seu terno de veludo escarlate e sua blusa de babados. O cabelo é como um halo negro em torno da cabeça. A guitarra parece mais uma extensão de seu corpo. ... No domingo, ele encabeçou pela primeira vez a lista de artistas em um show. Apresentou-se para uma platéia absolutamente receptiva, cheia de devotos seus, dos quais muitos se pareciam mais com Jimi que o próprio Jimi.
>
> E todos tiveram o que pediram. O homem mudou: agora ele está seguro e inteiramente à vontade. ... Demonstrou que, com o sucesso, agora se sente muito mais em casa. Faz brincadeiras engraçadas, conversa com a platéia, trata as pessoas como se fossem irmãos de sangue há muito perdidos, sacando que todos sabem do que se trata. ...
>
> Jimi e o Experience tocaram "Hey Joe", "Stone Free", "Purple Haze", "The Wind Cries Mary", "Wild Thing" e "Like a Rolling Stone" com uma facilidade quase indecente.

Brian Epstein não esperou muito para agendar o Experience de novo. Domingo, 4 de junho, teve uma noite de gala. Centenas de pessoas foram barradas do lado de fora do Saville porque os ingressos já haviam se esgotado. A grande variedade de apresentações de abertura incluía os Stormville Shakers, o novo e apaixonado Procol Harum, os Chiffons e Denny Laine e sua Electric String Band. A platéia de astros incluía integrantes dos Beatles, que apenas dois dias antes haviam lançado o inovador *Sgt. Pepper's Lonely Hearts Club Band*. Epstein e os seus Beatles atingiram as nuvens quando Jimi Hendrix, numa homenagem surpresa aos "Fab Four", caminhou pelo palco executando a faixa título do álbum. Assim era o auge dos agitados anos 1960.

Depois do show, Brian Epstein recebeu convidados para um jantar em sua casa. Quando o Experience chegou, Paul McCartney encontrava-se à porta para dar as boas-vindas. O grupo estava junto havia apenas seis meses e meio. Porém, uma aura de empolgação já cercava tudo que dizia respeito a Jimi, Noel e Mitch: cada música, cada apresentação, cada *jam session* durante as madrugadas. Epstein considerou sua festa uma espécie de evento "adeus... boa sorte!" para o Experience, que em breve iria se aventurar por territórios inexplorados.

Os produtores de um inovador festival de música na Califórnia cortejavam tanto os Beatles quanto os Rolling Stones para serem as principais atrações de um fim de semana musical nos dias 16, 17 e 18 de junho. As duas bandas declinaram o convite. Entretanto, Paul McCartney telefonou para sugerir que o Experience fizesse parte da programação, e Mick Jagger também insistiu para que convidassem Jimi para Monterey. "Os rapazes" acharam que a época e o lugar seriam perfeitos para que Jimi retornasse aos Estados Unidos e provocasse uma verdadeira comoção.

O festival, a despeito das controvérsias locais, seria realizado num espaço com capacidade para apenas três mil pessoas, na histórica cidade de Monterey, apenas 16km ao sul de Fort Ord, onde Hendrix prestara os primeiros meses de serviço militar, em 1961.

Jimi, Mitch e Noel iriam juntar-se a uma vibrante lista de artistas, que incluía Otis Redding, Simon & Garfunkel, Ravi Shankar, Eric Burdon, Jefferson Airplane, Grateful Dead, The Who, The Mamas And the Papas e uma nova cantora chamada Janis Joplin.

Enquanto o Experience se preparava para voar para Nova York, e de lá para Monterey, chegaram boas notícias de Chas, que lhes informou que *Are You Experienced?* atingira o segundo lugar entre os álbuns mais vendidos na Inglaterra. Jimi iria retornar à sua terra natal sob uma nova encarnação: a de um homem realizado. Se a sorte continuasse, iria reforçar sua condição de astro no pequeno mas poderoso festival da Califórnia. E a sortuda Reprise Records de fato teria algo a "promover".

Os diretores do festival – Derek Taylor, John Phillips, Lou Adler, Donovan, Mick Jagger, Andrew Loog Oldham, Paul Simon, Smokey Robinson, Jim McGuinn (mais tarde, Roger), Brian Wilson e Paul McCartney – compuseram um tema ressaltando as palavras do estandarte colocado no palco com a frase AMOR, FLORES E MÚSICA, e contrataram D.A. Pennebaker para filmar todo o evento. Essa providência foi um golpe magistral. O documentário que Pennebaker fizera em 1965 sobre Bob Dylan, *Don't Look Back*, fora muito admirado pelos diretores, que imaginaram *Monterey Pop* como uma pequena crônica cinematográfica. Quem poderia adivinhar na época que o filme se tornaria uma sensação internacional e ainda constituiria um valioso documento histórico?

Se não fosse pelo pouco que John Phillips lhe contara, Pennebaker nada saberia a respeito de Jimi Hendrix. "John me disse que um cara que ele tinha visto na Inglaterra tocava blues e ateava fogo às vestes", recordou Pennebaker. Ele instruiu sua equipe a filmar apenas uma canção de cada artista e, assim, diminuir os gastos com negativos. Foi instalada uma pequena luz vermelha ao lado do palco. "Tínhamos câmeras por toda parte, e todos podiam ver quando a luz vermelha estava acesa. Sabiam que se filmassem naquele momento haveria algo a ser editado." Durante a apresentação do Experience, "nós todos nos demos conta de como Hendrix era impressionante e filmamos tudo o que ele fez", disse Pennebaker.

A pequena luz vermelha não se apagou em momento algum.

Michael Lydon é uma autoridade quando se trata da explosão musical dos anos 1960. Fundador da revista *Rolling Stone*, escritor apaixonado e perspicaz, Lydon é autor de vários livros sobre música. Entre eles estão *Flashbacks: Eyewitness Accounts of the Rock Revolution* e uma maravilhosa biografia de Ray Charles. Ele acabou por percorrer praticamente cada centímetro do espaço reservado ao evento em Monterey durante os dias e noites que passou cobrindo o festival. Eis o que escreveu sobre Jimi Hendrix:

> Ele é curiosamente bonito e ao mesmo tempo grotesco e selvagem, assim como o proverbial Selvagem de Bornéu. Vestia calças, um boá escarlates, uma jaqueta cor-de-rosa sobre um colete preto e amarelo, por cima de uma blusa branca com babados. ... Vestido assim e tocando com selvageria, ... a apresentação se tornou mais que uma extensão das giradas de Elvis. Virou um prolongamento infinito delas, uma orgia de ruídos tão tensa que temi que o dínamo fornecedor de energia não suportasse e se fundisse até o estado atômico primordial. Hendrix não só dedilhava as cordas, ele dava panca-

das com a palma da mão, praguejava contra elas, esfregava-as no microfone, empurrava-as com a virilha sobre o amplificador. E quando se ajoelhou diante da guitarra como se ela fosse uma vítima a ser sacrificada, derramou fluido de isqueiro sobre ela e acendeu a chama, aquilo foi de fato um sacrifício: a oferenda da coisa mais perfeita e amada. Assim, sua destruição enobreceu-a ainda mais.

"A platéia estava completamente subjugada por Hendrix", declarou Joel Selvin, do *San Francisco Chronicle*, um respeitado escritor e crítico de música pop, além de uma verdadeira enciclopédia da música da Bay Area. "Foi um desempenho épico, histórico."

Para Jimi, Monterey foi "maravilhoso! *Maravilhoso*! Nossa banda foi perfeita! Noel e Mitch estavam empolgados como jamais os vi antes. Depois do show, eles não paravam de falar a respeito. Foi como aquela festa de aniversário com que a gente sempre sonhou, mas nunca teve. Um pouco antes do show, houve alguns momentos de blablablá com Pete Townshend para decidir quem se apresentaria por último. Mas tudo se resolveu bem para todo mundo". O que ele queria dizer era que os Who se apresentaram antes do Grateful Dead, e o Experience seguiu-se ao Dead, exatamente como Chas e Jimi esperavam. Chas disse na ocasião: "Eu sabia, e The Who também, que eles seriam loucos se tentassem subir ao palco depois de Jimi."

Tom Donahue, um disc-jóquei da rádio KMPX de São Francisco, merece muito respeito por seu papel na revolução do rádio norte-americano da época. Tocava trechos de álbuns, transmitia shows ao vivo e utilizava o veículo como um verdadeiro serviço público para os ouvintes; Donahue também fundou a "rádio underground". O sucesso dela foi fundamental para que a carreira de Jimi Hendrix decolasse, tanto *antes* quanto depois do Monterey Pop Festival. Donahue já vinha transmitindo faixas do Experience meses antes de a banda subir ao palco de Monterey. Os fãs da região de São Francisco, adeptos da "nova música", não podiam esperar para assistir ao festival, e um dos nomes mais comentados da programação era o de Jimi Hendrix. Havia, contudo, outras pessoas na platéia que nada sabiam sobre Hendrix e também se mostraram incansáveis, para começar. Joel Selvin relatou:

> O Experience chegou a São Francisco um dia depois de tocar em Monterey. Jimi deveria fazer o show de abertura. Depois viriam Jefferson Airplane e Gabor Szabo. Naquele tempo, Bill Graham não tinha idéia do que estava

acontecendo. "Ele organizou as apresentações com base numa combinação de sorteio, análise e opiniões de outras pessoas. As bandas fariam duas sessões por noite, e a ordem delas seria 3 ... 2 ... 1 e 3 ... 2 ... 1, de forma que, numa das vezes, a apresentação de abertura vinha em seguida à principal. Isso levou a algumas combinações extremamente interessantes. Assim, Hendrix fez seu show na primeira noite, e de tal forma varreu o Airplane do mapa que eles não mais retornaram ao palco! Eles tinham seis noites agendadas no Fillmore, de 20 a 25 de junho, e Hendrix fez a abertura terça-feira à noite. As músicas dele vinham sendo muito executadas nas rádios de São Francisco antes mesmo do festival de Monterey. Ninguém deu a mínima para a presença do Airplane. *Todos* estavam ali para ver *Hendrix*, o que foi uma surpresa tanto para o Airplane quanto para Bill Graham.

Naquele tempo havia esse contágio, e as pessoas derrubavam barreiras quase toda semana. E foi isso o que o primeiro álbum de Hendrix fez. Todo mundo reconheceu de imediato que aquilo era algo diferente, que *aquilo* de fato rompera barreiras e que, naquele momento, estávamos lidando com um mundo novo. Hendrix era uma personalidade nova, fulgurante e radical. Todos podiam ver isso. ... Todos estavam ouvindo tudo o que estava acontecendo. Os Bluesbreakers com Clapton. O Butterfield. Cada novo disco era *esquadrinhado*. O disco de Hendrix fora trazido para cá como importação. Só foi lançado aqui em agosto. Essa cultura musical florescente tornou-se o verdadeiro centro de todas as atenções em São Francisco naquela época.

Assim, Hendrix jogou o Airplane para fora do palco. Janis Joplin, Big Brother e Holding Company foram chamados para preencher o restante do contrato. O Airplane de repente se lembrou de que precisava deixar a cidade para... ahn... trabalhar no disco! Então, naquele domingo, aconteceu um concerto gratuito em Panhandle, um pedacinho do Golden Gate Park que avança do parque principal e tem o tamanho de um quarteirão. Fica a três ou quatro quarteirões de Haight-Asbury. Havia um caminhão gerador, o Airplane emprestou esse caminhão e mais alguns equipamentos, e Mitch, Noel e Jimi se apresentaram naquele domingo. Pintaram 1.500 pessoas.

Jimi logo foi convidado a fazer uma aparição numa loja de Los Angeles, a primeira dele na Groove Company, a mais badalada loja musical da Sunset Strip, localizada na esquina de Sunset e Crescent Heights Boulevard, em frente a uma abarrotada casa noturna conhecida como Pandora's Box. O evento foi planejado por Michael Villella, um sujeito brilhante e muito instruído que havia pouco se tornara comprador de discos para a loja. Villella ouvira pela primeira vez as gravações do Experience numa visita a Londres. Gostou tanto que viajou a Monterey só para ver Hendrix no palco: "Jimi era mágico. Sua aura dominou todo o festival." A Groove Company logo passou a exibir em sua fachada uma pintura que reproduzia Jimi, Noel e Mitch. Para entrar na loja, os clientes tinham de passar pela boca de Jimi. Quando a rádio de vanguarda KPPC anunciou o dia e a hora em que os ouvintes poderiam ver Jimi em pessoa na Groove Company, os fãs lotaram a loja, o espaçoso estacionamento e também as calçadas em volta. O alvoroço depois de Monterey, cerca 500km subindo pela costa, teve toda essa força. Villella ainda marcou outro tento: conseguiu autorização para vender os primeiros exemplares de *Are You Experienced?* antes do lançamento oficial nos Estados Unidos, que aconteceu semanas mais tarde.

Durante esses gloriosos dias, Hendrix também foi visto passando numa limusine pelo Hollywood Boulevard, acompanhado por duas gêmeas loiras que haviam pousado para a Playboy. Jimi e suas meninas desceram numa festa em homenagem ao Who, oferecida por Rodney Bingenheimer e Frank Zinn na casa deste em Hollywood.

Frank era muito amigo e admirador do grupo The Who. O minúsculo Rodney, com seu cabelo à Buster Brown, ficaria depois conhecido como substituto de David Jones na série de televisão *Monkees*. Rodney adorava conhecer as pessoas "certas", e Hendrix sempre foi gentil com ele, e até levou-o no ano seguinte para uma volta pela Sunset Strip em seu novo Corvette.

Na festa do Who, Hendrix sentou-se num sofá com as duas loiras, uma de cada lado. Os convidados ficavam "dando pulinhos", segundo se comentou, para vê-lo de perto. De repente se formou uma fila de homens e mulheres fanáticos por ele, querendo seu autógrafo. Jimi não pretendia atrapalhar a festa nem ofender seus amigos do Who, de modo que logo ele e as loiras se separaram.

A vida na época, entretanto, não era apenas diversão e brincadeiras pop. Desde o assassinato de John F. Kennedy, as perturbações políticas haviam encoberto a "terra dos livres e o lar dos bravos". As letras de "Blowin' in the Wind", de Bob Dylan, e da canção de Sam Cooke, "A Change Is Gonna Come", ecoavam naqueles tempos difíceis. As pessoas conscientes, horrorizadas diante dos indescritíveis atos diários de crueldade e violência contra os cidadãos negros, discutiam formas pacíficas de se atingir a integração racial. Brancos de todas as idades se dirigiam aos estados do sul, em especial ao Alabama, para participar de marchas pela liberdade e apoiar a liderança de Martin Luther King. No verão de 1967, os norte-americanos de todas as regiões do país se mostravam cada vez mais preocupados com a ação militar no Vietnã. Essa era uma questão efetiva para muitos jovens, assim como para os pais deles, que não queriam ver seus filhos rumarem para uma guerra num lugar de que nunca tinham ouvido falar. *Por que* estamos no Vietnã? Imagens de gigantescas marchas de protesto enchiam as telas da televisão e as primeiras páginas dos jornais.

Um novo e importante elemento começou a se infiltrar na vida dos jovens norte-americanos: as drogas. Dois slogans se tornaram parte do vocabulário da juventude: "Paz e amor" e "Se ligue, cara, para depois se desligar", lema de Timothy Leary, o guru do LSD, ou ácido lisérgico. O cheiro agridoce da maconha percorria o ar. A palavra "ácido" – gíria para LSD – tornou-se um novo termo no vocabulário dos jovens. Três anos mais tarde, Jimi Hendrix diria: "Eles o chamaram de 'verão do amor'. 'Verão do ácido' seria mais apropriado! O 'ácido' que circulava em São Francisco foi uma descoberta fabulosa para mim. Eu já tinha tomado LSD em Londres, mas *este* ácido era mais avançado, era uma coisa totalmente diferente. Eu queria mais. Ele tornou-se a grande válvula de escape. Havia noites em que eu achava que qualquer pessoa que se aproximasse de mim era para me dar LSD. Passei da conta. Sei disso agora. Praticamente todo músico que eu conhecia era louco por ácido. É claro que havia gente que não conseguia lidar com isso. E precisaram descobrir da maneira mais difícil. Eu, na verdade, pensava ser um daqueles tipos especiais, destinados ao LSD. Não acredito mais nisso."

O publicitário nova-iorquino Michael Goldstein viajou de avião para a Califórnia especialmente para assistir ao Monterey Pop Festival, onde esperava conseguir clientes entre os músicos. Uma das histórias que circularam pelo festival era sobre "aquele cara de Nova York que correu para Hendrix exclamando: 'Alô, Otis! Sou seu grande fã!'" Apesar da gafe de confundir Hendrix com Otis Redding, "o cara de Nova York" se deu muito bem com o empresário do Experience, Michael Jeffery. Goldstein voltou a Nova York qualificado como "o responsável pelas questões de imprensa" de Jimi, Noel e Mitch nos Estados Unidos.

Naquele verão, Patricia Costello, que trabalhava para Goldstein, foi fundamental para a elaboração de uma campanha publicitária de longo alcance. Ela contou: "A primeira vez que vi Jimi Hendrix foi em julho de

1967. Ainda não tinha ouvido a música dele. Conheci Jimi pessoalmente em Nova York, depois do festival de Monterey, e compreendi que havia alguma coisa diferente nele. Senti que ele era único, e não outro cara comum chegado da Inglaterra para logo cair no esquecimento. Havia uma centelha especial em Jimi e a seu redor. Ele era tranqüilo e tímido, sua fala era suave, tinha boas maneiras, era inteiramente diferente da imagem que Michael Jeffery queria apresentar ao mundo."

Jimi sentiu-se muito à vontade com ela. "Pat é uma pessoa bastante agradável. Tem uma voz maravilhosa, delicada." Jimi sempre observava os padrões de fala e o tom de voz dos outros. No entanto, não se sentiu bem com o tom muitas vezes agressivo da voz do patrão de Patricia. Preferia tratar com ela do que com Michael Goldstein. A imprensa também teve uma boa reação à "voz delicada" de Patricia. A música de Jimi, Noel e Mitch, apoiada pelos telefonemas que ela dava, despertou uma grande procura por entrevistas, numa ampla variedade de jornais e revistas. Patricia vivia pendurada ao telefone, programava entrevistas que se intercalavam aos shows e gravações. Estava sempre alerta pesquisando as críticas dos concertos e novos singles. Ela foi uma das poucas confiáveis que de fato trabalhou de maneira longa e árdua para Jimi Hendrix, e sem qualquer intenção de lhe arrancar dinheiro.

Como reagiu a mídia, de maioria branca, àquela nova presença tão singular no mundo da música pop? "Nunca pensei na cor dele", declarou Patricia. "Não acho que a maior parte das pessoas da imprensa o fizesse ao conhecê-lo. Ele era Jimi, apenas."

Ela fez uma pausa para refletir e prosseguiu: "Talvez alguns tivessem medo de encontrá-lo, não por causa da cor, mas pela imagem atrevida nas capas dos discos e nas fotos para publicidade. Lembro quando o Experience estava para se apresentar no *Ed Sullivan Show*, e uma pessoa do escritório de Sullivan telefonou para perguntar: 'Agora me diga: como é esse cara?' Falei a verdade: 'É maravilhoso trabalhar com ele.' O show já estava todo pronto, mas, no último instante, segundo me lembro, ligaram do escritório de Jeffery para comunicar uma mudança de planos. Por isso, infelizmente, o Experience jamais apareceu no *Sullivan*. Não consigo lembrar ninguém da imprensa que tivesse medo de Jimi ao vê-lo pessoalmente. Apenas ficavam surpresos ao perceber como era simpático, e, em um ou dois casos, alguns jornalistas se sentiram constrangidos por terem sido preconceituosos."

Eric Clapton podia ser tímido e nada comunicativo com a imprensa. Mas, no início de julho de 1967, ele se abriu com Penny Valentine numa entrevista para a *Disc and Music Echo*. Penny tornava a conversação fácil, e Clapton a respeitava muito. "Hoje, o Cream desfruta de grande popularidade", escreveu ela. "Eric, com muita modéstia, atribui isso ao fato de Jimi Hendrix estar fora do país." Clapton disse a Valentine: "É *essa* a nossa verdadeira competição. Somos sempre comparados um ao outro. E quando ele está por perto, temos de baixar a cabeça!" Ele também falou a respeito de tocar guitarra: "Para mim, é a minha vida. Estou completamente envolvido com isso, vivo cercado por música 24 horas por dia. E quando estou trabalhando, nada mais me importa na vida." Na fotografia que acompanhava o artigo, Clapton exibia uma bonita versão do conhecido penteado de Hendrix.

Jimi tomou conhecimento da entrevista e adorou tudo o que Eric Clapton dissera. Achou graça e ficou envaidecido porque Clapton, sempre antenado na moda, posou para uma foto na qual demonstrava que aprendera as lições do departamento "visual" de Hendrix, desde a blusa que vestia até o penteado "afro-inglês".

No dia 8 de julho, Jimi, Noel e Mitch iniciaram a primeira de oito noites abrindo os shows dos Monkees. Falou-se que Chas ficara aborrecido por Mike Jeffery ter concordado com aquela combinação de todo improvável para uma turnê. Outras pessoas mais íntimas dele, no entanto, declararam que desde o início Chas percebera o valor publicitário daquela idéia, e juntou-se a Jeffery e a Michael Goldstein na produção de um abaixo-assinado, com a maioria das assinaturas fictícia, queixando-se à mídia de que "O Jimi Hendrix Experience nada tem a ver com shows para inocentes criancinhas!"

Mickey Dolenz, dos Monkees, falou: "Estávamos perto daquela gritaria toda quando o Experience fez suas apresentações conosco. Jimi foi uma das pessoas mais simpáticas que conheci na vida. Todos nos divertimos muito nos hotéis. Os Monkees ainda eram muito garotos, ficamos bêbados, chapados e doidões, assim como a banda de Jimi. A diferença era que quando os Monkees subiam ao palco, tinham de tocar 'Last Train to Clarksville'. Não que a gente se importasse, as crianças queriam era isso, mas tínhamos passado umas boas horas no hotel improvisando juntos, em especial Peter Tork e Mike Nesmith, que, acima de tudo, eram músicos em tempo integral. Foi uma turnê fantástica para os Monkees. Quando o Experience nos deixou, foi porque recebeu uma oferta muito boa em Nova York. Não queríamos nos prender a eles porque nosso público não era o mesmo que apreciava Hendrix. O Experience estava enlouquecendo por tocar apenas para garotos de oito a dez anos, ainda mais depois da incrível recepção que tiveram por parte de adolescentes e adultos em Monterey. Os garotinhos não compreendiam a música deles. Mas nós todos passamos momentos muito bons fora do palco!"

Longe dos Monkees, Hendrix encontrou Eric Clapton em Nova York para se apresentarem em duas noites no final de julho. Eles correram para ver John Hammond no Gaslight, na MacDougal Street, um dos primeiros pontos freqüentados por Bob Dylan na cidade. O pequeno palco quase foi abaixo quando Hendrix, Hammond e Clapton fizeram uma *jam session* de blues. Aquelas emocionantes horas de música na companhia de homens especiais que continuavam a lhe demonstrar respeito e amizade foram a coisa mais importante do mundo para Jimi Hendrix. Era a sua definição de felicidade verdadeira.

Junto com o sucesso costuma vir a inveja. Em Los Angeles, o produtor Jack Nitzsche colocava Hendrix nas alturas, chamando *Are You Experienced?* de "absolutamente brilhante", segundo contou Denny Bruce. "Jack ouvia o álbum sem parar", recorda Bruce. "Neil Young ficou saturado de ouvir Jack falar de Hendrix. Estava enciumado."

Em Nova York, dois homens sentiam muito mais que apenas ciúme: Curtis Knight e Ed Chalpin. Queriam uma fatia do recente sucesso de Jimi Hendrix. Naquele verão, Curtis apareceu no hotel de Hendrix em Nova York para pressioná-lo. Hendrix concordou em acompanhá-lo até o estúdio de Chalpin para fazer uma pequena gravação "em nome dos velhos tempos". "Curtis estava ligado em toda aquela 'ascensão' que tive em Monterey, e sempre ouvi dizer que Chalpin criava problemas para a Track. Eu só queria acalmar os ânimos. Disse que participaria de algumas faixas para Curtis, mas que eles não poderiam usar meu nome. Curtis concordou", disse Jimi.

Quanto voltaram a Londres no fim do verão, Jimi, Noel e Mitch foram recebidos como se fossem grandes heróis conquistadores, e o Experience, que ainda não tinha um ano de existência, foi qualificado de "superbanda" tanto pela imprensa quanto pela poderosa legião de fãs ingleses. No dia 16 de setembro, no hotel Europa, em Londres, o *Melody Maker* realizou sua festa anual de entrega de prêmios. O auge da cerimônia foi o momento em que se escolheu Jimi Hendrix Melhor Músico Pop do Mundo. Sua expressão era de humildade ao receber aquele grande troféu, em meio a uma sala lotada, ouvindo gritos e aplausos que partiam de agentes e promotores da indústria musical inglesa. Dias depois, a Track Records lançava uma propaganda com os dizeres: TODOS SAÚDAM O REI JIMI!

Barrie Wentzell, o talentoso fotógrafo que cobria os grandes eventos do ambiente musical londrino, bateu muitas fotos de Hendrix, inclusive naquela ocasião especial no hotel Europa em que ele recebeu o prêmio. "Todos o adoram no *Melody Maker*", disse Wentzell com alegria, "Chris Welch, que viu Jimi pela primeira vez no Bag O'Nails, e todos nós. Ficamos completamente envolvidos por sua música, sua arte. De verdade. Sempre esperávamos pela chance de conversar com ele, o melhor cara do planeta!"

Alguns anos mais tarde, Jimi conversou comigo sobre o prêmio que recebeu do *Melody Maker*. "Mil novecentos e sessenta e sete foi um ano de trabalho, trabalho, trabalho...", disse ele. "Eu mal conseguia ter mais que cinco horas de sono por noite. Quando tive três minutos para respirar, alguns dias depois da festa do *Melody Maker*, já estávamos na estrada, e eu escovava os dentes e pensava na festa. Comecei a chorar, porque significou muito para mim. Acabei tendo de lavar o rosto várias vezes para tirar aquela mistura de pasta de dentes e lágrimas."

Ele fora para a Inglaterra sem saber o que esperar, imaginando se os grandes da música pop iriam aceitá-lo. Tanta coisa acontecera, e tão rapidamente... "Mil novecentos e sessenta e sete foi o melhor ano da minha vida", declarou ele.

"Seguimos para Paris em outubro, e eles *ainda* gostavam da gente lá", disse Hendrix cheio de orgulho. "Ao subir no palco e olhar as primeiras filas, me senti tão perto da platéia... Eu podia ver nos olhos deles, era como se nos entendêssemos. Eram tempos em que eu só queria tocar e tocar." Ele sorriu com ar sonhador e acrescentou: "Se um dia eu puder ter um lugar só meu, quero que seja num daqueles velhos prédios históricos à beira do Sena. Gostaria de ter um pequeno lar onde pudesse me afastar do resto da minha vida. Algum lugar em que pudesse tocar todas as minhas fitas, pensar, imaginar e planejar. Também gostaria de receber aulas de desenho em Paris."

Chas Chandler, Michael Jeffery, Mitch Mitchell e Noel Redding, os quatro homens cujas vidas então se entrelaçavam com a de Jimi, pouco sabiam de seus sonhos mais íntimos. Para eles, para a imprensa, para a mãe de Noel e os parentes de Mitch, quando lhe perguntavam como fora crescer nos Estados Unidos, Jimi fornecia uma versão mais suave, tecendo apenas comentários divertidos e algumas recordações de Seattle, da família, dos militares ou do circuito *chitlin*. Deixava poucas pistas acerca das traições e da pobreza que enfrentou na infância, sobre o medo, a perda e a solidão. As "coisas ruins", como ele se referia a certas partes de sua vida passada, haviam ficado escondidas num armário, no interior de seu cérebro. Os bons momentos estavam ali e agora.

Enquanto Jimi agitava sua "bandeira de excêntrico", Chalpin fazia o mesmo, talvez com mais intensidade ainda, com aquele contrato de uma página de outubro de 1965, que Hendrix assinara em Nova York. Michael Jeffery e Steve Weiss (o advogado de Jimi e Mike) informaram ao astro que Chalpin poderia impedi-lo de realizar novas gravações e mesmo de se apresentar em público até que o problema fosse resolvido. Tenso com o que Jeffery e Weiss diziam sobre as ameaças de Chalpin, Hendrix mal conseguia respirar. Desde que sua mãe o abandonara e ao irmão Leon, nada de tão catastrófico acontecera em sua vida.

A questão Hendrix-Chalpin jamais haveria de se resolver.

Chas valorizava muito a publicidade. Tinha absoluta certeza de que o Jimi Hendrix Experience estava apenas começando a mostrar seu potencial para o mundo. Como antigo integrante dos Animals, ele sabia melhor que ninguém como o tipo certo de imprensa pode constituir uma valiosa ferramenta, em particular os jornais regionais diários e as revistas coloridas de grande circulação. Chas gostava de sua própria coleção de recortes, que incluía pequenos anúncios de apresentações dos Animals na região de Newcastle, resenhas e entrevistas em semanários musicais londrinos, e fotografias nas revistas norte-americanas para adolescentes. A intenção dele era atrair o interesse de Leslie Perrin, homem de meia-idade, inteligente e amável, o mais reverenciado agente do noticiário musical da "Swinging London". Perrin conhecia quase todos os bons jornalistas do Reino Unido. Os principais editores e repórteres de Londres eram amigos dele, e com freqüência se reuniam no Wig and Pen, na Fleet Street, para beber e, o que era ainda mais importante, fofocar.

"Ele conhece *todo mundo* e aceitou representar a banda", disse Chas a Jimi, Noel e Mitch. "Les vai ser nosso talismã de boa sorte".

Outro talismã de boa sorte para eles foi Dick Katz, um ótimo agente da Harold Davison Ltd. Katz era um sujeito astuto, com influência suficiente para obter datas importantes para os concertos dos artistas com quem trabalhava. Era impressionante a experiência dele em construir carreiras. A agência Davison representava diversos cantores e músicos renomados, inclusive figuras lendárias do jazz. Jimi respeitava muito Perrin e Katz, e adorava ouvir as histórias que contavam sobre os músicos que ele admirava. Talvez fossem os únicos homens, entre os que gerenciavam a carreira de Hendrix, com sensibilidade e conhecimento musical para entender o seu passado. Na companhia deles, Jimi não precisava fingir nem responder a perguntas embaraçosas. Dick Katz vigiava Hendrix com carinho. "Eu sabia desde o início que ele era um dos maiores instrumentistas que eu iria ouvir na vida", declarou Katz. "Tive uma profunda satisfação de trabalhar com alguém tão jovem e de potencial ilimitado."

O sucesso trouxe uma impressionante escalada da atenção feminina. Nos Estados Unidos, as loiras da Califórnia, as menininhas hippies e as modelos ficavam sem fôlego ao ver Hendrix. E, sempre que o tempo lhe permitia, ele era mais do que simpático ao acalmá-las. Para o Experience e para a maioria das bandas inglesas e norte-americanas de sucesso, o sexo era como *fast-food*: rápido e fácil de conseguir. Os nomes muitas vezes caíam no esquecimento, bastava a descrição física: "a assanhada de cabelo vermelho", "a modelo pervertida de Nova Jersey", "a peituda de Detroit"... Jimi ocupava um lugar bem alto na "contagem de pontos" feita por inúmeras beldades inglesas, algumas das quais namoradas de seus colegas músicos. Altas ou baixas, curvilíneas ou magras, todas aquelas "bonequinhas" cretinas de minissaia – como eram descritas pela imprensa britânica – com olhos cheios de maquiagem, lábios descorados e cintilantes, cabelos compridos, lisos e reluzentes, enlouqueciam quando viam o sexy Jimi Hendrix. "Metade do tempo eu sequer sabia o nome da garota, mas lá estávamos na cama", contou-me ele. Não estava se gabando, apenas descrevendo os fatos. Ele deixou claro que Kathy Etchingham sabia de tudo e que a relação deles era "aberta", dos dois lados.

Seus camaradas músicos reconheciam nele uma figura fantástica. "Todos tínhamos certeza de que o... ahn... equipamento sexual dele era tão incrível quanto a técnica musical que possuía", comentou um conhecido guitarrista britânico. "Qualquer um gostaria de ser ele. O que poderia ser melhor que um negro sexy, tocando blues e agarrando qualquer gatinha que desejasse?"

Naquele outono, o Experience fez uma rápida viagem à Holanda para tocar em programas de televisão e fazer um concerto. Logo depois, retornaram à Inglaterra, para a sua segunda e mais extensa turnê pelo país. Estreando no Royal Albert Hall, em Londres, realizaram 30 apresentações em três semanas. Jimi, Mitch e Noel terminaram completamente exaustos e se embebedaram depois do último show em Glasgow.

Pouco antes do Ano-Novo, Hendrix estava muito feliz graças ao imenso progresso de sua carreira. Também sentia-se bastante orgulhoso com o sucesso do álbum e dos compactos do Experience. Outro motivo de alegria eram as malas de correspondência dos fãs que chegavam todos os dias aos escritórios da Jeffery-Chandler e da Track Records. Essas cartas eram *importantes* para Jimi, constituíam a prova tangível de seu sucesso, do respeito dos fãs, e ele se esforçava para responder pessoalmente ao maior número possível.

Além disso, as cartas protegiam Hendrix da crescente pressão e de toda a insegurança que ele sentia enquanto Chalpin aumentava cada vez mais a carga das ações judiciais. "Eu estava com muito medo", disse-me Jimi um ano depois. "Lembro de certa noite ir para uma *jam session* no Speakeasy sentindo tanta frustração que a única coisa que eu queria era tocar até meus dedos sangrarem, fazer qualquer coisa que acabasse com todo aquele blablablá jurídico. Sabia que não ia ser fácil resolver a situação, independentemente da programação que Jeffery destinasse a mim. Já tinha feito muito em 1967 também. Muito *mesmo*. Para mim, toda a questão do sucesso se resume a controlar minhas próprias idéias musicais e saber como cada música é gravada, mixada e produzida. *Cada* música! Todas aquelas malditas ameaças de processos judiciais nada têm a ver com música. *Nada*! É tudo ganância."

Em 1º de dezembro, foi lançado no Reino Unido o segundo álbum do Experience, *Axis: Bold as Love*. Jimi achou que o disco foi um gigantesco passo em suas atividades de gravação e composição. A reação entusiasmada dos fãs e dos críticos encheu-lhe de um sentimento de realização. Apesar de todo o sucesso, suas inseguranças estavam sempre presentes. "A forma como o *Axis* foi recebido me deu fé para continuar seguindo em frente. Percebi que a platéia viria conosco", disse ele.

Em breve, contudo, todo o orgulho de Jimi por seu trabalho iria se diluir. Ele ficou agitado e doente quando Mike Jeffery informou-o de que o lançamento de *Axis: Bold as Love* nos Estados Unidos, que ocorreria naquele mesmo mês, deveria ser adiado para janeiro de 1968. Chalpin fechara um belo negócio com a Capitol Records, o que significava que *Get that Feeling*, uma mistura de antigas faixas com vocais de Curtis Knight e Jimi Hendrix na guitarra, deveria ser lançado antes de seu álbum tão cuidadosamente elaborado.

Jimi passara horas intermináveis compondo e gravando seu segundo disco. Ficou muito infeliz ao saber que aquele "velho merda do Chalpin" iria aparecer nas lojas semanas antes do lançamento de *Axis: Bold as Love*. Meses depois, ele experimentaria novas dores e traições quando Chalpin e a Capitol Records surgiram com um segundo LP de Hendrix, *Flashing*, composto em sua maioria por canções *soul* gravadas apressadamente em 1967, em sessões dirigidas por Chalpin. Jimi concordara em participar daquelas gravações como um favor, diante dos insistentes apelos de Curtis Knight e numa tentativa de "acalmar o ânimo" de Chalpin. Até hoje circula uma fita pirata com uma conversa em que Jimi diz: "Eu toco, mas você não vai poder usar meu nome se você lançar isso." E Chalpin lhe garante: "Eu sei, eu sei. Não vou fazer isso. Não se preocupe."

A Capitol era o selo dos Beatles nos Estados Unidos e, de modo geral, distribuía música nova de qualidade. John Lennon disse a Jimi que ele "estava sendo punido por seu talento e sucesso", e ficou frustrado ao constatar que o aparente poder dos Beatles não funcionava na Capitol. Lennon tentou, mas não foi capaz de ajudar e proteger o músico que tanto admirava.

Nem tudo foi punição, entretanto. "A Fender Guitars me telefonou", disse Jimi a Lennon. "Querem me *dar* algumas Strats. Tudo que eu quiser, disseram. Você pode imaginar *isso*?"

CAPÍTULO 7

Experiente

Naquela noite chuvosa de 9 de fevereiro de 1968, quando, nos bastidores do Anaheim Convention Center, Les Perrin me apresentou a Mitch e Noel, e logo em seguida a Jimi, pouca dúvida havia em mim de que aqueles três músicos possuíam um gosto requintado e muito charme pessoal. Mas, para eles, o que realmente importava era a música. Como a maior parte dos mais de sete mil expectadores, naquela noite pude ouvir e sentir o nascimento de algo grandioso. A música deles era de fato *diferente*, e a multidão, de olhos e boca bem abertos, absorvia cada nota e cada arremetida de Hendrix pelo palco. “Nunca vi alguém como ele!”, disse um adolescente sentado logo atrás de mim. “Essa banda é incrível!” Ele e os amigos soltavam gritos a cada música. Pulavam ao aplaudir. Eu fazia o mesmo. Todo mundo foi literalmente arrebatado por “Wild Thing”. Virei-me e sorri para os meninos atrás de mim. Pude ver que os rostos deles transbordavam alegria. Estavam tão tomados pelo entusiasmo que nem notavam Eric Burdon sentado bem ao meu lado. Eric, um autêntico astro que já assistira a muitas outras apresentações de Hendrix, parecia tão feliz quanto os garotos, com o olhar fixo no palco. Sempre gostei de observar a platéia, e senti naquele instante que os meninos da fileira de trás iriam lembrar daquela noite por muito, muito tempo.

Já no meu carro, em companhia de Les, Chas e Lotta, seguíamos pela auto-estrada de volta a Hollywood. Chas falava sobre a cansativa programação do Experience nos últimos dez dias. "Você tinha que ter visto Jimi em Paris na semana passada", ele disse. "Agora ele é um grande astro lá. Jimi adora se apresentar na França, e eles também o adoram. Tivemos dois shows com lotação esgotada. O Eric fez a abertura." Chas e Eric Burdon, ambos de Newcastle, já se conheciam muito bem, é claro, desde os tempos juntos como integrantes dos Animals. "Logo depois do show em Paris, o Experience voou para Nova York", acrescentou Chas.

O avião deles, retido no pesado tráfego aéreo de Nova York, ficou circulando por quase uma hora antes de aterrissar. Jimi, Noel e Mitch afinal desembarcaram no aeroporto John F. Kennedy, sendo submetidos a uma minuciosa revista antes da chegada triunfal para entrevista coletiva – intitulada "Os britânicos estão chegando" –, planejada por Michael Jeffery e seu assessor de imprensa, Michael Goldstein. Quando eles entraram no Copter Club, no alto do edifício da Panam, apinhado de repórteres e fotógrafos, quase ficaram cegos com a torrente de flashes.

— Paris e Nova York. Devem ter sido dois dias bem exaustivos – comentei com Chas.

— Foi só o começo de um longo percurso – respondeu ele. — Nova York foi só para publicidade. Sem shows.

Horas depois o Experience embarcava em outro jato, desta vez atravessando os Estados Unidos em direção a São Francisco.

A Bay Area era "o território de Hendrix". "Adoramos ouvir os gritos de vocês!", falou ele com seu jeito de garoto para a platéia da cidade que fora uma verdadeira fortaleza para o Experience desde o festival de Monterey. Os gritos continuaram a ecoar por São Francisco durante todo aquele fim de semana: duas apresentações no Fillmore e mais seis no Winterland, todas com Albert King, guitarrista que Jimi admirava muito. Ele tinha vários discos de King. Seus camaradas de Londres, John Mayall e os Bluebreakers, contribuíram com outras guitarras para os shows. Na última noite no Winterland, Janis Joplin, com a Big Brother and Holding Company, também subiu ao palco.

Hendrix disse a Janis que conhecera aquela parte da cidade antes de ficar famoso. "Acompanhei Ike e Tina Turner, mas não por muito tempo", falou. Os olhos dela se arregalaram: "Aquela Tina Turner é incrível", disse. "Mas do marido, só ouvi falarem mal."

Dia sim, dia não, Jimi, Noel e Mitch estavam de mudança. "Tantos aeroportos, tantos hotéis, tantos shows...", comentou Noel. "Tudo acaba se embaralhando." Ele desenvolveu um terrível medo de avião. Precisava sempre de um tranqüilizante e de um empurrão para subir a escada de embarque. De vez em quando os três conseguiam enfiar na programação umas seis horas de sono. Mas, em lugar de um sono normal, o estímulo era artificial, sob a forma de pílulas, maconha e haxixe, que passaram a ser tão essenciais à banda quanto os próprios amplificadores e microfones. Nenhum grupo importante dessa época – como os Beatles, os Stones, o Cream e The Who – teve de suportar uma rotina de trabalho tão árdua.

Para os fãs norte-americanos, a vida do Experience parecia uma festa espetacular, turbinada por aplausos estrondosos e ofertas de drogas e sexo a toda hora. "Vocês são *demais*!", era o coro que constantemente soava nos ouvidos dos músicos. No palco, a banda representava uma série de anseios da platéia: música potente, apelo sexual, diversão, intimidade. Por mais chapado e atrevido que Hendrix parecesse, os fãs mais ardorosos conseguiam detectar toda a timidez e vulnerabilidade dele quando lhes falava, mesmo que de maneira breve, ao apresentar uma canção ou tecer algum comentário entre duas músicas. Eles *adoravam* ouvi-lo falar, sentir que havia uma relação pessoal do tipo "apenas entre mim e você". E se deliciavam cantando junto com Hendrix a sua versão bem-humorada de "Wild Thing", parecendo inebriados quando ele falava: "Wild thing, I think I love you. ... Sock it to me one more time."*

A venda de guitarras não parava de crescer nos Estados Unidos, onde milhares de jovens agora pensavam menos na educação e mais em como aprender um instrumento, ainda mais uma daquelas cintilantes Stratocasters. Foram boas-novas para a Fender Guitars, empresa com sede na Califórnia que, antes do surgimento de Hendrix, estivera considerando seriamente a hipótese de interromper a produção da "Strat". O impacto e o estilo da música de Jimi Hendrix fizeram as vendas quadruplicarem com muita rapidez. Jovens das grandes cidades e do interior, todos queriam uma guitarra "como a do Jimi", soubessem tocar ou não. O novo sonho dos norte-americanos era participar de uma banda ou, no mínimo, trabalhar para um grupo musical.

---

* "Coisa selvagem, acho que amo você. ... Bata em mim mais uma vez." (N.T.)

Chas Chandler fora um músico, mas não um astro. No entanto, passou a ser um empresário e produtor de discos de sucesso. Essas qualificações lhe agradavam muito, e ele saboreava consigo mesmo prestígio e poder cada vez maiores. Era em geral simpático e bem-educado, conhecia a importância do "muito obrigado". Ainda assim, foi com força e ousadia que se dirigiu à Reprise Records, na Califórnia. O objetivo de Chandler era ganhar muito dinheiro, e quanto mais rápido melhor. Com esse fim, a todo momento era visto ao telefone ou em reuniões com executivos de gravadoras, de empresas de promoção ou do ramo da publicidade. Sua palavra favorita era "estratégia". A Reprise escutou suas idéias com interesse. Tanto nos Estados Unidos quanto na Inglaterra, Chas prezava muito entrar em contato com os "formadores de opinião" que pudessem ser valiosos para o Experience.

Um deles era Tony Palmer, que veio a conhecer Chas e Hendrix em grande parte graças a John Lennon. Em 1964, Palmer estudava em Cambridge, onde assistiu à pré-estréia do filme *A Hard Day's Night*. Ele recorda: "Lennon estava lá. Começamos uma conversa e nos demos extremamente bem. John disse: 'Da próxima vez que for a Londres, por que não me telefona?', e me deu o número no qual eu poderia encontrá-lo." Dois anos e meio mais tarde, Palmer viajou para Londres. "Naquela época, os Beatles já eram muito famosos, mas mesmo assim experimentei ligar para aquele número. Para minha total surpresa, John retornou o chamado, e desde então nos tornamos bons amigos."

De 1967 a 1974, Palmer foi um dos dois críticos de música do *Observer*. Era responsável principalmente pelas sessões de jazz e rock and roll. Ele relembra:

> Escrevi uma crítica sobre *Are You Experienced?*, dizendo que eu não havia gostado. Falei mal do álbum, o que lamentei muito, quase de imediato. Mandei uma carta para Chas Chandler e prometi: "Na próxima oportunidade que eu tiver, farei uma reavaliação desse álbum, porque mudei de idéia e agora acho ele maravilhoso!" Por isso, eles não me viam com muita simpatia, para colocar a coisa em termos mais brandos. Sinto-me muito envergonhado por aquela primeira crítica.
>
> Naquele tempo eu tinha conseguido um trabalho como diretor de cinema na BBC – no departamento cultural. John Lennon sugeriu que eu usasse minha influência para fazer um filme sobre o que acontecera no rock and roll do início dos anos 1967 e 1968. Eu disse: "Ótimo, você me ajuda?" Ele me deu uma lista das pessoas que participaram daquele maravilhoso desabro-

char da música, as quais eu deveria filmar. Queria que o filme se chamasse *All my Loving*. E John permitiu que eu usasse o título. De todos os músicos presentes no filme, nem um deles aparecera na televisão britânica, a não ser em pequenas promoções, e jamais tinham sido vistos falando seriamente de suas pretensões. Eram o Cream, The Who e, é evidente, os Beatles. John disse: "Seja lá o que você for fazer, você tem que filmar Jimi Hendrix."

Jimi estava fazendo uma turnê pela América do Norte. Telefonei para Chas e disse: "Por favor, não desligue. Ouça o que quero fazer. O meu patrocinador, se é que posso chamá-lo assim, é John Lennon. Você permite que eu filme o Jimi na próxima apresentação dele?" E Chas respondeu: "Não!" Insisti: "Tudo bem. Quer dar uma pensada no caso? Telefono de novo em uma hora." E assim fiz. Chas disse: "Eu falei com o Jimi, ele está tão furioso que queria lhe dar um soco na cara. Por isso, o melhor é você aparecer, e se ele não lhe matar, então você pode fazer o filme." Apareci em Worcester, Massachusetts, numa noite muito fria, com neve, em fevereiro de 1968. Chas não estava lá, mas fui apresentado a Jimi por um de seus produtores. O que salvou minha pele foi descobrir que tínhamos um grande amigo em comum, Mark Boyle. Jimi falou: "Bom, não posso lhe dar um soco na cara porque, se eu der, Mark vai deixar de falar comigo. E eu gosto muito do Mark." Filmei Jimi sem interrupção por cerca de duas horas e meia. Só sobreviveram cinco minutos, a BBC jogou fora todo o resto.

Tempos depois, Palmer comprou uma casa em Ladbroke Square, no meio de Notting Hill Gate. "Era muito divertido morar ali naquela época", recordou. "Jimi aparecia muitas vezes. Era tímido e desconfiado, tal como outras pessoas criativas que conheci. Nas festas, com freqüência ficava sentado num canto. Quase sempre era a única pessoa negra no ambiente."

Mark Boyle, amigo de Palmer nascido em Glasgow e que mais tarde se tornaria um artista internacionalmente aclamado, foi um inovador em relação aos "shows de luz" no final dos anos 1960. Ele e Jimi passaram a admirar um ao outro quando Boyle e sua esposa, Joan Hills, produziram uma fabulosa iluminação para o show do Soft Machine na turnê "Os Britânicos Estão Chegando", em 1968. "O Machine percorreu os Estados Unidos com o Experience, num roteiro extenuante que cobria 25 cidades. Eles se apresentaram em cerca de 50 salas de espetáculo, muitas vezes com dois shows por noite."

Boyle lembra de um fato extraordinário em sua primeira e última turnê pop. "Numa tarde de abril, estávamos num bar em Virginia Beach, na Virgínia, sentados tranqüilamente: Jimi, minha esposa, eu, Mike Ratledge, do Soft Machine, que era então considerado o melhor tecladista do mundo, além de Robert Wyatt, o sensacional baterista deles, Mitch e Noel. De uma hora para outra, surgiu uma multidão de homens ao redor do bar, e eles começaram a gritar, gargalhar e a abrir garrafas de vinho e beber à saúde de alguém que cometera um assassinato. A garçonete nos informou que acabara de dar no rádio que Martin Luther King fora morto. Meu instinto de Glasgow me incitou a apanhar uma garrafa e atacá-los. Mas olhei ao meu redor, para os outros, e vi Jimi com os olhos perdidos no espaço. Amadureci 20 anos em dois minutos, e todos nos levantamos e saímos do bar em silêncio. Logo depois, pegamos um avião de volta para Nova York.

> Aconteciam tumultos pelas ruas, os automóveis eram virados e incendiados. Deveríamos nos apresentar em Newark naquela noite, mas ninguém queria ir. Jimi disse que da última vez que estivera em Newark havia tanques nas ruas, e a cidade estava em chamas. Ficamos todos andando de um lado para o outro no saguão do hotel, à espera da decisão de cancelar o show. Então a polícia de Newark telefonou para dizer que havia uma grande multidão nos esperando e que, se não aparecêssemos, com certeza aquela gente iria incendiar a cidade. O motorista da limusine tirou da boca um comprido e fino charuto, e declarou: "Se Jimi não sentar do meu lado, no banco da frente, eu não vou." Assim, Jimi sentou-se na frente, o resto de nós, os brancos, nos afundamos em nossos assentos lá atrás, e partimos. As ruas de Newark estavam silenciosas e desertas quando chegamos, a não ser pelos corpulentos negros parados em cada esquina, como se fossem sentinelas vigiando os quarteirões ou algo assim. Havia uma imensa multidão no auditório. Fiquei aterrorizado com a possibilidade de Jimi ser assassinado. Na época, achava-se que havia uma conspiração para eliminar qualquer pessoa que fosse considerada uma ameaça à extrema direita nos Estados Unidos. ... Quem seria o próximo da lista? Descemos no auditório com os projetores de luz para o show. O que faríamos se de repente alguém surgisse em nossa frente com uma arma?
>
> Jimi entrou no palco com toda a tranqüilidade e sob muitos aplausos. Foi logo dizendo no microfone: "Este número é dedicado a um amigo meu." E então iniciou uma improvisação de beleza absolutamente estarrecedora. No mesmo instante, todos ali souberam que o amigo a quem ele se referia era Martin Luther King, e aquela música de alguma forma parecia transmitir toda a agonia do povo negro. A platéia inteira chorava. Até os contra-regras tinham lágrimas deslizando pelo rosto. Era o lamento por um grande homem, mas o lamento mais pungente possível, além da imaginação de qualquer um. Quando Jimi terminou, não se ouviram aplausos. Todos, naquela vasta multidão, ficaram imóveis em seus lugares, ou choravam, e Jimi deixou sua guitarra no chão e se retirou do palco em silêncio.

D.A. Pennebaker, o diretor do Monterey Pop Festival, relembrou: "Jimi sempre visitava minha sala de edição em Nova York. Era uma pessoa muito delicada, era um prazer tê-lo por perto. Tenho certeza de que o único motivo para ele querer passar algum tempo em minha companhia era Dylan." Hendrix ficara impressionado porque Pennebaker havia conhecido Bob Dylan pessoalmente e dirigira um filme sobre ele. Pennebaker parece não ter entendido muito bem que Jimi sempre se interessara por cinema, desde a infância, e que era uma verdadeira esponja quando estava na companhia de outros artistas criadores a quem respeitava. Absorvia deles novos conhecimentos e percepções.

Nos meses de abril, maio e junho de 1968, as principais idéias de Jimi se concentravam na gravação de *Electric Ladyland*, embora ela se realizasse de maneira fragmentada durante as turnês. No início de maio, a banda estava no estúdio e logo em seguida participou de uma apresentação no Fillmore East com o Sly and The Family Stone; depois foi a principal atração do Miami Pop Festival. Voaram para a Europa para uma curta temporada na Itália e na Suíça. Michael Jeffery insistiu para que Hendrix voltasse primeiro a Nova York, para dois dias de reuniões jurídicas a respeito da "questão Chalpin", e só depois fosse se juntar a Noel e Mitch na Suíça. Em junho, Hendrix afinal teve alguns dias para trabalhar no *Electric Ladyland*.

Mitch Mitchell diz em seu livro sobre Jimi e o Experience: "Depois de terminarmos *Axis: Bold as Love* e antes de partirmos para a segunda turnê norte-americana, foram feitas algumas gravações no Olympic, em Londres, inclusive as versões originais em quatro canais de 'Crosstown Traffic' e 'All Along the Watchtower', que mais tarde foram transferidas para 16 canais em Nova York." Em seu livro, Mitch chama a atenção para um aspecto muito importante: "Naquele tempo, pararam de nos pressionar para que só gravássemos compactos, o que foi algo maravilhoso. O mercado tinha se modificado, e a gente podia virar uma banda só de álbuns, o que sempre desejamos. Para nós, gravar era uma coisa completamente separada de tocar ao vivo, e me sinto muito orgulhoso de termos tido um desempenho tão bom nas duas frentes, e de formas tão diversas." Entretanto, esse tipo de pensamento era mais verdadeiro em Hendrix e Mitchell do que em Noel Redding.

Quando Jimi estava produzindo no estúdio, ficava feliz. Mas às vezes levava algum tempo para alcançar um estágio "produtivo". Os outros, em particular Chas e Noel, sempre reclamavam, já estavam cansados e aborrecidos com o que Mitch chamava de "a autocomplacência de Jimi para gravar e regravar interminavelmente certas passagens básicas". *Electric Ladyland* é um álbum magnífico. Ficariam mais baratas e fáceis as gravações sem essas complacências? Sem dúvida. Mas permanece o fato de que, como disse Jimi, "às vezes é preciso ficar assim mesmo, meio que embromando, até chegar no ponto exato. Ninguém entra num estúdio, aperta um botão e declara: 'Esta noite eu vou ser magnífico!' O som está na minha cabeça, mas nem sempre nos meus dedos". A maior parte de *Electric Ladyland* foi gravada no Record Plant, pois Jimi, Noel e Mitch gostavam muito do engenheiro de som e co-proprietário do estúdio, Gary Kellgren. A banda e a equipe, que ficava cada vez mais numerosa, festejavam o tempo inteiro e muitas vezes iam ao clube de Steve Paul, o Scene, algumas quadras adiante. Jimi adorava tocar ali sem compromisso. Teddy Slatus, que administrava o Scene, refere-se a Hendrix como "um dos raros cavalheiros que vinham ao clube. Era muito bem educado e simpático com todo mundo, ainda mais comigo. Era um grande cara, valia a pena tê-lo por perto". O estabelecimento, localizado num porão, era pequeno e aconchegante, um ponto muito freqüentado por diversos músicos que tinham esperanças de que Hendrix estivesse na cidade e disposto a tocar.

"Toda vez que Jimi chegava a Nova York", recorda Pat Costello, "a primeira coisa que perguntava era 'Quem está tocando na cidade?' Certa vez eu mencionei: 'Ah, só Jeff Beck'. Como eu já previa, Jimi ficou alvoroçado! 'Jeff Beckson! Jeff Beckson [o apelido afetuoso do guitarrista]! Que bom! Vou telefonar agora mesmo para ele e organizar uma *jam*.'"

Por mais que Jimi gostasse de participar de *jam sessions* com seus amigos ingleses, ele não era nenhum elitista. Certa noite, no Greenwich Village Club, então conhecido como Generation (que mais tarde se tornaria a sede do Electric Lady Studios), não foi possível localizar Mitch, e Jimi convidou para o palco um estudante universitário de Nova York, Woody Lewis, para tocar bateria, proporcionando a Lewis uma grande emoção na vida.

Em 1968, a divisão de publicações ilustradas da Hearst Corporation lançou a revista *Eye*, destinada ao público jovem e aos amantes da música. O jornalista Michael Thomas escreveu o melhor artigo sobre Jimi Hendrix até então publicado nos Estados Unidos.

"Hendrix é um verdadeiro mestre de cerimônias", declarou Thomas. "Ele circula pelo palco como o bucaneiro Otelo chegando a Camelot, todo em veludo e fitas, com botas de couro espanhol, trazendo na cabeça um chapéu de bandido mexicano com uma corrente de ouro em volta, onde se prendesse uma pluma. A blusa de seda estava aberta até o umbigo e um medalhão de ouro reluzia no peito... Afinal, ele é o Grande Aspirante do rock and roll burlesco. Ele é, sem qualquer outro desafiante, o Cassius Clay do pop."

Thomas prosseguia: "Num concerto em uma faculdade de Long Island, a garotada cercou o palco naquele tipo de frenesi que até então eu só vira num concerto dos Stones. E eram alunos de faculdade, não garotinhos. No show na Ucla, os adultos choravam; a platéia se arrastava até o palco e tentava beijar as botas dele."

Naquela primavera, Hendrix telefonou diversas vezes para mim. Ele sabia que meus amigos e eu estávamos sempre no circuito dos clubes Whisky-Troubadour-Ash Grove. Ele queria ficar atualizado com o panorama musical de L.A. Assim, Jimi pôde testemunhar uma verdadeira explosão de alguns dos meus comentários mais cruéis – apesar de sinceros: "Fulano de Tal estava completamente *patético* no Troub, aquele foi o show mais chato de toda a história da música popular"; ou então: "Outro dia me convidaram para ir ao escritório dos Doors. Morrison ficou insistindo em ler seus poemas para mim. Fazia um calor de quase 30 graus, mas ele vestia calças de couro. E elas brilhavam tanto que acho que na verdade eram de vinil." Hendrix soltou uma gargalhada ao ler isso: "Vinil!" Ele não era lá muito fã de Morrison.

Quando conversei com Jimi, não pude sacar se ele estava chateado, solitário ou sentia-se momentaneamente tolhido ou isolado por causa da rotina de "gravações, viagens, *jam sessions* e festas". Num desses telefonemas ele me disse que "estava voltando de uma *viagem de ácido*". Fiquei ouvindo, falei pouco. "Não sei por que telefonei para você", concluiu ele. "Estou ficando constrangido. Você deve achar que sou um bobão."

Conversei com Chas Chandler, e a imagem que ele pintou para mim, com toda sinceridade, foi a de um insuportável desapontamento. Seu sotaque *geordie* aumentava à medida que ele desabafava. "Jimi está completamente cercado de gente parasita, ainda mais quando está em Nova York. Não suporto esse pessoal! Não vou agüentar isso! É um inferno! Jimi não me escuta, nem a ninguém." Chas havia lutado para que Jimi chegasse ao estrelato, porém se esquecera de que os astros podem atrair todo tipo de pessoa, tanto aproveitadores quanto fãs devotados. Chas perdia o sentido de "camaradagem" e de equipe dos primeiros tempos. Um outro administrador, mais forte e experiente, teria feito Hendrix, Noel e Mitch sentarem-se para conversar, em separado e em grupo, falando de forma direta para cortar o mal ainda na raiz. Falar é fácil, fazer é difícil. Chas esperou tempo demais.

— Por favor, seja sincera comigo – disse ele. — Fala-se muito em L.A. que as coisas andam mal entre mim e Jimi?

— Não – respondi. — Não ouvi nada a esse respeito. Se ouvir, falo para você.

— A verdade – descarregou Chas – é que estou querendo cair fora. Acho que não vou mais produzir o Jimi. Não é essa a vida que eu quero.

Tive de conter minha surpresa. Fiquei estupefata com as palavras de Chas. Ele me falou de seu casamento com Lotta e de afinal poder ser um "homem de família". Deixou claro que já estava com outro talento em mira.

— Vou ficar nesse negócio por muito tempo ainda – disse em tom de confidência. — Mostrei a todos que posso ser um produtor e empresário de sucesso.

Em 28 de junho, Jimi, Mitch e Noel assinaram vários contratos de longo prazo relacionados a eles em conjunto e também individualmente. Jeffery apresentou as idéias como um pacote do tipo "Chas vai embora, e assim eu vou poder tomar conta de vocês melhor". A Warner Bros/Reprise concordou em pagar a Ed Chalpin uma boa percentagem relativa às vendas dos álbuns do Experience, de maneira que ele não seria mais um problema. Jeffery e Chandler concordaram que a Warner Bros/Reprise "comprasse" Jimi deles. O acordo original da Reprise, de março de 1967, foi substituído por um novo, pelo qual Jimi era contratado diretamente pela companhia para produções e gravações. Uma cláusula determinava que Hendrix ficaria responsável pelo pagamento de royalties aos co-produtores, vocalistas e músicos. Outros contratos ainda foram anulados ou receberam nova redação para incluírem Noel e Mitch na "engenharia tributária" da Yameta.

Depois de vários dias gravando na Record Plant, o Experience retornou à Inglaterra no início de julho para se apresentar no Woburn Music Festival. Uma entusiasmada multidão recebeu-os em casa após uma ausência de seis meses. Uma fã resumiu o show da seguinte forma: "É indescritível como Jimi foi maravilhoso!" Mike Jeffery não tinha planos para outros concertos na Inglaterra naquele ano. Muito mais dinheiro haveria de ser ganho na vastidão dos Estados Unidos.

Antes que Jimi chegasse a Londres, Chas já havia deixado bem claro para Kathy Etchingham que ele e Lotta não queriam mais viver sob o mesmo teto que Jimi e ela, ou qualquer outra da fila cada vez mais numerosa de namoradas de Hendrix. Jimi lhe havia dito que ficaria muito satisfeito de morar sozinho "em algum hotel legal perto dos clubes".

Consciente do interesse de Jimi por outras mulheres, mas sem querer perdê-lo, Kathy encontrou na Brook Street um pequeno flat de terceiro andar e o alugou. Era um local maravilhoso de Londres, apenas a alguns metros do Claridge's Hotel e próximo ao Speakeasy, onde Jimi gostava muito de tocar. No século XVIII, Georg Friedrich Handel morara bem ao lado. Jimi ficou muito impressionado com esse fato, apesar de quase nada conhecer sobre Handel, a não ser que fora uma respeitada personalidade da música. Ele concordou em se mudar para o "achado" de Kathy e logo em seguida os dois saíram para uma verdadeira farra consumista pela Oxford Street. Já que era sempre ele quem pagava tudo, foi Jimi quem supervisionou a decoração, realizada às pressas, do flat que pouco depois foi usado para uma série de entrevistas e sessões de fotos. Jimi também encontrou tempo para comprar uma coleção dos concertos para órgão de Handel. Nos seis meses seguintes, só uma vez ou outra ele passou na Brook Street. Havia algum tempo que ele e Kathy levavam vidas separadas. Hendrix esclareceu que no fim eles "haviam se decepcionado mutuamente".

Um mês após a apresentação no Woburn Abbey, o Experience voltou aos Estados Unidos para uma outra longa turnê, "malhando", segundo os termos de Jeffery, "enquanto o ferro ainda estava quente". A vida dos integrantes da banda, recentes astros do rock, não era de todo tranqüila. Noel e Mitch, ambos magros, de compleição frágil e cabelos cacheados, ficaram horrorizados ao descobrir que em algumas cidades do Sul e do Meio-Oeste dos Estados Unidos Jimi não podia entrar nos mesmos restaurantes que eles ou nos banheiros masculinos de uso exclusivo para brancos. Ficaram boquiabertos quando viram os avisos "SÓ PARA NEGROS". Hendrix, por sua vez, suportava a situação com frieza. Aquela forma de tratamento não era novidade para ele. No palco, houve ocasiões em que Jimi criou momentos musicais tão poderosos, inesperados e emocionantes que até Noel e Mitch às vezes o consideravam algum tipo de deus. Ao depararem com o racismo, ficaram perplexos: como era possível alguém se atrever a tratar Jimi Hendrix de tal forma? "Meu sangue gelou numa ocasião em que uma garçonetezinha de merda disse: 'Esse negro não pode ser servido aqui.' Piranha ignorante!", bradou Noel. Algumas vezes, quando estavam todos mais alegres, Hendrix, que era excelente mímico e um ator nato, costumava divertir os meninos e fazê-los gargalhar com imitações e histórias de racismo no circuito *chitlin*.

Em 14 de setembro de 1968, o Experience se apresentou no Hollywood Bowl, onde pouco mais de um ano antes eles haviam feito o show de abertura para The Mamas and the Papas. Agora Jimi era a atração principal e milhares de fãs sentados sob o céu estrelado sentiam-se enfeitiçados por sua presença. Kirk Silsbee, hoje escritor em Los Angeles, mas que em 1968 mal tinha entrado na adolescência, recordou: "Meus amigos, Bill e Richard Tuskewiscz, e eu não pensamos em nada mais por dias. Planejamos um jeito de chegar o mais perto possível do palco." Disfarçadamente, foram descendo, palmo a palmo, desde os seus lugares na parte mais alta do anfiteatro, esgueirando-se por entre lanterninhas e seguranças, e por fim, maravilhados e triunfantes, conquistaram um excelente lugar a apenas alguns metros do palco. *Agora sim* eles podiam fixar os olhos em cada movimento de Jimi. Aqueles tempos eram inocentes e felizes para jovens como Silsbee e seus amigos. A época em que Jimi reinou.

Alguns dias depois daquele show, cheguei a Los Angeles após passar férias na Inglaterra e em outros países da Europa. Chas e Lotta Chandler estavam na cidade e me convidaram para jantar com eles num apreciadíssimo local de Hollywood, um restaurante japonês chamado Imperial Gardens. Chas disse: "Noel pretende trabalhar com uns colegas dele numa banda chamada Fat Mattress sempre que o Experience não estiver em turnê." Conversamos sobre gravações e Chas falou que achava possível conseguir um importante negócio para Noel, inclusive com dinheiro para publicidade. Ele estava muito animado e Lotta o apoiava. Eu fiquei na dúvida, achando que, embora fosse possível haver um negócio lucrativo para Noel fora da relação com o Experience, lançar um álbum talvez não fosse algo tão seguro assim. Falei pouco, no entanto, já que o profissional dos negócios musicais era Chas.

Desvinculando-se de modo gradativo de sua relação com Jimi e Jeffery, Chas ainda se encontrava no processo de concluir os detalhes finais da separação. Tive a impressão de que ele ainda alimentava esperanças de que Jimi lhe pedisse para não ir embora.

Agora que passava longas temporadas em Nova York, Jeffery deixava o seu austero guarda-roupa inglês de lado. Aos poucos seu aspecto de "sério homem de negócios" deu lugar às jaquetas esportivas e às camisas desabotoadas. Usava inclusive óculos escuros da moda. E também tomava LSD com certa regularidade. Chas não esperava por isso e ficou muito preocupado. Comentou a relação entre Jimi e Jeffery: "Um dia eles são parceiros de ácido. No outro Jimi está carrancudo e xingando Jeffery, mas não na frente dele. Jeffery tem uma espécie de sexto sentido e consegue evitar brigas com Jimi."

Chas me contou que o Experience estava morando por algumas semanas numa moderna mansão perto da sinuosa Benedict Canyon Road – a região das estrelas de cinema em Beverly Hills. Disse que a casa era um verdadeiro zoológico e que por isso ele e Lotta não quiseram ficar lá.

— Aquela estrada perigosa dá voltas e mais voltas, mas todo tipo de gente acaba chegando lá.

O tom com que ele pronunciou "gente" transmitia desgosto. Minha impressão era de que a gravadora pagava um aluguel muito caro por uma casa que abrigava festas 24 horas por dia. Bom, mas rock and roll é isso mesmo, não? Ele prosseguiu:

— Gostaria que você telefonasse para Jimi e fosse lá jantar com ele.

Não compreendi bem o que ele pretendia. Seus olhos piscaram por um instante enquanto ele dizia:

— Você tem influência sobre ele, Jimi gosta muito de você.

— Minha agenda está muito ocupada. Não creio que possa ir lá, ainda mais nas horas em que os músicos estejam disponíveis – disse eu. — Mas posso telefonar para Jimi nos próximos dias, se você quiser.

Ele escreveu o telefone de Jimi num guardanapo.

Eu não falava com Hendrix desde julho. Fiquei surpresa quando veio me atender em pessoa. Naquela época, quando eu pensava nas mansões caríssimas dos cânions de Beverly Hills, as primeiras imagens que me vinham à mente eram as de mordomos e outros criados. Mas agora, ao telefone, o que eu escutava ao fundo era música, risos e mulheres com vozes estridentes. Jimi falou:

— Espere que vou trocar de quarto e de aparelho, valeu?

— Oi! – ele disse depois de alguns minutos. — Estou feliz por você ter telefonado. Soube que esteve em Londres por uns tempos.

— E eu soube que você está levando um vidão em Beverly Hills!

— Parecia tão elegante quando Chas nos falou pela primeira vez que iríamos ficar numa casa, e não num hotel. Mas agora tem gente demais sabendo onde nós estamos.

Disse-me que ficara surpreso porque eu não fora ao show do Hollywood Bowl. Eu lhe expliquei tudo a respeito de prazos e patrões malvados. Também parabenizei-o pelos progressos da banda. Achei que estava ouvindo mal quando ele disse:

— Noel Redding está me deixando maluco – e murmurou junto do fone: — Não passa de um guitarrista inglês que só pensa em si mesmo.

Logo depois, tentou se corrigir:

— Eu não queria dizer isso. Não quero ofuscar ninguém.

Ofuscar? Engraçado, pensei, ele usara a mesma expressão comigo no início do ano. As bandas têm seus líderes, os líderes chamam atenção, Hendrix agora era um deus do rock. Não era isso mesmo o que ele queria? Eu estivera brevemente com Noel Redding: ele era divertido e bom músico, era isso o que eu sabia. Então, além do mais, Noel também sentia *ciúme*. Ou talvez Jimi fosse supersensível? Mas o tom de Jimi era de fato *tenso*.

Por fim eu falei:

— Toda banda tem esse tipo de problema. Depois tudo acaba se arranjando, não é mesmo? Acho que a fama exige uma certa adaptação, ao menos pelo que já presenciei aqui em Hollywood.

— Acho que exige *muita* adaptação – respondeu Jimi.

Chas me disse que um dos motivos para a banda estar morando no sofisticado e rústico Benedict Canyon era que, dessa forma, os promotores de rádio e da imprensa em geral poderiam se aproximar e fazer amizade com o Experience "em casa".

Um importante crítico de rock, colega e amigo meu, que foi convidado por eles para jantar, telefonou-me no dia seguinte para confessar, envergonhado: "Olhe, fiz tudo errado! Jimi, Noel e Mitch não poderiam ter sido mais simpáticos comigo. Mas fiquei arrasado quando me sentei diante de Jimi na hora do jantar. Meus joelhos tremeram, comecei a transpirar, minha voz engasgou... Acho que me comportei como um verdadeiro idiota."

Sepp Donahower, que ainda era um novato promotor de concertos no final dos anos 1960, também visitou a mansão de Benedict Canyon.

"Certa noite, no Whisky, me aproximei de Jimi", recordou, "e ele me perguntou se eu podia lhe dar uma carona até em casa. Eu o levei até lá. Ao chegarmos, não acreditamos no que vimos. Era uma barulheira infernal, a casa estava lotada. Jimi estava meio chapado, e posso garantir que ele só desejava um pouco de paz e tranqüilidade. Mas ali estava aquela gente toda festejando e se sentindo à vontade numa casa sustentada por ele... Ele era a maior estrela ali, mas ninguém lhe perguntou se ele queria comer alguma coisa ou se estavam incomodando. Ele acabou perdendo o controle. Gritou, xingou e mandou todos irem para o inferno e darem o fora dali. Achei triste e surpreendente que ele fosse tratado com tamanha falta de respeito."

Em 19 de outubro, junto com outro amigo, sentei-me na platéia do Forum, em Inglewood, Califórnia, para ver Eric Clapton, Ginger Baker e Jack Bruce na turnê de despedida do Cream. Um intenso zumbido de excitação me chegou aos ouvidos. Olhei em volta e vi, algumas fileiras à minha direita, Jimi Hendrix, Mitch Mitchell e George Harrison cercados por fãs. À medida que muitos dos 1.800 espectadores percebiam a presença deles, a excitação na platéia crescia, até que chegou a um estado febril. Era uma noite fantástica para ir a um concerto de rock! Jimi! Mitch! Um Beatle! E o Cream! Era demais!

Clapton estava extraordinariamente lindo. Jack Bruce era a própria essência da masculinidade. Ginger Baker, com seu cabelo vermelho e olhos selvagens, mostrava-se um verdadeiro demônio na bateria. Apesar dos rumores de que eles já não se suportavam mais, o Cream se apresentou com uma brilhante e coesa unidade. E suas músicas hipnóticas – como "Sunshine of Your Love" e "White Room" – faziam os fãs se lançarem aos pés deles a todo momento.

Russ Shaw, um jovem e muito animado promotor da gravadora de Jimi, aproximou-se de mim: "Está vendo, Sharon, como eles reagem a Hendrix? Até quando ele está apenas *sentado* na platéia. Não é fabuloso?" Sorrimos um para o outro, em mútua compreensão, porque ver as estrelas "acontecerem" era uma das coisas mais maravilhosas em L.A. no final dos anos 1960. Éramos crianças ainda, mal saídos da escola, e nos sentíamos muito gratos pelas oportunidades e recompensas que nosso trabalho nos proporcionava. Ele prosseguiu: "Quero que você venha comigo aos bastidores depois do último bis do Cream. Acho que você já conhece o Jimi, não?" Eu sorri, mas nada disse. Russ prometeu: "Pode deixar que eu tomo conta de você."

Jim Rissmiller, um dos promotores do concerto, rapaz alto e louro da Califórnia que em breve se tornaria um elemento importante na ida de grupos de rock ingleses e norte-americanos para Los Angeles, entregou-me um pedacinho de papel do tipo que a gente encontra em biscoitos da sorte. Nele se lia: "THE CREAM – BASTIDORES". Foi a primeira vez que vi uma credencial de acesso aos bastidores.

Após o clímax daquele show eletrizante, que fez Hendrix, Mitch e Harrison vibrarem como fãs adolescentes, transpus com timidez a entrada VIP, uma passagem que ficava atrás de uma cortina perto do palco. Um comprido vestíbulo levava a um espaçoso e bem mobiliado salão de recepção adjacente ao vestiário do time de basquete do Los Angeles Lakers.

Ali, os membros da mais alta hierarquia do indústria fonográfica de L.A., com copos e cigarros à mão, moviam-se e misturavam-se uns aos outros, muito impressionados com o Cream, mas tentando descobrir algum meio de se encontrarem com Jimi Hendrix e George Harrison. Estes, vestidos segundo a moda da Kings Road, estavam sentados num sofá de tamanho conveniente para um jogador de basquete. Caminhei pela sala, dirigindo cumprimentos de cabeça e ligeiros olás aos executivos e músicos locais que conhecia, bebericando champanha de uma taça que me deram assim que entrei.

— Ei! – exclamou Jimi com sua conhecida voz abafada, puxando com delicadeza a minha jaqueta azul de veludo. — Venha sentar com a gente.

Logo me vi numa animada conversa com Hendrix, Clapton e Harrison. Ficamos comparando as notas de cada um de nós para as bandas e cantores *soul* de nossa preferência. "Os meninos" se surpreenderam ao ver como eu conhecia as músicas e os estilos de Jackie Wilson, Bobby "Blue" Bland, Sam Cooker e de todos os demais que eu escutava na KGFJ de Los Angeles desde os dez anos de idade.

— Sharon é muito bem informada – declarou Jimi.

Ninguém acreditou quando eu falei que precisava ir embora porque tinha de estar no trabalho às sete horas da manhã.

— *Todos* os dias, meu amor? – Harrison ficou horrorizado só de pensar.

— Quase todos – respondi e fiquei envergonhada, porque aquilo soava muito chato.

Hendrix disse que ia fazer algumas gravações em Los Angeles nas próximas semanas, dando início ao seu próximo álbum.

— Você pode vir e me dizer o que acha? – perguntou.

Ver e ouvir Jimi criando sua música? Fiquei surpresa com o convite – e muito honrada.

Na terça-feira seguinte, às oito e meia da noite, apareci no TTG Studios, num pequeno edifício em uma tranqüila rua lateral da região industrial há muito estabelecida ao Sul dos bulevares Hollywood e Sunset, que abrigavam vários laboratórios cinematográficos e firmas de equipamentos. O TTG se concentrava em som e era desprovido de qualquer decoração estilo *rock star* ou de vantagens adicionais como água quente. Perto dali ficava o velho estúdio onde a família de Ricky Nelson havia filmado o programa de televisão *The Adventures of Ozzie and Harriet*.

Um dos *roadies** da banda me recebeu com simpatia e me conduziu por uma porta estreita até a sala da técnica. Esperando encontrar ali uma atmosfera de concentração e seriedade, caminhei hesitante e em silêncio para não perturbar o trabalho. Sentei-me num confortável banco logo abaixo do painel de gravação, do lado oposto à janela da sala onde estavam instalados os equipamentos do Experience. Em pouco tempo, sentou-se ao meu lado um jovem negro, com um sorriso amável, que me cochichou ao ouvido: "Tá com algo aí?" Eu não era tão informada quanto pensava Jimi, e não fazia a menor idéia de que aquele cara queria saber se eu tinha drogas.

Jimi, com um aspecto estressado, apareceu e sorriu para mim. "Ah!", disse. Acenou com a cabeça para o rapaz ao meu lado e em seguida caminhou rápido para o estúdio de gravação, para conferir a afinação de sua guitarra.

Algumas mulheres jovens tentavam se exibir ali no pequeno espaço da sala da técnica. Duas moças de cor, lindas e insinuantes, cada qual com um ar mais confiante que a outra, olharam por acaso para um bando de garotas brancas de cabelos compridos, minissaias, blusinhas justas e massa encefálica ausente. Grossas camadas de base, lábios descorados e cintilantes, era essa a maquiagem *du jour*.

"Aquelas duas garotas negras são Emeretta e Winona", cochichou uma das loiras para as amigas. "São de Nova York!" Em seguida acrescentou num tom próximo à reverência: "E *elas* conhecem Jimi!" À me-

---

* *Roadies*: termo também empregado no Brasil, designa as pessoas que transportam e montam os equipamentos dos músicos. (N.T.)

dida que a noite avançava, a música de Jimi apresentava pouco interesse para a maior parte das garotas brancas, que se ocupavam em comparar as notas que cada uma dera a algum músico com quem havia dormido ou pretendia dormir. "Não estou agüentando esperar pela chegada dos Stones! Olha lá, Keith!", exclamou uma delas. Noel e Mitch acabavam de surgir, despertando gritinhos das *groupies*.* Trocaram-se diversos olhares carregados de sentido.

Quase duas horas já haviam passado, eu estava entediada com toda aquela encenação e, como ainda teria que ouvir as gravações, me retirei em silêncio para o ar da noite.

Estava no escritório da UPI muito concentrada num trabalho cujo prazo de entrega vencia naquele dia quando o interfone tocou no final da tarde. "Sra. Lawrence", gritou-me no ouvido o administrador do escritório. "Tem um rapaz chamado Hendrix no telefone."

— Acabei de levantar – disse Jimi. — Desculpe ter feito você perder tempo ontem à noite. Nós vamos ficar algumas noites mais no TTG. Espero que você volte.

— Eu gostaria muito – respondi. — Talvez amanhã à noite.

Quando cheguei lá, Jimi trabalhava trechos vocais numa cabine estreita que parecia um guarda-roupa. Pela janelinha da porta, que estava fechada, observei que seu rosto parecia tenso. Fui sentar-me no mesmo banco de duas noites antes. Ali na sala estávamos apenas Angel, o engenheiro de som, e eu, ambos com grandes expectativas.

Passados cinco minutos, uma enxurrada de meninas vestidas de acordo com a última moda deixou a sala abarrotada. Olhavam-se umas às outras cheias de felicidade, e a toda hora ajeitavam o cabelo e a maquiagem, maravilhando-se enquanto se apreciavam em espelhinhos de mão. Lembravam pardais chilreando em luta para capturar a mesma minhoca suculenta. Quando Jimi apareceu, elas praticamente começaram a guinchar de excitação. Ele deu apenas um meio sorriso, pois estava muito concentrado nas letras que pretendia gravar aquela noite. Conversou

* *Groupie*: o equivalente a tiete, em português. (N.T.)

brevemente com Angel e em seguida correu para fora dali. Noel e Mitch entraram para conversar com as garotas.

A sessão não correu muito bem. Jimi, ainda nervoso na hora de cantar, ficou literalmente escondido na pequena cabine destinada aos vocais, tentando parecer forte e confiante, e refazendo a gravação das letras inúmeras vezes. Chas já me havia dito que Hendrix não tinha confiança em seu talento vocal.

As meninas continuavam a se agitar, já entediadas e olhando furiosamente para os relógios. Jimi saiu da cabine e foi até a mesa de som para conversar com Angel. "Ah, vamos para o Whisky!", implorou uma das meninas enquanto escorregava seus dedos pelo tórax de Jimi. Ao lado do magnético Hendrix, Noel e Mitch pareciam pálidos. Mas agora todos sorriam por um momento. Naqueles tempos, era *sempre* assim.

O Whisky era por excelência *o* clube de rock da Sunset Strip, e seu cardápio da madrugada homenageava Hendrix da seguinte maneira: "O FAVORITO DE JIMI: uma super lingüiça num pão *wah-wah*."*

Um empregado afinal veio solicitar polidamente às bonequinhas festeiras que sumissem dali. Noel e Mitch também desapareceram, enquanto Jimi ficava para ouvir o *play-back*. Não gostou do que ouviu e, aborrecido consigo mesmo, procurou sua jaqueta verde, vestiu-a e se encaminhou para o pequeno vestíbulo. Ele voltou quase no mesmo instante, tirou a jaqueta e foi para o estúdio, onde ficou sozinho, perto de uma pilha de fios embaralhados. Angel e eu nos olhamos curiosos: e agora? Hendrix apanhou uma guitarra, verificou a afinação, deu uma olhadinha para nós através da janela e começou a tocar um de seus clássicos: "There's a red house over yonder..." Era uma canção longa, e ele a tocou e cantou com tanto sentimento que Angel mal podia falar. "Cara, isso foi magnífico", disse ele quando Jimi veio se juntar a nós. Aquela música foi um presente brilhante e inesperado para nós.

Jimi sorriu com os olhos e com os lábios. Aquilo fora uma maneira de nos pedir desculpas.

— Perdoe por botar você no meio daquele berreiro todo – disse-me ele.

— Muito obrigada, Jimi – falei enquanto apanhava minha suéter azul e minha bolsa.

---

* *Wah-wah*: pedal acoplado à guitarra que Jimi Hendrix usava como ninguém na época. (N.T.)

— Levo você até o carro.

Já era mais de meia-noite. Ficamos na esquina observando o céu escuro e brumoso.

— Você e o blues formam uma combinação mágica – falei. O comentário nada tinha a ver com um elogio.

— Quando eu era criança – contou ele –, certa vez ouvi um disco tocado a todo volume na casa do vizinho. Aquela música me chamava. E agora nem sequer lembro qual era. Saí do quintal, fui para a rua e, quando a música acabou, bati na porta e perguntei: "Quem estava tocando?" O rapaz respondeu: "Muddy Waters". Não entendi nada. Ele falou de novo e soletrou: "M-u-d-d-y". É claro que ouvi muitos outros blues quando ainda estava na escola, e também tentava compor algum. Mas só quando trabalhei no circuito *chitlin* foi que comecei a escutar toda uma misturada de blues, em geral nas estações de rádio do sul. Quando estava sozinho, repetia cada refrão, cada alteração que podia lembrar. Via aquilo como uma música sagrada.

Ficamos por alguns momentos sentados no carro enquanto Hendrix falava das diferenças entre gravar e tocar ao vivo.

— Tem tudo a ver com os tons – disse. — Isto é muito importante de se lembrar: tem *tudo* a ver com os tons.

Pedi para ele explicar melhor. Com suavidade, falou:

— Você escuta os sons na sua cabeça ou no seu coração e envia uma mensagem para os dedos. É essa a minha técnica.

Ele sorriu para mim.

— Numa noite boa, funciona.

Quando ele saiu do carro, ainda falou:

— Olhe, não se esqueça: tem tudo a ver com os *tons*.

Hendrix me dissera que, sempre que eu tivesse tempo, seria muito bem recebida no estúdio. Quando retornei ao TTG, levei comigo todos os periódicos ingleses de música – *New Musical Express*, *Melody Maker* e *Disc and Music Echo* – que me eram regularmente enviados da UPI em Londres, na esperança de que o escritório de Los Angeles entendesse que a música pop se tornava cada vez mais importante e merecedora de cobertura jornalística. Eu sabia que Jimi, Noel, Mitch e Eric Barrettt, jovem e dedicado técnico de som da banda, sentiam falta de notícias da cena londrina.

Entreguei a Jimi uma página do *Melody Maker* com uma crítica de seu novo single – "All Along the Watchtower" – composto por um dos seus grandes inspiradores: Bob Dylan. Seus olhos concentraram-se nos parágrafos que faziam grandes elogios ao seu trabalho. Era como se ele não quisesse mais largar aquela página. Quando por fim ergueu os olhos, voltou-os – olhos castanhos e brilhantes – para mim com a mesma intensidade e disse: "Obrigado por me fazer tão feliz."

Aquele momento foi surpreendente e inesquecível para mim. A reação de Hendrix, sua emoção, era tocante ao extremo. Perceber que ele dava toda aquela importância à sua música, a ponto de valorizar tanto a opinião da mídia, foi uma revelação poderosa. Mais tarde eu iria me dar conta de que Jimi compreendia, talvez mais que qualquer uma das centenas de celebridades que já conheci, como podiam ser fugazes o sucesso e a aprovação do público.

Stanley Booth, brilhante escritor norte-americano muito conhecido por suas crônicas sobre os Rolling Stones, recorda que em outubro de 1968 ele conseguiu o álbum *Electric Ladyland* antes do lançamento oficial no Reino Unido. Era sua primeira visita a Londres no auge do rock and roll, e Booth tinha esperanças de poder se encontrar com Brian Jones. Este sugeriu um almoço no Casserole, na Kings Road. O loiro Jones, com suas roupas modernas, e a namorada, Suki, encantaram-se com o sotaque sulista de Booth, e o integrante dos Rolling Stones ficou excitado quando Stanley lhe disse que já tinha o novo álbum do Experience. Brian queria saber todos os detalhes:

— E como é?

Rindo muito, Stanley declarou:

— Mais bobagem psicodélica.

Brian suspirou:

— Eu *disse* a ele para ficar no blues!

O *Electric Ladyland*, terceiro álbum do Experience, era muito mais experimental que os dois discos anteriores, com colaborações importantes e extremamente imaginativas de uma variedade de músicos: desde Stevie Winwood, tecladista do Traffic, até o baixista do Jefferson Airplane, Jack Cassady. Tanto os fãs quanto os críticos se deslumbraram com a poderosa versão de Jimi para "All Along the Watchtower". Em outras palavras, aquele álbum duplo mais do que sugeria que Hendrix buscava um novo caminho e que o formato de trio poderia não mais o satisfazer.

Chris Stamp e Kit Lambert, proprietários da Track Records, sentiam-se orgulhosos por tudo o que Hendrix realizara até então em sua carreira. A relação entre eles continuava sendo de mútua admiração. Chris Stamp lembrou: "Com o *Electric Ladyland*, todo mundo recebeu dois discos brilhantes. Ficamos muito impressionados com o progresso de Jimi. Ele foi o primeiro músico a usar o estúdio como mais um instrumento, o que Chas não compreendeu de jeito algum. Ou Chas iria ficar completamente isolado de Jimi, ou Jimi teria de fazer tudo por si mesmo. Isso era inevitável. Poderia ter sido ainda melhor se Chas de algum modo tivesse permanecido."

Se a relação deles com Jimi continuava sólida, com Noel e Mitch era bem diferente. Stamp disse: "Fiz uma coisa no álbum *Electric Ladyland* que foi um pouco politicamente incorreta e me afastou de Noel e Mitch. Aquele era o trabalho mais importante de Jimi. Fiz a montagem da capa usando fotos de mulheres nuas. Houve todo aquele falatório de que Jimi não tinha gostado do resultado, mas isso não era verdade. Para o interior, escolhi uma belíssima fotografia de Jimi e tomei a liberdade de fazê-la ocupar toda a parte interna da capa dupla." Nos cantos esquerdo e direito, Stamp colocou duas pequenas fotos de Noel e Mitch. A imagem de Hendrix ficou magnífica no contexto artístico da capa, embora, por outro lado, ofuscasse a imagem dos outros dois integrantes do Experience. "Noel e Mitch se ressentiram com aquilo", prosseguiu Stamp, "o que de certa forma compreendo. Ainda assim, eles já sentiam uma tensão crescer. Não agi, de modo algum, de maneira deliberada."

Estávamos diante do TTG, numa noite de outubro, fumando um cigarro. Hendrix disse:

— Você, Chas e Lotta são amigos, não são?

— Chas tem se aberto muito comigo – respondi. — É uma pena que vocês não estejam mais trabalhando juntos.

Jimi escutou aquilo como se a minha opinião fosse muito importante para ele. Ele então falou:

— Ouço sons e tenho idéias que Chas não compreende. Vamos comer alguma coisa? Preciso descansar um pouco.

Era tarde, o único lugar que imaginei estar aberto, e que não fosse um antro nojento, era o Nickodell, um antigo restaurante a algumas quadras dali. Enquanto dirigíamos pela Melrose Avenue, Jimi me disse:

— Talvez você saiba que Chas detesta a maioria das pessoas que se aproximam da banda ou de mim. Ganhei uma porção de supostos amigos nesses últimos dias.

Supostos amigos. Que frase interessante, pensei.

— Por que você não manda eles irem agitar em outro lugar?

— É difícil.

— Quem são eles? – perguntei.

Jimi encolheu os ombros sem querer falar. Fiquei aguardando a resposta. Ele afinal me apresentou uma relação:

— Produtores, candidatos a produtores, músicos, caras que querem ser músicos ou trabalhar para a banda, garotas que querem ser cantoras, drogados, traficantes, mais ou menos um milhão de garotas que gostam de ficar perto do palco, designers, modelos, uma porção de caras que quer ou precisa ganhar dinheiro, alguns ladrões...

Fiquei imaginando como me sentiria em seu lugar. Sabia que seria impossível gritar "Vão para o inferno, fora daqui!". As estrelas de cinema costumam ter secretários, motoristas ou até seguranças para lidar com gente estranha. Assim eles podem manter uma imagem imaculada. Pareceu-me estranho que o empresário de Jimi não contratasse um segurança para ele.

O Nickodell recebia uma multidão de pessoas que trabalhava nos estúdios de cinema da Paramount e da Columbia, que ficavam nas redondezas, além de velhos figurantes e personagens locais. Ali eles se instalavam em confortáveis cabines reservadas e descontraíam após um dia de trabalho intenso. Recebiam o sorriso de boas-vindas das antigas garçonetes, e, às vezes, era como se eles também fossem "alguém", bem ali em Hollywood, Califórnia. O restaurante não era dos mais charmosos, os grandes astros quase nunca apareciam, a não ser que precisassem de um drinque rápido. O Nickodell era aconchegante, e os preços, bastante razoáveis.

Enquanto atravessávamos as fileiras de cadeiras e mesas para chegarmos a um reservado vazio, vários freqüentadores ficaram olhando para Jimi. Ele reparou nisso, sorriu-lhes educadamente, e eles retribuíram o sorriso. Não acredito que alguém ali naquele restaurante conhecesse sua música. Mas a impressão era que algumas daquelas pessoas percebiam que ele era *alguém*.

Jimi pediu uma tigela de sopa, um hambúrguer e uma coca-cola. Eu também quis sopa. Conversamos sobre seu sucesso nas rádios. Ele tinha observado que a KHJ, uma importante emissora AM, ficava perto do restaurante. Começou a falar a respeito do ato de escrever, mostrando-se curioso em saber quanto tempo eu levava para redigir uma resenha de 350 palavras ou um artigo com duas mil. Eu quis saber o que lhe inspirava a começar a compor uma canção.

— Minhas melhores idéias para músicas muitas vezes pintam quando acordo de manhã e minha cabeça está zumbindo, cheia de palavras e frases... Idéias. Então vasculho o quarto do hotel em busca de papel e lápis. O primeiro fragmento de uma idéia ou de um verso é sempre o melhor, se for possível captá-lo na hora. Estou tentando treinar o meu cérebro para que, caso tenha tido um bom sono à noite, possa acordar com uma canção quase pronta na cabeça. Não quero pensar em mais nada. Outras vezes, estamos correndo para chegar ao aeroporto e fazer a próxima apresentação. É possível que eu escreva alguns versos durante o vôo, ainda mais se tiver rolado uma melodia enquanto eu escovava os dentes de manhã – contou Jimi.

Ele deu duas mordidas no hambúrguer e depois disse:

— Estou morto de fome! Preciso comer mais. Quando a gente viaja o tempo todo, às vezes é difícil encontrar uma refeição decente.

— Você nunca visita sua família para comer um ou dois jantares de comida caseira? – perguntei.

— Depois de seis anos, este ano eu finalmente voltei a Seattle – contou. — Foi melhor do que eu imaginava.

Ficou pensando por um instante.

— Na verdade, isso foi dois ou três dias depois que Les Perrin nos apresentou, acho eu.

Ele riu da surpresa estampada em meu rosto.

— Tenho a memória muito boa. Não estou me gabando, só avisando!

A garçonete lhe trouxe outra coca-cola sem que ele pedisse e ele sorriu para ela. Depois de alguns goles, Jimi declarou:

— Meu pai nunca pensou que eu chegaria a ter toda essa montanha de dinheiro, e agora sempre quer tirar fotografias ao meu lado. Tive que posar para muitas fotografias, foi constrangedor e esquisito. Todas aquelas pessoas fazendo fila na minha frente para se sentarem ali por dois minutos. Clique, clique... E vem o próximo e se senta. Clique, clique... Meu pai estava mais mandão que nunca. Sempre teve muitas namoradas, mas agora parece que se casou com uma. Ela é asiática, cheia de filhos. Seu nome é June. Ela é muito simpática, mas é uma deslumbrada, sabe, *realmente* deslumbrada. Queriam que eu a chamasse de "mãe". Tentei uma ou duas vezes, mas ficou entalado na minha garganta. Porque no meu coração só há uma mãe. Ficavam todos me perguntando como eu me sentia sendo milionário. Com toda a naturalidade, fiz o que devia fazer, ou seja, dei-lhes dinheiro, comprei tudo que eles queriam.

Um clima ao mesmo tempo doce e amargo pairava no ar. Tentei rompê-lo provocando Jimi, na verdade exagerando ainda mais as coisas.

— Milionário, é? Mas isso é fantástico, você não me disse nada! Você está famoso *demais*.

Jimi soltou uma risada.

— E não se esqueça disso! – falou. — Provavelmente nunca serei um milionário, se depender desses malditos advogados.

— Li no jornal que fizeram uma homenagem a você na sua escola.

— É, um evento de boas-vindas às oito da manhã, isso depois de um show na noite anterior. O cara da publicidade de Jeffery foi quem planejou isso, creio. Foi muito estranho estar de novo na Garfield, ainda mais porque eu nunca concluí os estudos, e eles tinham ficado muito felizes por se livrarem de mim – disse Hendrix. — Voltamos a tocar em Seattle uma segunda vez há algumas semanas.

Jimi contraiu o rosto, como se refletisse sobre o relacionamento dele com os habitantes de sua cidade.

— Nossos discos estão indo bem lá. Não maravilhosamente, mas bem. A melhor coisa foi ter visto minha avó, minhas tias e meus primos, e também uns outros caras com quem eu costumava me reunir.

Após a última mordida, ele empurrou o prato para o lado.

— A coisa mais bacana em relação a mim e minha família é meu irmão. Acho que ele não se lembra da nossa mãe. Era um garotinho tão pequeno e doce... Ainda conserva toda aquela doçura ao seu redor, mas talvez esteja caminhando direto para os problemas. Ser meu irmão só faz as coisas piorarem para ele, não acha?

Concordei com um gesto.

Ele assinou um cheque e colocou sobre a mesa uma nota de 50 dólares para a garçonete.

Levei-o de volta ao TTG.

— Foi divertido – disse Jimi com afeto.

Divertido? Achei a maior parte do que ele me contou surpreendente e triste. Tentei evitar um bocejo quando me dei conta de que em cinco horas eu deveria estar de volta ao trabalho.

Várias semanas depois, perguntei a Jimi se ele ouvira alguma opinião de Bob Dylan sobre sua versão de "All Along the Watchtower". Ele sacudiu a cabeça, aparentemente sem se importar com o que muitos considerariam uma descortesia.

— Bob Dylan é uma pessoa *muito* ocupada – respondeu.

Sentia-se a influência cultural de Jimi por todos os Estados Unidos, não só na música, mas na moda. O *look* diferente dele era tão intrigante e inovador que em 1968 a revista *Eye* pediu para entrevistá-lo uma segunda vez, numa sensacional reportagem intitulada "Os guarda-roupas dos astros", onde ele apareceria ao lado de diversas celebridades como Peter Fonda, Liza Minnelli e Buffy Sainte-Marie. "Eles queriam muito o Jimi", relembra Pat Costello, "e ele se sentiu muito lisonjeado, mas sempre insistia para que Noel e Mitch também fossem incluídos na matéria."

Donna Lawson, editora de moda, escreveu:

> Depois dos Beatles, nenhum pop star teve suas roupas e seu cabelo tão elogiados quanto Jimi. Ele usa cintos de correntes ou de prata indiana, echarpes em volta da cintura, xales escoceses, broches antigos, blusas floridas de *chiffon* e três anéis ao mesmo tempo. São as mulheres que lhe dão tudo isso, e as lembranças crescem sem parar. Jimi, Mitch Mitchell e Noel Redding costumam fazer compras nas mesmas lojas de Londres e dos Estados Unidos. Certa vez compraram roupas na Dandy Fashions, na Kings Road, antes que o designer John Krittle fosse para a butique dos Beatles, a Apple. Agora eles se abastecem na Granny Takes a Trip e na Chris Jagger and Jay, butiques de Londres. ... Em Nova York, compram na Stone the Crow, a loja que fica em cima da discoteca Salvation. Em Los Angeles, vão na DeVoss.

Chris Jagger é um talentoso cantor/compositor e irmão mais novo de Mick. Antes de começar a gravar bons discos de sua autoria, ele e seu amigo Jay abriram juntos uma loja em Londres, onde muita gente da moda sempre encontrava alguma coisa especial para vestir. "Conhecíamos uma garota, Julia, que tinha feito algumas gravatas de seda pintadas a mão, coisa que não se fazia muito na época", disse Chris. "Eu e Jay, o meu sócio, lhe demos a idéia de fazer algo maior, assim como uma jaqueta, por exemplo. E ela fez. Aquela jaqueta com olhos pintados na parte da frente foi feita por ela. Jimi a viu. Já tínhamos vendido roupas a ele antes: jaquetas e camisas coloridas. A jaqueta custava 60 libras. Ele era um cavalheiro, sempre pagava tudo, mas também não insistimos! Nós compartilhávamos o amor pelo blues, e isso era importante para ele. Não existe nenhuma foto de nós juntos, e é claro que nunca lhe pedimos um autógrafo. Teria sido muita grosseria! Ora, éramos *descolados* naquele tempo!"

A lendária jaqueta de seda pintada com "olhos" foi comprada, anos mais tarde, num leilão, pelo Hard Rock Café, por 12 mil dólares.

Blair Sabol, colunista norte-americana ligada ao mundo da moda, era uma jornalista muito considerada e trabalhava no jornal nova-iorquino *Village Voice* no final dos anos 1960 e início dos 1970. Ela recorda:

> Antes de mais nada, Hendrix tinha um incrível bom gosto. Era o bom gosto em pessoa! Suas lindas bandanas, seus casacos, suas calças... No início da carreira ele usou muitos tecidos orientais, que os homens jamais usavam, camisas abertas e quimonos fantásticos. Ele era um formador da moda. Outros caras andavam por aí com calças boca de sino enquanto Jimi usava veludo e os fabulosos tecidos marroquinos. Mesmo a correia de sua guitarra era uma obra de arte. Stella e Colette tinham uma loja engraçadinha no East Village. Elas de fato o enfeitaram.

Tanto em 1968 como no ano anterior, os dias de folga do Experience eram algo tão raro quanto as pérolas perfeitas. Pat Costello lembra que "mesmo com aquela programação louca, Jimi sempre se mostrava cooperativo nas entrevistas com a imprensa e nas sessões de fotos. Foi uma das poucas pessoas que conheci na música que nunca passou por uma fase de prima-dona. Lembro de ir apanhá-lo certa vez de táxi num dia de inverno. Estava um frio de rachar. Fomos para o East Village. Por algum motivo, Jimi estava sem casaco. Talvez para não amarrotar a blusa na sessão de fotos. Ao terminarmos, percebi que ele estava com muito frio porque quando descemos a escada ele foi logo correndo se abrigar debaixo de uma marquise e disse: 'Por favor, Pat, será que você pode chamar o táxi? Se *eu* ficar na rua, pode ter certeza que eles não vão querer parar para *mim*.'" Apesar de toda a atenção e aclamação que recebia do público, a experiência fez Jimi compreender que o sucesso não abria todas as portas.

Capítulo 8

“All Along the Watchtower”

“There must be some way out of here”,
said the joker to the thief.
“There’s too much confusion,
I can’t get no relief”*

BOB DYLAN

“O programa de televisão da Lulu teve muito sucesso”, disse Marian Massey, “e foi muito agradável de fazer, com exceção daquele menino terrível, o Jimi Hendrix.” Arqueei as sobrancelhas ao ouvir esse comentário inesperado, e ela se apressou em explicar: “Ele e seu grupo eram nossos convidados para a edição do mês de janeiro. Apresentaram uma música, e todos esperávamos que fossem tocar mais outra. Jimi preparou-se, mas de repente pareceu mudar de idéia e ficou balbuciando algumas coisas sobre o Cream e o Eric Clapton. Em seguida começaram a tocar uma música do Cream. Isso estragou tudo. Tínhamos pouco tempo. Jimi Hendrix é uma pessoa *terrível*.”

Marian Massey administrava com muito empenho a carreira da jovem Lulu, cantora pop cheia de energia, dona de uma poderosa voz e nascida em Glasgow. Suas gravações de “Shout” e de “To Sir with Love” fizeram imenso sucesso pelo mundo todo. Eu estava entrevistando Lulu quando a empresária dela se afastou para atender a um telefonema. Lulu sorriu para mim e declarou: “Foi demais quando o Experience se

* “Deve haver algum meio de sair daqui”,/disse o bufão para o gatuno./ “Há muita confusão/ não consigo encontrar sossego”. (N.T.)

apresentou no show. Sou uma grande fã deles. Jimi tocou 'Voodoo Chile' e chegou a começar 'Hey Joe', mas a guitarra perdeu a afinação e então ele, Noel e Mitch resolveram de fato apresentar 'Sunshine of Your Love'. Foi maravilhoso! Absolutamente maravilhoso!"

Depois que Chas Chandler fora embora, o Experience parecia assumir a dinâmica de um avião que se desviava seriamente da rota. Mike Jeffery, como sempre, concentrava-se em seus próprios interesses, e a banda prosseguia com sua intensa programação de viagens. Sempre que possível, Jimi corria para se enfiar num estúdio de gravação. Isso restringia os hábitos de Noel e Mitch. Eles começaram a se aborrecer com as longas noites de espera, enquanto Hendrix, sempre cercado por uma legião de supostos amigos, dispunha de todo o tempo que desejava para buscar o tipo de sonoridade perfeita, ou se ocupava com cada detalhe de uma nova canção. Talvez o estúdio fosse um dos ambientes favoritos de Jimi, mas o mesmo não acontecia com Noel e Mitch. Jovens e loucos por festas, os dois gostavam de desfrutar da condição de ídolos pop norte-americanos. Nos dias de folga em Los Angeles, após dormirem à tarde sempre que podiam, eles preferiam, para as noites, um programa de lazer, demorando para escolher as roupas da última moda e se enfeitarem adequadamente. Mario Maglieri, garçom do Whisky Au Go Go, achava Jimi muito "tranqüilo e cavalheiresco. Não queria saber de confusão por sua causa".

Noel e Mitch, porém, gostavam de ser bajulados e recebidos como verdadeiras realezas nos lugares mais freqüentados da noite. Um típico exemplo é o de Noel telefonando para o Thee Experience – o então novo clube de Marshall Brevitz na Sunset Strip, cujo nome se inspirara no trio – para saber a que horas a banda de Rick Derringer iria tocar. Diante da resposta, Noel suspirou desapontado porque não conseguiria estar lá assim tão cedo. Brevitz o tranqüilizou: "Não se preocupe. Para você seria melhor às dez do que às nove e quinze?" Em certas ocasiões, quando Jimi aparecia por lá, a notícia se espalhava como um relâmpago e o recinto de repente ficava lotado. "Só vê-lo de perto já era emocionante", recorda um antigo *habitué* da Sunset Strip. "E se ele tocasse, aí ficávamos doidos!"

Uma gratificação a mais naquele crescente circuito de clubes eram as drogas, que ficavam escancaradamente expostas à venda, em geral no estacionamento e no banheiro dos homens, além das "amostras" grátis destinadas aos freqüentadores VIP. Traficantes de toda a Califórnia convergiam para a Sunset com suas caixinhas de bombons repletas de novas pílulas: a "dinamite colombiana" e o melhor ácido de São Francisco. Um locutor de rádio assíduo no Thee Experience costumava se referir a Noel e Mitch como "os químicos novatos". "Aqueles ali engolem qualquer coisa", ria ele. "E todo o mundo sabe que Hendrix é louco por drogas."

Esse comentário sobre Hendrix era típico e em geral feito por gente que não o conhecia. Música selvagem, sexo selvagem, drogas selvagens... Não era esse o significado de Jimi Hendrix? Que cara de sorte: podia fazer o que bem entendesse! Hasteava bem alto sua "bandeira de doido" e não tinha a menor preocupação com as questões do mundo.

Mas não era assim que Hendrix via as coisas. Michael Jeffery e outros diversos advogados e contadores costumavam chamá-lo para discutir assuntos financeiros. Quando o Experience fazia uma pausa, por mais curta que fosse, o fluxo de caixa e o estilo de vida de toda a "equipe de apoio" da banda viam-se afetados. "Tem que botar esses macacos para trabalhar", foi a forma como Jimi certa vez expressou cinicamente sua reação às intermináveis pressões financeiras. Ele não vivia sonhando acordado. Foi o primeiro a reconhecer que o dinheiro era necessário para cobrir as despesas com viagens e salários, pagar os impostos e as comissões de administração. "Eu só espero", disse-me ele, "que quando eles vierem com todas essas chamadas telefônicas, com esse blablablá de dinheiro, alguém se lembre de me perguntar: 'Olá, Jimi, como vai você?', antes de entrar no assunto." Enquanto ele falava, eu pensava na ironia do fato de que a imagem pública de Hendrix fosse a de um poderoso "gato tranqüilo" que chegara a um nível de sucesso que lhe permitia a liberdade de fazer tudo a seu modo. O mundo não sabia que, muito tempo antes, Jimi sofrera uma verdadeira lavagem cerebral com as repreensões que tantas vezes tinha de ouvir na infância: "Não fique aí na passagem. Não faça bagunça." Como adulto, estava disposto a enfrentar qualquer coisa para continuar tocando guitarra.

Em fevereiro de 1969, o Experience fez dois shows no esplendoroso Royal Albert Hall, construção londrina em estilo vitoriano. O Soft Machine fez a apresentação de abertura em 18 de fevereiro, e o Traffic no dia 24. Jimi me disse que admirava muito as duas bandas: "Eles são totalmente *originais*." Gostava de participar de programações com músicos com os quais sabia que tinha o que aprender.

Apesar de estar muito reticente, Jimi consentiu que suas apresentações fossem registradas para um filme com o título provisório de *The Last Experience* – um favor a seu amigo Eric Burdon, que era apaixonado por cinema e queria se tornar diretor e produtor. Eric agora estava livre de seu contrato com Michael Jeffery e havia pouco se tornara cliente e, tudo levava a crer, "sócio" de Steve Gold e Jerry Goldstein. Esses dois insistiram bastante para que Hendrix os deixasse filmar o concerto pela empresa deles, que tinha o nome muito apropriado de Far-Out Productions.* E como Eric Burdon estava envolvido no projeto, Jimi não teve coragem de recusar.

Algumas semanas após as filmagens no Royal Albert Hall, Jeffery telefonou de Nova York no fim da manhã. Interrompeu um momento de composição de Hendrix para desancar os novos parceiros de Burdon e fazer previsões desastrosas para o filme *The Last Experience*. Reproduzindo depois para mim todo o episódio, Jimi disse: "É sempre a mesma história: 'Nós gostamos muito de você! Vamos todos acabar ricos.' Gold e Goldstein ficam doidões e depois se vestem naquela versão descolada patética, mas suas cabeças são verdadeiras máquinas de somar carregadas de péssimas vibrações. Acho que eles são hippies só de fim de semana, vivem representando um papel. E o que se passa com Eric Burdon? Ele devia ficar mais esperto! Depois de se livrar de Jeffery, como foi cair nas mãos desses dois? E *por que* Mike tem que incomodar a mim com tudo isso? *Ele* é que é considerado o empresário brilhante. Eu contei que ele comprou uma casa lá em Woodstock? Por falar em hippie de fim de semana..."

Era um lindo dia de primavera. Eu tinha feito tantas horas extras sem receber um centavo que resolvi tirar um dia de folga do trabalho. Hendrix havia me telefonado mais cedo, enquanto tomava seu café da manhã no quarto, perguntando se eu gostaria de ir com ele até algumas lojas de discos. Disse que enviaria uma limusine para me apanhar. Ri com a idéia: "Los Angeles é a minha área. Deixe que eu dirijo." Um pouco mais tarde, lá estava eu confortavelmente sentada na sala de estar de sua suíte no hotel, ouvindo-o resmungar e praguejar. Nunca o vira se comportar dessa forma. Observei-o enquanto arrumava uma pilha de papéis com letras de músicas e depois os escondia com cuidado debaixo das almofadas do sofá. Ele chegara à triste conclusão de que alguém que trabalhava para a banda andava "fuçando por ali" e subtraindo, com certa regularidade, diversos objetos pessoais de seu quarto. Ele bateu

* *Far-out*: bizarro, estranho, insólito. (N.T.)

sobre as almofadas. "Estou despertando para os negócios", disse. "Cansei de ser figurante." Por fim, sorriu e se animou. "Agora vamos para a parte quente de Hollywood ver se a gente acha aquela velha loja que tem os discos de blues."

A loja estava fechada. Dei a volta com o carro e seguimos devagar pela Hollywood Boulevard, outrora tão glamourosa, hoje completamente decadente. Quando nos aproximávamos do exótico prédio do Grauman's Chinese Theatre, Jimi falou: "Um dia desses a gente volta aqui para ver as impressões dos pés e das mãos dos artistas de cinema, *ok*? Quando eu morria de fome na parte braba de Hollywood, sempre quis percorrer essa avenida e dar uma olhada no teatro. Parecia existir um outro mundo inteiro ali dentro." Manobrei até uma zona de estacionamento proibido e aproximei o carro o máximo que pude da frente do Grauman's, de onde as famosas impressões podiam ser parcialmente enxergadas da rua. Jimi, com sua visão não lá muito boa, ficou espiando pela janela do carro por alguns minutos. Depois colocou suas próprias mãos sobre o painel do carro e examinou-as com um leve sentimento de orgulho. "Herdei as mãos de minha mãe", disse. "Ela era pequenininha, mas seus dedos eram longos."

Eu sabia, pelos comentários feitos por ele nos últimos meses, que gostaria muito que, de algum modo, sua mãe pudesse saber que o filho se tornara motivo de orgulho para ela, que desbravara seu próprio caminho no mundo e que para isso o talento musical contara muito. Certa vez ele me disse: "Eu daria tudo para que minha mãe pudesse me ver tocando guitarra." Falava sempre com afeto da mãe de Noel e dos pais de Mitch, que o haviam recebido em suas casas e o tratado com interesse e amabilidade. Jimi foi efusivo quando agradeceu a minha mãe por lhe enviar uma pequena torta de morangos caseira, depois que ele lhe contou pelo telefone que adorava morangos. Tinha muita necessidade de ser tratado como uma pessoa comum, não como um *astro*.

Quando deixava Jimi no hotel, avistei Noel no pequeno estacionamento. Ele gritou:

— Sharon, aceita um drink?

Jimi me cochichou ao ouvido:

— Divirta-se. Não existe nada mais emocionante que ouvir sobre o Fat Mattress!

Diante da sua vodca e do meu uísque, Noel desfilou alegremente todas as datas em que o Fat Mattress abriria os shows do Experience, inclusive em Seattle.

— Eu pensava que Hendrix ia passar algum tempo sem tocar lá –, disse eu.

— Eu não poderia saber disso, querida –, respondeu ele. — Pense só: ele quase nunca fala da família. Talvez já estivesse farto daquela chuva toda de lá.

Ele dava risinhos enquanto falava.

— Você deve saber que o nosso James é um cara muito do presente.

Educado e divertido, Noel era bastante egocêntrico. Ele adorou me contar todos os seus planos. A ênfase era sempre em ganhar muito dinheiro. E ele costumava gastar com muita liberalidade, sempre anotando cada despesa em um caderninho.

— Você também anota seus gastos com drogas? –, brinquei.

— Em código, meu amor –, respondeu com uma piscadela.

A camaradagem que ele, Mitch e Jimi tinham desenvolvido parecia estar em risco. Sempre que Hendrix mencionava suas preocupações com o Experience, eu vinha com aquela retórica da boa escoteira: "Você conversou sobre isso com Noel e Mitch?" Ou: "Vocês precisam se sentar e fazer um plano." Jimi suspirava e soltava comentários do tipo: "Eu não sou nada sem o Mitch", "Como eu gostaria que Noel não vivesse só no planeta Redding..."

Jimi escreveu a Noel e Mitch cartas de próprio punho, respeitosas e sinceras, para tentar "manter as coisas no rumo". Embora não achasse grande coisa da música do Fat Mattress, e desejasse que Noel não pressionasse tanto para que sua nova banda abrisse as apresentações do Experience, Jimi acabara concordando "só para manter tudo tranqüilo".

Eu tinha ido lá para deixar um disco que ele me pedira emprestado. A porta de sua suíte estava entreaberta e Jimi se encontrava sentado no sofá da sala de estar examinando três pilhas de documentos jurídicos e financeiros.

— Oi! – falei.

Ele ergueu os olhos sem sorrir.

— Então, quem é que vai ser o novo eu? – perguntou. — James Taylor?

"Nossa!", pensei. Eu sabia que suas inseguranças faziam parte daquilo que impulsionava seu talento, mas aquelas palavras, ditas em tom tão sombrio, me atingiram duramente. Jimi abriu lugar para mim no sofá.

— A gente tem que avisar a ele – disse Hendrix.

Naquela época, a indústria fonográfica falava muito a respeito do potencial do cantor e compositor James Taylor. Hendrix o admirava. Conhecera-o por comentários dos Beatles, que o tinham indicado para a Apple, a gravadora deles.

— Eu só estava pensando, enquanto lia isso aqui, em como a gente pode estar num instante tão por cima e no próximo se sentir como se não tivesse a menor importância – falou.

— Mas você sempre será alguém especial. E este é o único elogio que você vai conseguir de mim hoje – disse eu.

Retirei o álbum de Stevie Wonder da minha mochila. O rosto de Jimi se iluminou.

— Conheci Stevie em Londres há algum tempo – lembrou. — Não tivemos chance de conversar mas levamos um som juntos. Ele tocou bateria! E, é claro, a forma como ele toca aquela gaita é coisa de *gênio*!

Esse termo era muitas vezes aplicado a Hendrix por seus colegas. Com toda a cautela, perguntei:

— Você não acha que *você* é um gênio?

Ele me deu um tapinha no ombro.

— Não diga *isso*. Não, não. A rigor, não sou nem um guitarrista. Tudo o que toco é verdade e emoção.

Onde quer que houvesse uma guitarra ao alcance de sua mão, Jimi sentia-se à vontade.

Com freqüência seus olhos e seus ouvidos eram atraídos por aquele instrumento pelo qual de fato dera a vida. Podia ser uma guitarra comum tocada em alguma esquina, uma bela e antiga Gibson trazida até ele para que a comprasse, ou a primeira Stratocaster de algum músico de hotel. Se um fã chegasse até ele com uma guitarra e tivesse coragem para consultá-lo sobre alguma coisa, Jimi o tratava com interesse sincero e fazia algumas sugestões. Se tivesse com tempo, poderia até dar uma demonstração. Não era uma questão de "ser legal com um comprador dos meus discos". Esses encontros traziam-lhe satisfação pessoal. "Naturalmente, todo dia eu aprendo alguma coisa sobre as guitarras", disse-me ele. "Tenho muito que aprender. Estarei sempre aprendendo. É *isso* que torna a música tão agradável para mim. Sem uma guitarra, eu seria uma galinha velha cacarejando!"

Se o Experience fosse ficar no mesmo hotel por várias noites, Jimi gostava de ter sempre uma Stratocaster, um amplificador pequeno e um violão por perto. Em diversas ocasiões ele tocou para mim trechos de uma porção de canções novas que estava compondo. Ou então começava inesperadamente a executar um *riff* clássico ou uma versão para alguma música dos Beatles. Sorria satisfeito enquanto tocava. Sempre me senti privilegiada de ouvi-lo.

Quando penso no "verdadeiro Jimi", são momentos assim que me vêm à lembrança. Ele tocava por dois ou três minutos e depois fazia uma pausa para comentar:

— Olhe, já lhe falei que tudo se relaciona com os sons. Mas não se esqueça: quando a gente compõe uma música, melodia ou letra, isso também tem a ver com as cores. Pensar na tonalidade específica de uma cor costuma me trazer imagens coloridas à cabeça, e quero que elas estejam na canção. Por exemplo: o laranja é uma cor muito instável, ainda não decidiu se vai ser vermelho ou amarelo...

Ele me disse que quando estava trabalhando numa composição, muitas vezes se lembrava de momentos da vida que desejava esquecer.

— Se ponho esses sentimentos na letra ou na melodia, às vezes me sinto de certa forma purificado. As palavras podem ser... – ele fez uma pausa e, com os olhos semicerrados em sinal de concentração, começou a procurar a idéia precisa.

Com tranqüilidade, propus:

— Como vulcões de emoção.

— É, é, é!

Jimi parecia impressionado com a frase que o blues que acabara de tocar produziu em mim.

— As palavras podem ser adoráveis, frágeis, feias ou prodigiosas – falei.

— Com certeza – concordou.

Jimi não concluíra o segundo grau. Eu também não fiquei muito tempo na faculdade, mas éramos ambos muito bons nesse tipo de conversa.

Era comum suas letras, que eu via escritas nos papéis de carta dos hotéis, ganharem uma vida que eu jamais poderia imaginar quando ele as musicava. "Machine Gun", "Izabella" e "Belly Button Window" estão entre as músicas que conheci em vários esboços diferentes. A força da emoção emanava da guitarra e pontuava seus temas e sentimentos quando as gravava. Ele costumava me observar quando eu lia as letras.

Deu um sorriso largo ao ver que eu ria ao ler "chocolate" em "Belly Button Window". Mas também pude perceber questões pessoais sérias nessa música. Discutimos um pouco essas relações. É claro que eu percebi que *ele* era o bebê não desejado da canção, e que as palavras eram peculiares, um tanto engraçadas e absolutamente pungentes. Falei mais ou menos isso para ele. Também lhe disse que era incomum demais um grande músico compor uma música como aquela. Jimi considerou isso um elogio.

Eu ficava impressionada com o cuidado de Jimi para lapidar as letras. Observava aquele autor dedicado corrigindo seus erros de ortografia e às vezes de gramática. Ele buscava a sonoridade das palavras, assim como fazia com as melodias.

Aquilo tudo nunca se referia só a *ele*, o que não é nada comum no mundo das estrelas. Jimi gostava de ouvir histórias do meu trabalho, dos chefes mal-humorados, das minhas entrevistas em estúdios, locações de filmagens e restaurantes chiques como o Brown Derby e o Scandia. Sorvia seu chá de ervas, ou um suco de laranja, devorando dúzias de morangos e sorrindo de satisfação ao me interrogar acerca do último ator sobre quem eu havia feito uma matéria. Primeiro, eu entrevistava as celebridades; depois, era Jimi que me entrevistava. Eu sabia ser sarcástica e ferina, e Jimi gargalhava com meus comentários mordazes.

Ele de fato queria saber a respeito de outras pessoas criativas: como viviam, a maneira de trabalharem, que tipo de metas estipulavam para si próprias, quem lhes dava assistência ou aconselhamento, se eram felizes... Uma das características dele que mais me atraía era a avidez por aprender.

Descrevi para ele um passeio que fiz pelo deserto de Nevada na companhia do diretor de cinema George Stevens, ganhador de um Oscar. No percurso, o cineasta me explicava como iria estabelecer as tomadas para aquele dia de trabalho. Falei-lhe também sobre Fritz Lang, reverenciado diretor de filmes como *Metrópolis* e *M*: "Fritz está agora com setenta e muitos anos, usa uma venda preta num olho. Depois que conseguiu fugir dos nazistas e vir para os Estados Unidos, a primeira coisa que fez foi dirigir por centenas de quilômetros para conhecer os índios da região Sudeste." Lang também era grande conhecedor de ficção científica, outro tema que despertava profundo interesse em Hendrix. Stevens e Lang eram diretores muito respeitados no mundo todo. Para Hendrix, era muito significativo saber que homens como eles também haviam enfrentado suas próprias batalhas na vida artística e se sentido tão frustrados quanto ele próprio diante da relação de amor e ódio com a fama.

Contei-lhe de uma viagem que fiz ao ateliê de Henri Matisse em Nice, na França, e da sensação de ser uma das únicas pessoas a olhar pela janela e ver o mesmo cenário que o artista já via há 50 anos: o mar cintilante, as árvores e as rosas. Falei o que aquilo tudo significara para mim. "Eu *tenho* que ir lá!", ele disse.

Era óbvio que o principal interesse de Jimi era que tais homens, detentores de visões únicas, continuassem a criar e usar sua poderosa imaginação pelo resto da vida. Era exatamente isso que ele pretendia para si mesmo. "Quero tocar guitarra para sempre. *Para sempre*", enfatizou.

Certa tarde, eu lhe disse que, um dia – neste mundo ou no próximo –, se ele tivesse de entrar numa sala cheia de grandes músicos e compositores, como Beethoven e Mozart, eles haveriam de reconhecê-lo e acolhê-lo. Era uma idéia ingênua, talvez, mas eu acreditava nela, e ainda acredito. Ele não considerou isso uma adulação de minha parte. À medida que Jimi e sua música evoluíam, ele nunca deixou de acreditar plenamente na *continuidade*, no *parentesco* entre os compositores ao longo dos tempos. Por mais que Hendrix vivesse sempre o momento atual, sua percepção do significado da música ia muito além de um festival de rock ou de um disco de sucesso. Quando se encontrava absorto em pensamentos elevados, sua espiritualidade ardia como uma chama incandescente. No palco e fora dele.

Em 26 de abril, o Experience realizou um de seus concertos mais importantes na Califórnia desde o estrondoso sucesso no Forum. Entre os 18 mil fãs que compareceram, viam-se garotos na última moda, com camisetas desbotadas e calças jeans, e garotas *fashion* que vestiam blusas rústicas transparentes e minissaias. Entretanto, por mais tempo que tivessem levado se preparando para o show, quando Jimi, Noel e Mitch subiram ao palco, aqueles admiradores se esqueceram da preocupação com a própria aparência: todos os olhos se voltaram para a banda. A música foi crescendo até atingir um ritmo febril. Nessa noite, Jimi se mostrou mais emocionante que qualquer coisa que os fãs de Los Angeles pudessem imaginar. Centenas deles avançaram sobre os 12 parcos seguranças situados à frente do palco e se lançaram o mais próximo possível de Jimi. Os rapazes e as moças se arriscavam no meio de toda aquela multidão, desesperados para conseguir captar um olhar de Jimi, tocar em suas botas, *gritar* que o adoravam e que agora estavam *experientes*!

O Experience foi uma das primeiras bandas, naqueles tempos iniciais da explosão do rock, a despertar aquela reação súbita, emocional e dramática no Forum.

Sentada em minha cadeira na terceira fila, o melhor lugar para se ter uma visão ampla do palco, eu achava prodigioso e *impressionante* todo aquele pandemônio! Eu adorava olhar a multidão, tanto quanto ver os músicos, e naquela noite fiquei extasiada. Dava pulos para ver melhor a demonstração de amor a Jimi, até que de repente senti alguém me puxar pelo braço e me tirar da crescente correria em direção ao palco. Fiquei furiosa quando essa... essa pessoa me arrastou, delicadamente, porém com firmeza, até uma cortina laranja ao lado do palco. "Não quero que você se machuque!", disse-me Russ Shaw, um jovem simpático que trabalhava na Reprise Records. "A coisa está muito agitada ali!" Ele tinha razão. Mas, para meu grande desapontamento, do novo lugar eu só conseguia assistir a parte de toda aquela confusão que parecia carregada de energia elétrica. Sorri quando vi que Jimi, Noel e Mitch riam muito um para o outro, absorvendo toda aquela popularidade. Fiquei muito feliz ao perceber que tudo ia ficar bem entre eles.

No dia seguinte, o gerente do escritório da UPI me chamou e pediu que eu entrevistasse Jimi "imediatamente". Com uma expressão séria, como se eu tivesse sido negligente, ele disse: "Não entendo por que você ainda não escreveu um artigo sobre ele. Não é aquele cara negro que costuma ligar para cá? Agora ele está muito popular." Concordei, sem dizer-lhe que eu sabia coisas demais sobre Hendrix, coisas que, na maior parte, não ficariam bem num artigo de jornal. Meu chefe ordenou: "Descubra como é ganhar todo esse dinheiro viajando. Consiga algumas histórias sobre os fãs. Quem são eles? Nova York quer sua matéria pronta ainda esta semana."

Telefonei para Hendrix e marcamos para o dia 1º de maio à tarde, no hotel Beverly Rodeo. Jimi parecia animado com a entrevista: "Vai ser *muito divertido*! Vamos para Detroit logo depois. Preciso apanhar minhas roupas na lavanderia. A gente pode conversar enquanto faço as malas, *ok*?"

Mas não foi uma diversão. A suíte dele parecia a Estação Central, havia muita confusão, e a todo instante éramos interrompidos. Acabei não arrumando nada que se pudesse prestar para o tipo de artigo despreocupado de que o escritório da UPI em Nova York tanto gostava. Aquela tarde ficou na minha memória como uma das poucas vezes em que regressei ao escritório tendo de admitir, constrangida, que "a entrevista não aconteceu".

No dia 3 de maio de 1969, a Polícia Montada do Canadá pulou em cima de Jimi Hendrix quando ele, Noel e Mitch passavam pela alfândega de Toronto depois de atravessarem a fronteira vindos de Detroit. Uma das bagagens de mão de Hendrix foi revistada, levada para exames mais detalhados, e por fim ele foi acusado de portar heroína.

Segundo pessoas que estavam presentes, a expressão de Jimi foi de sincero choque ao ouvir a palavra "heroína". Foi solto sob fiança. A banda se apresentou visivelmente abalada no importante concerto daquela noite em Maple Leaf Gardens.

Alguns dias depois, eu estava no escritório de notícias em que trabalhava em Los Angeles quando minha atenção foi atraída por uma curta notícia transmitida por telex do Canadá: "Olá, SL, você não conhece o cara que foi apanhado com heroína?", perguntava-me alguém.

Fiz uma cópia daquele breve relato. Um colega me perguntou:

— Você anda saindo com um drogado, é?

— Não tenho motivo algum para achar que Hendrix é drogado. Mas se isso for verdade, não vou mais sair com ele.

Sempre demonstrei muita frieza a respeito dessa questão, acreditava que tudo aquilo era um engano. Volta e meia recebíamos notícias por telex que se mostravam imprecisas e em seguida tinham de ser retificadas.

Sempre fui contrária às drogas pesadas. A maior parte dos meus amigos que se drogavam com regularidade achava que a heroína era um limite que jamais deveria ser atingido. Em uma palavra, era uma droga com a qual ninguém brincava. Menos de dois meses antes, eu agüentara uma assustadora entrevista com um popular animador de programas que se encontrava tão alto de *smack*[*] – o que seu empresário admitiu para mim mais tarde – que fumava um cigarro atrás do outro e apagava a ponta de cada um, ainda acesa, com os próprios dedos. Decepcionada, para não dizer horrorizada, não via a hora de sair daquele escritório, murmurando trêmula: "Muito obrigada por sua atenção!"

---

* *Smack*: gíria para designar heroína. (N.T.)

Não havia nada sobre a prisão de Hendrix nos jornais de Los Angeles. Mas logo chegou uma mensagem de um repórter do escritório da UPI em Londres mencionando a prisão e dizendo que o comentário geral lá era que a heroína fora plantada por alguém na bagagem de Hendrix. Por quem e por quê, esse era o mistério.

Sempre considerei Jimi Hendrix um grande talento e um belo ser humano que enfrentou muitas adversidades na vida. Quase todos os músicos que conheci tomaram algum tipo de droga, mas eu não queria ter contato com ninguém que lidasse com drogas pesadas, e isso incluía Hendrix.

Duas semanas mais tarde, ao viajar no fim de semana com minha família, percorremos de carro 1.500km pelo litoral, desde Los Angeles até o sofisticado balneário de La Jolla, cidadezinha que costumávamos visitar várias vezes por ano. O locutor da estação de rádio local se mostrava muito excitado com a apresentação que o Jimi Hendrix Experience faria naquela noite na San Diego Sports Arena. Eu sabia que eles ainda estavam em turnê, mas achava que deviam se encontrar em outra parte do país.

Mais tarde, naquele glorioso e ensolarado sábado com uma temperatura quase perfeita, percorri mais 20 minutos pela costa. Imaginei que o Experience ainda não teria chegado e resolvi ir até o local ver se encontrava ingressos à venda. Como estava com sorte, a primeira coisa que vi ao deixar a estreita saída da estrada foi um grande caminhão de equipamentos, todo colorido, cujo motorista me acenava com alegria: "Olá, meu amor! Que bom lhe ver por aqui!" Era um dos *roadies* do Experience. Alguns metros mais a frente, Noel e Mitch sorriam para mim.

Jimi cerrara as cortinas por causa do sol da tarde. Estava diante de uma tábua de passar roupa no quarto do hotel, vestido com uma calça jeans e um quimono cor de pêssego estampado de flores. Parecia muito sério e sem a menor vontade de conversar. Falou:

— Estou cansado. Viagens demais.

— Você precisa de descanso – disse eu, compreendendo a insinuação. Levantei-me: — Vejo você no show.

— Desculpe, estou de mau humor. Sente-se, por favor.

Ele tentou sorrir, mas seu rosto estava contraído, com as sobrancelhas franzidas. O sorriso acabou por desaparecer. Sentei-me observando o cuidado com que ele passava as pregas de uma blusa de cetim que pretendia usar no palco aquela noite.

— Pouco tempo atrás – falei – ouvi uma coisa que me deixou surpresa, mas depois fiquei muito ocupada e acabei esquecendo. É verdade que a banda foi presa no Canadá?

Jimi me olhou com expressão hostil.

— Não foi a banda – respondeu. — Eu é que fui preso.

A voz dele estava abalada pela humilhação e pelo medo.

— Seja lá o que eu tenha feito, jamais fui viciado em heroína. Tenho medo de agulhas. Sempre tive. Droga deve ser uma coisa divertida. Já vi viciados de verdade dando cabeçadas pelas sarjetas de Nova York. Isso não é nada divertido. Mas conheço gente que consome heroína.

Com ar infeliz, ele examinou a blusa, deu-lhe mais alguns retoques precisos com o ferro. Depois pendurou-a com cuidado num cabide do armário, desligou o ferro e declarou em tom de desafio:

— Vou tirar a roupa naquele tribunal. Não vão conseguir achar nenhuma marca de agulha!

O desafio logo se transformou em lágrimas.

— Que diabo! –, exclamou e foi até o banheiro, de onde voltou esfregando o rosto com uma toalha.

Quando ele conseguiu se controlar, eu quase me lembrei de *uma coisa*. Semanas antes, quando tentamos em vão fazer a entrevista, escutei uma voz muito ansiosa que acabou por ficar na minha cabeça. Era alguém segurando alguma coisa, andando com aquilo na mão para lá e para cá. Quem? O quê? Todo repórter, por seu treinamento, costuma se lembrar das conversas que teve e tomar notas sobre os lugares. Além disso, herdei de família uma boa memória. Isso veio a calhar para a profissão que escolhi.

— Eu queria lhe fazer uma pergunta a respeito daquilo que eles encontraram na alfândega.

Jimi se afastou e me interrompeu de maneira brusca:

— Não é hora de falar sobre isso.

— Era uma garrafa com uma tampa amarela? – eu tentava pressioná-lo porque começava a me lembrar.

Ele girou sobre os calcanhares:

— Como é que você sabe *disso*? – Jimi parecia desconfiado, até paranóico.

Dei de ombros e saí do quarto.

Naquela noite o Experience teve um grande desempenho. O Fat Mattress, a banda de Noel, fez uma das apresentações de abertura. Creio ter sido a primeira vez que ouvi Jimi tocar "Little Wing" ao vivo. Foi um dos grandes momentos da noite.

Nos bastidores, após o show, Noel se mostrou afável e encantador:

— O que você achou do Mattress, querida? – perguntou-me.

— É um bom grupo, Noel – respondi.

— Mas...? – insistiu ele, percebendo minha falta de entusiasmo.

— Vocês precisam de algumas *grandes* músicas – falei com tranqüilidade.

Pelo canto do olho, pude ver Hendrix conversando com três promotores musicais e um bando de compositores da região. Beijei Noel no rosto e me aproximei de Jimi.

— Assim que você tiver um segundo... – falei.

Ele encerrou a conversa com aquelas pessoas e nos dirigimos para um corredor fora do camarim. Fui direto ao assunto:

— Enquanto tentávamos fazer aquela entrevista em Los Angeles e você arrumava suas malas para viajar, tinha alguém do lado de fora que conseguiu entrar, estava com uma garrafa de tampa amarela na mão.

— Você viu isso? – perguntou Jimi embasbacado.

— Uma jovem hippie – disse eu.

— Na porta?

— É. Você sabe o nome dela?

Ele balançou a cabeça em sinal de negação.

— Eu não conhecia a maior parte daquela gente que entrava e saía do quarto. Estava muito calor naquela tarde, eu precisava de uma brisa, por isso deixei a porta aberta.

— A menina estava com uns colares compridos de contas que balançavam quando ela se inclinava – disse eu. — Acho que isso está nas minhas anotações, pois já tinha ficado evidente que nunca iríamos fazer aquela entrevista. Por isso rabisquei algumas observações sobre os fãs e aquelas interrupções todas. Hoje de noite, enquanto assistia à banda de Noel, fiquei lembrando daquela tarde, tentei recordar o que havia no reflexo daquela tampa amarela. É possível que eu tenha tudo isso gravado em fita. Aquela menina era tão... tão intrometida, o jeito como ela falava...

— Está bem! Você tem que trazer aquele seu velho gravador Sony! Sua fisionomia era de verdadeiro alívio.

— Estamos no fim de semana. Vou chamar meu advogado na segunda-feira.

— Você pode contar tudo o que se lembra para ele? E tocar a fita?

As palavras pareciam voar da boca de Jimi.

Steve Parker ainda era um jovem aluno de faculdade quando Jimi, Noel e Mitch se apresentaram no Santa Clara Fairgrounds em 25 de maio de 1969. Ele recorda que a platéia, os fotógrafos e até os seguranças ficaram hipnotizados diante da intensa concentração física e emocional de Jimi enquanto tocava. Como um cavalo de corrida luzidio, o suor faiscava por seu rosto ao calor do sol da tarde. Ele era o campeão, o campeão dos espectadores. "Víamos que ele estsva dando *tudo* por nós", disse Parker mais de 30 anos depois daquele concerto. "Jimi estava magnífico, muito mais do que se possa imaginar."

Ele também se lembrou "do impressionante sentimento de liberdade que todos sentiam sentados sob o sol... Algumas meninas despiam os seios, atitude extremamente ousada para as mocinhas da época, e os rapazes prestavam mais atenção em Hendrix que nas garotas."

Seth Winston, hoje cineasta laureado com o Oscar pelo curta *Session Man*, também estava presente no show do Santa Clara Fairgrounds. "Eu estava indo para a aula na Universidade da Califórnia, em Berkeley", contou. "Dirigi meu carro até Santa Clara só para ver Hendrix. Meu lugar era na quarta fila, no centro, e eu estava viajando de mescalina. Fiquei impressionado com ele. Era como ver um mágico se exibir, suas mãos vinham de toda parte. Só o vi uma única vez, e até hoje ainda não me recuperei daquela apresentação!"

Henry W. Steingarten, advogado do escritório Steingarten, Wedeen and Weiss, de Nova York, que meses antes Chas Chandler recomendara para representar Jimi, telefonou-me alguns dias depois de meu encontro com Jimi em San Diego. Durante muito tempo, Jimi, assim como Mike Jeffery, teve uma assistência informal de Steven Weiss, mas que sempre beneficiara a administração, jamais o "artista". Li para o senhor Steingarten as anotações que fiz na suíte de Hendrix na tarde de 1º de maio. Ele pediu que lhe enviasse imediatamente a totalidade das notas, inclusive as entrevistas com duas estrelas de cinema que eu também entrevistara naquela semana. Informei-lhe que também possuía uma fita cassete com minhas tentativas de realizar a entrevista com Jimi. Nesta fita eram nitidamente audíveis as vozes de Jimi e da menina hippie. Steingarten pediu-me que descrevesse e desse os nomes de todas as pessoas que tinham estado no quarto. Eu só conhecia dois visitantes, e apenas pelos primeiros nomes: um músico bem jovem e uma moça baixinha de cabelo preto.

O dia 20 de junho foi de sol e céu azul, e era meu dia de folga. Jimi me pedira para participar, no final da manhã, de uma reunião com Henry Steingarten, que se encontrava em Los Angeles a trabalho. Conversamos sobre a prisão de Jimi em Toronto por posse de drogas e a respeito das próximas decisões de trabalho que ele deveria tomar. A todo momento, Jimi se voltava para mim em busca de aprovação, o que me deixava grilada. Eu disse: "Jimi, por que você não diz logo o que de fato acha?" Lembro que na época eu pensava que ele não tinha o costume de ser ouvido. Mas foi gradualmente se tornando mais loquaz e direto com o senhor Steingarten. Ambos pareciam concordar em muita coisa e seguir a mesma pista. Jimi se mostrou muito animado ao deixar o hotel do advogado no Wilshire Boulevard. "Acredito que evoluímos!", exclamou.

Estávamos circulando por Los Angeles numa limusine para que Jimi fizesse algumas tarefas pessoais, como comprar alguns pares de meias, jornais, chicletes e vários blocos de papel. Almoçamos já tarde na varanda de um restaurante natural. Jimi estava bastante animado. Naquela noite haveria uma grande apresentação no primeiro dos três dias do festival Newport '69, realizado no campus de uma universidade situada a 24km dos cânions, no fundo do vale de San Fernando, num lugar conhecido como Devonshire Downs. Entre os artistas a se apresentarem estavam: Creedence Clearweater Revival, Steppenwolf, Eric Burdon e Three Dog Night. "Vão pagar 100 mil dólares para a gente. Mais do que Elvis recebeu", disse Hendrix em tom de reverência. Aquela foi a única vez que ele me falou do cachê de uma apresentação. "É o maior valor que já recebemos. Nós, não: eu." Estava orgulhoso e excitado com a aproximação da noite.

Jack Meehan chegara a Los Angeles naquele fim de semana. Era outro grande amigo de Les Perrin, o relações públicas do Experience em Londres. Meehan era um importante repórter, já veterano, do escritório da UPI em Londres. Portanto, era meu colega. Embora muito sério e já na meia-idade, Meehan foi um dos homens mais perspicazes que conheci. Depois de almoçarmos, perguntei a Jimi se poderíamos apanhar Jack em seu hotel. Este pretendia assistir ao concerto em Devonshire Downs comigo e com outros amigos, e eu os levaria ao show.

Jack e Jimi se deram bem de imediato. Jimi ficou impressionado por Jack querer percorrer toda aquela distância até o vale. "Vai ser ao ar livre, é muito desconfortável", avisou Jimi. "E haverá muitos hippies!" Começaram a conversar sobre música. Jimi sempre se interessava por pessoas inteligentes, e gostou da forma como Jack analisava o trabalho dos mais variados artistas, desde Jefferson Airplane até Stravinski. Intrigou-se por Jack já ter assistido aos Stones, The Doors e ao Nice, entre outros. "Você tem *certeza* de que quer ir ao show desta noite?" Jimi era todo escrúpulos. Achava melhor eu não dirigir, perguntou por que não íamos na limusine com ele e lembrou a Jack que haveria muitos maconheiros em meio à multidão. Jack deu de ombros. Com seu jeito calmo, ele respondeu: "Já ouvi você tocar no agito de Londres e agora quero ouvi-lo no barato da Califórnia. Jimi deu uma gargalhada e bateu no ombro de Jack.

Foi um dia maravilhoso. Meehan, eu e outros amigos descemos pelo vale em meio ao tráfego e depois caminhamos por trilhas, vencendo uma longa distância a pé até chegarmos ao campo onde fora instalado o palco. Estávamos certos de que assistiríamos ao show do ano. Meia hora depois, contudo, sentíamos como se nos tivessem servido um suflê estragado. Hendrix estava simplesmente *horrível*. A maior parte do tempo ficou de costas para a platéia, e a sua apresentação foi muito curta. Não era possível que fosse a mesma pessoa com quem eu passara horas conversando naquele mesmo dia. Fiquei pasma e também com raiva. Enfrentar todo aquele trânsito e depois toda aquela caminhada para nada! Naquela noite, mais tarde, conversei com ele. Perguntei: "O que houve?", e ele respondeu sem entrar em detalhes: "Gente criando problemas nos bastidores."

Um de seus *roadies* me informou no dia seguinte que "um bando de negros fortões decidiu fazer discurso político para Hendrix. Ninguém sabia como se livrar deles. Foi muito perigoso. Um deles cuspiu dentro do copo de plástico em que Hendrix bebia". No domingo à tarde ele voltou a se apresentar no festival. De acordo com todos os relatos, houve alguns momentos emocionantes de improvisações. E toda a platéia dançava sobre a poeira do campo.

Eu vi Hendrix pouco depois, porém não conversamos mais sobre o fiasco de Devonshire Downs. Enquanto Jimi dava um jeito na sala de estar de sua suíte, seu olhar deparou com a manchete de um semanário inglês de música que estava numa pilha de jornais na mesinha do café. Ele o apanhou, deu uma lida e mostrou-o a mim. O texto dizia: "Banda se separa."

A matéria era sobre um grupo inglês de menor importância. "Tudo isso é tão triste", comentou ele. "Tem bandas que nascem apenas para morrer."

Tendo observado Jimi tanto nos tempos felizes quanto nos momentos de tristeza, o que eu mais admirava nele era aquela total falta de pretensão, a ausência de um sentido da própria importância. Ele era um ser humano adorável, e, no mundo do *show business*, onde a farsa se faz presente em toda a parte, Jimi era uma pessoa muito autêntica.

Por mais obcecado que fosse pela música, costumava prestar muita atenção a tudo que se passava no mundo. Lembro quando arregalou os olhos diante de uma fotografia de Richard Nixon numa capa de revista e depois murmurou com indignação: "Nixon... Bem, todos sabemos no que ele está metido! Esse artigo é nojento, leia só isso! E pensa que está enganando todo mundo!"

A maioria das estrelas de rock vivia 24 horas por dia com a TV ligada para ter algum ruído de fundo. Quando Jimi assistia a desenhos animados na televisão, não era por muito tempo. Em geral ficava rabiscando ou desenhando enquanto a televisão estava ligada. Um bom desenho animado sempre o fazia rir, e ele gostava tanto dos aspectos *sonoros* quanto da animação. Porém, quase sempre preferia ler jornal a ver a transmissão das notícias. Jornais significavam idéias para novas músicas, além de apresentarem conceitos e palavras interessantes. Uma vez ele me mostrou uma matéria sobre a poluição da água. "Eles podem despejar o que quiserem no mar," declarou, "mas um dia Netuno irá atirar tudo de volta na cara deles."

Hendrix era maior do que a vida no palco. Em casa, isto é, em sua então mais recente suíte de hotel, o adjetivo que melhor se aplicava a ele, por mais estranho que possa parecer, era "simples". Estava sempre atento à sua higiene pessoal e à limpeza dos cômodos. Não deixava de suspirar quando algum daqueles falsos amigos derramava ketchup no tapete ao mastigar um hambúrguer (encomendado por ele ao serviço de quarto). Uma vez escutei Jimi exclamar aborrecido: "Por favor, *esta é a minha casa*!" Ver algum visitante esmagar o cigarro sobre os restos de uma sobremesa lhe fazia ranger os dentes.

Quando os amigos iam embora, muitas vezes preferia arrumar tudo, ele mesmo, a deixar a bagunça para a empregada francesa de meia-idade que limpava seus aposentos no Beverly Rodeo. "*Monsieur* Jimi, deixe que eu faço isso..."

"Não, não!", cortava ele, continuando a limpar os restos de um lanche servido no quarto e devorado por um dos falsos – como passei a chamá-los – amigos. "Já estou quase terminando." Ela se apressava em trazer toalhas limpas para o banheiro. Jimi corria para ajudá-la, sorrindo com doçura enquanto dizia *merci beaucoup* numa voz melodiosa. Ela o adorava.

Ele limpava os cinzeiros, separava em diferentes pilhas as revistas, os jornais noticiosos e os semanários de música, e passava um pano úmido na mesa para remover manchas secas de coca-cola. Minha opinião sobre ele definitivamente ganhava uma nova dimensão enquanto eu o observava na suíte. Era fascinante ver como ele organizava seu fabuloso guarda-roupa. Separava o que devia seguir para a lavagem a seco e classificava por categorias as roupas dispostas sobre a imensa cama: "cuidado especial" e "precisa de conserto". Ele *adorava* as blusas de seda, as calças de veludo ou de camurça e a coleção de echarpes, organizadas em sacos plásticos segundo o comprimento.

Sua aparência, assim como sua música, estava sempre em evolução: a echarpe de seda era amarrada com elegância à coxa, sobre uma calça de veludo (somente durante o dia), ou na parte superior do braço; a faixa de pele de leopardo era amarrada ao redor do pulso; e o famoso chapéu preto de abas largas também era muito usado. Mesmo quando estava em casa – por mais que estivesse sempre se mudando –, havia sempre um toque criativo: um bracelete, um broche ou uma blusa exótica que anunciava que aquele ali não era simplesmente o cara da casa ao lado. Ainda assim, apesar de toda aquela maravilhosa sofisticação, lembro-me do dia em que o vi descalço pela primeira vez, só de calça jeans e camiseta preta. Exclamei o que me passou pela cabeça: "Jimi, você está esplêndido!" Ele ficou satisfeito com o elogio e sorriu de maneira tímida, baixando os longos e espessos cílios. "Este é o meu novo *look* para a apresentação de hoje", disse. "Eu estava trabalhando numa música." Contou-me que na infância nunca teve mais que duas mudas de roupa. Agora podia compensar isso.

Jimi costumava observar todas as atitudes de seus convidados. "Está tudo bem com você?", perguntava com sincero interesse. E em certo momento, até o *nosso* vestuário era examinado prazerosamente por ele. Reagia às cores e aos detalhes da mesma maneira que um grande pintor. Um delicado azul-pervinca, um coral penetrante e nítido ou algum objeto antigo de prata lavrada atraíam seu olhar. Jimi parecia aplaudir em seu íntimo os detalhes que revelavam o que determinado homem ou mulher havia *experimentado*. Era generoso em seus elogios, balançava a cabeça em aprovação e exclamava: "Puxa, como você está legal hoje!"

Enquanto eu me encantava com o modo respeitoso com que ele tratava a camareira francesa, ia pensando na dinâmica que demonstrava numa conversação. A depender das pessoas com quem se comunicava, era um verdadeiro camaleão.

Dias antes, eu vira Jimi conversando com um músico que aparecia sempre ali para pedir "um empréstimo". Jimi escutava-o em silêncio. "Cara," dizia o rapaz, "você conhece muito bem a nossa luta." Era como uma espécie de dança. Jimi acomodava-se com placidez ao papel de "cara". Depois de pegar as notas de 500 dólares que Jimi tirara de dentro de uma fronha (um dos esconderijos daquele momento), o seu "chapa" deu-lhe um forte tapa na mão, e ele retribuiu o gesto sem muito entusiasmo. Depois que o tipo foi embora, Jimi descontraiu. Cheio de vigor, começou a descrever com muitos floreios um jantar que estava pensando em encomendar. Disse-me: "Você hoje trabalhou o dia inteiro, com certeza está com fome. Não gostaria de um filé mignon? Ao ponto, certo? Eu também vou pedir um. E uma *grande* salada. Batata cozida ou frita? A sobremesa é indispensável. Quem sabe eles têm pudim de caramelo?"

Ele era um perfeito ator nesses momentos mais descontraídos, seus gestos eram engraçados e ele rolava aqueles olhos castanhos escuros fazendo poses muito divertidas. Perguntei-lhe se aquele amigo que vinha sempre atrás de dinheiro alguma vez tinha pago o empréstimo. "É claro que não!", respondeu e depois sorriu. "O que você achou daquela ladainha da 'nossa luta'? Foi esse cara que uma vez chamou uma limusine para trazê-lo aqui só para me pedir dinheiro. E ainda teve a audácia de me fazer pagar a limusine!"

Com os mais velhos ou com os mais cultos, Jimi usava uma gramática apurada e o seu impressionante vocabulário entrava em ação. Com Noel e Mitch, havia momentos em que ele se mostrava mais britânico, derramando divertidas expressões que aprendera em seus tempos de

Londres. Se estivesse tímido, a voz se tornava sussurrante. Se estivesse de fato gostando de uma conversa com alguém que o levasse a sério e o tratasse como uma pessoa comum, e não como uma "imagem", seus olhos faiscavam e sua autoconfiança aumentava. Nos anos de fama, Jimi se tornou mundano e sofisticado, mas de forma positiva. Das constantes viagens e da exposição a diferentes culturas, comportamentos e idiomas, ele pôde absorver conhecimentos, sempre se esforçando para melhorar sua gramática. Quase sempre procurava colocar os outros à vontade. Seus variados interesses incluíam a ficção científica, arte, história, política, futebol, xadrez e qualquer outro jogo de tabuleiro que exigisse raciocínio rápido.

Visitar Jimi nos hotéis de Los Angeles ou de Nova York significava ter de se misturar às hordas de adoradores fanáticos. Rapazes aspirantes a músicos, de procedências étnicas variadas, estavam sempre por ali na esperança de conseguir trocar algumas palavras com ele quando saísse ou entrasse no hotel. Universitárias brancas com rostos brilhantes, que confessavam com timidez terem imensos pôsteres de Jimi em seus alojamentos, às vezes ficavam sentadas no *lobby* do hotel ajustando suas minissaias à espera de Jimi passar e lhes lançar um agradável sorriso.

"Senti uma grande atração por Jimi", recorda Ellen Berman. "Vê-lo tocar no primeiro concerto a que fui na vida foi fantástico! Adoro o pôster preto-e-branco que tenho dele em meu quarto. A faxineira lá de casa ficou muito aborrecida quando viu e foi falar com a minha mãe: 'A senhora sabe que a sua filha tem uma fotografia enorme de um negro no quarto dela?'"

Berman foi "boa menina" a ponto de jamais se atrever a pôr os pés num hotel de Los Angeles à procura de Jimi. Ela o adorava de longe apenas.

As "garotas ousadas" não se contentavam com nada menos que acampar nos *corredores* do hotel – nada de *lobby*! –, onde passavam horas esperando até serem convidadas a deixar o recinto. Elas buscavam ao menos um sorriso ou um autógrafo de Jimi. O sonho era uma transada. Os risinhos nervosos que emitiam e toda a vibração de suas expectativas acabavam se infiltrando na suíte de Hendrix. Tornara-se um fato comum na vida dele. Quando a situação ficava barulhenta ao extremo, ele sorria constrangido e se comunicava com a portaria para que um camareiro as conduzisse para baixo e dissesse a seguinte mentira: "O senhor Hendrix já deixou o hotel." Um dia, logo após fazer um desses pedidos, ele se virou para mim e, embaraçado, comentou:

— Ah, essas minhas pequenas distrações...

— Pequenas *distrações*? – indaguei. — É essa a idéia que você faz dessas garotas? Francamente, Jimi! Bom, com certeza há uma porção de prostitutas e mulheres insignificantes sempre correndo à sua volta, de Noel e Mitch quando chegam na cidade. Mas também vejo garotas legais, que gostam de vocês de verdade.

Mencionei duas ou três que costumavam acompanhar a banda sempre que possível. Ele concordou:

— É, elas são direitas e também são agradáveis, mas não estou interessado em me assentar tão cedo. Nunca fingi o contrário. Tentei deixar bem claro para uma pessoa, lá na Inglaterra, e ela não gostou nada de ouvir o que eu disse. Agora ela vive a vida dela e eu a minha. Gostaria de ter uma casa, mas antes preciso ter algum tempo para arrumar a minha vida. Vivo numa montanha-russa."

Não era esse o Jimi Hendrix que muitas daquelas garotas gostariam de conhecer ou ouvir. Elas ansiavam por sexo e emoção, além do divino reconhecimento público de serem a fêmea entre os braços de Hendrix. Transar com ele conferia status a essas meninas. Tantas mulheres... E eram sempre elas que se aproximavam dele. Eu ficava intrigada e me divertia com isso, mas no final acabava por me entristecer percebendo que, apesar de toda a sua poderosa reputação, a única emoção que faltava a Jimi era o prazer de correr atrás.

— Uma ou outra vez posso falar em "amor" com uma garota, mas não é algo sincero – confessou sem qualquer rodeio. — Nunca fico tempo suficiente no mesmo lugar para poder me apaixonar por alguém. Jamais me apaixonei de verdade, aquele tipo de amor que dura. A única pessoa que realmente me amou foi minha mãe. E ela já morreu há muito tempo.

E completou:

— O amor não ama ninguém nos dias de hoje.

E como que para enfatizar aquelas palavras pegou a guitarra e dedilhou uma seqüência dissonante.

Certa vez, vi sobre a mesinha do café uma porção de presentes deixados na sua porta por estranhos que conseguiram passar pela recepção e subir até seu andar. Apanhei uma grande concha cor de rosa. Apertado no interior dela havia um cigarro de maconha e um tablete de LSD, além de um bilhete com um nome e um número de telefone. Olhei bem para aquela concha e depois para ele:

— Então você é mesmo um viciado em drogas!

Era uma brincadeira, mas fiquei curiosa para ver a reação dele.

— Tenho muita coisa para fazer hoje! – respondeu, e de repente correu até o banheiro para jogar os presentes na privada. Assim que voltou, pegou um maço verde e branco de Kools. Acendeu um cigarro, deu uma baforada e comentou secamente:

— Claro, eu também não devia fumar destes.

Ligou o gravador e falou sério:

— Tudo pode ser usado de forma conveniente, desde que não seja como uma muleta ou que não tome conta da gente. Eu estava pensando nisso depois de tocarmos no Festival de San José (na verdade, na apresentação no Santa Clara Fairgrounds, como tão bem lembraram Steve Parker e Seth Winston). Eu me sentia nas alturas com a maior naturalidade. Foi uma sensação tão linda... Eu enxergava melhor, eu respirava melhor. Às vezes quase conseguia ver o que se passava atrás de mim. Estava em contato com as pessoas certas enquanto nos dirigíamos para a apresentação. Rolaram alguns sorrisos que me puseram num estado tão bom. É por isso que as palavras às vezes se metem em nosso caminho. Elas tendem a se desviar da verdadeira força no primeiro relance que se consegue ter de alguma coisa sagrada ou real. O que vim a descobrir é que quando estou com as pessoas, ou fico escutando demais as pessoas, a tendência delas é me arrancar desses sentimentos. Mas essa coisa temporária é suficiente para que eu aprenda a lição e não seja puxado dessa forma novamente. Na verdade, que não seja puxado de jeito nenhum.

Esse pensamento era importante para Jimi. Ele prosseguiu:

— Como disse antes, eu estava naturalmente alto. Estava tocando minha guitarra, praticando. Nunca toquei tão bem antes no camarim. Mas de repente já tinha entrado uma porção de gente ali, e então alguém, num sinal de amor, num sinal de amizade, me deu um baseado. O amor não ama ninguém neste momento. Então esqueça o amor e pense na verdade e na compreensão. E a idéia de eu ficar ligado antes de ir para o palco não significava exatamente eu ser verdadeiro por aceitar o baseado. Eu não devia tê-lo aceito. Talvez, se eu já tivesse me apresentado e fosse para casa ouvir música e relaxar, eu pudesse aceitar. É isso, nada mais que isso.

Jimi confessou que não agüentava bebidas fortes, que em geral desencadeavam uma onda de ódio reprimido, uma fúria destruidora que quase nunca se manifestava de outro modo. Fumava maconha e haxixe com regularidade e me disse que quem lhe apresentara ao LSD fora um dos Rolling Stones. Mostrei-me cética quanto a isso:

— Você foi sempre tão sincero comigo...

— Porque eu confio em você. Você é inteligente. Porque você entende. Porque a gente valoriza as mesmas coisas.

Rejeitei aquilo e pensei: ele me diz essas coisas porque *precisa* contar para alguém.

— OK, OK – ele disse. — Eu me liguei em LSD em Nova York, muito antes de ir para Londres. Cortesia de Devon Wilson.

— Você nunca tentou evitar a tentação? – perguntei.

— É claro que sim! Tenho juízo!

Em seguida ele se desculpou e ficou mais calmo. Depois, disse com orgulho:

— *Eu* tenho sangue indígena. Minhas duas avós eram em parte cheroqui. Vovó Nora me contava histórias sobre as leis dos índios. Lembro de cada palavra que ela dizia: "Se a gente não mantiver o equilíbrio, a natureza nos fará pagar por isso. Não se pode desafiar a natureza. É necessário respeitá-la e trabalhar com ela."

Mike Jeffery continuava se referindo a seu cliente como "o Elvis negro", mesmo sabendo que Hendrix não queria que ele o fizesse. "Eu não sou Elvis, e Elvis não é Jimi Hendrix", costumava dizer. "Acabei me dando conta de que Mike na verdade não entende nada de música. Vi como ele complicou minha vida com a história do Chalpin, e não quero nenhum conselho dele a respeito de raça ou política. Ele não sabe com o que está brincando." Jimi se mostrava muito prudente quando o levavam a comentar mais longamente as questões raciais. "Sou só um músico", dizia. Não via a si próprio como algum líder ou um célebre porta-voz da "causa".

Quando os líderes militantes da causa negra em Nova York e na Califórnia foram à sua procura, eles falaram muito mais do que ouviram. Jimi escutou educadamente, afirmando diversas vezes, com tranqüilidade, àqueles jovens negros tomados pela paixão que acreditava na não-violência pregada por Martin Luther King. Não era isso que eles desejavam ouvir. Jimi e eu discutimos sobre aquela conversa, e ele a certa altura me disse:

— Eu *não me sinto* negro. É à minha parte indígena que mais presto atenção. De qualquer forma, sou apenas eu...

Entretanto, ele disse, tinha de fato uma idéia de como ajudar a comunidade negra.

— Quando eu tiver muito dinheiro mesmo, vou comprar um daqueles velhos prédios acabados do Harlem e reformá-lo. Isso vai atrair a atenção para toda aquela bagunça e vai fazer com que outras pessoas resolvam agir da mesma maneira. Juntos podemos limpar o gueto. Você não faz idéia do péssimo estado de algumas ruas de lá!

— O que eu fico imaginando, Jimi – disse eu — é onde aquela gente toda vai ficar enquanto você estiver reformando os prédios? Onde as crianças vão dormir?

— Vão todos acampar na Quinta Avenida até poderem retornar às suas novas casas – explicou ele convicto. — *Isso* vai chamar a atenção dos ricos, os pobres vão ficar em evidência.

Hendrix lançara-se numa busca por conhecimento interior e autoconfiança, procurando respostas que a música não podia oferecer. Gostava de uma boa discussão sobre a sorte e o destino em contraste com o livre-arbítrio. Certas "distrações" femininas costumavam lhe dar jóias que traziam estampadas o signo astrológico dele, Sagitário. Ele passou algum tempo lendo com regularidade seu horóscopo, sem nada encontrar ali que o estimulasse a acreditar. Um especialista em tarô escreveu-lhe cartas completamente loucas propondo ler o destino de Jimi de graça. O que lhe parecia mais consistente em tudo isso era a numerologia.

Numa tarde de verão, ele me disse:

— Eu venho procurando este livro há algum tempo. Acabei descobrindo que ele estava dentro de um estojo de guitarra. Comprei em Londres. Gostaria que você lesse.

Então me mostrou um livro todo estropiado e meio sem cor datado da virada do século. Era uma obra clássica sobre numerologia.

— Isto é muito importante. Já li umas dez vezes. *Você* devia ler. Eu acho que você é um cinco. Eu sou um nove – prosseguiu com suavidade, como se estivesse me confiando algum segredo muito especial. — É um número bem poderoso e pode ser muito bom ou muito ruim. Os noves devem realizar coisas neste mundo.

— Você sempre achou que ia realizar algo?

Concordou com uma expressão muito séria.

— Mesmo quando tudo ia muito mal eu tinha certeza de que iria conseguir. Em Nova York, claro, mas também quando ainda era criança. Eu precisava acreditar em *alguma coisa*.

Acendeu um cigarro. Fiz o mesmo. Somente o instantâneo ruído dos fósforos rompeu o silêncio do quarto. Por um momento me vi pensando nos pobres infelizes sem esperança que eu via todos os dias no centro de Los Angeles. Homens e mulheres que puxam pequenas crianças pela mão e que não têm a possibilidade de encontrar seus futuros.

— Qual foi a pior época para você? – perguntei.

— É provável que tenha sido quando me disseram que minha mãe estava no hospital – respondeu sem me olhar. — Ela estava com tuberculose e mais outros problemas. Assim como a vida dela. Se não fosse a música, eu teria perdido a cabeça.

— Você deve ter se sentido muito só.

Depois de uma longa pausa, ele respondeu:

— Eu tinha minha imaginação.

Perguntei então se ele tinha visitado o túmulo da mãe.

— Não – respondeu com aspereza. — Dói o meu coração quando penso nela naquele lugar horrível. Sei que a alma dela não pode estar *ali*. E o que importa é a alma.

Perguntei-lhe se acreditava em Deus. Ele olhou para mim como se me achasse louca:

— É claro!

Jimi parecia fazer um esforço supremo para seguir em frente com sua vida e sua carreira. Um dia apareceu em meu escritório e disse:

— Estou indo para o Beverly Rodeo. Vamos comigo? Tenho uma coisa muito importante para lhe dizer.

— Só quando tiver terminado meu trabalho.

— É *realmente* importante!

Pouco depois das quatro da tarde, dirigi meu carro até o coração do centro comercial de Beverly Hills, onde ficava o hotel. Após estacionar, escutei um dos funcionários do hotel falando sobre o baterista Buddy Miles. "Ele mandou toda a sua bateria para a cobertura de Hendrix e ficou tocando tão alto que dava para se ouvir por todo o Wilshire Boulevard! Um *roadie* que trabalha para Hendrix disse que ele veio pedir dinheiro emprestado."

À medida que Jimi se tornava hóspede regular do Beverly Rodeo, era reconhecido por quase todos que trabalhavam ou faziam compras na mundialmente famosa Rodeo Drive. As idas-e-vindas de Hendrix e seus amigos eram encaradas com interesse e nesse momento a aposta era se o sempre alerta chefe de polícia permitiria que Buddy continuasse com a sua bateria.

Dentro do pequeno saguão do hotel, enquanto eu esperava pelo elevador, escutei a telefonista se queixar para o gerente: "Todas essas chamadas para Hendrix deixam o painel inteiro ocupado. Ele pediu desculpa, disse que a maioria é de gente que ele não conhece", e ela brandia uma grossa pilha de recados escritos em pequenos papéis cor-de-rosa.

Jimi abriu a porta da cobertura para mim. Sua fisionomia estava *alegre*, os olhos brilhavam de excitação. Levou-me até uma cadeira e sentou-se na beirada da cama, exibindo-me um bloco de formulários brancos.

— Estive pensando nisso a manhã inteira: como tornar a vida melhor, como seguir adiante. Vou construir a Skychurch. Vou comprar alguns terrenos, talvez nas montanhas, perto do mar, bem acima de Malibu, talvez... Não em Topanga Canyon, lá já tem muita gente morando. Vamos trabalhar na nova música. Quem for bom, quem se interessar de verdade por música, pode fazer parte. Vai ser uma família.

— Uma família?

— Um lar! Longe de tudo, com uma família musical – disse. — Um lugar para nos concentrarmos o tempo todo em música. Vamos experimentar, levar a música para a frente. *Progredir*, é isso que pretendo. Vai ser magnífico!

— E quem você está pensando em convidar para fazer parte disso?

— Eric Clapton, é claro. Stevie Winwood! Mayall! Beck!

Ele se deteve por um momento e depois acrescentou:

— Se eu puder convencer Jeff a abandonar todos os seus carros. Vic Briggs, aprendi muito com ele. Roger Mayer, ele pode ter algumas novas idéias muito importantes.

Ele se sentou sorrindo enquanto eu procurava digerir tudo aquilo. Nunca tinha visto Jimi tão feliz.

Então deu um pulo e começou a andar pelo quarto murmurando coisas consigo mesmo. Sentou-se de novo, apanhou a caneta e começou a escrever algo em letras grandes. Logo em seguida, passou a fazer pequenos desenhos enquanto continuava a falar.

— Definitivamente, definitivamente, *definitivamente*: Roland Kirk! Posso imaginar todos nós ouvindo-o fazer nossas cabeças explodirem. Algo tipo um concerto particular. A gente precisa se dar conta de que o mundo inteiro é uma orquestra. Estou pensando primeiro nos guitarristas porque é isso que eu conheço. Mas tem grandes músicos que tocam outros instrumentos. Preciso conhecê-los e mostrar meu trabalho para que queiram participar também!

Levantou-se da cama e me entregou o bloquinho com os seus desenhos. Curvou-se sobre o meu ombro e me apontou os detalhes.

— Dois palcos, acho. O principal, não muito grande. Do lado de fora, ali perto, bosques com árvores. E um pequeno, dentro, para quando chover.

Eu quase já podia ver Jimi correndo para comprar martelo e pregos. Ele estava muito excitado e ansioso para dar início àquilo tudo.

Perguntei:

— E onde vão dormir? Voltam para a cidade?

— Não, não, de jeito nenhum.

Ele arqueou uma sobrancelha enquanto me olhava, como se me dissesse: "Você não entendeu?"

Sorri e indaguei:

— Vai ter um galpão?

— E por que não? Desenhado em forma de "U", sabe, com camas muito confortáveis

— Vai ter cozinha?

— Com certeza, e grande, com gente para cozinhar, uma senhora mais velha e simpática, talvez uma viúva que também goste de música. Vamos construir uma sala de jantar bem aconchegante.

Jimi Hendrix, cuja vida familiar fora no máximo um esboço e que jamais vivera em um lugar que se parecesse com um genuíno lar, então fazia planos.

— Todos os meus sonhos de infância estão se realizando! – declarou.

Com a caneta na mão, ele começou a fazer uma relação. Primeiro escreveu Skychurch em letras floreadas. O item um era *encontrar uma propriedade*.

— E vai ter um escritório na cidade! Podemos fazer todos os nossos negócios lá. E com uma administração honesta.

Jimi jamais falou em possuir alguma fantástica propriedade ou mansão para si mesmo, como a Graceland, de Elvis. Skychurch era o seu sonho.

Dois dias depois ele me pediu para levá-lo até a Sunset Strip. A cada metro que percorríamos, ele era reconhecido. Sorria e enviava ligeiros e sérios acenos de mão aos hippies e outros fãs que passavam em automóveis. Eu também ria, e lhe provoquei:

— Só agora posso imaginar como deve ser dirigir para a rainha Elizabeth...

— Cuidado! – exclamou ele apontando-me seu longo dedo como se ralhasse comigo. — Olhe o respeito com a rainha! – e também riu.

Ficamos esperando um bom tempo diante de um sinal vermelho. Liguei o rádio do carro. A KHJ transmitia o pré-lançamento de Elvis Presley cantando uma música nova, "Suspicious Minds". Ainda não era um sucesso, mas com toda certeza iria ser. Jimi aumentou o volume e começou a cantar também.

— Ótima música! – dissemos juntos quando Elvis terminou.

Ele baixou de novo o volume e disse:

— Mamãe adorava ouvir música pelo rádio. Às vezes, quando o Experience vai a alguma estação, fico pensando em como ela iria gostar de ver o bonequinho dela falando no rádio. Sempre acho que ela pode estar me ouvindo. Você acha isso possível?

— É claro! – o que mais eu poderia dizer?

Ele sorriu. Naquele estado de espírito iluminado e tranqüilo, parecia um ser mágico. Ao falar da mãe e da música, ele me fez recordar o verso de um blues antigo. Em voz baixa eu o repeti:

— You got a boy-child commin', gonna be a son of a gun.

— Você é *demais*! – foi o grito sufocado que Hendrix deu ao ouvir aquele verso de "Hoochie Coochie Man", enquanto abria um largo sorriso. — Willie Dixon! Eu *amo* Willie Dixon!" – e começou a cantar com sua voz robusta, pouco comum nele:

> Gipsy woman told my mother 'fore I was born,
> You got a boy-child commin', gonna be a son of a gun,
> Gonna make pretty womens jump and shout,
> And then the world wanna know what this all about.*

---

* Uma cigana disse à minha mãe antes de eu nascer:/ Você vai ter um menino, vai ser um filho da mãe,/ Fará lindas mulheres pularem e gritarem,/ E o mundo vai perguntar o que tudo isso quer dizer. (N.T.)

Jimi então falou:

— Ah, como eu gostaria, como eu gostaria, como eu gostaria de estar com a minha guitarra agora! Eu ia cantar e tocar *tão* bem!

Na esquina da Sunset Boulevard com a Carol Street fica o grande edifício cujo proprietário é Phil Spector, produtor e compositor excêntrico e idealista. Spector considerava a possibilidade de alugar um determinado espaço do prédio, contanto que fosse para a pessoa certa. Gentilmente, um assistente dele deixou Hendrix dar uma olhada no local, com liberdade para inspecioná-lo à vontade. Jimi se mostrou um pouco nervoso e ficou alisando sua calça verde de veludo como se fosse uma presunção da parte dele explorar um terreno alheio. Mas logo não conseguia mais esperar para conhecer os três espaçosos andares, querendo também ver a cozinha. "Um dia vou ter uma geladeira dessas", disse em voz baixa e com os olhos fixos naquele grande utensílio de aparência suave como se fosse alguma coisa rara e especial. Essa observação haveria de me impressionar mais tarde, pois transmitia tanto o mundo onde ele estivera quanto aquele em que pretendia chegar.

Ele olhou pasmo por uma janela que dava para a Sunset Boulevard.

— Nossa! – exclamou. — Está tão claro que a gente pode ver até o topo das montanhas. A Califórnia está linda hoje, não? Assim como um reino muito ensolarado.

Examinando em detalhes cada um daqueles cômodos que se comunicavam entre si, os olhos castanhos de Hendrix assumiram um ar sonhador.

— Posso ver exatamente como ficaria: uma grande escrivaninha com telefone aqui. Aquele espaço maior ali poderia ser uma sala de estar, uma sala para os músicos curtirem, conversar um pouco sobre os negócios, ouvir novas fitas do estúdio. O nosso lugar. Para Eric Clapton e Stevie Winwood, para *todos* os nossos amigos ingleses quando estiverem na cidade.

Os olhos de Jimi brilharam só de pensar naquele seu "reino" em potencial. Ele continuou a andar com seus característicos passos suaves.

— Posso mandar fazer prateleiras na maior parte daquela parede comprida para colocar discos e fitas, e também fazer uns desenhos para pendurar ali perto da porta. Você acha que Phil Spector nos alugaria todo esse espaço?

Ele se maravilhou com a coleção de singles de sucesso de Spector e com os discos de ouro pendurados numa outra parede. Deteve-se diante de "To Know Him is to Love Him". Comentou com reverência:

— Ele só tinha 16 anos quando compôs essa música, sabe? E olha só tudo o que ele realizou.

Depois acrescentou:

— Ele tem até o seu próprio edifício. Como Mike Jeffery.

Jimi ficou de tal maneira excitado com aquela visita ao prédio de Spector que foi contar tudo para Jeffery, que de imediato arrasou com os seus sonhos.

— Ele me lembrou que o nosso contrato atribui a ele esse tipo de decisão.

Jimi começou a imitar o sotaque britânico de Mike:

— Ele me disse que eu devo me concentrar na minha prioridade. Ficou até meio autoritário quando falou sobre isso.

Estávamos sentados no restaurante Du-Par, no Farmers Market, e embora sua salada de frutos do mar tivesse acabado de chegar, acendeu um cigarro. À medida que pensava em mais aquele problema, ficava cada vez mais nervoso.

A prioridade a que Jeffery se referira era a construção, já em andamento, do Electric Lady Studios em Nova York. Hendrix disse:

— É um lugar onde vou poder tocar e gravar tudo que quiser. Livre. Um bom investimento. Como uma pensão, sacou? Fiquei tão animado no início...

Agora ele manifestava preocupação com a forma como Jeffery tratava a construção do estúdio na West 8th Street, no Greenwich Village.

— Mike usou a mim e à minha música como garantia para um grande empréstimo com a Reprise. Somos sócios no estúdio, e odeio isso! E também tem todo o dinheiro que deve ser pago para que o arquiteto construa na propriedade dos outros. É como se eu tivesse que investir milhões em dinheiro que ainda não foi ganho num lugar que será alugado de um estranho – disse, e depois explodiu: — Ele conhece pessoas ruins, que têm relações ruins. Todo mundo anda me dizendo, me cochichando coisas sobre máfia e tudo mais.

Ele fez uma careta e fechou os olhos por um momento, como se dissesse: "quero que esse pensamento horrível desapareça".

— Não posso continuar com isso – abriu os olhos e me encarou. — Droga! Será que nunca nada pode dar certo?

— Você conversou sobre isso com o Jeffery? – perguntei. Ele respondeu:

— Preciso me proteger, mas não consigo segurar ele no telefone quando reúno coragem para falar o que penso – e acrescentou bruscamente: — Não quero acabar feito um Joe Louis.

— Joe Louis?

Eu não conseguia perceber a relação do antigo boxeador com aquilo. Ah! Certo: um patético ex-campeão com o sangue sugado pelos próprios parceiros.

Fazia um calor insuportável no dia 29 de junho no Mile High Stadium, em Denver, Colorado, onde o Experience encabeçava o Denver Pop Festival. A platéia de 25 mil pessoas gritava e aplaudia Jimi, Noel e Mitch. Os gritos eram tão altos que muitos fãs não puderam ouvir as palavras de Jimi ao microfone pouco antes de a banda deixar o palco. Ele dissera: "Esta foi a nossa última apresentação juntos." Noel Redding agora não fazia mais parte do Experience e estava livre para se apresentar com o Fat Mattress quando bem entendesse.

Durante vários meses Noel e Jimi andaram descontentes um com o outro, e Jimi entrou também em contato com Billy Cox, seu colega no Exército e nos primeiros tempos de dificuldades. Aquilo não era segredo para ninguém no círculo mais íntimo deles e não houve nenhuma discussão séria entre os integrantes da banda. Michael Jeffery nunca pôs os três juntos para resolver a questão. Semanas antes, Jimi comentou comigo: "Billy é um baixista muito sólido, ele sabe *ouvir*." Foi muito doloroso admitir que a antiga camaradagem entre os integrantes do Experience era agora coisa do passado. A aspiração de Jimi por *progresso* era muito diversa da de Noel.

Fazia um calor sufocante no início de julho em Londres. Fui para lá de avião, a fim de curtir as demoradas férias a que tinha direito graças a todas as horas extras que acumulara. Duas horas depois de meu avião aterrissar em Heathrow, eu caminhava bem lentamente em meio a uma multidão de 200 mil pessoas no Hyde Park, o vasto coração verde no centro de Londres. Os Rolling Stones estavam "prontos para o rock" naquele tão aguardado concerto ao ar livre. Era para ser uma ocasião de grande alegria. Mas, apenas três dias antes, Brian Jones, um dos membros fundadores do grupo, morrera em circunstâncias misteriosas: apesar de ser ótimo nadador, afogou-se na piscina de sua própria casa. Semanas antes, o problemático Jones fora desligado da banda, sendo a questão das drogas apenas um de seus muitos problemas. A morte dele foi a primeira de alguém muito famoso no universo do rock. Os fãs do mundo inteiro se mostravam profundamente chocados. Heróis não deviam morrer ainda novos.

Um convite pessoal fora enviado para mim na Califórnia, e agora, no trailer dos Stones colocado atrás do palco, recebia um distintivo especial e uma tigela com suculentos morangos ingleses.

O calor era incrível quando os Stones subiram ao palco. Mick Jagger usava uma longa túnica de algodão sobre a calça. As manchetes dos jornais iriam bradar: JAGGER ESTAVA USANDO SAIA!

Nervoso, ele encarou a imensa multidão e comunicou que o concerto era dedicado ao falecido Brian Jones. Recitou o poema "Adonais" – de Percy Bysshe Shelley – em homenagem a Jones, enquanto pequenas borboletas brancas eram soltas pelo ar. A maior parte delas também sentiu o intenso calor e caiu no meio das pessoas. Os jornais adoraram a ironia: JAGGER CITA SHELLEY ENQUANTO AS MARIPOSAS CAEM MORTAS.

Mick Taylor, jovem que parecia um anjo e vinha ensaiando com os Stones, substituiu oficialmente Brian Jones naquele dia.

Nas duas semanas que se seguiram, passei horas em companhia de outro músico que também deixara sua banda: Noel Redding. Ele e Chas pediram minha opinião sobre o que o Fat Mattress poderia conseguir nos Estados Unidos. Para não parecer antipática, fui assistir a várias apresentações da banda pelos clubes de Londres, como o lendário Marquee, na Wardour Street. Eu era muito jovem e de modo algum poderia ser considerada uma expert qualificada para opinar sobre o que a banda deveria fazer. Para eles, porém, o fato de eu ser da terra da Sunset Strip era o suficiente.

Chas estava muito interessado em qualquer informação que eu pudesse lhe dar a respeito de produtores com quem Hendrix gostaria de trabalhar. Eu, de maneira leviana, revelei ter sugerido a Jimi o nome de Glyn Johns como alguém que ele deveria conhecer. Estive com Johns apenas uma vez, casualmente, mas conhecia bem seu trabalho para os

Beatles e os Stones e sua boa reputação de engenheiro que amava e entendia muito de som. Assim como Jimi. Quando disse isso a Hendrix, ele aguçou os ouvidos e exclamou "Ahhhhhh!", enquanto seus olhos também se iluminavam.

Ao contar essa história para Chas, ele enrubesceu e disse aborrecido: "Isso *nunca* vai funcionar! Glyn Johns vai ficar apavorado com Jimi!" Como eu desejei ter controlado mais minha língua. Não quis ferir Chas. De qualquer maneira, Johns e Jimi jamais se encontraram.

O telefone começou a tocar no mesmo instante em que entrei no meu apartamento em Los Angeles depois das férias na Inglaterra. Era o advogado de Hendrix em Nova York, Henry Steingarten, com más notícias a respeito do processo movido contra Jimi em Toronto por posse de heroína. Não haveria como evitar o julgamento, e eu seria convocada para testemunhar. Apenas depor não bastaria.

Ele me informou que Jimi tirara umas curtas férias no Marrocos na companhia de alguns daqueles supostos camaradas. "Os amigos dele sabem realmente escolher os lugares", disse Steingarten com um suspiro. "Nada como uma viagem para uma notória capital das drogas quando já há tantos problemas. Agora ele está de volta à casa alugada em Shokan, em tese para ensaiar."

Fiquei imaginando o que seria Shokan.

Segundo me informou Steingarten, Mike Jeffery encontrara uma casa antiga, rústica e espaçosa para alugar na pequena cidade de Shokan, perto de Woodstock, região norte de Nova York. Jimi e Mitch moravam e trabalhavam lá, com talvez oito ou dez outros músicos amigos de Jimi. Entre eles estavam Billy Cox, companheiro de Jimi no Exército, e o seu fiel amigo do Tenessee, Larry Lee, que tocava guitarra rítmica. Aparentemente, era essa a versão de Mike Jeffery para a Skychurch. A nova banda iria se chamar Gypsy Sun and Rainbows.

As novidades contadas por Steingarten me fizeram tremer da cabeça aos pés. Jeffery estava desanimado porque havia vários negros na banda. Todo tipo de gente de baixa categoria vivia aparecendo ali nas horas mais estranhas e perturbando a paz dos moradores da região. Viviam em excessos e faziam Jimi comprar, entre outras coisas, televisões que logo em seguida eram atiradas pela janela. Jimi deixava de atender a telefonemas importantes. "É só Jimi e aqueles parasitas todos", reclamou Steingarten. Estava muito decepcionado com Jimi.

"Senhor Steingarten", disse eu, "é muito difícil para um grande astro evitar todas essas interferências. Se Michael Jeffery quisesse manter funcionando sua mina de ouro, se ele se importasse ao menos um pouco com Jimi, então daria permissão para se contratar um segurança particular de verdade, inteligente e leal." Eu sabia muito bem que isso jamais iria acontecer. A maioria dos pop stars famosos na época começavam a contratar um ou mais homens de confiança cuja principal tarefa era estar sempre por perto, com ar tranqüilo, tentando não chamar atenção, mas mantendo sempre um olhar vigilante para evitar qualquer possibilidade de problemas – ou os causadores de problemas.

Hendrix me telefonou depois de meia-noite para saber como haviam sido minhas férias. Perguntou se os Rolling Stones tinham homenageado a memória de Brian Jones de maneira respeitosa no Hyde Park. Tive vontade de ser dura com ele e exclamar: "Pelo menos eles não foram para o Marrocos ficar no barato para homenagear Brian." Mas segurei minha língua. Pareceu-me que Steingarten não era o único decepcionado. Os nervos de Jimi também estavam à flor da pele por causa de sua nova banda.

— Não é a Skychurch – confessou ele. — Eu achava que ficar perto da natureza iria fazer com que tudo se harmonizasse.

— Mas...?

Ele hesitou, sem querer arrasar seus músicos.

— A casa é muito bonita e a comida é muito boa – disse. — E aquele festivalzinho de Woodstock está se aproximando. Não sei como a banda vai se portar diante de uma multidão.

Eram quatro da manhã em Shokan. Ele estava deprimido e indeciso.

Ellen McIlwaine, velha amiga de Jimi desde os tempos em que tocavam no Café Au Go Go, lembra de tê-lo visto nessa época. "Eu estava morando em Woodstock. Ele entrou num dos pontos mais freqüentados da região. Eu não o via desde os tempos do Village. Sorri para ele e disse com a mesma alegria que o teria feito antes: 'Nossa, mas que *maravilha* encontrar você! Vamos tocar juntos?' Mas ele nem respondeu. Só continuou andando, o olhar dele não cruzou com o de ninguém, ali, onde todos se conheciam. Por fim ele e eu acabamos sentados na mesma mesa. Ele só ficou lá sentado, sem dizer uma palavra. Não parecia estar doidão. Minha intuição me disse que estava grilado. Muito grilado."

Ellen também ficou angustiada e triste. Aquele não era o Jimi que ela conhecera, cheio de entusiasmo pela música e *jamais* recusando uma oportunidade para tocar.

Ainda restavam alguns dias de férias antes de retornar ao trabalho. Então Ron, meu namorado dia sim, dia não, me mandou uma passagem de ida e volta para Nova York no fim de semana. Tinha feito reservas para jantarmos num fantástico restaurante francês e comprara ingressos para uma peça da Broadway. Para mim, que nunca havia posto os pés em um teatro de Nova York, era um grande acontecimento.

Ron e eu nos conhecemos num curso de produção de textos na Universidade da Califórnia. Agora ele havia se especializado em jornalismo pela Universidade de Colúmbia e fazia estágio durante o verão na revista *Newsweek*. Telefonei para Steingarten e disse que iria passar um tempinho em Nova York. Ele me pediu que fosse vê-lo quando chegasse. O cartão de visitas dele estava na minha pasta. Encaminhei-me para o escritório da firma Steingarten, Wedeen & Weiss na Madison Avenue nº 444. Ao chegar lá de táxi, fiquei surpresa porque era o mesmo endereço do Newsweek Building, onde funcionavam inúmeras associações de advogados. Graças a uma dessas coincidências da vida, Ron trabalhava apenas alguns andares abaixo de Steingarten. O advogado de Jimi me levou para conhecer as amplas salas da firma dele e me apresentou a um de seus sócios, Stevens Weiss. Então era *aquele* o advogado pessoal de Michael Jeffery, pensei. Esse conhecido estrategista nos negócios da indústria musical transmitia muita confiança e foi amável comigo. Depois disso, durante anos, eu iria encontrar músicos de Nova York com histórias tristes relacionadas a Weiss.

Enquanto seguíamos por um corredor, Steingarten apontou para uma sala à minha direita, com cerca de oito metros quadrados, pintada de uma tonalidade amarelo-creme já gasta. "Ali estão três anos de arquivos jurídicos de Jimi", ele disse.

"Meu Deus!", exclamei, tonta de ver aquilo. Era esse o significado do sucesso? Caixas sobre caixas, pastas e mais pastas, prateleiras cheias até o teto com processos, contratos e documentos de "direitos autorais", tudo isso lotava aquele espaço. Grossos arquivos transbordavam de uma grande caixa perto da porta, com um rótulo verde onde se lia "Ed Chalpin e PPX". Desejei fechar os olhos diante da realidade do que significava ser Jimi Hendrix.

Logo fiquei ansiosa para sair daquela deprimente fortaleza de advogados. Não surpreendia que Jimi quisesse se livrar de toda aquela interferência. Minha escapatória foi ir fazer compras. Eu ainda era uma californiana muito inocente, e atravessar a porta giratória do Newsweek Building para me lançar na mundialmente famosa Madison Avenue representava uma grande emoção. Mas só consegui dar alguns passos. Um homem uniformizado falou de repente: "Senhorita Sharon?" Hesitei, reparei no chapéu dele e vi que se tratava de um motorista de limusine. Sorrindo, ele anunciou: "Michael Jeffery quer muito lhe ver." Hesitei de novo, pois, apesar de já ter ouvido aquele nome centenas de vezes pronunciado por Hendrix, Chas, Eric Burdon e outros, na época eu ainda não tivera muito contato com gente pérfida. Quando Chas e Eric me contavam histórias de Jeffery, eles ficavam realmente tensos, com expressões de raiva e desprezo. Eu nunca tinha posto os olhos em Jeffery e tampouco tinha a menor vontade de fazê-lo. O motorista me ajudou a me acomodar na luxuosa parte de trás do automóvel. Tive medo de discutir ou de fazer uma cena em plena luz do dia na Madison Avenue.

Quando ele estacionou o Cadillac em frente a uma casa de pedras marrons na East 37th Street, mais uma vez me vi indecisa ao observar a placa JEFFERY-CHANDLER junto à porta. Fiquei imaginando como seria o interior do santuário de Jeffery. Eu sabia da existência de um porão, porque Jimi me contara que já tinha dormido lá. O interior me pareceu tão monótono e amarronzado quanto o exterior. Não me recordo de ter visto nenhum pôster colorido ou qualquer outro adorno nas paredes. Com ar de quem queria intimidar, Mike estava sentado à sua escrivaninha e inspecionou-me por detrás dos óculos de aviador levemente escuros.

— Você é repórter – começou ele. — Por acaso tem planos de administrar carreiras?

Um de seus lacaios ficava andando furtivamente por ali e escutando tudo.

— Isso jamais me ocorreu – respondi. — Estou muito bem assim. Gosto de escrever.

— Parece que você exerce uma grande influência sobre Hendrix – continuou ele com seu sotaque britânico.

Deixei aquilo passar. Afinal, não estava muito certa disso.

Quando ele estava a ponto de me perguntar, tentando escolher com cuidado as palavras, se éramos amantes, eu apenas soltei uma risada. Jeffery prosseguiu:

— Pelo que entendi, você poderá testemunhar no caso do problema lá no Canadá.

— Eu estava no hotel naquela tarde quando a garota... – minha voz sumiu.

Não tive coragem de lhe perguntar se era verdade que a heroína fora plantada. Ele tampouco me pressionou por detalhes. Isso me chamou a atenção. Se eu administrasse a carreira de alguém com problemas, eu ficaria preocupada, ia querer chegar até o fundo da questão. Ia querer me informar sobre a garota hippie. *Talvez* ele soubesse muito mais que eu. Embora eu não me sentisse exatamente desconfortável ali na toca de Jeffery, a atmosfera não era nada calorosa ou acolhedora. Compreendi que ele era uma pessoa perigosa. Fiquei me perguntando que conselhos Les Perrin ou Jack Meehan teriam me dado em tal circunstância. Decidi que o melhor seria sair dali depressa e da maneira mais tranqüila possível.

Mas antes que eu pudesse me retirar, Jeffery começou com uma ladainha espantosa, dizendo que imaginava Jimi como um líder de milhões de pessoas pelo mundo inteiro. Chegou até a compará-lo com o reverendo Billy Graham e com Gandhi. "Tenho grandes planos para Jimi", falou. "Ele poderia usar o seu poder de tantas maneiras!" Veio à minha mente a imagem de Michael Jeffery controlando marionetes. Chas me dissera que ele tomava – e continuava tomando – muito LSD. Não acho que ali ele estivesse viajando, mas não há dúvida de que tramava uma fantasia completamente doida. Fiquei aborrecida ao perceber que ele acreditava estar me impressionando com todo aquele absurdo. Ainda mais porque a realidade era que havia muito mais chance de Hendrix ir preso que de virar um Billy Graham.

— Sabe, senhor Jeffery, ficarei em Nova York por muito pouco tempo. Ron, o meu namorado, vai jantar comigo amanhã à noite, e depois vamos ao teatro, de modo que preciso fazer umas compras ainda hoje.

Levantei-me enquanto ele digeria minhas palavras, sentado ali como um peso morto. Ele não se levantou para me conduzir até a porta. "Que idiota", pensei. Um idiota mal-educado. Onde estava o famoso charme pessoal de Michael Jeffery, afinal de contas? Anos mais tarde, quando alguém mencionou o nome dele para mim, senti vertigem. Lembrei que eu acreditava ter transparecido tranqüilidade naquela nossa curta conversa. Mas olhando em retrospecto, percebi que por baixo daquela aparente calma eu estava morrendo de medo. Ele era um louco poderoso. Muita gente além de Hendrix foi prejudicada por ele.

Pouca gente poderia imaginar que o festival realizado naquele verão de 1969 nas bucólicas pastagens da fazenda de Max Yasgur, na cidade de Bethel, região norte de Nova York, entraria para os anais da música como um evento de tamanha importância. Os promotores do Woodstock Music and Art Fair, realizado nos dias 15, 16 e 17 de agosto, haviam contratado uma fabulosa lista de artistas para se apresentarem em "Três dias de paz e música": Janis Joplin, Joe Cocker, The Who, Sly and the Family Stone, Ten Years After, Ravi Shankar, Crosby, Stills, Nash & Young, Jefferson Airplane e o Jeff Beck Group, para mencionar só alguns deles. Esperava-se que entre 10 a 20 mil fãs viajariam até a fazenda. Mas as cidadezinhas próximas ficaram chocadas quando viram mais de 400 mil pessoas aparecerem.

A maior parte da platéia, tresnoitada, encharcada e enlameada por uma chuva constante, já tinha ido embora quando Jimi e a Gypsy Sun and Rainbows subiram ao palco para encerrar o festival. Talvez houvesse uns 30 mil devotos convictos à espera de Hendrix. Dave Myers, um respeitável cineasta de meia-idade, estava lá. Michael Wadleigh, diretor do filme sobre o festival de Woodstock, orgulhava-se de ter Myers integrando sua entusiasmada equipe. Durante todo aquele exaustivo fim de semana, a cama em que Myers dormiu ficava em baixo do trailer que serviu de camarim para Jimi. Após filmar muitas seqüências importantes do evento, inclusive a famosa e extensa cena da "coleta de lixo", Myers fez uma pausa quando Jimi e sua banda subiram ao palco.

— Fiquei no palco agachado a poucos metros de Jimi. Estava hipnotizado. O nascer do sol continuou por um bom tempo. O sol batia diretamente no rosto de Jimi enquanto ele tocava "The Star Spangled Banner". Aquele foi o ponto culminante do festival. Eu me senti um grande privilegiado por estar vendo e ouvindo Hendrix.

Eu lhe perguntei:

— Ele estava tocando para as câmeras?

— Não, não! – respondeu Myers. — Tocava para si mesmo. Concentrado como nunca vi alguém se concentrar. Estava todo ali, nos dedos, em seus lindos e mágicos dedos.

Capítulo 9

O julgamento

"Eu gostaria de falar com você em particular", disse Mick Jagger a Jimi Hendrix. Já era tarde da noite de 27 de novembro, data em que Hendrix completava 27 anos.

Antes disso, uma fanática platéia gritara e aplaudira toda a tumultuada apresentação dos Rolling Stones no Madison Square Garden, em Nova York. Jimi foi cumprimentar os velhos amigos no camarim, que estava repleto de pessoas que procuravam se vestir de acordo com o "visual descolado dos Stones", o que incluía executivos de gravadoras, disc-jóqueis, fotógrafos, mulheres belíssimas e outros tantos admiradores fervorosos que conseguiram obter um passe para ingressar nos bastidores. Com a multiplicação daquela horda de privilegiados, ficou tanta gente zanzando em volta dos integrantes da banda e de suas guitarras que os Stones tiveram de se retirar para um pequeno cômodo, de modo a afinar os instrumentos. Hendrix ficou conversando sobre guitarras com Mick Taylor, o então "novo" integrante dos Rolling Stones, e eles tocaram um pouco juntos naquele pequeno espaço. Quando os Stones foram para o palco, Hendrix, com um amigo dos Stones, o escritor Stanley Booth, agachou atrás do amplificador de Keith Richards, de onde não podiam ser visto, e dali ficou observando o show e também a exuberante reação da platéia.

Depois da apresentação, os Stones foram para a festa que Devon Wilson levara semanas para organizar em comemoração ao aniversário de Jimi – embora também tivesse esperanças de ali começar um caso com Mick Jagger. Ela convenceu um amigo a lhe emprestar o espaçoso apartamento de dois andares em Manhattan para o evento. Muito depois da meia-noite, a sedutora Devon ainda passeava pelo enorme dúplex distribuindo sorrisos e pequenos fuxicos entre a sua heterogênea turma de amigos. A festa só começou de fato com a chegada de Jagger. As amigas de Devon trocavam sorrisos ao verem a anfitriã com um olho em Jagger e outro em Hendrix. Mick vestia um terno muito elegante desenhado por ele mesmo, e Jimi estava todo de preto, o que, segundo ele, estava mais de acordo com o que sentia naquele aniversário. Dentro de nove dias deveria se apresentar aos seus advogados canadenses, que ele mal conhecia, em Toronto. Dois dias depois precisaria comparecer ao tribunal.

Um conhecido meu de Nova York, louco por fofoca, me disse mais tarde que Jagger e Hendrix tinham saído da festa para discutir sobre Devon. Mas isso não era verdade.

Mick propôs a Jimi que fossem ambos a um local onde pudessem conversar a sós. "Vamos lá embaixo", disse Hendrix. Jagger ficou impressionado com Hendrix desde a primeira vez que o vira tocar, em 1966. Sua admiração cresceu ainda mais quando a carreira de Jimi deslanchou em Londres. Agora, três anos depois, Hendrix já era uma grande estrela internacional. Mas, embora Jagger continuasse a propalar elogios, naquela noite em particular os sentimentos dele eram de simpatia, preocupação e apoio.

Minha viagem de avião de Los Angeles para Toronto no dia 6 de dezembro, um sábado, foi tranqüila. Havia semanas que eu não falava com Jimi e nessa noite iríamos jantar com Henry Steingarten no centro de Toronto.

Na mesma tarde, enquanto estava no táxi, eu especulava a respeito de como se desenvolveriam os processos. Nas seis últimas semanas eu recebera uma série de telefonemas esquisitos de Nova York, tanto de gente que eu conhecia quanto de estranhos. A tônica dos aparentemente bem-intencionados comentários era: "É melhor ter muita cautela consigo própria. Cuidado! Deixe Hendrix e a turma dele para lá. Ele está cercado de más companhias." Avisaram-me que eu talvez estivesse sendo seguida. Como nunca havia passado por algo nem de longe parecido, eu não sabia o que pensar ou com quem falar. Por isso, comecei a manter meu carro e meu apartamento trancados. O que mais me deu medo nesses telefonemas foi que eu não comentara com quase ninguém sobre Hendrix e o julgamento. Então, *quem* estaria divulgando a notícia de que eu iria testemunhar no processo?

O telefonema que mais me angustiou veio de uma bem situada amiga de um amigo meu, homem muito importante de uma gravadora de Nova York. Ela me disse enfaticamente: "Olhe aqui, Sharon. Tem gente que trabalha com Mike Jeffery e que poderia prejudicá-la. Ele não quer você ou qualquer outra testemunha nesse julgamento no Canadá. Michael Jeffery é um neurótico, tem problemas com Hendrix, quer lhe dar uma lição. Vou lhe dizer o nome de um homem que Jeffery conhece..." – e ela então disse o nome, o qual jamais esqueci. Fui verificar a dica com um amigo meu do *New York Times*: era um dos pseudônimos de um chefão do crime organizado de Manhattan. Eu não conseguia compreender onde poderia se encaixar Hendrix e sua prisão por drogas em tudo isso.

Lembrei de uma conversa que tive com uma fonte confiável de dentro da Reprise Records em Burbanks, Califórnia. Ela havia me dito: "O que eu tenho ouvido é que os planos a longo prazo de Mike Jeffery dependem de Jimi permanecer seu cliente. Mike não é nada sem Hendrix, e não é segredo para ninguém que Hendrix quer se libertar. Talvez Jeffery tenha sido bastante malvado para afastar toda possibilidade de um outro empresário negociar com Jimi. ... E se Jimi for para a cadeia, Mike ficará com o controle das gravações ainda não lançadas e com aquele estúdio em Nova York que eles estão construindo. Mike tem sempre muita sorte. Muita sorte e muita habilidade."

Olhei pela janela do lado esquerdo do táxi: apenas céu azul e trânsito.

O motorista buzinou irritado. "A senhora está vendo isso?", exclamou. "Ele tentou me fechar. Negro descarado! Tem um bando deles atravessando a fronteira de Detroit. Negros malditos..."

Já haviam me dito que a atitude política prevalecente no Canadá a respeito de Hendrix era: "Precisamos fazer com que esse negro estranho de cabelo arrepiado se torne um exemplo para todos. Aqui não recebemos bem esses roqueiros drogados." Eu já estava impaciente para que aquele zé-ninguém me deixasse logo no hotel.

Meus pensamentos ficaram mais sombrios. A vida é tão surpreendente... Eu estava *ali*... E *tudo* na vida de Jimi era tão incerto. Com todas as coisas que ele me contou, pude notar que a instabilidade cercou sua vida durante a infância e enquanto tocava no circuito *chitlin*. Contra todas as probabilidades, ele conseguira atingir a fama, e agora o seu sucesso gerava mais medo que proteção. Será que ele ia para a cadeia? Deixariam que ele continuasse gravando discos? E será que ele iria querer continuar com isso? Com quem poderia tocar? A banda que o conduzira ao estrelato estava desfeita. Por quanto tempo ainda as platéias se lembrariam de Jimi Hendrix? Será que Mike Jeffery tinha alguma horrível surpresa a lhe fazer em Toronto?

Aquela era uma situação exemplar do tipo "nada como um dia após o outro". Como eu desejei – enquanto o táxi se aproximava mais do centro de Toronto – que um depoimento bastasse, o que evitaria que eu tivesse de fazer aquela viagem. Nunca senti respeito pelas pessoas que não querem ser envolvidas em nada. Isso era coisa de gente fraca. Eu sabia que se não dissesse tudo o que observara naquela tarde no Beverly Rodeo iria odiar a mim mesma. E, é claro, aquilo poderia também não fazer a menor diferença.

No final da tarde de sábado, o advogado de Jimi em Nova York, Henry Steingarten, aguardava um telefonema em seu quarto no hotel Royal York, em Toronto. O julgamento de seu cliente teria início em menos de 48 horas. Steingarten estava preocupado. Os dois poderosos advogados canadenses contratados para defender Hendrix lhe confessaram ter muito pouca confiança num resultado positivo para ele no julgamento. Além do mais, eles custavam caro, e o fluxo de caixa pessoal de Hendrix fora reduzido em alguns mil dólares.

Uma hora depois de me registrar no Royal York, sentei-me numa cadeira perto da janela, enquanto Steingarten retirava de uma abarrotada pasta de documentos uma coqueteleira de prata. "Minha mulher sempre faz um coquetel Manhattan para eu tomar durante a viagem. Um drink que cai muito bem no fim de um longo dia", explicou. Era um homem atencioso, bem próximo do "ursinho de pelúcia" da descrição que Jimi me fizera dele. Um ursinho de pelúcia com olhos sagazes e um belo passado profissional. Estava sempre com ternos de estilo conservador e inspirava respeito.

Ofereceu-me um copo. "Não, obrigada", eu disse. "Sempre achei que Manhattans e martinis têm gosto de gasolina."

Eu já comentara antes com Steingarten que sempre me pareceu estranho que Jimi nunca fosse convidado por seus associados ou por seus falsos amigos para eventos sociais. Quando eu ia ocasionalmente a Nova York, era sempre muito bem recebida. Porém, Jimi agia como se não conhecesse os bons restaurantes do Village e do Centro. Ele podia ser um grande astro, mas não pertencia ao alto estilo de vida dos nova-iorquinos bem-sucedidos. Na Grã-Bretanha, seus amigos ingleses lhe ofereceram hospitalidade e amizade, o que o deixara assombrado. Em Nova York, para certas pessoas, Jimi era uma espécie de *objeto*.

No outono de 1969, em conseqüência da nossa conversa, Steingarten providenciou um adorável jantar em sua casa. No entanto, ficou chocado quando Jimi apareceu, não sozinho ou com a namorada, mas com um séqüito daqueles supostos amigos. Todos estavam muito altos e ficaram ainda mais no decorrer da noite. Tinham levado cocaína, o que causou um grande entra-e-sai no banheiro. Steingarten não chegou a se dar conta do que estava acontecendo e culpou mais os "intrusos" do que Hendrix. Mesmo assim, para ele "Jimi se comportou como um completo asno aquela noite".

Contudo, ali em Toronto, o advogado planejava fazer outra tentativa e organizou um pequeno e tranqüilo jantar para aquela noite num restaurante perto do hotel. Estariam presentes apenas Jimi, Chas Chandler – que viera de Londres especialmente para testemunhar no processo – e eu, além dele, é claro. Seria uma noite destinada a animar Jimi antes de ele comparecer ao tribunal.

Steingarten era um advogado muito ocupado e levava uma vida estafante, preferindo sempre passar os fins de semana em casa com a família. Mal podia acreditar que agora estivesse à espera de um telefonema para comunicar a chegada de Jimi a Toronto. Esperou, esperou, olhou para o relógio e observou o tempo nublado pela janela. Suspirou não sei quantas vezes. "Jimi pode ser um menino muito bom, mas a vida dele é uma bagunça", queixou-se.

A estridente campainha do telefone afinal rompeu o silêncio. "Olá, Jimi!", ele disse e de imediato cerrou os lábios. A voz do outro lado era de alguém ligado a Mike Jeffery. Steingarten virou o fone de maneira que eu, erguendo-me um pouco da cadeira, também pudesse ouvir.

A voz que vibrava no aparelho dizia:

— Hum... bom... o senhor sabe, Jimi *não está* no hotel. Ainda está no aeroporto. Eles o pegaram por posse de drogas quando ele passava na alfândega.

— Pegaram? *De novo*? – A expressão dele era a de quem achava que não estava escutando direito.

— Meu Deus, meu Deus – pensei.

Steingarten ficou furioso.

— Podemos também fazer as malas e ir embora! – vociferou caminhando decidido em direção à mala.

— Não! – eu falei. — O senhor não pode abandonar Jimi agora!

Achei que tinha ficado louca quando apanhei a coqueteleira de prata sobre a mesa, verti a bebida num copo de papelão e engoli tudo em três goles.

— O que quer dizer tudo isso? Precisamos descobrir. Não seria uma das tramóias de Jeffery? Será que Jimi é maluco? *Além disso*, Chas está esperando para jantar com o senhor.

Depois que Steingarten se acalmou, nós três bebemos vinho tinto e comemos nossos bifes no Barberian's. Estávamos ansiosos e, para piorar, não podíamos conversar sobre as últimas fofocas das gravadoras de Londres, o que eu e Chas tanto gostávamos de fazer. Steingarten aguardava outro chamado, agora para informá-lo se Jimi fora liberado da alfândega ou levado para a cadeia.

Pouco depois das nove da noite, soubemos que a substância encontrada num violão era "mínima", não identificável de imediato, e que Hendrix fora liberado para se registrar no hotel Four Seasons até que fosse concluído o trabalho do laboratório e se tomasse uma decisão.

Eu disse a Steingarten que dentro de meia hora iria até o Four Seasons "com todo o cuidado e tranqüilidade". Ele insistiu para que eu não fizesse isso. Para minha surpresa, Chas elevou a voz e falou:

— Henry, nós temos um relacionamento de trabalho com Jimi. É mais provável que ele diga a Sharon o que de fato está se passando, ele confia nela.

Eu falei:

— Não queria *realmente* ir lá e também não estou certa de que Jimi confie em alguém, muito menos nele mesmo. Mas não vai ser possível nos reunirmos amanhã com os advogados e depois irmos para o tribunal se estiver havendo alguma jogada estranha por trás disso tudo. Precisamos conhecer a opinião de Jimi. Será que ele está querendo se autodestruir?

Falei o meu nome e Jimi entreabriu a porta, apenas o suficiente para me dar passagem. O quarto estava pouco iluminado, apenas com uma lâmpada acesa. Não houve nenhum "Oi, como vai você?" entre nós. Quando fui me sentar numa cadeira de madeira perto de uma porta aferrolhada que dava acesso ao quarto vizinho, Hendrix fez um gesto, me conduziu para cerca de um metro mais adiante, junto dos pés da cama, e sussurrou:

— Tem dois caras escutando do outro lado dessa porta.

Olhei de maneira interrogativa. Ele falou baixinho os nomes de ambos. Um deles trabalhava para a banda e o outro no escritório de Nova York. Os dois, segundo Jimi, iriam relatar tudo a Jeffery.

Sentamos na beirada da cama. Perguntei baixo:

— O que foi que você colocou no seu violão?

— Alguma coisa que vai encobrir tudo por algum tempo se me mandarem embora.

— Eu sei que você não é nenhum bobo, Jimi – Minha voz saía tão baixa que eu própria mal conseguia ouvi-la. — Você *tem* que pensar positivo para conseguir sair dessa.

Os olhos dele se tornaram ferozes.

— Você faz alguma idéia do que os homens numa prisão podem fazer com um cara como eu? Eu não ia agüentar! Em uma semana eu estaria morto. De uma forma ou de outra.

— Você tem o senhor Steingarten e os dois advogados canadenses. Chas está aqui também. E Les Perrin deve chegar de Londres a qualquer momento.

— Vamos até o banheiro – cochichou ele. Apontou para a sua direita e em seguida fez uma careta em direção à porta aferrolhada do outro lado da cama.

Nós nos encostamos à parede de madeira e, finalmente, sem sussurrar, Hendrix começou a me contar sua conversa com Mick Jagger naquele seu não muito comemorado aniversário.

— Nós fomos para o andar de baixo e ficamos conversando – contou ele. — Eu estava constrangido porque ele estava sendo tão legal comigo. Estava *preocupado*. Mick sempre gostou de me ouvir tocar, mas agora a coisa era completamente outra. Era constrangedor. Eu estava muito agitado por dentro. Você pode imaginar.

— Você se sentia humilhado – disse eu.

— Exato, é assim que eu me sentia. E é o que estou sentindo agora. Quando Mick me falou sobre ele e Keith levados para a cadeia, foi muito verdadeiro. E Mick foi muito sincero. Ele me contou como Les Perrin os ajudou e que o *London Times* escreveu e os tirou da prisão.

Em fevereiro de 1967, a polícia de Sussex fizera uma batida na casa de Keith Richards e encontrara, segundo relataram, "várias substâncias de natureza suspeita". Mick Jagger foi acusado da posse de quatro pequenas pílulas redondas encontradas no bolso de uma jaqueta que na verdade eram de Marianne Faithfull, namorada dele na época. Acusaram Keith de ter deixado que seus convidados fumassem resina de *cannabis* em sua casa. Eles foram levados a julgamento no final de junho. O juiz condenou Jagger a um ano de prisão e a pagar uma multa de 500 libras. A sentença de Richard foi mais branda: três meses de prisão e multa de 100 libras. Mick foi conduzido algemado para a prisão de Lewes. Keith, também algemado, foi levado para Wormwood Scrubs, uma prisão de 150 anos.

— Eles foram ludibriados e perseguidos – declarou Les Perrin. A severidade das penas por essas contravenções leves provocou um rebuliço por toda a Grã-Bretanha, o que levou William Rees-Mogg, do *Times*, a escrever o hoje célebre editorial "Who Breaks a Butterfly on a Wheel?".* Rees-Mogg declarava que a situação era o "mais banal caso de drogas a ser levado a um tribunal até então". E indagou: "Resta uma suspeita neste caso: será que o senhor Jagger recebeu uma sentença muito mais severa do que receberia qualquer jovem anônimo?" Os dois músicos foram libertados por uma fiança de sete mil libras. No final, Jagger ficou um ano em liberdade condicional e Richards foi absolvido.

— Mick me disse que chorou ao ouvir a sentença no tribunal – falou Jimi. — Ele e Keith estavam com um medo terrível. Mas no fim foi tudo resolvido porque se tratava de uma injustiça.

Jimi deu um suspiro, parecendo ficar mais soturno por um momento.

— *Eles* são ingleses e estavam na Inglaterra. No Canadá, eu sou *o inimigo*. Não agüento... – e a voz dele foi se extinguindo. Virou a cabeça para o lado, estava chorando. — Também tenho que parar com essas lágrimas – disse recompondo-se. — Não posso me permitir chorar no tribunal. Não vou fazer isso!

Saímos do banheiro, fomos para longe da luz que incidia sobre nós e entramos no pequeno vestíbulo diante da porta.

---

* "Quem está torturando a borboleta?" (N.T.)

— É melhor eu ir embora – eu disse.

— Cuidado – avisou Jimi. — Cuidado na volta.

Naquela escura, fria e difícil noite de dezembro, Jimi Hendrix estava sombrio e inteiramente realista. Ilusões e talento haviam construído três anos de fama, mas naquela noite não restava ilusão para ele. Ele me disse:

— Se alguma coisa me acontecer, os advogados vão passar os próximos 20 anos brigando entre si para descobrir o que foi.

Mesmo na penumbra, seus olhos brilhavam intensamente, embora seu tom fosse soturno. Ele se referia a muito mais do que ao julgamento. Falava de sua própria vida.

— Você sabe como eu sou. Você sabe como tudo tem sido – disse ele. — Quando chegar a hora, fale sem rodeios. Não quero que ninguém pense mal de mim.

Não é possível expressar em palavras toda a tristeza que senti ao ouvir aquilo.

Segurei a maçaneta e por um instante me voltei para ele:

— Até amanhã cedo.

Jimi segurou minha mão.

— Muito cuidado – repetiu.

Jimi, Chas, Steingarten e eu chegamos ao escritório de advocacia de John O'Driscoll às dez e meia da manhã num início de domingo um tanto frio. Éramos um grupo muito silencioso, aparentemente tranqüilo, sentado em modernas poltronas estofadas numa sala comprida e decorada sem muita imaginação. O'Driscoll era um homem na casa dos 40 anos, bonito e antigo advogado distrital. Ele e seu colega constituíam a equipe de defesa de Hendrix. Esperávamos que nos apresentassem um plano de ação no qual presumíamos estarem trabalhando nos últimos meses.

Os dois advogados falaram com muito conhecimento de causa. A falta de confiança deles nas chances de Jimi ser absolvido pairava no ar. Não apresentaram qualquer estratégia específica. Olhavam para mim, Chas e Jimi como se fôssemos pássaros exóticos. E tinham uma certa razão, pois aquele era um caso bastante incomum para os respeitáveis cavalheiros de Toronto. Steingarten aparentava estar bem. Afinal, era um advogado. A conversa prosseguiu cheia de pausas e recomeços. Enquanto corria cada segundo do relógio, nós três esperávamos que a dinâmica da reunião se modificasse.

Retirei da minha sacola o enorme gravador Sony e o coloquei sobre uma mesinha. Perguntei a O'Driscoll se ele gostaria de ouvir a gravação daquelas minhas tentativas de entrevistar Hendrix em Beverly Hills no dia 1º de maio. Lembrei a todos na sala que as vozes de Jimi e da garota, que só entrara no quarto porque vira a porta aberta, eram audíveis com bastante nitidez. Mas os advogados não ficaram interessados.

— Não vamos poder usar isso no tribunal – disse o senhor O'Driscoll.

— Pensei que iam querer ouvir para ao menos terem uma idéia do que se passou – observei.

Os dois advogados de Toronto continuavam examinhando Jimi. Por fim um deles disse:

— Em seu depoimento você vai dizer que não usa drogas.

— Mas eu uso – replicou Jimi com tranqüilidade. — Quase todo mundo que conheço usa drogas.

O senhor O'Driscoll aparentou desânimo com aquela resposta.

— E você compra? – quis saber. Jimi trocou um olhar com Chas e depois disse:

— As pessoas levam drogas para todo lugar que a gente... que eu vou. Às vezes eu uso, às vezes não.

Chas tentou resumir como era a vida na estrada, a falta de privacidade, os "presentes" trazidos em todas as cidades por gente desconhecida. Jimi e Steingarten ficaram impressionados ao ver a paixão demonstrada por Chas enquanto tentava fazer com que os advogados entendessem que Hendrix trabalhava muito, era inteligente, e que a súbita e imensa fama não o transformara em algum monstro caprichoso e sem respeito pelas leis. Chas encerrou a questão concluindo:

— Diversas vezes Jimi, Noel e Mitch foram revistados enquanto viajavam pelo mundo. Eu também fui revistado! Os senhores ficariam furiosos se fossem tratados assim. Todo músico sabe que as bagagens de mão são sempre revistadas quando se atravessa uma fronteira. Jimi não é burro!

Pensando com imparcialidade, acho que aqueles advogados não tinham a menor experiência com astros do rock nem imaginava a enorme influência que eles exercem sobre a juventude. Mesmo assim, ficamos imaginando por que não haviam feito uma pesquisa sobre aquele tipo de vida. Hendrix continuou alerta e muito cooperativo durante todo aquele longuíssimo dia, mas quando Steingarten, Chas e os advogados canadenses saíram da sala, sua fisionomia revelou uma ansiedade terrível. Foi sentar-se em uma poltrona encostada à parede. Eu continuei na mesma em que estava, a alguns metros de distância. Por fim, Jimi se levantou e caminhou até a janela suspirando profundamente.

Pensei na última vez que tinha conversado com ele. Semanas antes ele alugara um modesto apartamento de dois quartos na West 20th Street, no Greenwich Village. Um dia ligou para o meu trabalho.

— Eu sei que a gente não deve conversar até que o caso de Toronto se resolva. Mas eu precisava lhe dizer uma coisa! – e sua voz retinia quando exclamou: — Adivinhe! Eu vi Bob Dylan na rua! – *Dylan*, seu o grande ídolo! — Eu o vi dirigindo o carro dele. Os pezinhos mal alcançavam os pedais!

— Como é que você sabe?

— Ora, eu *sei*!

Brincadeiras e um apaixonante senso de humor também faziam parte do repertório de Hendrix.

No entanto, o humor e as brincadeiras estavam ausentes naquele dia em Toronto. Apenas um silêncio apreensivo enchia a sala. Ele caminhou com suavidade para a poltrona.

À direita dele, a porta que levava a uma outra sala estava entreaberta. Enquanto os minutos passavam, ouvimos o sócio do senhor O'Driscoll entrar naquele cômodo acompanhado por um jovem cuja voz reconhecemos de imediato: era a de um importante empregado do Jimi Hendrix Experience. Ele trabalhava durante as viagens e também quando não estavam na estrada. Viajara de Nova York para Toronto com instruções de Mike Jeffery. O advogado informou que se Jimi fosse condenado o promotor iria pedir uma pena de no mínimo 20 anos. E acrescentou:

— A posição no círculo político é que não podemos tolerar o uso de drogas por nossa juventude. Esse ídolo negro dos adolescentes brancos não se ajusta aos padrões daqui – e acrescentou: — É claro que vamos apelar. Mas isso pode se arrastar por muito tempo.

O empregado de Jimi perguntou:

— Ele não vai poder viajar?

— Acho que não – respondeu o advogado.

Em seguida perguntou ao empregado inglês se ele se disporia a depor no tribunal em favor de Hendrix, declarando que o conhecia havia três anos e descrevendo a vida durante as turnês da banda pelo mundo.

— Não! – grasnou o jovem com aspereza. — Não faço isso! Não vou me arriscar a ir para a cadeia por causa de gente como ele!

Vi quando os olhos de Jimi lançaram chispas e o seu rosto se transformou numa máscara impassível.

No início da manhã de segunda-feira, dia 8 de dezembro de 1969, a imprensa e os fotógrafos aguardavam ansiosos pela chegada da limusine que levava Hendrix ao tribunal de Toronto, na University Avenue. A multidão de fãs, em grande agitação, aglomerava-se nas calçadas e ruas adjacentes. Ao verem o ídolo descer da limusine, começaram a agitar as mãos e a gritar. Jimi deu um sorriso forçado e acenou uma ou duas vezes para eles. Vestia um blazer azul, calça boca-de-sino de flanela cinza, camisa aberta no peito com um lenço no lugar de gravata, um anel e um bracelete de turquesa.

Quando se encaminhou para a sala 15 do tribunal, uma pessoa atraiu sua atenção:

— Ah! Oi, como vai você? – exclamou Jimi alegremente para um senhor com quem trocou algumas palavras.

Ninguém poderia imaginar isso alguns minutos antes, na limusine, quando ele se mostrava soturno e melancólico.

— Quem era aquele, Jimi? – perguntou Steingarten preocupado.

— Era um dos oficiais da alfândega que revistou a minha bagagem. Veio me pedir um autógrafo para os filhos. Ele foi legal comigo quando me prenderam – foi a explicação de Jimi.

Na sala do tribunal, Hendrix foi escoltado até uma gaiola de arame de três faces – à qual um dos advogados se referiu como "a caixa" – que ficava à direita do juiz Joseph Kelly. Dali ele ficava bem visível para o júri e para os expectadores presentes, cerca de 200 pessoas, a maioria fãs, alguns vestidos com roupas hippies coloridas. Tinham vindo assistir àquele *happening*. Apesar da humilhante situação, Hendrix se mostrou atento e digno, exibindo respeito pelo tribunal e por si próprio. Era quase impossível acreditar que aquele jovem fosse um perigoso viciado em drogas e corruptor da juventude.

Como o fotógrafo Jean-Pierre Leloir, seu amigo de Paris, observara em seu primeiro encontro depois de três anos, Hendrix ainda conseguia ser natural, mesmo que nesse momento aquela bela borboleta tivesse sido capturada e imobilizada. Steingarten sussurrou para mim: "Estou impressionado com o comportamento dele. Tem a postura de um legítimo *gentleman*."

Os processos nos tribunais canadenses são realizados em nome da rainha da Inglaterra. John Malone, o promotor da coroa, interrogou Jimi de maneira intensa e interminável, concentrando-se diversas vezes na hipótese de que Hendrix teria levado *conscientemente* a heroína para o Canadá. Também perguntou mais de uma vez a Jimi sobre um pequeno tubo de alumínio com resíduos de haxixe que estava na bagagem dele. Jimi rebateu sem dar muita importância: "Não seria um canudinho?" O promotor da coroa reagiu com palavras duras, detalhando a visão dele sobre a carreira, as turnês e os fãs de Hendrix, e sempre que possível abordando o uso de drogas. Jimi mostrava-se muito atento a cada pergunta, sem se importar com quantas vezes ela era feita.

Durante o recesso para o almoço, os advogados de Hendrix nos levaram para um restaurante que ficava ali perto e era freqüentado por pessoas do meio jurídico. Conduziram-nos até uma mesa comprida muito perto de onde, para nossa surpresa, estavam sentados os advogados da acusação. Os advogados canadenses eram todos amigos e ficaram conversando durante a refeição. A certa altura mencionaram um número recente da *Life*, a revista mais lida de toda a América do Norte, em que Jimi aparecia com destaque numa bela reportagem fotográfica. Todos os advogados sorriram para Jimi. Cheguei a achar que eles também iam acabar pedindo um autógrafo.

A melhor coisa do primeiro dia do julgamento foi quando ele terminou e nós pudemos sentar e conversar com Les Perrin, que acabara de chegar de Londres. Como de hábito, ele se mostrava afável e protetor. Fazia pensar naquele tio predileto que todo mundo tem. Estava mais sério do que quando nos vimos em outras ocasiões.

— Os astros são sempre alvo fácil para todo tipo de gente – foi o que Chas, Jimi e eu o ouvimos explicar a Steingarten.

— Sempre que Frank Sinatra está em Londres, tomamos todas as precauções para manter os estranhos longe de sua suíte no hotel. Mas os nossos jovens por aqui, como Jimi, não querem ser indelicados com os fãs. São mais acessíveis.

Steingarten exclamou alegre:

— Esse é exatamente o tipo de depoimento que esperamos de você amanhã. Sharon, é provável que você também deponha amanhã.

Pouco depois, pedi licença e me retirei para dormir um pouco e parecer mais descansada e calma no tribunal.

Na manhã seguinte, Chas foi até o meu quarto e me disse que Jimi tinha passado mal a noite inteira.

— A tensão está tomando conta dele – falou.

Chas me entregou um jornal com um relato do primeiro dia de julgamento. A manchete do *Telegram* dizia: HENDRIX: USEI DROGAS, MAS NÃO HEROÍNA.

— Isso tudo me parece um pesadelo – exclamou ele.

— Não é incrível que Jeffery não tenha vindo para o julgamento? Se houver condenação, acho que ele não vai estar por perto para ajudar Jimi a se defender e a responder às perguntas das gravadoras e da imprensa. Ou para responder aos jornais se foi ele quem plantou a droga na bagagem de Jimi. E esse boato está ganhando cada vez mais força.

— Talvez ele tenha medo de uma acareação definitiva com Jimi – sugeri.

Chas concordou:

— Jeffery ficaria aterrorizado com isso. Simplesmente *aterrorizado* – repetiu com seu sotaque gutural do Norte da Inglaterra.

— E mais uma coisa, Chas – falei. — Você não acha muito estranho que Jeffery não tenha se oferecido para contribuir com as despesas de Jimi na justiça?

— Ele é um cachorro – vociferou Chas. — Mike é um homem muito astuto.

Percebi em seus olhos de um azul pálido que ele temia o que Jeffery pudesse estar preparando.

O júri era composto por 20 homens, quase todos de meia-idade, brancos e trajando terno e gravata. Fiz o juramento com a mão sobre a Bíblia, surpresa por estar me sentindo relativamente à vontade quando o interrogatório começou. Isso se devia em grande parte ao fato de eu ter percebido que os cavalheiros do júri ouviam tudo com muita atenção. Além disso, me pareciam pessoas decentes, que desejavam decidir o caso de forma justa. O meritíssimo juiz Kelly, um cidadão canadense muito respeitado, também prestara muita atenção a tudo. Respondi às perguntas durante pelo menos duas horas, creio. Ao ser interrogada pelo advogado de Jimi, o senhor O'Driscoll, sobre aquela tarde de 1º de maio, dei o meu testemunho a respeito das pessoas que entravam e saíam do quarto de Hendrix enquanto eu tentava fazer uma entrevista com ele. Detalhei as constantes interrupções, a porta aberta, a menina hippie e o comportamento de Jimi. O promotor da coroa, John Malone, atacou minhas informações, meu trabalho, minha familiaridade com drogas e fãs de músicos. O juiz me interrogou brevemente sobre minha atividade como jornalista e afinal fui liberada. "Não tenho mais perguntas."

Quando o tribunal fez um recesso, caminhei depressa pelo corredor entre as cadeiras do auditório, passando o mais rápido que podia no meio de todos os fãs, repórteres e fotógrafos. Atrás de mim, pude escutar pessoas exclamando: "Olha o Hendrix! Pegue ele! Tire uma foto!" Enquanto todos se voltavam para ver Jimi, consegui escapulir.

Corri até a esquina e peguei um táxi. Pedi que me levasse até o Royal York e me esperasse enquanto eu fechava a conta do hotel e retirava minha bagagem. Ao nos dirigirmos para o aeroporto, fiquei pensando em quantos depoimentos ainda deveriam ser dados e quanto tempo levaria até que o júri chegasse a um veredicto. Minha impressão era de que a maioria daqueles homens era simpática a Jimi, pelo que observei na maneira como olhavam para ele e escutavam o que dizia. Cruzei os dedos. Jimi dissera a Chas que estava com esperanças de ser absolvido e que ainda teria "uma chance de recomeçar tudo". Eu me sentia tão aliviada por estar longe de toda aquela angústia e incerteza que mal podia esperar para retornar ao trabalho. Jimi descrevera o seu mundo como uma "vida numa montanha-russa". Não era isso o que eu sonhava para mim.

No final da tarde seguinte recebi uma mensagem do escritório de Steingarten em Nova York. Tinham esperado o dia inteiro pelo veredicto.

"O cantor pop Jimi Hendrix foi absolvido nesta quarta-feira à noite de duas acusações por porte de drogas", dizia o artigo da *United Press International* de Toronto que foi enviado via telex a jornais de todo o mundo.

> Um júri de 12 homens deliberou durante oito horas e meia antes de pôr em liberdade o cantor de 27 anos. Ele havia sido enquadrado por duas acusações, de acordo com a Lei Canadense de Controle de Narcóticos: uma pela posse de heroína e outra pela de haxixe. Hendrix agradeceu a seus jovens fãs por ficarem ao seu lado. Alguns permaneceram no tribunal por quase 12 horas na quarta-feira, tempo que decorreu até o sumário final, a acusação formal e a longa deliberação. O julgamento durou três dias.

— A fisionomia de Hendrix se iluminou quando leram o veredicto – disse-me Henry Steingarten pelo telefone. — Eu queria abraçá-lo. Ele se comportou todo o tempo como um homem de verdade. Claro, as garotas e os bajuladores cercaram ele no mesmo instante. Que vida ele leva!

— Os fotógrafos continuaram gritando "pega ele"? – perguntei.

— Que frase horrível! – respondeu Steingarten, concordando com o desprezo com que eu me expressara. — Bom, eles o pegaram, sim! Havia fotógrafos por toda parte, câmeras de TV e repórteres que acabavam de sair das redações. Jimi colaborou muito. Acho que ele fez o "V" de vitória umas 100 vezes depois da absolvição. Até conseguirmos colocá-lo no automóvel, todo tipo de gente o seguia pela rua. Jimi parecia um feiticeiro com aquela linda pelerine marrom de camurça. A figura dele estava absolutamente impressionante.

Perguntei a Steingarten se Jeffery tinha dado as caras e se propusera a arcar com parte das despesas com os advogados.

— Que eu saiba, não – foi a resposta dele. E acrescentou: — Acho esse Jeffery um sujeito nocivo.

Tive notícias de Jimi, já em Nova York, um dia depois do Natal. Como sempre, ele não fora para Seattle passar o feriado. Falou-me dos ensaios com a Band of Gypsys e sobre suas mais recentes idéias musicais. Mitch estava passando as férias na Inglaterra. O baterista Buddy Miles há muito o cercava para trabalhar com ele. Então, como o próprio Jimi disse, "me convenci a concordar" que ele fizesse parte do trio. Billy Cox continuaria como baixista. Enquanto me fornecia mais detalhes, eu não o sentia muito seguro de si. Não havia aquela centelha e aquele entusiasmo que em geral manifestava ao falar de suas novas músicas.

Nenhum de nós trouxe o caso de Toronto à baila.

CAPÍTULO 10

Na correnteza

A Band of Gypsys fez quatro shows organizados pelo promotor de concertos Billy Graham no Fillmore East, em Nova York, na véspera e no dia de Ano-Novo. A primeira apresentação foi mirabolante, sentimental e desprovida de substância. No intervalo, Graham partiu para cima de Jimi enfurecido: "Parece que vocês só estão dançando esta noite. Será que não podem fazer nada melhor que isso?" Jimi ficou atrapalhado e aborrecido. Quando subiu ao palco para o segundo show, seu orgulho estava ferido. A performance de Jimi foi totalmente baseada em seu virtuosismo e manteve a platéia hipnotizada.

Um pouco depois disso, Jimi aceitou se apresentar no Winter Festival for Peace, em 28 de janeiro de 1970, no Madison Square Garden. O espetáculo foi em benefício do Vietnam Moratorium Committee, que também organizou o evento. A Band of Gypsys só tocou depois das três da madrugada. A platéia, que passara horas esperando por ele, logo percebeu que Jimi não estava em condições de tocar. Ele falou de forma agressiva com o público, teve uma crise de câimbras e acabou se retirando do palco. Foi um desastre muito constrangedor para Hendrix.

Quando falei com Jimi no início de fevereiro, ele me explicou: "Devon me deu um ácido fajuto. Eu estava fora de mim no Garden." Em termos pessoais e musicais, ele só teve palavras frias para se referir a Buddy Miles. Perguntei o que andava errado com a Band of Gypsys. Ele respondeu com sarcasmo: "O *senhor* Miles não ouviu as músicas do mesmo jeito que eu. Os shows no Fillmore foram gravados. Você pode ouvir se quiser comprar uma cópia com o *senhor* Chalpin. Graças ao *senhor* Jeffery, é Chalpin que vai lançá-lo pela Capitol, e não pela Reprise."

Não era comum Jimi se mostrar sarcástico. Fez um esforço para se acalmar e me falou sobre novas idéias para músicas. Eu costumava ouvi-lo falar com prazer das canções em que estava trabalhando. Mas naquela noite não pude prestar muita atenção. Fiquei pensando em Chalpin e Jeffery. Eles me lembravam um difícil problema matemático dos tempos de escola, daqueles em que a gente fazia contas e mais contas sem nunca chegar ao resultado correto.

Até então, Ed Chalpin tinha ganho muito mais dinheiro com os discos de Jimi Hendrix que o próprio Jimi. Ele era astuto, estava fazendo Jeffery e todos os advogados envolvidos de bobos. Uma fonte que participava das negociações recorda: "Ed Chalpin era ardiloso e tenaz. Um mestre na arte de enfraquecer as pessoas. Sempre me fez pensar num esquilo rodeado de nozes que, ao escolher uma, a agarra e não a deixa cair por nada." Em dois anos e meio, as ameaças de Chalpin haviam conseguido atrasar alguns lançamentos do Experience, ele recebera uma bela soma da Warner (que no final foi cobrada de Jimi), havia lançado dois álbuns de qualidade inferior pela Capitol e agora estava pondo as mãos numa verdadeira mina de ouro: foi idéia de Jeffery entregar a ele o álbum ao vivo da Band of Gypsys. Depois disso, *talvez* ele concordasse em ir embora.

Chalpin conseguira um próspero meio de vida lançando discos de baixa qualidade de gravação e capas vagabundas, muitas vezes de artistas desconhecidos que faziam *cover* de músicas famosas. "Ele fez negócios por todo o mundo no que se poderia chamar de 'casa de pechinchas da música'", disse um distribuidor de Nova York. "Desse tipo que a gente encontra em lojas de quinquilharias, *drugstores*, pequenas biroscas e coisas do gênero."

Agora, no último álbum de Hendrix – autorizado por ele mesmo com relutância –, o nome de Chalpin e de sua firma, a PPX Enterprises, seriam proclamados pelo mundo inteiro, além de ele ficar com a maior parte dos lucros de venda. Foi um grande salto para Chalpin, que o colocou entre as grandes empresas. Mas, *ainda assim*, ele continuava a resmungar. Por que tinha de ser um disco ao vivo? Por que ele não podia botar as mãos num desses grandes e escandalosos álbuns de estúdio que os críticos tanto elogiavam?

Parecia não haver saída à vista, pois Chalpin já se preparava para correr atrás da gravadora inglesa de Hendrix. Ele já tinha um longo histórico de processos na justiça contra várias pessoas nos Estados Unidos. Hendrix era a mais importante de todas elas. Chalpin preferia se concentrar em táticas de intimidação e garantir seus contratos a ter de arcar com as despesas e o risco de deixar que um juiz decidisse em definitivo sobre o contrato de 1965 entre ele e o então desconhecido e batalhador Jimmy Hendrix.

O fato é que Chalpin e Hendrix, o grande astro, *nunca* tinham se defrontado num tribunal perante um juiz e um júri. Jeffery tinha dito a Jimi: "Você pode perder tudo se o caso for parar na justiça." Mas não creio que algum juiz ou júri fosse tão severo assim. Será que poderiam ser ainda mais severos? As intermináveis discordâncias e ações legais de Chalpin provocaram problemas emocionais e financeiros para Hendrix.

Jimi me telefonou de novo em fevereiro. Como da última vez, a cabeça dele estava cheia *demais* naquele dia. "Agora surgiram dois filhos", disse de maneira brusca. Contou-me que havia pouco tempo lhe disseram que ele era pai de um menino nascido meses antes na Suécia. Não falei nada. O que eu poderia dizer? Achei tudo aquilo um tanto triste e confuso. Enquanto isso, refletia a respeito de uma pequena fotografia de uma menina que ele me mostrara em 1969. Segundo me disse, a mãe dela era Regina Jackson, a jovem prostituta que ele tentara recuperar e ajudar no verão de 1966. "A menininha é parecida comigo", falou. "Os olhos..." Concordei com um aceno. Quando Jimi surgia com problemas pessoais, em geral eu me limitava a ouvir. "Duas garotas... ou melhor, duas mulheres que eu nem conheço direito", prosseguiu ele. "Mas eu *de fato* as conheço."

Durante meses, várias figuras muito famosas no meio musical sondaram Hendrix para se tornarem empresários dele tão logo terminasse o contrato com Jeffery, o que aconteceria dentro de cerca de um ano e meio. Um deles foi o famoso agente Bill Graham. Mike Jeffery começou a ficar cada vez menos à vontade depois que Devon Wilson, que estava em sua folha de pagamento como "assistente" de Jimi e informante dele, Mike, reproduziu-lhe de maneira sarcástica uma conversa entre Jimi e seus possíveis novos administradores. Por muito tempo Jeffery havia pressionado Jimi. Agora, era ele quem sentia a pressão na pele.

O produtor musical Alan Douglas, muito ambicioso e bem informado a respeito de diversos estilos de música e de músicos, era outra pedra no sapato de Jeffery. Douglas apresentara o guitarrista John McLaughlin a Jimi, que muito o admirava. Depois disso, eles haviam tocado juntos e gravado. Segundo Jimi, Douglas estava sempre "cheio de planos e idéias para mim. É um grande papo". Douglas era um homem branco que gostava de usar o visual de um negro: penteado afro, cavanhaque e sempre muito bronzeado. Mike sentia-se ameaçado pela influência que percebia haver de Douglas sobre Jimi. Será que Douglas queria se tornar o novo empresário de Jimi? Ou apenas produtor? Ou ambas as coisas? Certa vez, o quase sempre frio Jeffery foi visto aos berros diante de um clube em Nova York: "Alan Douglas é um merda! *Jamais* vou permitir que ele bote as mãos em Hendrix!" Isso fora em resposta a um surpreso promotor de gravadora que lhe havia perguntado se existia alguma ligação entre Hendrix e Douglas.

Douglas morava perto de Hendrix no Village. A mulher e a cunhada dele, estilistas de talento, envolveram-se por certo tempo com alguns pormenores do guarda-roupa de Jimi. Este me falou por telefone uma vez: "Nos últimos tempos, acho que ando cercado por lobos." Referia-se a "Douglas e a todo aquele pequeno teatro". Pareceu-me estar de certa forma decepcionado com todos eles.

Disse que se sentia "agredido" por aquele jogo de cabo-de-guerra em que ele representava um artigo comercial. Mike Jeffery nunca fizera segredo que não queria Jimi tocando com outros músicos negros. Jimi estava ansioso para voltar a tocar com Mitch, e Jeffery se esforçava para reunir o Experience de novo. Segundo Jimi, ele e Mitch tinham sérias ressalvas quanto a trabalharem de novo com Noel, ao menos naquele momento. A vida pessoal, financeira e musical de Noel estava um caos. Em conseqüência de seu comportamento imprevisível, ele acabara despedido de sua própria banda, Fat Mattress. Chas Chandler, por sua vez, estava sem novas idéias brilhantes para Noel e acabou dizendo-lhe sem qualquer rodeio: "Você tem de entrar em forma, homem. As bolinhas estão afetando sua cabeça. E caia fora da bebida!"

Jimi logo foi dizer a Jeffery que pretendia ter Mitch na bateria e que Billy Cox ficaria no baixo. Ainda acrescentou que não queria mais usar o nome Experience. "Podemos continuar com o Gypsy Sun and Rainbows." Esse nome tinha sido usado pela primeira vez no festival de Woodstock. Hendrix trabalhara com o engenheiro de som Eddie Kramer desde o momento em que haviam se conhecido em Londres, em 1967. Porém, me deu a entender que sentia que Kramer não estava mais na mesma sintonia criativa que ele. "Com o novo estúdio, eu gostaria de experimentar outros engenheiros", disse. "Novas idéias, novos sons."

Hendrix também vinha estudando a relação de despesas. O custo de estar na estrada era imenso, com todos os salários e bonificações para os músicos e para a equipe de produção, além de hotel, passagens aéreas e transporte dos equipamentos. E ainda estava assumindo novas despesas com o Electric Lady. Não se sentia à vontade pensando que tantos profissionais dependiam *dele*.

Foi um inverno duro, frio e perigoso para Jimi Hendrix. A primavera de 1970 mostrou-se um pouco melhor. O primeiro e único verdadeiro lar de Jimi – o apartamento do Greenwich Village alugado no outono de 1969 – era algo que valia a pena ser visto. Foi na maior parte decorado por ele mesmo. A aparência era uma mistura de estilo marroquino com as *Mil e uma noites*, tudo com muito bom gosto e criatividade. Infelizmente, muitos dos seus convidados não eram tão atraentes quanto a decoração. Uma crescente horda de pessoas que estavam ali só de passagem, parasitas, falsos amigos e aspirantes a Hendrix se espalhavam pelas calçadas da West 20th Street, pelo elegante saguão do prédio e no elevador a qualquer hora do dia e da noite. Hendrix – assim como tantos novos astros do rock – sempre se achou na obrigação de compartilhar o sucesso e sua vida particular com os admiradores. "Já que o senhor deixou eles entrarem, como pode se livrar deles agora?", perguntou-lhe desesperado um policial de Nova York que foi chamado para ajudar a retirar os visitantes que estavam abusando da acolhida.

Havia também os traficantes e os que presenteavam Jimi com drogas, alguns deles da alta sociedade nova-iorquina, pessoas que se sentiam muito avançadas e na crista da onda por fazer isso. E ainda tinha Devon, sempre o mais perto possível de Jimi. Ora ela era atraente, ora ousada, ora uma grande viciada e fornecedora de drogas, além de, segundo pessoas ligadas ao ambiente do rock em Nova York, possivelmente ser uma dedo-duro. Se pressionada, ela acabava por soltar informações sobre outras pessoas para se livrar de problemas com a polícia. Jimi sentia-se atraído, mas aprendera a jamais confiar nela. Por diversas vezes ele admitiu para mim que se tratava de um relacionamento destrutivo. "Ela sempre me trouxe problemas." Compreendeu que, se quisesse limpar a própria vida, teria de se manter longe de uma série de pessoas qualificadas por ele como "causadoras de problemas". Deixou isso claro para Devon num dia em que ela apareceu em seu apartamento com dois tipos "causadores de problemas". Jimi acabava de chegar do estúdio, e Devon e os amigos dela estavam completamente embriagados. Um deles se jogou sobre uma cadeira de que Jimi gostava muito e a quebrou.

Viver na órbita de Hendrix era vital para a auto-estima de Devon. Ela gostava dele, porém, muito mais que isso, ela *precisava* de Jimi. *Todo mundo* em Nova York cuja opinião era importante para ela *tinha certeza* de que Devon era uma das namoradas de Jimi. Não podia permitir que Jimi a abandonasse. Decidiu mostrar-lhe que *podia* muito bem organizar sua própria vida.

Carmen Capalbo, respeitado diretor de teatro, estava ensaiando uma versão para a famosa ópera *Mahagonny*, escrita por Bertolt Brecht e Kurt Weill no final dos anos 1920. O espetáculo seria no Anderson Theater, em Nova York, na 2nd Avenue, que fora especialmente reformado para a peça. Devon anunciou excitadíssima a Hendrix que conseguira um pequeno papel na montagem.

Ela contava os dias para que Jimi pudesse vê-la no palco. Ele depois comentou comigo o espetáculo, que tornou-se uma importante revelação criadora.

— Assisti a uma coisa tão emocionante que senti que aquilo poderia mudar a minha vida. Que música incrível! Os cenários e os figurinos também! Você consegue me imaginar criando alguma coisa para teatro? –, perguntou. — Quero dizer, na Broadway e tudo mais?

— Com certeza, Jimi, não tenho a menor dúvida!

Fiquei muito feliz ao perceber nele o velho entusiasmo de outros tempos.

Ele me contou que conheceu pessoalmente o diretor:

— O senhor Capalbo me disse que gostaria muito de conhecer minhas idéias. Não acredito que ele me ache algum excêntrico ou hippie drogado.

Jimi não mencionou Devon nessa conversa em que abordou apenas os novos horizontes criativos que se apresentavam para ele.

Jimmy Justice – pianista, escritor, cantor e ator – fazia parte do elenco de *Mahagonny* e recorda: "Começamos a ensaiar em fevereiro, e tanto a estréia quanto o encerramento se dariam no mês de abril. Seriam apenas oito apresentações. É uma vergonha, mas são coisas que podem acontecer no teatro. Devon Wilson era uma das lindas mulheres que interpretavam prostitutas na peça. Não cantava nem atuava. As prostitutas eram parte da ambientação, do cenário da peça. Eu era famoso por preparar uma comida dos deuses e levá-la para o teatro. Devon comentou: 'Ah, o meu namorado ia adorar essa comida.' Pediu-me receitas e orientações. Não me parece que ela já tivesse cozinhado alguma vez na vida, mas exibia muito orgulho por conhecer Jimi Hendrix. Ela me disse uma vez: 'Gostaria muito que *você* cozinhasse para ele.' Do modo como Devon falou, compreendi que ele não apreciava muito o jeito como ela preparava o feijão."

Jimmy Justice nunca teve a chance de cozinhar para Hendrix. Eles teriam se dado muito bem, pois o multitalentoso Justice se formara na Juilliard, a escola de música que Jimi tanto sonhara cursar. "Acho que na verdade ele não precisava de escola", disse Justice. "Sempre o considerei um desses seres iluminados."

Hendrix falou a Jeffery sobre seu interesse em criar uma peça musical de longa duração para o teatro. "Ele escutou mas logo mudou de assunto", contou Jimi. O interesse de Jeffery era manter Jimi em rédeas curtas. Seu grande chamariz – com o qual contava muito – eram os estúdios do Electric Lady. Ele sabia que Hendrix iria dedicar todo seu tempo e interesse aos detalhes, desde a colocação dos microfones até os refletores. Os mais de um milhão de dólares aplicados no estúdio foram cobertos pela Reprise Records, que fez grandes adiantamentos de futuros royalties de Jimi. Nenhum laço poderia ser tão apertado quanto aquele que desde muito tempo Jeffery lançara sobre seu astro outrora tão idealista. Mike declarava que todas as grandes tentativas e sonhos de Jimi, expressados em Los Angeles meses antes – aqueles "sonhos de criança" –, agora iam desaparecendo pelo ar como frágeis bolhas de sabão.

Jimi se apresentou no Forum, em Los Angeles, no dia 25 de abril de 1970, para um público que havia esgotado os ingressos com antecedência. Naquela noite, centenas de jovens negros de ambos os sexos estavam bem perto dele para examiná-lo. Pude observar a curiosidade deles e o orgulho que sentiam. Aquele astro negro de rock dos brancos era mesmo demais! Eles gritavam, pulavam e aplaudiam aquele músico cujos álbuns poucas vezes eram tocados nas rádios dos negros. "Ele é especial", ouvi um rapaz negro de cerca de 30 anos falar para a esposa. "Amanhã mesmo vou comprar um ou dois discos dele!"

Jimi só não se deu muito bem com os guitarristas mais velhos e experientes. Achavam-no "escandaloso demais" e não sabiam exatamente o que ele queria dizer com sua guitarra e suas músicas. Denny Bruce, produtor de Los Angeles que trabalhou com diversos músicos negros de talento e por isso ouviu o que eles comentavam sobre Hendrix, contou-me: "Existia um certo *ressentimento*. Jimi era único e ainda ganhava muito dinheiro graças a platéias formadas por brancos. Certos rapazes achavam que ele era um sucesso passageiro, que não pagara suas dívidas e agora fazia um monte de dinheiro andando de limusine e tudo mais."

Jimi havia me dito uma vez: "Nosso próprio povo pode ser bem cruel." Referia-se a seus tempos de luta e à inveja e falta de encorajamento que sentiu por parte de outros instrumentistas negros. B.B. King foi uma notável exceção: "Conheci ele um pouquinho antes de ir para Londres. Quando os nossos caminhos se cruzaram de novo, e eu estava me saindo muito bem, B.B. me deu uma guitarra de presente. Isso significou muito para mim."

Hendrix me telefonou várias vezes enquanto eu estava fora fazendo algumas entrevistas. Em vão deixávamos recados um para o outro. "Ele quer saber o que a senhora acha do disco de Crosby, Stills, Nash & Young", informava meu serviço de recados em uma das mensagens. "Ele está louco para saber. Pediu para dizermos à senhora que está procurando um bom gravador para lhe dar."

Jimi, Mitch e Billy realizaram dois shows no Berkeley Community Theater, no final de maio. Berkeley fica perto de São Francisco, região que Jimi conhecia muito bem desde 1967. Entre os primeiros fãs da Bay Area e os jovens estudantes da Universidade da Califórnia em Berkeley, a "hendrixmania" estava no auge. As duas apresentações foram gravadas e filmadas. Durante a noite, Regina Jackson foi procurar Jimi para lhe falar sobre o apoio financeiro de que precisava para a filha. Eles acabaram tendo uma conversa séria em um restaurante, longe do olhar curioso e nocivo de Devon, que conseguira que Jimi a deixasse acompanhá-lo nessa turnê pela Califórnia. Regina jamais iria esquecer "como Jimi estava lindo em seu terno de couro preto".

Em 20 de junho fui visitar Jimi no hotel Beverly Rodeo. Eu tinha ouvido histórias dele em relação a drogas, e por isso estava muito angustiada. Falaram que ele estava usando cocaína e heroína com Devon e a turma dela. Desta vez Hendrix se hospedara numa pequena suíte, e não na cobertura. Ele, Mitch e Billy tinham chegado pouco antes.

Bati de leve na porta e disse meu nome. Jimi abriu sem dizer nada. Ignorando sua aparência exausta e que provavelmente dormira muito pouco – se é que dormira alguma coisa – antes de saírem do Novo México aquela manhã, fui logo partindo para cima dele como se eu fosse algum modelo de virtude:

— Fico muito triste porque metade da cidade de Nova York me liga dizendo que tipo de tóxico você anda tomando com seus falsos amigos. Cheira o tempo todo e depois vem falar de como você é *espiritual*. Que baboseira!

Os olhos de Jimi passaram do cansaço e do tédio ao ódio. Ele recuou até uma janela envidraçada, apoiou a mão sobre uma cadeira e parecia considerar a possibilidade de atirá-la contra mim. Estava a um passo de erguer o punho para me agredir.

— Não me faça cometer uma loucura! Estou precisando dormir – disse.

Afastei-me e perguntei-lhe se ele recebera uma carta que enviei para Nova York, uma carta que escrevi para animá-lo, expressando toda a minha fé em que ele podia e haveria de resolver sua vida. Ele me olhou sem compreender e de novo falou:

— *Não* faça eu me transformar num louco!

Eu nunca tinha ouvido aquele tom de ameaça partindo dele, e aquilo me encheu de raiva.

— Você é um louco – falei. — O que aconteceu com aquele bom senso em que você parecia acreditar?

Ele também nunca sentira antes qualquer agressividade ou desprezo de minha parte.

Aproximou-se, olhou-me nos olhos e exclamou:

— Foda-se! Fora daqui!

Caminhei até a porta com suas palavras retinindo em minha cabeça. Aquele não era o Jimi que eu conhecia. E esta outra pessoa eu não queria conhecer.

Henry Steingarten me telefonou para dizer oi quando chegou a Los Angeles depois de uma viagem de ônibus.

— Imagino que você tenha conversado com Jimi – disse ele com certa tristeza.

Estava aborrecido com Jimi, que não compareceu a várias reuniões importantes. E quando aparecia, saía logo ou ficava de olhos fechados sem dizer nada.

— Não –, menti. — Não tenho falado com ele ultimamente.

Eu não queria contar-lhe sobre nosso triste confronto. O advogado prosseguiu:

— Ele não está tendo o comportamento de um adulto responsável.

Em outros tempos, Steingarten teria feito um comentário afetuoso, algo como: "Jimi está a todo vapor esta semana." Mas agora, parecia ter perdido quase todo respeito por Jimi. Se ele se afastasse – e eu imaginei que não faltava muito para tal –, Jimi ficaria mais vulnerável que nunca.

Despejei tudo isso na correspondência que mantinha com Jack Meehan, do escritório da UPI em Londres. Jimi e Jack também se comunicavam de vez em quando. Jack talvez tivesse uns 50 anos na época, o que para mim e para todos que eu conhecia parecia muita coisa, mas era inteligente, delicado e muito perspicaz. Costumávamos trocar opiniões a respeito de muitos artistas, de Marianne Faithfull a Jim Morrison, dos Stones a Jefferson Airplane. Jack me mandou um telegrama insistindo para que eu tivesse "paciência com Jimi. Não se afaste dele". Mas eu sentia que isso já havia acontecido.

Pouco mais de uma semana depois de brigarmos no hotel Beverly Rodeo Hotel, Jimi me telefonou tarde da noite. Ao reconhecer sua voz, quase desliguei. Mas como ele parecia muito sério e sóbrio, resolvi escutar. Foram repetidas muitas vezes as expressões "Peço-lhe desculpas" e "Por favor, me perdoe". Ele fazia um grande esforço, mas me fazia mal ouvi-lo implorar. Disse-me que tinha voltado para Nova York.

— Procurei por tudo que estava empilhado aqui em casa e acabei encontrando a carta que você me mandou – disse ele. — Ela tem uma importância muito grande para mim. Li com todo o cuidado e vou continuar lendo-a.

Ele parecia arrependido e sincero.

— Não estou chapado, se é o que você está pensando.

Perguntei por que ele estava sóbrio aquela noite.

— Porque eu *quero* – foi a resposta. — Estou tentando mudar. Não acredita? Estou *realmente* tentando... – a voz dele sumiu.

Esperei um pouco, mas ele não disse nada. Eu estava muito silenciosa diante daquela história constante de confusão íntima e de todo aquele malabarismo com os seus problemas. Senti então como ele estava desesperado, tentando se controlar. Eu afinal disse tão baixo que mal consegui ouvir minha própria voz:

— A *sua vida* agora é um caso muito sério. Você não pode permitir que toda essa gente acabada ao seu redor ponha você para baixo.

Ambos chorávamos.

— Se algo acontecer a você, tanta luz vai abandonar este mundo... –, falei. Eu mal conseguia pronunciar as palavras.

— Eu sei, eu sei –, respondeu.

Quando desligamos, por mais estranho que possa parecer à primeira vista, pensei em dinheiro. Eu sabia que ele estava preocupado e constrangido pela ausência de apoio financeiro aos filhos que acreditava ter. Seu dinheiro "pessoal" nos últimos três anos tinha sido gasto apenas em roupas (para shows e para o dia-a-dia), em empréstimos a qualquer um que lhe pedisse, gorjetas generosas e também com as quantias pedidas pelo pai. Em períodos diferentes, ele comprou dois ou três Corvettes. Não tinha uma casa nem terreno. De vez em quando chegava a conta de uma batida com a limusine. No entanto, ter um carro com motorista significava também uma forma de segurança. As drogas em geral eram grátis, mas nem sempre. O grosso da renda dele era dissipado de duas formas: com os estúdios da Electric Lady e com as muitas despesas jurídicas. Se a carreira de Jimi tivesse uma administração honesta e competente, a maior parte desses gastos legais não teria sido necessária.

Em alguns aspectos, sem levar em conta seu talento ou sua fama, Jimi Hendrix era uma espécie de "curiosidade negra". Em 1970, a indústria fonográfica tinha a longa e vergonhosa tradição de tratar os músicos negros com desonestidade. Não eram só as gravadoras dos brancos que agiam assim, mas também certas companhias comandadas por negros. Parecia-me que os artistas negros que curtiam sua própria música eram muitas vezes punidos e desvalorizados com a maior facilidade: "Ah, ele [ou ela] aceita tudo, já se dá por contente só de estar trabalhando!" E de repente ali estava Hendrix descobrindo novos caminhos, um artista único, um verdadeiro astro aos olhos das platéias brancas. Dois executivos de gravadoras, um deles do próprio selo de Hendrix, vieram me perguntar numa festa: "Você acha que Jimi Hendrix tem consciência da sorte que tem?" Eu não soube responder.

Não havia passado mais de um ano desde os tempos em que Jimi costumava se mostrar divertido, excêntrico, idealista e repleto de idéias para sua música e sua vida. Fiquei imaginando quando ele voltaria a ser assim.

Em 4 de julho de 1970, Jimi, Billy e Mitch se apresentaram no Atlanta Pop Festival, realizado numa estrada de Atlanta, em Byron, Geórgia. O tempo estava tão quente e úmido que o show foi transferido da tarde para a meia-noite. Um fã adolescente que "acampara na lama" no festival de Woodstock, no verão anterior, e que pegou carona por centenas de quilômetros desde Washington D.C. até a Geórgia apenas para ouvi-lo tocar, descreveu a apresentação da seguinte maneira: "Jimi no seu melhor momento. Se apresentou com classe e concentração. Foi extraordinário ouvi-lo tocar 'The Star-Spangled Banner' no dia 4 de julho." Jovens de todo o sul compareceram ao festival, que durou três dias e atraiu cerca de meio milhão de pessoas. Junto com Woodstock, foi o mais impressionante evento da "nação hippie" em todos os tempos. Duane Allman, o mestre e influente da música sulista, apresentou-se com a Allman Brothers Band nos dias 3 e 5 de julho. Hendrix lamentou que a programação não permitisse uma *jam* entre eles.

Ver milhares de pessoas aos seus pés aplaudindo-o naquela noite de tanto calor significou uma poderosa redenção para o garoto que tocara pela primeira vez em Atlanta como um desconhecido músico acompanhante que dormia nos hotéis mais baratos e obedecia de maneira comportada aos avisos de "Só para negros".

Durante todo aquele verão, nos intervalos esporádicos entre as suas apresentações, Jimi passou muitas horas no Electric Lady Studios. Trabalhando em novas músicas e testando o som do estúdio, Hendrix explorava ritmos e sonoridades que ouvia na própria imaginação. A existência daquele novo estúdio se espalhou depressa, e os admiradores começaram a se juntar diante do nº 52 da West 8th Street, na esperança de conseguirem pelo menos um olhar de relance em Hendrix.

Poucos desses fãs teriam motivos para saber que, quase 50 anos antes, mais abaixo, naquela rua, no nº 18 – uma mansão histórica de vários

Lucille Jeter Hendrix. Esta fotografia da mãe de Jimi era a que ele mais gostava.

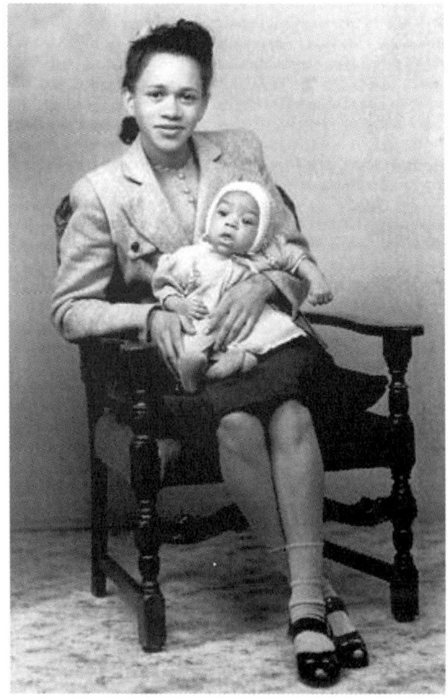

O bebê Johnny no colo da mãe.

Jimi e o irmão Leon, cerca de 1950. Quando Johnny estava quase com quatro anos, seu pai tomou providências para que seu nome fosse oficialmente trocado para James Marshall Hendrix. Mais tarde, Johnny/Jimmy falou sobre os primeiros anos de sua vida como "cheios de confusão". Ele não conversava facilmente sobre suas lembranças de infância.

Jimi no palco do Olympia em Paris, 18 de outubro de 1966. "Imagine", comentou ele, "o filhinho de Lucille em Paris, França!"

18 de outubro de 1966. Essa é uma das primeiras fotos de Jimi e sua banda, num show em Paris, decisivo para a decolagem do Experience. "Jimi estava tão natural" – comentou o fotógrafo Jean-Pierre Leloir, que se tornou amigo dele e continuou a produzir grandes fotos de Hendrix. No baixo, Noel Redding.

Este "quadro" dos anos 1960 foi feito horas antes de Jimi subir ao palco no Monterrey Pop Festival, em junho de 1967. Aqui, ele aparece pensando em "como fazer explodir a cabeça da platéia". Usou a mesma blusa no palco, naquela noite. John Entwistle, do Who, e Noel Redding atrás de Jimi.

Paris, 9 de outubro de 1967. "Yeah!"

Jimi Hendrix e sua jaqueta *fab*. Ele adorava roupas e era seu próprio estilista. Tornou-se um ícone da moda em sua geração e nas que se seguiram.

[Ao lado] Paris, 9 de outubro de 1967. Nem sempre ele era "selvagem". Mesmo imóvel, Hendrix irradiava arte.

[Abaixo] Noel, Jimi e Mitch em seu camarim no Olympia de Paris, em 9 de outubro de 1967. Cabelos extravagantes, roupas estranhas, música inovadora. Um ano depois da formação do *Experience*, eles já tinham fama mundial, enquanto a vida se tornava uma turnê sem fim.

[Ao lado] Jimi e Chas Chandler, ex-baixista dos Animals, no Marquee Club, em Londres, cerca de 1967. Eles se conheceram em 1966, em New York City.

[Abaixo] Jimi com Mitch, Noel e Chas na Alemanha, em 1967. No ano anterior, logo depois de formarem o grupo, eles fizeram algumas apresentações ocasionais para os militares norte-americanos na Alemanha.

Um humilde Hendrix recebendo do DJ Jimmy Saville o Melody Maker Prêmio para o "Maior Músico Pop do Mundo", em 1967. Esse foi um dos dias mais felizes da vida de Jimi. Um ano antes ele passava fome pelas ruas.

Uma rara foto em grupo de Jimi, Billy Cox e Mitch. Preocupado com os problemas no som, Jimi recuara no palco até o conjunto da bateria, no imenso festival da ilha de Wight, em agosto de 1970. A imagem foi feita três semanas antes de sua morte.

O pai e o irmão de Jimi, Al e Leon, recebem a estrela de Jimi na Calçada da Fama de Hollywood, em 12 de novembro de 1991.

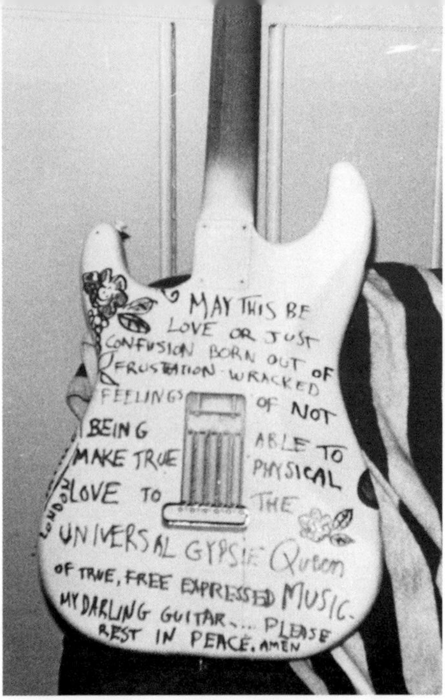

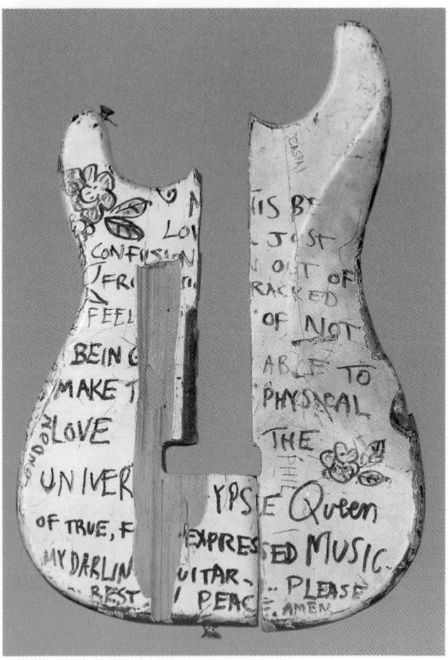

Jimi pintou a mão esta Stratocaster, de 1965, que "sacrificou" no Saville Theatre de Londres, no dia 4 de junho de 1967. Ele acrescentou algumas palavras na parte de trás da guitarra antes de lançá-la sobre a platéia: "Minha querida guitarra... Por favor, descanse em paz. Amém."

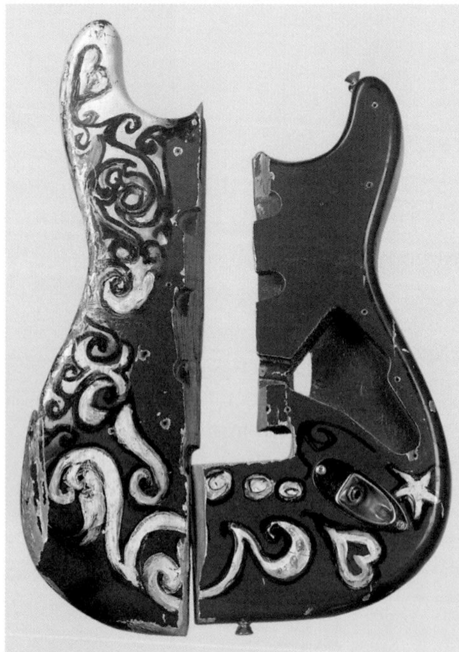

A guitarra por fim se despedaçou, depois do "sacrifício", sendo posteriormente restaurada.

andares –, um outro jovem atraente de Nova York passava as tardes de sábado ali, tocando, diante de um grupo de intelectuais enfeitiçados, suas novas composições no piano. O nome dele era George Gershwin.

Quando Hendrix descobriu Bob Dylan, resolveu conhecer também um pouco acerca daquele que inspirou o próprio Dylan: Woody Guthrie. "Era um homem que sabia o que é o sofrimento", disse-me Jimi em 1969. "Teve uma vida difícil, nos tempos da Depressão e tudo mais. Woody compôs centenas de músicas e também desenhava caricaturas. Morreu há poucos anos. Tudo nele vinha de dentro. Acho que ele deve ter sido um *gênio*." Esta foi uma das poucas vezes que ouvi Jimi usar essa palavra. Em julho de 1970, ele me enviou alguns versos de Woody Guthrie pelo correio:

> I am out to sing songs that will prove to you
> that this is your world
> and that if it has hit you pretty hard
> and knocked you for a dozen loops,
> no matter how hard it's run you down,
> and rolled over you,
> no matter what color, what size you are,
> how you are built; I am out to sing the songs
> that will make you take pride in yourself
> and in your work.*

No mesmo envelope, Jimi anexou algumas cópias de contratos e outros documentos semelhantes. Nenhuma explicação os acompanhava. Concluí que ele viu naqueles versos a representação das duas facções em guerra na vida dele: o orgulho e os negócios.

* Saí para cantar canções que irão provar a você/ que este mundo é o seu,/ e que se ele o atingiu com muita dureza/ e fez você cambalear muitas vezes, ao lhe bater,/ não importa a força com que ele o derrubou/ e o fez rolar pelo chão,/ não importa a cor que você tem ou o seu tamanho,/ não importa de que você é feito; eu saí para cantar as canções/ que irão fazer você se orgulhar de si mesmo/ e também do trabalho que faz. (N.T.)

Naquele verão, Lonnie Youngblood encontrou-se com seu velho amigo dos primeiros tempos em Nova York. Lonnie recorda de Jimi com uma fisionomia muito séria. "Ele estava famoso, tinha dinheiro e um monte de preocupações. Disse para mim: 'Cara, tenho que fazer umas mudanças. A música não está indo para onde eu quero que ela vá.'"

Capítulo 11

"Purple Haze"

"Is it tomorrow, or just the end of time?"*

Jimi Hendrix

Os dias andavam quentes e ensolarados em San Diego, onde Jimi, Mitch e Billy tinham se divertido bastante com o show que fizeram, quase tanto quanto os fãs. Mas quando viajaram para Seattle no dia seguinte, 26 de julho, Jimi sentiu muito frio e teve tremores quando um vento forte começou a soprar. Sabendo bem como era instável o clima em Seattle, ficou na dúvida se deveria tocar ao ar livre no Sicks' Stadium. Tinha quase certeza de que iria chover. Aos poucos o céu foi ficando cinza, assim como o humor dele.

Sammy Drain, seu amigo de infância e também um apaixonado guitarrista, lembra daquela noite: "Choveu durante todo o show, o que causou problemas na parte elétrica. Estava perigoso. Encontrei Jimi na casa do pai dele depois do concerto. Ele continuava repetindo: 'Sammy, foi tudo uma droga, uma *droga*...' Eu lhe disse então: 'Você tocou bem demais!' Jimi era do tipo que sempre achava que podia ter sido melhor, não importava quanto havia tocado bem. Mostrei a ele meu carro novo. Ele falou: 'Cara, é um belo carro!' E também comentou sobre seu Corvette branco... No entanto, ele parecia inquieto. Tive a impressão de que alguma coisa além do show estava incomodando ele."

---

* "Já é amanhã, ou é apenas o fim do tempo?" (N.T.)

Jimi me telefonou do Havaí alguns dias após o show em Seattle. Falamos brevemente sobre as entrevistas que eu tinha feito nas locações de um filme e que haviam me obrigado a sair de Los Angeles. Ele me disse:

— Você anda bastante ocupada, não? – e acrescentou: — Eu também. Fizemos um show em Honolulu, e antes disso toquei guitarra entre duas crateras vulcânicas, dois vulcões extintos, sabe, em Mauí. Fizemos dois shows lá e agora está rolando toda essa confusão e lengalenga de um filme, *Rainbow Bridge*, que Jeffery me arrastou para participar.

Nós dois já havíamos conversado sobre as pretensões que Jeffery tinha de se tornar produtor cinematográfico e de como vinha mexendo os seus pauzinhos para conseguir financiamento.

— Tenho dúvidas sobre esse filme – disse Jimi. — O mínimo que a gente pode dizer é que ele é muito esquisito. Tem umas colheradas hippies e muito blablablá. Não é um filme *de verdade*. Mike andou derramando o seu charme por tudo quanto é lado e se comportando sempre como aquele amigão. Alugou uma bela casa para mim aqui, fica numa região linda. Hoje estão filmando longe daqui e estou de cama, me recuperando. Aproveitei para pôr as coisas em dia com você.

— Se recuperando do quê? –, eu quis saber.

— Bom. Eu estava no mar e cortei o pé nuns corais pontiagudos. Nossa, como aquilo machuca! Espeta como você nem imagina. No final tive que ir para o hospital me tratar. Então eles vieram com uma daquelas agulhas enormes, que desde criança me deixam apavorado, para prevenir alguma infecção. O médico me falou: 'Vá para a cama e fique lá.' Estou me sentindo carente demais. Mas tenho pensado muito. Fazendo reavaliações, como você costuma dizer.

— Hum... – falei. — Mas isso é bom, não?

— Reavaliar é muito penoso – exclamou ele. — Tenho analisado Jeffery com cuidado, e também os puxa-sacos que aparecem de vez em quando, e tenho pensado em meu pai e até em mim mesmo.

O seu tom indicava que nossa conversa iria tomar um rumo sério. Fiquei imaginando o que poderia ter desencadeado aquilo.

— Sabe as crianças de que lhe falei? Eu já lhe mostrei a fotografia da menininha. Vou ter que fazer alguma coisa por eles, fazer as coisas certas, me envolver, sabe. Eu *não posso* ter filhos que depois vão crescer da forma como eu cresci. Eu preciso conhecê-los e lhes dar o meu apoio.

— Eu compreendo.

— Isso não sai da minha cabeça nesses últimos tempos. Quando estive em Seattle no mês passado, aconteceram umas coisas, me disseram umas coisas...

De repente ele se calou. No princípio, pensei que a ligação havia caído. Mas sua voz surgiu de novo, num tom baixo e perturbado.

— Tinha tanta comida na casa do meu pai, tanta gente, amigos antigos, parentes, gente de que eu nunca ouvi falar e que tinha vindo para me ver. Papai e a mulher japonesa dele tinham fotos minhas espalhadas pela casa, um pôster e tudo mais. Vinham sempre com a mesma ladainha da fama. Então, naquele momento, meu pai me pegou para falar de dinheiro, querendo saber sobre minha situação nos negócios. A única coisa que ele sabia sobre Mike Jeffery era que o escritório de Mike era para onde ele ligava quando precisava de dinheiro. Eu posso lhe afiançar com toda a naturalidade que, se nem eu mesmo posso compreender toda essa maldita confusão, como diabos poderia ele? Precisaria mil anos para conseguir analisar tudo aquilo.

Interrompi:

— Não deixam você descansar e ficar quieto nem em casa.

— Exato – respondeu ele. — *Exato*! Você acredita que ele acabou me perguntando se eu já tinha providenciado o meu testamento e se ele seria meu beneficiário? Quantos anos eu tenho? Vinte e sete, não é isso? Ele tem duas vezes a minha idade e quer ser beneficiário do meu testamento? – suspirou profundamente e completou: — Acho que todos eles querem que eu morra.

Aquelas palavras me assombraram.

— Não, Jimi, não! Ele só devia estar um pouco descontrolado. Ele não pode ter tido essa intenção.

Quando percebi, eu estava defendendo o pai dele, que eu nem conhecia, e tentando abrandar aquela dolorosa situação familiar.

— Não – respondeu Jimi. — Você está *errada*. Aquilo foi *sério*. Meu pai teve a intenção de dizer cada palavra que disse. E ainda tinha alguém mais, além dele, para ficar me perturbando e fazendo perguntas sobre meus bens e toda essa droga. E sempre com a velha ladainha de tudo o que meu pai havia feito por mim. Ah, foi uma cena horrorosa, horrorosa mesmo, posso lhe garantir. Eu não via a hora de me mandar dali!

Não foi a primeira vez que ele me contou que o pai identificava sua música ao dinheiro, muito dinheiro. Então era *isso* que o deixava irritado. Sentia-se desrespeitado. Mas eu não quis ouvir mais porque não havia nada que eu pudesse fazer.

— Jimi, como você costuma dizer, é tudo uma droga!

— É, uma droga! – repetiu. — É isso mesmo – e deu uma risada que soou amarga.

Hendrix trocou o Havaí pelo nevoento calor de agosto em Nova York. Telefonou-me para informar que o Electric Lady Studios estava em franco andamento, me deu detalhes sobre os novos microfones e outras inovações técnicas que o deixavam muito animado.

— Acho que você deve ser o único astro... ahn... do rock que tem o seu próprio estúdio – falei, me sentindo imediatamente constrangida porque poucas vezes usava o termo "astro" para me referir a ele, que jamais se intitulava assim.

— Se Ed Chalpin tiver caminho livre, eu não vou ter esse estúdio por muito tempo. Ele entrou agora com *mais um* processo contra mim. Tem vezes que fico entusiasmado de verdade com o estúdio. Outras vezes sinto medo. Não posso arcar sozinho com ele. Estar ligado ao estúdio significa, naturalmente, estar ligado a Jeffery. Iremos à Inglaterra, para a ilha de Wight, e você pode imaginar como vai ser uma chatice – e concluiu com desgosto: — Os festivais são mesmo uma piada.

Em outros tempos, Hendrix acreditava nos slogans "paz, amor e música" daqueles rituais de massa. Agora estava desiludido, considerava-os apenas "viagens por dinheiro", que recompensavam mais os promotores que o público. Ao mesmo tempo, Jimi admitia com pesar:

— Tenho de fazer minha própria viagem por dinheiro. Pagar salários e mil outras coisas, aquela lengalenga toda. Estou lhe chateando? Porque estou me chateando!

Eu disse que iria tirar minhas férias habituais na Inglaterra e na França.

— Tinha pensado em ir à ilha de Wight, mas Jimi, você mesmo não parece acreditar que valha muito o esforço.

Ele pensou por alguns momentos:

— É provável que você se divirta muito mais em Londres. Quem sabe não mandamos a banda se apresentar enquanto vamos ao cinema assistir a um filme e comer pipoca!

Eu ri daquela idéia e disse:

— Só se você primeiro fizer o show para a gente ter dinheiro para os ingressos.

— É verdade que vou estar na ilha de Wight – disse. A entonação dele sugeria que esse fato constituía um verdadeiro problema. — Gostaria de ter alguma coisa especial para apresentar. Eles estão na expectativa de uma banda nova, que seja bem emocionante. E a banda ainda não chegou *a tanto*. *Não posso* declarar isso numa entrevista. Acabei de ler uma carta de Les Perrin sobre toda a publicidade que os promotores querem que eu faça. Eu não gosto de parecer, ou melhor, de *ser* falso.

— Pare de se queixar, Hendrix! – falei para tentar animá-lo. — A imprensa inglesa sempre o amou. Sempre foram os melhores amigos que você poderia desejar. Não vão lhe cortar em pedaços. Você é *bom*. Já se esqueceu disso?

Combinamos que daríamos os nossos números telefônicos em Londres a Les Perrin.

— Peça para Les lhe dizer onde vou ficar hospedado e me telefone assim que chegar, *ok*? Não vai esquecer?

— Não. Não vou esquecer.

Em 26 de agosto de 1970, Hendrix apareceu na festa de inauguração do Electric Lady. A lista de convidados era uma mistura de pessoas da imprensa, músicos, amigos e supostos amigos. "Eddie Kramer sugeriu que servíssemos sushi", lembra Pat Costello. "Na época isso não era comum, e as pessoas gostaram muito de provar. Também adoraram passear pelo estúdio e ficaram excitadas por verem Jimi tão de perto." Um dos convidados, um fã e fotógrafo conhecido como "Clicker", declarou: "Foi uma festa muito boa, embora não tenha sido maravilhosa." Ele recorda que Hendrix parecia evitar Devon Wilson. "Ele agia como se estivesse com medo dela."

Jimi poderia permanecer mais tempo no estúdio como o centro das atenções mas preferiu ir embora cedo. Uma limusine o esperava do lado de fora, na West 8th Street, para conduzi-lo até o aeroporto JFK, e ele embarcar no vôo da British Airways para o aeroporto de Heathrow. Eric Barrett, seu *roadie* e técnico de guitarras predileto, sentiu-se muito honrado ao lhe pedirem para acompanhar Hendrix.

Quase quatro anos haviam se passado desde que Hendrix, então um ilustre desconhecido, tomara um avião pela primeira vez para ir a Londres. Nessa manhã de agosto de 1970, logo depois de sua chegada a Heathrow, ele declarou: "Ninguém jamais poderá compreender o que a Inglaterra significou para mim. Tudo aconteceu aqui. Tantas coisas boas!"

Assim que cheguei a Londres, recebi um telefonema do escritório dos Rolling Stones. Perguntaram-me se eu não poderia aparecer na Maddox Street para falar com Mick Jagger. Eu conhecia os Stones apenas casualmente, de encontros sobretudo em Los Angeles, onde Les Perrin me pedira para ser sempre amável e atenciosa com seus clientes mais preciosos. Les sabia bem o quanto eu gostava da música deles. Numa atmosfera de caos controlado – entregadores chamavam pelo interfone, roupas de shows eram inspecionadas, telefones tocavam sem parar e um som de rock saía a todo volume da vitrola estéreo –, Jagger se mostrou brilhante e engraçado como sempre. Deixou-me aturdida quando me perguntou se eu não poderia juntar-me a eles na próxima turnê da banda pela Europa. Les Perrin não se sentia muito bem, talvez não pudesse acompanhá-los, e Mick precisava de alguém que ao mesmo tempo solucionasse problemas e lidasse com a imprensa.

Nessa época, Jagger não só era o principal vocalista e um dos compositores da banda, mas administrador e produtor das turnês. Mostrava-se muito competente numa variedade de tarefas. Estar sentada com todo o conforto numa grande poltrona acolchoada no escritório de minha banda predileta, vendo Jagger derramar todo aquele seu charme, foi algo extraordinário. A idéia de poder estar presente durante os ensaios do grupo e em uma série de shows preparatórios na Dinamarca, Suécia, Finlândia e Alemanha me pareceu fabulosa demais – ou *fab*, como todos gostávamos de chamar tudo que fosse excitante ou sensacional. Fiquei sem saber. Aquela oportunidade não me deixaria tempo para as férias de que eu tanto necessitava. Jagger continuava a me seduzir:

— Vamos decolar de Heathrow dentro de dois dias – disse. — Sharon, eu preciso de você. *Nós* precisamos de você. Por favor, venha com a gente.

— Eu adoraria, mas...

— No fim nós vamos a Paris. Você nem pode acreditar como tudo será maravilhoso – acrescentou provocante.

— Não – respondi. — Preciso retornar ao meu trabalho no dia 21 de setembro.

Ter de recusar aquele convite me deixava torturada.

— Dê algumas horas para eu pensar. Telefono para você.

Resolvi me lançar numa rápida orgia de compras, porque fazer compras era uma das principais razões de eu querer tirar férias em Londres. Parei na Foale & Tuffin, na Liberty e na Mary Quant, em minha corrida. De volta ao quarto, telefonei para Hendrix no hotel Londonderry, onde ele concedia entrevistas para a imprensa.

— Falei, falei, falei, deixei eles tirarem um zilhão de fotografias –, contou ele. — Você tinha razão: eles ainda gostam de mim. Saber disso faz com que eu me sinta melhor. É claro que estou cansado e preocupado com a apresentação. Não teve ensaio, essas coisas. No entanto, foram muitas as perguntas sobre o Electric Lady. É complicado. Eu queria ser honesto e dizer que o estúdio pertence a Mike, que só estou pagando por tudo.

Ele ficou divagando por um tempo, assim como fazem as pessoas famosas depois de falarem muito com gente da imprensa num curto período. Respirou fundo e afinal disse:

— Mas você está aqui! *Só agora* me dei conta de que você está em Londres!

— É, e como sempre estou emocionada por estar aqui – e fui direto ao assunto: — Jimi, decidi seguir seu conselho e não ir à ilha de Wight. A coisa está me parecendo *muito grande* e não quero ser levada por uma multidão selvagem que me empurra para lá e para cá. De qualquer modo... Ahn... Você provavelmente já sabe que Les Perrin está com uns problemas de saúde, por isso vou viajar com os Stones na turnê deles, para dar uma ajuda.

Parece que isso chamou sua atenção:

— Você não é obrigada a ir.

— Bom. Nunca estive na Escandinávia, e esta é uma ótima oportunidade para mim.

— Ah – exclamou ele com firmeza. — É melhor você ter cuidado.

Ele não gostava da idéia, mas eu não estava me importando com isso.

Escolhi a dedo cada uma das flores de um buquê que eu sabia que ele ia adorar, escrevi um cartão repleto de votos de sucesso na apresentação e mandei entregar em seu hotel. Dois dias depois juntei-me aos Rolling Stones e à montanha de bagagens em Heathrow. Cuidadosamente colocada no topo da pilha estava uma caixa de brinquedos com o nome "Marlon" escrito: o pequeno filho de Keith Richards e Anita Pallemberg era um integrante muito querido do grupo nas turnês dos Rolling Stones.

A "hendrixmania" estava febril na ilha de Wight, onde uma multidão de meio milhão de fãs, vindos de todo o Reino Unido e da Europa, acampara à espera de Jimi. Ele estava, como costumava dizer, "no ponto" para exibir uma grande performance.

Jean-Pierre Leloir, o fotógrafo francês amigo de Hendrix, estava lá naquele fim de semana. "Jimi me pareceu fraco", recorda ele. "Magro, as calças quase caíam. O som dos alto-falantes estava ruim. Eu podia perceber a infelicidade estampada em seu rosto. Não era aquele cara forte que eu tinha visto outras vezes. Jimi não tinha a mesma presença."

Como Jimi havia me dito, ele, Mitch e Billy não tinham ensaiado para o festival. Abriram seu número com "God Save the Queen" e, apesar dos problemas de som e de outros de ordem técnica, conseguiram deslanchar, algumas vezes com certo descuido, outras com brilhantismo, em clássicos como "Spanish Castle Magic", "All Along the Watchtower", "Foxy Lady", "Purple Haze", "Red House" e, em homenagem aos velhos tempos, "Sgt. Pepper's Lonely Hearts Club Band", dos Beatles. A certa altura, muito frustrado por causa da qualidade do som, Jimi recuou até o fundo do palco, para trás da bateria de Mitch, e foi seguido por Billy. Ali o trio tentou firmar e ajustar o equipamento. Jimi foi o tempo todo aplaudido pela multidão, que o amava de maneira incondicional.

Depois de quase uma semana sob o ritmo frenético da música dos Stones e dos ciúmes e minidramas banais tão comuns nessas viagens, fui tirada de um sono profundo no meio da noite. Eu estava em meu quarto no hotel Floresta, na Suécia, quando recebi o telefonema de um promotor de shows sueco que trabalhava com os Stones. "O seu amigo Hendrix estragou o meu concerto em Århus", disse ele com a voz trovejante e irada pelo telefone. "Ele tropeçava pelo palco, isso quando conseguia se mexer. Foi incapaz de fazer o show inteiro. Incapaz! Tive que devolver todo o dinheiro dos ingressos. Vou perder tudo se ele não se apresentar em Copenhague. E a carreira dele estará acabada!"

Incapaz? Ah, meu Deus... essa palavra me apavorou. Bem cedo, na manhã seguinte, com toda a calma, muito séria e constrangida, transmiti minhas preocupações a Mick Jagger. Sentia-me pouco à vontade e de certa forma desleal por abordar problemas pessoais de Hendrix – embora muito brevemente e escolhendo com muito cuidado as palavras –, apesar de saber que ninguém melhor do que Mick para compreendê-los. Ele tornou tudo fácil para mim: "Vá até lá hoje mesmo. Você precisa vê-lo. Não se preocupe com a gente. Mas também não demore muito, falou?"

O agente de viagens dos Stones, de uma eficiência e bondade maravilhosas, providenciou minha passagem e fez uma reserva no mesmo hotel em que se encontravam hospedados Jimi, Mitch e Billy em Copenhague. Assim que me registrei e troquei de roupa, tomei um táxi para a KB Hallen, a sala de concertos onde uma multidão fazia fila para assistir ao show. O promotor deixara um ingresso para mim.

A porta do comprido e estreito camarim estava escancarada, e o recinto se encontrava repleto de garotas bonitas que se acotovelavam ao redor de Jimi. Este sentado numa poltrona ao fundo, distribuía atenção a todo o mundo. Dei alguns passos para dentro. Os olhos de Jimi se arregalaram, ele se levantou no mesmo instante e avançou em minha direção. Abraçou-me com força, beijou-me com afeto e em seguida afastou-se um pouco, admirando minha roupa nova e os sapatos de salto alto que eu havia comprado em Londres. Em geral agíamos com naturalidade quando nos cumprimentávamos, o que me fez admitir que toda aquela atenção significava que ele estava de fato feliz por me ver. Era a primeira vez que nos encontrávamos no mesmo aposento desde aquela deprimente discussão em junho. As atraentes mocinhas dinamarquesas mostravam surpresa e curiosidade ao descobrirem aquele novo ingrediente na receita. Hendrix estava mais magro, mas parecia bem. Estava na dele, e isso era tudo que eu precisava saber.

— Esta é Sharon – anunciou para todo o camarim. — Esta é *minha amiga*!

O tom era orgulhoso e sentimental.

— Estava preocupada com você – disse-lhe em voz baixa, para que ninguém ouvisse.

A fisionomia de Jimi se abrandou ainda mais. Minhas palavras o emocionaram, como se jamais tivesse ouvido nada semelhante.

— Você é muito gentil – disse ele. Deve ter se dado conta de que haviam me contado sobre o fiasco da noite anterior. Então acrescentou:

— Vou estar bem esta noite.

Deixei que ele voltasse às suas "distrações" e fui procurar meu lugar na platéia. A sala de espetáculos era de tamanho médio, com capacidade para cerca de quatro mil pessoas. Sempre apreciei uma boa entrada no palco. Aqueles dinamarqueses todos, de pele e cabelos tão claros, normalmente muito calmos, começaram a gritar e a aplaudir no mesmo instante em que viram Jimi. Este era a própria imagem da saúde ao subir ao palco. Tocou muito bem, embora aquela não tenha sido uma das melhores performances da banda. Mesmo assim, a platéia parecia sentir que recebia muito mais que o valor do ingresso. Na bateria, Mitch foi exato como sempre, e seu rosto era só sorrisos. Ele acabava de chegar de uma rápida viagem a Londres para ver sua filha recém-nascida. Billy Cox, a despeito de histórias que haviam me contado sobre o seu desempenho, parecia estar em boa forma ao executar os sólidos ritmos do baixo que haviam impressionado Hendrix desde o início da amizade deles. As pessoas sentavam-se nas beiradas das poltronas durante músicas como "Purple Haze", "Foxy Lady" e "All Along the Watchtower". Como na ilha de Wight, Copenhague adorou Jimi, e na parte final do show todos estavam felizes por ouvir qualquer coisa que ele escolhesse tocar. Quando se cansava de toda aquela encenação espetacular e excitante, Jimi simplesmente mudava o ritmo e ficava no mesmo lugar, uma presença tranqüila porém dinâmica, fundindo-se suave com o instrumento. O trem da montanha-russa afinal voltara aos trilhos.

O único senão naquela noite emocionante era a preocupação de Jimi com Billy Cox, seu antigo companheiro de Exército, dono de uma fala mansa e de hábitos nada mundanos. "Ele não está dando conta de tudo isso", disse-me Hendrix baixinho quando retornávamos ao hotel. "É diferente demais de tudo que ele estava acostumado." Toda a confusão, a incessante tensão que permeava a órbita de Hendrix e todas as viagens a lugares desconhecidos – e ainda uma dose de LSD "fajuto" na Suécia –, tudo fizera com que Billy passasse a ter um comportamento muito estranho. "Converse com ele, falou?", pediu Jimi.

Enquanto Jimi festejava com seus admiradores escandinavos, Billy Cox e eu nos acomodamos no mezanino do hotel. Conversamos sobre o

Electric Lady Studios e o respeito que tinha por Jimi. "Ele é um grande astro *em toda parte* e merece isso!", comentou. "Tenho medo de estar decepcionando ele. Você sabe, tem gente ligada a ele que *me odeia. Não querem* que eu toque com Jimi. Tenho de organizar minha vida, não estou habituado a essa loucura. Não sei como ele pode agüentar." Falou por um bom tempo sobre a vida na estrada e em seguida me fez uma série de perguntas sobre os Stones. Como eles eram de verdade, o que pensavam de Hendrix...

Às três da manhã pude enfim retornar ao meu quarto. Fora mais um longo dia. Seis horas depois seguíamos, eu e Cox, em um carro, numa pequena caravana que incluía Mitch, Jimi e toda a equipe deles a caminho do aeroporto. A próxima escala da turnê era na Alemanha. Eles eram os nomes principais de um concerto em Berlim e de um festival de verão na ilha alemã de Fehmarn. Enquanto eram despachadas as bagagens, Jimi me fez um sinal para que nos afastássemos do grupo. Então vagamos por uma distância que nos pareceu de quilômetros pelo corredor interminável do imenso aeroporto de Copenhague. Eu ainda segurava meu passaporte nas mãos enquanto andávamos. Hendrix arregalou os olhos surpreso:

— Como você consegue manter seu passaporte tão *limpinho*? –, e me mostrou o dele, todo retorcido e estragado.

— É simples, muito simples – respondi. — Toda noite eu limpo ele com uma toalhinha e um sabonete hidratante para o rosto. E depois o seco com o secador de cabelos.

Ele me olhou com o canto do olho, refletindo sobre o que eu acabara de dizer enquanto eu fazia força para não rir. Aí expliquei:

— É que acabei de renovar meu passaporte, ele é novinho!

Jimi gargalhou e me dirigiu um de seus amplos e maravilhosos sorrisos.

Ao chegarmos ao portão de embarque para o vôo que me levaria de volta à Suécia e aos Stones, eu me detive, sorri para Jimi e disse:

— Divirta-se! – e depois o beijei no rosto.

— Que é isso? – perguntou segurando o meu braço. — Você não vem com a gente?

Expliquei-lhe a minha situação:

— Eles estão contando comigo.

— Quantos shows dos Stones você ainda tem de assistir?

Seu olhar sério tornara-se espantado.

— Cara, eu sou um espírito livre! – declarei.

Mantive a situação numa atmosfera leve. Porém, uma parte minha pensava: "Quem sabe você poderia mudar seus planos e ir assistir a esses shows na Alemanha... Você não deve nada aos Stones." Mesmo assim continuei firme porque sabia que não podia controlar ou modificar a vida de Jimi.

De súbito, ele perguntou:

— Como é que vai Keith?

— Um trapo – disse eu. — Anda se drogando pesado. É triste, dá aflição. Mike está bastante preocupado.

Jimi deu um suspiro.

— Como andam os shows deles?

— Maravilhosos! Fluem melhor a cada noite. Apesar de tudo, Keith continua suportando os shows.

— Você não vai ficar com eles para sempre, não é? –, perguntou. — Você não disse que tinha que voltar logo para o trabalho?

— Vou estar de volta ao escritório em L.A. no dia 21 de setembro. Quero receber meu cheque!

Ele riu.

— Muito bem! Você merece muito mais do que a vida na estrada. Não vá se envolver demais com esses Stones. Vou voltar e visitar você em Los Angeles, falou? E aí vamos ao cinema!

Ficamos parados um instante. Então ele me deu um beijo.

— Espírito livre... – repetiu. — Ora bolas!

Eu lhe disse de brincadeira:

— A gente se encontra quando se encontrar, está bem?

E corri para o balcão do *check-in* do vôo para Estocolmo.

Eu adorava ficar ouvindo os Stones afinarem os instrumentos no camarim, ou me sentar bem na fileira da frente durante os shows. Aquela música energizante era minha recompensa por ter ficado horas insistindo no restaurante do hotel para que não fechassem as portas até depois da meia-noite de modo que Keith pudesse se deliciar com seus *crêpes suzette* "corretamente flambados", e por ter organizado uma série de solicitações de uma longa lista de repórteres e fotógrafos que se julgavam muito importantes e que "tinham que" passar alguns momentos com "os meninos". Estava difícil ir embora, mas a vida real me chamava. Depois de trabalhar até tarde da noite, fui bocejando para o aeroporto de Hamburgo e viajei para Paris, onde fiquei quatro horas vendo arte, amigos e lojas. O trânsito estava terrível na volta para o aeroporto de Orly. Peguei o avião para Londres. Havia sido um dia de muito trabalho, e eu ainda tinha de enfrentar mais quatro dias como aquele antes de voltar para Los Angeles.

Era impossível não se sentir muito bem naquela noite de verão de terça-feira em Londres. Deixei minha bagagem na casa de um amigo e fomos para Highgate Hill, onde ficava o Ronnie Scott's, famoso clube de jazz situado na Frith Street, bem no coração do Soho. Já havia passado algum tempo desde que Eric Burdon – que fora o principal vocalista dos Animals e nos últimos tempos residia em Los Angeles – se apresentara em Londres. Agora ele estava com a outra banda, War, e disposto a mostrar suas "coisas novas" aos antigos companheiros. A primeira parte do show foi muito excitante e tocada num volume ensurdecedor. Depois da apresentação, Eric me apresentou a seus pais. Eles haviam enfrentado uma viagem de trem desde Newcastle-on-Tyne, que fica ao norte de Londres.

Os Burdon eram um casal despretensioso, muito gentil e com os pés no chão. Adoravam aquele jovem selvagem a quem sempre se referiam como "nosso Eric". Era difícil entender o sotaque *geordie* deles, a um tempo doce e áspero, naquele bar lotado e barulhento do pequeno clube. Uma agradável atmosfera de camaradagem pairava no ar, e como eu já vira muitas vezes Eric e War em Los Angeles, estava convencida de que Londres inteira haveria de se impressionar com a música deles, e que Eric, com sua voz poderosa e sua presença de palco, se colocaria mais uma vez no topo. A grande presença do público demonstrou o quanto a indústria musical estava disposta a apoiar Eric. Assegurei ao senhor e à senhora Burdon que aquela seria uma semana memorável para o "nosso Eric".

"Hendrix está aqui!" Um súbito e excitado murmúrio se elevou pelo clube. Achei que não poderia ser verdade, já que a banda de Jimi ainda estava em turnê. Todos em nossa mesa se voltaram, e ali, a alguns metros de nós, pudemos ver as costas de uma pessoa alta com uma exótica pelerine sobre os ombros. Uma mulher com ar de estrangeira, forte mas com o corpo muito bonito, trajando roupas caras, estava a seu lado. Seu rosto brilhava de orgulho enquanto o segurava pelo braço. Jimi se movimentava devagar, parecia estar aturdido. Levantei-me para falar com ele. Jimi levou um bom tempo para se dar conta de quem era eu. Na verdade, foi preciso que eu dissesse:

— Jimi, é Sharon.

Sua fisionomia estava pálida, os olhos castanhos pareciam exaustos e até amedrontados. Eu jamais tinha visto Jimi naquele estado.

— Sharon –, ele murmurou. — Ah, Sharon! – olhou-me nos olhos e balbuciou: — Estou quase lá...

Aquilo parecia mais do que simplesmente viajar. Alguma coisa muito séria estava se passando com Jimi. Algo *horrível*. Eu não sabia o que dizer ou o que fazer. A mulher puxou-o pelo braço e eu me afastei.

Voltando à minha mesa, apanhei a bolsa e me despedi de todos. Não podia ficar para assistir à segunda parte da apresentação de Eric. Seria impossível, agora, aproveitar seja lá o que fosse. Eu precisava respirar. Precisava caminhar. Queria ficar sozinha. Ao deixar o clube, corri até um amigo meu que era repórter do *New Musical Express*. Segundo ele, Hendrix cancelara todo o resto da turnê pela Europa porque "houve problemas com Billy Cox, e isso deixou Jimi furioso. Jimi trouxe ele para cá a fim de consultar um médico. Agora Billy já tinha voltado para os Estados Unidos". Em minha conversa com Billy em Copenhague eu senti que tudo se resumia ao fato de que ele era uma pessoa muito sensível e estava farto daquele circo constante à sua volta.

Fiquei surpresa ao receber um telefonema de Hendrix no final da manhã seguinte, quando me preparava para um compromisso. Nenhum de nós mencionou o nosso encontro no Ronnie Scott's. Não que eu quisesse evitar o assunto, mas ele falava o tempo todo. Parecia muito nervoso e zangado.

— Não consigo dormir. Não posso me concentrar para compor. Esse Chalpin está acabando comigo. Soube que ele está para chegar a Londres qualquer dia desses.

— Você falou com ele?

— Droga, não! Já estou cansado de falar. O que adiantou eu falar com ele?

Ed Chalpin agora processava a Track Records e a Polydor Records, que distribuíam a música de Jimi no Reino Unido. As sessões na Alta Corte estavam marcadas para os próximos dias. Jimi achava que teria de testemunhar e temia que as formalidades legais fossem se arrastar e impedir o lançamento de qualquer música nova antes que Chalpin colocasse todos os envolvidos num verdadeiro aperto. Chalpin novamente lutava para obter todas as vantagens financeiras que pudesse. Mais uma vez. Todo artista – todo *grande* artista, seja do gênero que for – precisa de um clima criativo ao seu redor. Para mim, a maior parte da culpa era de Mike Jeffery e sua falta de respeito genuíno pelo artista. Não se deve esperar que os *empresários* estimulem e protejam seus clientes? Mas não quis nem mencionar o nome de Jeffery.

Entretanto, como se tivesse lido os meus pensamentos, foi Jimi que o trouxe à baila.

— Michael Jeffery me falou desde o começo que iria se ocupar do caso. Mas ele está me traindo. Já se passaram cinco anos, e aquele maldito Chalpin ainda me persegue. Fico doente toda vez que escuto o nome dele. Alan Douglas acaba de chegar de Nova York. Não estou precisando nem um pouco do estímulo dele. E Devon também está por aqui. Eu *disse* a ela que não viesse. Todo mundo quer alguma coisa, ficam todos buzinando nos meus ouvidos. Pensam que são donos de mim!

Ouvi o ruído de alguma coisa se quebrando ao fundo. Poucas vezes o vi praguejar, mas desta vez os palavrões voavam de sua boca. Jimi parecia completamente descontrolado. Ou esmagado.

— Pare com isso! – falei lembrando-me no mesmo instante daquelas advertências que ele ouvia na infância: "Não faça bagunça... Saia do caminho... Não faça malcriação..."

— Desculpe – disse ele. Houve um demorado silêncio e afinal ele falou: — Eu só preciso de um pouco de paz de espírito.

— Vivo rezando para que você consiga, Jimi.

Lutando contra as lágrimas, informei-lhe que precisava desligar.

— Ligue mais tarde – pediu ele. — Estou no Cumberland. Está bem?

— Pode deixar.

Duas horas mais tarde, enquanto almoçávamos no Wheeler's, Jack Meehan – meu colega na UPI – comentou com seriedade: "Parece que o inferno inteiro está desabando sobre Jimi." Relatei a ele o meu bizarro encontro com Jimi no Ronnie Scott's e também o que ele me dissera por telefone. Meehan, quase sempre muito calmo, pareceu-me perturbado ao acender um cigarro. Disse que, em sua opinião, se havia uma oportunidade para que Michael Jeffery agisse como um empresário responsável, este era o momento. Eu sabia que Hendrix falara diversas vezes com Jack por telefone desde que haviam se conhecido em Los Angeles, no último mês de junho. Também trocavam correspondência. Jack telefonara a Les Perrin em sua casa naquela mesma manhã. Este lhe contou que Mike Jeffery, segundo lhe informaram, estava passando férias em Maiorca. "Pedi a Les que assumisse a administração da turnê de Hendrix", disse Jack. "Alguém precisa manter uma atitude protetora com Jimi. Ele fica andando por aí em meio a uma crise nervosa."

Concordei de todo o coração. Acabei acreditando que Hendrix em parte via sua amizade comigo, e também com Jack, como uma proteção. Éramos ambos profissionais e seres racionais que sabiam muito bem o que estava se passando. Ele *precisava* que outros soubessem, e era muito importante para ele constatar que Jack e eu lhe falávamos em termos do que poderia ser sua vida, em oposição ao que de fato ela era. Pat Costello, amiga de Jimi e profissional de relações públicas, disse-me pouco antes de eu viajar para a Inglaterra: "Jimi está sendo horrivelmente manipulado mas quase ninguém se dá conta disso."

Naquela noite, meus velhos amigos de Chelsea me levaram mais uma vez ao Ronnie Scott's para ver e ouvir Eric Burdon, que agora parecia estar aproveitando o grande momento que desde muito buscava. No entanto, aquela música energizante não tinha muito efeito sobre mim. Sentia-me exausta e preocupada. De novo saí mais cedo do clube. Por ironia, pouco depois Jimi apareceu para uma *jam session* com Eric e War.

Os relatos de pessoas íntimas de Hendrix, no dia seguinte, foram muito positivos: "Ele estava ótimo. ... Tocou muito." Mesmo assim, eu estava com uma sensação da qual não conseguia me livrar. No início da noite, telefonei para Jimi no hotel Cumberland. A telefonista era uma inglesa de voz agradável que transmitia muita confiança. Ela disse:

— Eu também estou preocupada com ele. É uma pessoa tão bem-educada. Hoje de tarde ele parecia angustiado. Pediu para eu fazer uma ligação para Nova York, mas quando consegui ele não atendeu.

— Você não poderia mandar alguém na suíte dele para verificar se está tudo bem? E me telefone logo depois. Por favor, não comente isso com ninguém.

Eu não podia evitar que minha voz tremesse.

— Claro –, respondeu ela. — Vou fazer isso.

Quando ela me telefonou de volta, parecia aliviada.

— Estava tudo em ordem. Ele deve ter saído, minha querida.

Relatei o caso ao pequeno círculo de amigos que podiam enxergar além da imagem de astro do rock e se preocupavam com a pessoa Jimi Hendrix. Naquela noite, todos estávamos apreensivos. Durante o ano anterior, e talvez até um pouco mais do que isso, tínhamos observado com ansiedade aqueles momentos em que Jimi parecia tropeçar, depois recuperar o equilíbrio e tropeçar de novo, desesperado com os obstáculos em seu caminho. Para nós, ele se tornara uma espécie de personagem shakespeareano, que vivia a reclamar e a desafiar o destino enquanto um bando de vilões gananciosos o cercavam como abutres.

Olhávamos o relógio para conferir as horas a cada instante, pulando nervosos sempre que soava o telefone. Tentei mais uma vez o hotel e fiquei à espera de que Jimi fizesse contato. Precisava ouvir frases como "Encontro você no Speakeasy" ou "Vou fazer outra *jam* com o Eric no Ronnie Scott's, você vem?"

No dia seguinte, numa clara, azul e linda tarde de sexta-feira, dia 18 de setembro, eu ia caminhando pela Bond Street. Era pouco mais de uma da tarde. As vitrines das lojas dessa rua fantástica transbordavam de tentações luxuosas. Aquele dia, no entanto, foi a banca de jornais da esquina que me chamou atenção. Os jornais da tarde tinham acabado de chegar. Olhei para a primeira página com uma foto de Jimi Hendrix. A manchete era muito clara: MORRE ASTRO DO ROCK.

Fiquei paralisada. A montanha-russa chegara ao seu inevitável destino.

CAPÍTULO 12

Dentro da zona de perigo

Eu estava desnorteada, com as pernas bambas, enquanto vagava pela Bond Street em direção ao hotel Westbury. Havia um telefone público no saguão, catei uma moedinha e liguei para o escritório da UPI na Fleet Street. Não pude reconhecer a voz da recepcionista que me atendeu, mas pelo meu "alô" abalado soube logo quem estava do outro lado. Chamou Jack Meehan. "É Sharon", ouvi ela dizer.

A voz de Jack estava calma.

— Estávamos tentando localizar você por toda a Londres.

— É verdade? Acabei de ver uma manchete de jornal. Os jornais chegam depressa aqui, não?

— É. É verdade. Vou mandar um táxi apanhar você.

— Não, não. Estou bem. Onde está Jimi agora?

— No St. Mary Abbott's. Não vá lá.

— Tenho de ir. Talvez eu possa fazer alguma coisa.

Assim como Jimi, eu também odeio hospitais. Enquanto o táxi me conduzia, pedi que o motorista parasse e me comprasse uma caixa de fósforos. Ele era um senhor mais velho, de cabelos brancos, e foi muito gentil ao perceber que eu estava nervosa. Ao retornar, acendeu um cigarro para mim. E quando o táxi freou diante do hospital, ele me perguntou se deveria me esperar.

— Não, não. Tudo bem –, garanti.

O venerável hospital de St. Mary Abbott's, uma construção sólida do século XIX situada na região de Paddington, em Londres, naquela tarde estava ocupado por mães que davam à luz, cirurgias e falecimentos, segundo ouvi a enfermeira dizer quando me dirigia ao balcão do hall. "Sou amiga de Jimi Hendrix... Gostaria de saber..."

Uma mulher falou comigo. Mal compreendi o que ela dizia: "Ele já estava morto quando chegou." Agora o choque vinha em ondas. Não sabia mais o que poderia dizer ou perguntar. Na espaçosa área da recepção, notei dois integrantes da equipe médica. Denotavam uma fria eficiência, com certeza por já terem respondido a muitas outras perguntas sobre Jimi naquela última hora, quando a notícia de sua morte foi anunciada na televisão e no rádio. Uma norte-americana alta e loira com um casaco vermelho reluzente (provavelmente uma daquelas "distrações" de minissaia) parecia ainda não ter compreendido. A recepcionista, com um ar de cansaço, repetia: "Ele não está mais aqui. Ele partiu. Realmente está morto."

Lutando contra o choque, caminhei devagar até uma cabine telefônica no outro lado do salão. Não sabia para quem ligar ou o que falar. Por fim, concluí que deveria entrar em contato com Eric Burdon. Será que ele já sabia? Seria muito doloroso dar-lhe a notícia. Eric adorava Jimi e o compreendia melhor do que muita gente.

Agora eu ouvia aquela voz rouca em meu ouvido:

— Meu Deus, eu já soube. Quase não dormi. Menina, o melhor agora é você vir para cá. Você não deve ficar sozinha.

— Estou sem saber o que fazer. É tão terrível, não é, Eric?

— É terrível, sim – concordou. A voz dele estava trêmula de emoção. — Não era para ser assim. Aquela garota... a Monika... me telefonou no meio da noite, apavorada porque ele não parecia bem. Eu então disse a ela para chamar imediatamente uma ambulância, mas ela não chamou – a voz de Eric continuava vacilante. — Mais tarde ela ligou de novo... Ainda não tinha tomado nenhuma providência. Disse que tinha saído para comprar um maço de cigarros. Então gritei: "Chame uma ambulância já!"

Ele estava quase sufocado, tentando controlar as lágrimas.

— Foi tarde demais – e repetiu: — Ela saiu para comprar cigarros. Ela demorou demais... Ah, meu Deus... ah, meu Deus!

Eric começou a soluçar.

— Nosso Jimi, tão lindo... *se foi*.

A luz do sol entrava pelas janelas do hospital e brilhava sobre o vidro da cabine telefônica, criando uma aura resplandecente que soava paradoxal naquela tarde que agora, de maneira inesperada, se mostrava tão feia.

Corri para o lado de fora inspirando todo ar que conseguia. Percebi que não podia de forma alguma permitir que a emoção tomasse conta de mim. Eu precisava reunir minhas forças.

Um pensamento continuava pesando em minha mente: "*Temos* de descobrir exatamente o que aconteceu com Jimi naquelas horas que antecederam seu último suspiro. *Precisamos* conhecer a verdade.

Londres estava calma ao meio-dia daquele sábado. Haviam se passado 24 horas da morte de Jimi. O táxi seguia sem dificuldades descendo a colina de Highgate até o centro do West End. Muitas vitrines de lojas ao longo do trajeto exibiam fotografias de Hendrix, numa homenagem àquele ser humano tão talentoso que a cidade e o país inteiro haviam amado e cuja perda agora choravam. Uma homenagem maravilhosa. Ele teria apreciado muito saber disso. Muitas vezes falara sobre a vontade de sentir que sua música chegara até o "povo de verdade". Essas fotos eram mais que uma prova de que ele atingiu seu objetivo.

Uma missão apavorante me aguardava: descobrir o que acontecera nos últimos momentos de Hendrix. Acidente? Overdose? Crime? Eric Burdon combinou um encontro entre mim e Monika Dannemann no velho e modesto hotel onde ele e a banda estavam hospedados. Num daqueles táxis pretos de Londres, eu me preparava para obter tudo o que pudesse da mulher que havia assistido à morte de Hendrix. Lembro de um telefonema que recebi pouco antes da chegada do táxi. Uma pessoa ligada a alguém que presenciou o fato achava que eu iria gostar de saber que, depois da meia-noite, numa residência em Londres, Jimi se juntara a vários homens e mulheres algumas horas antes de morrer. E que Monika Dannemann tinha ido buscá-lo no carro dela por volta das três da madrugada. Lembrei-me dos comentários enraivecidos de Jimi no início da semana a respeito de supostos amigos, tanto norte-americanos quanto ingleses, que o perseguiam em Londres. Aqueles parasitas tinham prazer de se sentir envolvidos em tudo o que se referisse a Hendrix, gostasse ele ou não. Era em torno de Jimi que giravam as vidas deles.

Os músicos que trabalhavam com Eric estavam no saguão do hotel cercados por fotógrafos e uma grande variedade de gente da imprensa. A voz áspera e exigente de um repórter chegou aos meus ouvidos: "Contem tudo que lembram ter ouvido Hendrix falar no Ronnie Scott's!" Eu conhecia os integrantes do War de Los Angeles, onde já os tinha visto tanto no estúdio quanto no palco com Eric. Jovens e sem qualquer sofisticação, não estavam acostumados a se apresentar no exterior e, menos ainda, a se verem sob os holofotes por causa da morte de uma celebridade que mal conheciam. Estavam vibrando de tanta excitação, e alguns até viajavam com o LSD que Steve Gold, o desagradável co-empresário de Eric Burdon em Hollywood, andava distribuindo com exultante indiferença. Dois integrantes da banda de Eric me cumprimentaram com um ardor exagerado, aparentemente para me proporcionar algum "conforto". Eu não estava nem um pouco interessada em que me confortassem. "Imbecis", pensei enquanto me afastava dali. "Será que tinham idéia de que a morte é o fim de tudo? Que não é um outro show?" Corri para o elevador.

O pequeno quarto de Eric parecia uma cela, não tinha nada além de uma cama. Fiquei confusa e desanimada olhando as velhas persianas estragadas. Por mais que rejeitasse a idéia de me encontrar com Monika Dannemann, eu insistira com Eric para vê-la. Passados 15 minutos, bateram à porta: era uma loira esbranquiçada vestida de preto dos pés à cabeça. Estava com a namorada de Eric. Reconheci nela a mulher que acompanhava Jimi no Ronnie Scott's na terça-feira anterior.

Fiquei sabendo que ela também queria me conhecer.

— Contaram-me tudo sobre você – disse-me em seu inglês carregado de sotaque alemão e já pronta para, ao estilo europeu, me dar um beijo em cada lado do rosto, o que consegui evitar recuando alguns passos.

A observação dela me deixou impressionada.

— Ahn... –, murmurei com ar de dúvida.

— Você é escritora e mora em Los Angeles. Quero ser sua amiga e ir visitar você na Califórnia.

Tive vontade de sair xingando e fugir ao ouvir aquelas palavras. Amigas? Quer dizer então que Jimi morre de maneira misteriosa na casa *dela* e a mulher acha que isso pode ser a base de uma nova amizade? Controlei a raiva. Sabia que precisava manter a calma para tentar descobrir tudo o que pudesse. Eric saiu do quarto. Sentei-me na beirada da cama e ela fez o mesmo antes de me lançar outro sorriso.

Seu comportamento me intrigava. Nenhuma lágrima ou tristeza. Naquela mesma manhã eu tinha visto as fotos de uma pálida Monika saindo de seu flat amparada por um dos *roadies* de Jimi. Estava em todas as primeiras páginas dos jornais londrinos. Mas agora ela estava quase alegre. Era evidente que, diante de mim, estava alguém que desejava chamar atenção.

— Conte o que aconteceu na quinta-feira à noite – perguntei. Esforçava-me para parecer calma mas por dentro me sentia horrível. Foi tão estranho.

— Estávamos muito felizes em nosso flat – contou ela. — Tivemos um jantar tão agradável. Eu é que fiz a comida. A gente tomou vinho. Não muito. Ele então se sentou à mesa e ficou escrevendo, escrevendo... Por fim, fui me deitar.

Aquela noite íntima em casa a sós não estava me soando verdadeira. Ela não havia mencionado o fato de Jimi ter saído mais tarde. E como Jimi há muito quase não bebia vinho, resolvi seguir essa pista.

— Que tipo de vinho você serviu para Jimi?

Monika hesitou um instante e o olhar dela se modificou.

— Não lembro – respondeu.

— Onde exatamente ele morreu? – perguntei.

— No meu flat, que fica num subsolo.

— Há muito tempo você mora em Londres? – eu estava curiosa para saber.

— Não. Jimi queria que eu ficasse aqui, então aluguei aquele nosso flat há alguns dias. Fica no hotel Samarkand.

— Acho que nunca ouvi falar desse hotel. E com certeza não era onde Jimi estava hospedado.

— Ele queria ficar comigo. Por isso aluguei aquele flat especialmente para nós dois. Fica em Notting Hill.

Achei tudo aquilo um tanto duvidoso. Jimi me pediu que eu lhe telefonasse para o hotel Cumberland.

— O que aconteceu com ele, Monika?

— Não sei – balbuciou ela olhando bem nos meus olhos. Pareceu-me que aquela foi sua declaração mais verdadeira até então. — Eu encontrei ele de manhã.

— *Encontrou ele* – repeti. — Você falou com ele? Ele estava consciente?

Ela hesitou.

— Então? – insisti.

— O vômito estava saindo pela boca – disse ela. — Havia muito vômito em volta dele.

Fechei os olhos por alguns segundos para tentar esquecer aquela imagem.

— Ele podia falar? Você falou com ele?

— Ele não conseguia falar.

— Mas estava respirando? – perguntei.

Ela não respondeu. Ficou vermelha e angustiada. Depois disse:

— Eu estava com medo do que a imprensa poderia dizer.

Essa foi uma observação inesperada.

— A imprensa? – repeti. — Como ela iria saber? Você estava sozinha com ele.

Fechei meus olhos de novo. Era trágico saber que Jimi não recebera cuidados em seus últimos estertores na terra. Em vez de prestar socorro, aquela egocêntrica ficou imaginando o que a imprensa iria dizer e como ela seria retratada.

— Eu sabia que Jimi não ia querer que a imprensa soubesse. Eu não imaginava o que fazer. Então telefonei para Eric Burdon.

Soube por Eric que Monika entrara em contato com ele duas vezes e que haviam se passado horas até que ela afinal chamasse uma ambulância.

Enquanto eu tentava estabelecer uma seqüência cronológica, Monika se mostrou nervosa e evasiva. Despejou-me um apressado discurso de como iria pintar dezenas de retratos em tamanho natural "para o meu Jimi".

— O que foi que ele tomou?

Monika reagiu com surpresa à minha pergunta. Nesse momento a cabeça dela parecia exclusivamente voltada para si, antevendo sua carreira de pintora. Falou sem parar sobre os comentários de Jimi ao trabalho dela.

— Tudo o que eu pintar de agora em diante será para ele. E vou mostrar o meu trabalho dedicado a Jimi por todo o mundo.

Ela ficava cada vez mais agitada, como se pensasse: "Bye-bye, Jimi, alô Monika, a grande artista!" Falava de Jimi como se ele não fosse uma pessoa de verdade. Por baixo daquela máscara de maquiagem, estava *apavorada*. Temi que, ao evitar aqueles supostos amigos, Jimi tivesse caído nas garras de gente muito mais perigosa.

Era impossível para mim, nesse encontro absolutamente surrealista, penetrar todo aquele lixo egocêntrico. Fiquei esperando que Eric retornasse ao quarto. Não estava gostando nada de ficar a sós com ela. Pouco me importavam aquelas malditas pinturas. Jimi estava morto, eu queria saber como e por quê. Será que ela não sentia alguma responsabilidade ou no mínimo algum interesse em saber por que ele passou de vivo a morto em apenas quatro ou cinco horas? Que diabo ele havia ingerido? Será que ela o envenenara?

Mantive-me firme em minha resolução de reconstruir os fatos básicos, de *forçá-la* a reunir todas as peças. Monika disse:

— Fui campeã de patinação na Alemanha. Sofri um acidente, tive de fazer uma cirurgia. Sofri muita dor.

— *O que foi* que ele tomou? – perguntei mais uma vez.

— Os comprimidos que o médico me receitou estavam no apartamento.

— Que tipo de comprimidos?

— O nome é Vesperax.

— Você deu isso para Jimi? Conversou sobre isso com Jimi?

— Não. Ele deve ter descoberto no armário do banheiro.

Senti que estava desvendando uma parte da verdade. Mas não toda. Acreditei, contudo, que Jimi tivesse encontrado sozinho o Vesperax.

— Quantos comprimidos ele tomou?

— Não sei.

Monika começou a chorar.

— Controle-se – disse eu com toda a calma que consegui reunir. Minha vontade era de começar a gritar ali mesmo. — Isso é muito sério. Quantos comprimidos ele tomou?

— Eles vêm numa caixa com dez. Eu tinha quatro caixas. Ainda não tinha aberto nenhuma.

— Quantos sobraram?

Com ar de extrema infelicidade ela confessou que três caixas estavam intactas e que ela tinha achado uma aberta no chão.

— E quantos comprimidos sobraram? – repeti.

— Um. Um só.

Ela conteve outro acesso de lágrimas e acrescentou em tom prático:

— São muito fortes. Meu médico disse para eu não tomar mais que meio comprimido.

Nove comprimidos... *Nove*: o número de Jimi, aquele que ele dissera ser "ou muito bom, ou muito ruim". Então ele ingerira deliberadamente nove. "Nove", eu disse em voz alta, mas logo me arrependi. Por sua expressão vazia, era óbvio que aquilo não significava nada para Monika. Mesmo assim, algo em minha expressão deve tê-la alertado.

— Isso tem algum significado para você? –, perguntou com certa excitação.

— Era o número de Jimi –, informei sem pormenores.

Ela se agarrou àquilo e tanto insistiu comigo que acabei dando-lhe uma ligeira explicação. Percebi que ela estava ansiosa *demais* para absorver tudo que eu pudesse lhe informar sobre Hendrix. Isso me incomodou. Eu queria *respostas*.

— Bom – falei –, vamos voltar aos comprimidos. Você informou à polícia sobre esses detalhes que me contou?

Ela fez que não com a cabeça.

— Você precisa contar a eles cada pequeno detalhe. Se você não fizer isso, eu farei.

— Você acha que eu deveria... – Monika parecia indecisa.

— Você me contou que Jimi estava escrevendo à mesa. O que foi que ele escreveu? Onde está?

Ela se levantou e abriu um sorriso.

— Vou lhe mostrar.

Saiu do quarto por um momento e retornou segurando três folhas de papel, obviamente tiradas de um bloco.

— Você é minha amiga – disse ela entregando-me as páginas, como se estivesse me presenteando com um grande tesouro.

— Esta foi a última coisa que Jimi escreveu – falou com orgulho. — Encontrei sobre a mesa da sala de jantar.

O que li foi um poema longo – um tanto estranho, apesar de coerente – escrito na caligrafia fluida e artística de Jimi. Começava com "A história de Jesus, tão fácil de explicar..." e terminava com "A história da vida é mais rápida que um piscar de olhos. A história do amor é oi e tchau, até nos encontrarmos de novo."

Foi muito triste ver pela última vez aquela caligrafia familiar e elegante. Eu já havia tomado conhecimento do poema por Eric. Ele me disse: "Jimi deixou um longo poema. Quando fui ao Samarkand na manhã em que ele morreu, encontrei três folhas de papel sobre a cama. Chamei a atenção de Monika para elas." Então foi assim a descoberta na sala de jantar... No seu último ano de vida, Jimi fazia questão de colocar sua obra completa dentro de uma pasta de couro da Borgonha para protegê-la, "para que ninguém roube", ele me disse. Jimi deve ter desejado que aquelas páginas em particular fossem *vistas*. *Aquelas* páginas não eram letras de músicas. Nada havia ali que Hendrix pudesse pôr em gravações. Eram as palavras – os pensamentos – de um homem cansado e perturbado.

Era esse o estado mental de Jimi ao terminarem as sombrias primeiras horas da madrugada de 18 de setembro de 1970.

Para mim, não poderia haver dúvida quanto à intenção de Jimi, quanto à escolha que fez. Pensei em diversas conversas que tivemos sobre "dias de número nove" no ano anterior. Isso era muito significativo para ele. Tive certeza de que *deliberadamente* afrontou o destino, que tomou uma decisão consciente. Se os *nove* comprimidos de Vesperax não conseguissem matá-lo, então era porque sua hora ainda não havia chegado.

Jimi afinal encontrou a paz de espírito.

CAPÍTULO 13

Despedida

Seja lá o que Mozart e Tchaikovski representam para os amantes da música clássica, Hendrix significa o mesmo, se não mais, para toda uma geração.

TONY PALMER, *The Observer*, 20 de setembro de 1970

Em Nova York, Bob Dylan chegou às lágrimas ao ser informado da morte de Hendrix. Eric Clapton exclamou angustiado: "Não! Jimi não! Era melhor que tivesse sido eu, não ele!" Os jornais diários de Londres exibiam a reação de Mick Jagger em manchetes de primeira página: "Estou arrasado."

Chas Chandler fora para o norte, para Newcastle, no dia em que Jimi morreu. Seu pai foi buscá-lo na estação de trens para dar a notícia. Chas, assim como Mitch e Noel, sofreu um choque terrível e doloroso. Dick Katz, agente de Jimi em Londres, acreditando profundamente que o talento de Jimi o colocava na categoria de gênio, disse para mim: "É a pior tragédia que eu poderia imaginar."

Para os admiradores de Jimi, a notícia de sua morte significou um momento de muita tristeza e choque. Hendrix? Não, as notícias não podiam ser verdadeiras. Devia haver algum engano. Foi como se o sol tivesse desaparecido do céu. Impossível. Para os jovens que choravam pelo mundo afora, a perda de Jimi Hendrix aos 27 anos, no dia 18 de setembro de 1970, representou o cruel e esmagador final da inocência.

Logo depois das quatro da tarde cheguei ao aeroporto de Los Angeles. Minha mãe estava à espera para me levar até sua casa. Eu precisava me recuperar das "férias" antes de retomar o trabalho na UPI na manhã seguinte. Quando ouvi meu serviço de recados, encontrei um verdadeiro dilúvio de mensagens de solidariedade, manifestações de dor e simpatia e inúmeras perguntas: "O que aconteceu de fato?", "Telefone-me assim que receber este recado!", insistiam aquelas vozes. Fiquei horrorizada com uma mensagem informando que o baterista Buddy Miles estava liderando um movimento para expor o corpo de Jimi no Madison Square Garden, com cobrança de ingresso e o total revertido para instituições de caridade.

Pensei em ir visitar o pai de Jimi em Seattle. Eu não o conhecia, tampouco ele a mim. Jimi, estranhamente, me dera o número do telefone do pai no ano anterior, quando fui a Seattle cobrir um show. Anotei o número na época, mas nunca imaginei que no futuro fosse precisar dele.

Uma voz de mulher atendeu. Presumi tratar-se de June, a esposa de Al Hendrix. Com toda a calma, eu lhe disse que era uma amiga de Jimi, que talvez meu nome já fosse familiar para o senhor Hendrix, e que eu precisava falar com ele. Fiquei surpresa por conseguir fazer contato tão rapidamente com aquele homem. Ele sabia que a imprensa do mundo todo tentava se comunicar com ele a qualquer hora do dia ou da noite. Porém, ali estava ele ao telefone, murmurando:

— Alô... alô.

— Senhor Hendrix – comecei eu. — Acabo de chegar de Londres. Soube de algumas idéias terríveis do que pode acontecer com o corpo de Jimi. Por favor, não permita que a morte dele se transforme num circo. Ele estava feliz na Inglaterra. Seria tão bom que fosse enterrado logo, e com tranqüilidade, lá mesmo.

Senti-me insegura e presunçosa. O pai de Jimi grunhiu alguma coisa em resposta. Seria sim ou não?

De repente sua voz ganhou mais força e nitidez. Parecia estar quase animado quando perguntou:

— Você sabe quanto dinheiro está envolvido nisso?

Talvez Jimi não se surpreendesse com aquelas palavras do pai, mas em mim elas produziram o efeito de uma queda livre. Fiquei imobilizada na cozinha da casa de minha mãe, com o fone na mão, mas sem conseguir falar. Enquanto Al Hendrix aguardava uma resposta, não tive nada a dizer. Por fim, coloquei o fone no gancho.

Na segunda-feira, falei com um triste e soturno Henry Steingarten. Ele foi um dos poucos com quem conversei a respeito do comportamento de Monika Dannemann durante as últimas horas de Jimi. Contei para ele minha avaliação do que se passara aquela noite no apartamento de Dannemann. O advogado se comunicara diversas vezes com Jimi nas semanas anteriores à morte. Steingarten conhecia bem as preocupações e os pensamentos particulares de Jimi. E concordou comigo que ele tomara uma decisão consciente a respeito dos nove comprimidos.

— Ele tirou a própria vida – disse eu. — Estou convencida disso.

— É – respondeu ele. Pude ouvir e sentir uma crescente tristeza em sua voz. Suas palavras iriam ecoar durante dias em meus ouvidos. — Aquele garoto merecia muito mais da vida.

Billy Cox, ainda em meio à sua própria crise emocional, estava frágil quando falei com ele.

— Me sinto terrivelmente culpado pelo que aconteceu a Jimi – falou com a voz embargada. — Talvez o fato de eu estar na banda tenha aumentado os problemas dele.

— Não foi culpa sua, Billy – consolei-o. — Isso já estava se anunciando há muito tempo.

— Ele realmente falou com você, não foi? Jimi lhe contou muitas coisas – disse Billy. — Eu não entendi quando vi você pela primeira vez.

Ele desejava ouvir qualquer coisa que eu pudesse dizer sobre seu amigo. Senti pena e preocupação por ele. Tinha respeito por Jimi desde o dia em que se conheceram no Forte Campbell, em Kentucky. Billy foi o primeiro a compreender a luta de Jimi, e se maravilhou com a magia dele. Para Billy, foi uma perda muito significativa.

— As coisas nunca mais serão as mesmas – disse Billy Cox com tristeza enquanto nos lamentávamos. Então perguntou: — Você respeitava muito ele, não é?

— E ainda respeito.

A Billboard e a Cash Box, revistas semanais norte-americanas dedicadas ao mercado fonográfico, estavam sempre cobertas de propagandas coloridas de página inteira anunciando o último single ou o mais importante álbum lançado recentemente. Por isso, alguns dias após a morte de Jimi Hendrix, os leitores de imediato notaram duas páginas fora do comum.

Uma página inteira, com fundo branco e margem preta, trazia o seguinte texto:

> To a black gipsy cat
> Who rocked the world
> When it needed to be
> Rocked.
> Sleep well.*

Era assinado pelo Monterey International Pop Festival. A outra página dizia: "Boa-noite, doce príncipe negro."

No inquérito de 28 de setembro, em Westminster, um conhecido especialista forense, o professor Donald Teare, apresentou o resultado da autópsia realizada por ele na semana anterior. Segundo Teare, a causa da morte de Jimi foi "inalação de vômito por intoxicação com barbitúrico". Uma quantidade menor de anfetamina e cannabis foram as únicas outras substâncias consideradas drogas encontradas no corpo de Jimi.

Gavin Thurston, o delegado que se encarregou da investigação, declarou não ter motivos para crer que Hendrix tivesse se matado ou sido vítima de crime. Ouvira com atenção o depoimento de Gerry Stickells, gerente de turnês de Jimi e amigo de Michael Jeffery, afirmando que Hendrix era "um homem feliz".

Thurston apresentou um veredicto em aberto. Argumentou que as "evidências eram insuficientes" para se especificarem as causas da morte de Jimi Hendrix.

Jack Meehan conversou com o doutor Thurston por quase uma hora no dia seguinte, após consultar outros profissionais para conhecer as credenciais do magistrado. Segundo Meehan, Thurston era um profissional "honesto e muito respeitado". Meehan prosseguiu: "Ele entrou em detalhes sobre a condição do corpo de Jimi e do conteúdo no estômago. Não encontrou marca de agulha ou qualquer outro indício de uso de drogas

---

* A um gato preto cigano/ que incendiou o mundo/ quando o mundo/ precisou ser incendiado./ Durma bem. (N.T.)

pesadas. Informou-me que Jimi havia 'absorvido' uma grande quantidade de vinho tinto. Achei isso estranho, porque me lembrava de que, na época em que nos conhecemos em Los Angeles, Jimi comentara que não gostava mais de vinho. Em especial de vinho tinto."

Um repórter da *Variety* disse acreditar que a Warner Bros e Michael Jeffery tinham planos de seguro de vida para Hendrix. "Isto nada tem de anormal", disse ele, "quando se trata de 'propriedades' que arrecadam elevadas somas na indústria do entretenimento. Por isso eles não arriscaram. Um veredicto de suicídio com certeza iria invalidar os seguros. Ninguém na Warner quis comentar o fato."

O funeral de James Marshall Hendrix, nascido Johnny Allen Hendrix, foi realizado na gelada tarde do dia 1º de outubro de 1970, na Dunlop Baptist Church, situada na Rainier Avenue South, no "bairro antigo". Al Hendrix decidiu que o caixão ficaria aberto, num empenho para demonstrar a Seattle e ao mundo que o astro de rock aparentemente morrera de uma "overdose acidental" e que não parecia ser viciado em drogas. Jimi, considerado por amigos e fãs o ser humano mais cheio de vida do mundo, jazia ali, absolutamente imóvel e em exposição. Como ele teria odiado ser visto naquela condição.

Embora uma pessoa da equipe de Mike Jeffery tenha me telefonado para saber se eu iria ao funeral, recolhendo os *répondez s'il vous plaît* até com certo júbilo, nem sequer pensei em comparecer. Já havia prestado os meus respeitos a Jimi durante a vida dele.

Foi um momento horrível para Noel e Mitch. Eles eram jovens e ficaram arrasados. O único elo de ligação entre os dois era Jimi, o amor e a admiração que sentiam por ele, e isso haveria de durar para sempre. Quantas vezes Jimi tinha dito: "Sei que posso sempre contar com Mitch." E agora ali estava Mitch, enquanto o Jimi verdadeiro voava para bem longe.

"Que lástima!", exclamou Mo Ostin, presidente da Reprise – a gravadora de Jimi nos Estados Unidos –, durante uma conversa em seu escritório em Burbank no mês de outubro. "Ele estava apenas começando. Hendrix vai vender mais alguns álbuns. No entanto, está tudo acabado." Ostin era um homem de negócios realista, e eu não tinha razões para questionar aquela avaliação.

Em Londres, Chris Stamp e Kit Lambert, da Track Records, o selo que lançou o Jimi Hendrix Experience, distribuíram um compacto de

45 rotações muito especial para os inconformados fãs de Jimi. Três das melhores performances de Jimi estavam ali: "All Along the Watchtower", "Voodoo Chile" e "Hey Joe". A capa era simples, em preto-e-branco, e o custo era de apenas seis shillings.

Naquele mês de outubro, viajei a Nova York para fazer uma reportagem sobre filmagens no Bowery, que então era uma feia e assustadora região da cidade. Depois de algumas entrevistas, me enchi de coragem, peguei um táxi e fui até a histórica e arborizada rua no Greenwich Village onde Jimi, de maneira intermitente, morara no último ano de vida. As lágrimas cintilaram nos olhos de Phil, o delicado porteiro do prédio, quando me reconheceu. Eu só o encontrara uma vez, mas ele se lembrou de mim.

— O senhor Hendrix ficava tão feliz quando recebia aquelas caixas com discos que a senhora mandava – disse ele. As lágrimas deslizaram pelo seu rosto, mas ele não ficou constrangido. — Ele era tão bom, e tanta gente ruim aparecia por aqui. Assim que aquele pessoal do escritório soube da morte dele, veio aqui e levou quase tudo. A senhora sabe... aquele escritório... – ele se referia à equipe de Jeffery. — Vasculharam todas as coisas dele. É horrível a gente ver como podem ser as pessoas.

Perguntou-me se eu não gostaria de visitar o apartamento de Jimi pela última vez. Eu não sabia ao certo se iria agüentar.

— Vamos lá nós dois – disse, e me conduziu até o elevador.

Agora não se viam mais os caros equipamentos de estéreo, os tapetes coloridos, xales e almofadas marroquinas. A coleção de guitarras e violões também havia desaparecido, junto com as dezenas de rolos de gravações cheios de idéias e improvisações. O sol batia sobre aquele espaço vazio. Andei um pouco pelo apartamento simples e compacto de dois quartos. Espiei pelas janelas. Quando me voltei, alguma coisa reluziu à minha vista logo na entrada da pequena cozinha, chamando minha atenção. Descobri então que, nos últimos meses de vida, ao menos um sonho ele pôde realizar: tinha afinal uma geladeira.

Descendo a 6th Avenue, eu ainda tinha outra parada a fazer para virar aquela página em definitivo. Caminhei pela West 8th Street, contornando o lixo espalhado pelas calçadas e detendo-me diante de um luzidio edifício de tijolos construído havia pouco tempo. Junto aos degraus que levavam até uma sólida porta, um monitor de circuito interno vigiava a propriedade. Identifiquei-me pelo interfone e olhei para cima, vendo a porta se abrir. Sentia que subir aquela escada e passar por aquela porta naquele momento era como atravessar os portões do inferno.

Entrei no Electric Lady Studios e comecei a percorrer um longo corredor repleto de elaborados murais. Não fazia a menor idéia de quem trabalhava no estúdio nem de como eu seria recebida. Mas era evidente que alguém havia reconhecido meu nome no interfone. De repente, apareceu diante de mim a última pessoa que eu poderia esperar: Michael Jeffery.

Tinha um ar anêmico, parecia nervoso e abatido. Horrorizada, não pude impedir que ele me desse um forte abraço. Jeffery estava emocionado. Eu recuei. Ele perguntou:

— Por que ele fez isso?

Ao menos uma vez na vida parecia sinceramente tocado pelo que acontecera a seu cliente morto. Tentou se controlar e balbuciou algo para mim, sem se importar em fingir que a morte de Jimi fora provocada por uma overdose acidental. Aquilo foi um reconhecimento tácito do suicídio. Fiquei calada. Por fim, Jeffery superou a situação e retomou o seu velho modo de ser.

— Jimi tinha tantas coisas ainda por fazer – falou.

Em fevereiro de 1971, a sexy, traiçoeira e perturbada Devon Wilson, agora ainda mais envolvida com drogas pesadas, matou-se pulando de um andar alto do Chelsea Hotel, que ficava num sombrio trecho da West 23th Street, na cidade de Nova York. O velho hotel de tijolos vermelhos, com cerca de 500 quartos, era há muito conhecido por sua atmosfera boêmia e a clientela de artistas. Arrasada com a morte de Jimi, Devon sentia-se profundamente culpada das diversas maneiras pelas quais o botara para baixo. Em novembro de 1970, num inesperado telefonema para mim, reconheceu que o havia prejudicado e se aproveitado dele muitas vezes.

Alguns dias depois que o corpo de Devon foi levado para o necrotério, um policial comentou: "Todos sabem que esse hotel é cheio de gente drogada. Mas essa morte foi misteriosa. Ninguém pode afirmar com certeza se Devon Wilson pulou ou foi empurrada."

Passado algum tempo da morte de Hendrix, os cartazes e as fotos dele em preto-e-branco ainda se espalhavam pelas cidades e vilarejos de toda a Grã-Bretanha. Eu as vi em diversas vitrines de lojas, numa tinturaria, em fábricas... Essas imagens eram símbolos de um luto continuado. Era como se erguessem bem alto a bandeira da fantasia, do amor e do afeto, lembranças pungentes de que o "nosso Jimi" era um filho honorário da Inglaterra, onde, como freqüentemente ele havia declarado: "Tantas coisas boas me aconteceram."

No final do verão de 1971, peguei um trem em Londres e fui para a verdejante região pastoral de Surrey, onde Eric Clapton vivia numa casa bela lindamente decorada, com elegantes janelas voltadas para árvores bem antigas e jardins floridos. Hendrix teria admirado muito aquela "casa de sonho" e com certeza ficaria quase sem fala ao ver a coleção de carros esporte italianos de Clapton.

A namorada de Clapton na época, Alice Ormsby-Gore, elegante, com longos e ondulados cabelos castanho-avermelhados, o queixo bem pronunciado, recebeu-me afetuosamente. Revelando grande sensibilidade, nos deixou a sós, para nos recordarmos de Jimi. Clapton estava belo como sempre, apenas um pouco pálido e com o olhar perturbado. Disse com suavidade e pesando cada palavra:

— Não posso acreditar que ele tenha partido. Quando escutei a notícia, implorei a Deus para que não fosse verdade. Desejei estar em seu lugar. Fiquei arrasado. Completamente arrasado.

Seu olhar estava tão cheio de tristeza que fiquei sem fala. A tristeza era palpável naquele ambiente.

Eric sentou-se na beirada de um sofá na sala de estar e lembrou das primeiras vezes que viu Jimi, e de como a princípio não sabia o que pensar dele como pessoa.

— O modo que tinha de tocar era tão surpreendente que me deixou com medo. Deve ter havido algum ciúme também. Todos nos sentimos ameaçados por ele. Estávamos de fato apavorados! Vim depois a conhecê-lo melhor e ver que ele era uma pessoa inteligente, divertida, delicada, interessante e acima de tudo completamente envolvida com a música. Eu amava muito Jimi. Eu respeitava muito Jimi. Para mim, era sempre uma grande emoção ouvi-lo tocar. Seria possível conviver com ele por anos e anos sem jamais ficar entediado. Tanto por sua música quanto por sua pessoa.

Eric expressava o que sentia em seu próprio íntimo, o que achei admirável.

Ao cair da tarde, quis telefonar para pedir um táxi que me levasse de volta à estação, onde eu pegaria o trem para Londres numa viagem de uma hora. Alice não aceitou e insistiu em me levar pelas estradas sinuosas que passam por vales e campos, e depois pelo trânsito que conduzia até a cidade. Pegou seu chaveiro no porta-chaves da cozinha e me acompanhou até o pátio, onde me ajudou a entrar num Masserati malva de suspensão bem baixa. Saímos com o carro roncando pela escuridão, num luxo e numa velocidade condizentes com estrelas de rock. Íamos trocando idéias sobre música, homens, amor e medo.

Alice não tinha mais de 20 anos. Parecia, contudo, possuir uma sabedoria superior à das garotas de sua idade e transbordava de amor e preocupação por Eric. Tinha muita compaixão pela perda que ele sofrera, que todos nós sofrêramos.

— Uma das minhas melhores lembranças de Jimi – disse ela a certa altura, voltando-se brevemente para mim com um sorriso, como se fosse me apresentar um tesouro – foi num mês de dezembro, quando tivemos a idéia de Jimi se vestir de Papai Noel, com barba branca e tudo, numa festa de caridade para crianças. Ele concordou na mesma hora. E foi brilhante! Jimi agiu com tanta doçura com as crianças, tão fascinado por elas quanto elas por ele. Nunca esquecerei aquele dia... Nunca vou me esquecer dele. Jimi era uma pessoa realmente adorável.

PARTE III

A reinvenção de Jimi Hendrix

"Someday you'll account for all the deeds you done,
Well, there ain't no man righteous, no not one.*"

Bob Dylan

* Um dia você irá prestar contas de tudo o que fez, / Bom, não existe nenhum homem correto, nem um só. (N.T.)

CAPÍTULO 14

1971-1989
O novo regime

Para Jimi Hendrix, a prioridade sempre foi a música. Agora ele era um astro morto, e a sua triste profecia de dezembro de 1969 – "Se alguma coisa me acontecer, os advogados vão ter de passar os próximos 20 anos brigando entre si para descobrir" – iria adquirir uma relevância cada vez mais poderosa e terrível.

Atualmente, passados 35 anos, as músicas de Jimi Hendrix ainda tocam no rádio e muitos pessoas continuam a comprar seus discos (que agora se chamam *compact discs*) gravados naquele tempo fugaz e mágico de seus quase quatro anos de estrelato. Além de até hoje manter o título de "maior guitarrista do rock", Jimi também é considerado a maior figura criativa da música contemporânea a ser usada como campo de batalha para a ganância. É, os advogados *ainda* "estão brigando entre si para descobrir". Sua predição se mostrou verdadeira.

Nas conversas com Al Hendrix por telefone, Henry Steingarten achou-o completamente diferente do filho Jimi. Al não parecia nem um pouco interessado em ouvir o que Steingarten tinha a lhe dizer sobre as idéias e decisões ligadas a várias questões prementes. No início dos anos 1970, vizinhos do Seaward Parkway South, em Seattle, se prontificaram a me fornecer informações sobre a primeira viagem que Al e June Hendrix fizeram juntos a Nova York depois da morte de Jimi. Ambos usavam chapéus de caubói e se mostravam muito excitados. Brandiam as suas passagens aéreas e declaravam: "Vamos voltar ricos!"

A "riqueza", contudo, não chegou tão depressa para Al. Ele não estava gostando nada da maior parte do que Steingarten tinha a lhe dizer. Não queria ouvir nem falar sobre os requerimentos contra o espólio de Jimi e tampouco queria saber das dívidas. Não interessava se Noel e Mitch tinham direitos autorais a receber por suas apresentações musicais com Jimi. Ignorava uma reivindicação em nome de Tamika Laurice James, a filha que Jimi jamais conheceu, e não gostava nem que lhe lembrassem que Jimi tinha ainda outro filho na Suécia. Ficou estarrecido ao saber que, na conta bancária de Jimi, havia apenas 21 mil dólares na época de sua morte. "Quero a minha passagem e o meu dinheiro", falou Al aos amigos após um retorno nada vitorioso.

Enquanto Jimi Hendrix acreditava em virtudes como justiça e integridade, que ele tão bem havia demonstrado possuir, o mesmo não acontecia com seu pai. Al apresentava o seguinte raciocínio: já que seu filho era famoso, com toda a certeza deveria ser também milionário, ou quase isso. Via-se atormentado pelo fato de Jimi não ter movido uma palha para fazer um testamento do qual ele seria o principal beneficiário, apesar de toda a pressão que fizera sobre o filho em Seattle no final de julho de 1970. Agora estava apavorado com a possibilidade de algum outro "demandante" levar *seu* dinheiro embora.

Foi Herbie Price – um homem negro e bem-intencionado que trabalhou com Jimi interpretando o papel de falso criado no filme *Rainbow Bridge* – que falou a Al Hendrix sobre Leo Branton Jr., advogado de Los Angeles que já representara a atriz Dorothy Dandridge e também Nat "King" Cole. Branton participara da bem-sucedida defesa de Angela Davis, a bela mulher negra envolvida com o grupo político Black Panthers no final dos anos 1960 e início dos 1970 – chegando inclusive a ser incluída na lista das pessoas mais procuradas do FBI.

Branton foi um dos primeiros advogados negros a atuar em Los Angeles e era muito conhecido nos meios jurídicos locais. Um colega de Branton que não era negro descreveu-o para mim em 1971: "Leo é alto, de poucas palavras, parece um branco, embora não seja. Até poderia passar por branco, mas não pretende fazê-lo, o que conta a seu favor. Não acredito que ele se interesse por rock and roll ou pelo atual mercado da música."

Eu tinha esperanças de que ele de fato se interessasse, uma vez que o falecido Jimi Hendrix, através do pai, agora parecia ser seu cliente número um. O advogado não perdeu tempo e logo fisgou Al Hendrix. Livrou-se de Henry Steingarten e ameaçou expulsá-lo da Ordem dos Advogados. Al disse a Branton: "Faça como achar melhor. Apenas me garanta algum dinheiro."

Um ano antes de Jimi morrer, dois jovens advogados negros de Nova York, Ed Howard e Kenneth Hagood, fizeram diversas tentativas para se aproximar dele. Queriam representá-lo. Jimi me falou sobre isso uma vez em 1969 e mais duas outras vezes em 1970. Conversara com eles graças à grande insistência de um amigo em comum. "Eu lhes falei algumas coisas. Escutei muito. Não queria que me achassem grosseiro ou arrogante. Depois disse a mim mesmo: 'Aos diabos com tudo isso, você não tem que ser apanhado por nenhum outro advogado.'" Persuadiram-no a marcar alguns encontros que mais tarde cancelou.

Howard e Hagood entraram em contato com Branton. Como na época de sua morte Jimi era residente legal da cidade de Nova York, Branton, que tinha sua base em Los Angeles, poderia utilizar seus associados nova-iorquinos. Ed Howard tornou-se então o "advogado de gravações" do espólio em Nova York, e seu sócio Kenneth Hagood também ficou com um título específico.

Em 31 de agosto de 1971, Kenneth D. Hagood, o "administrador dos bens de James M. Hendrix", expediu uma "notificação de indeferimento" para a Corte Substituta do Estado de Nova York. Segundo Hagood, "a reivindicação ou as reivindicações" de Noel Redding e de John Graham Mitchell não constituíam "demandas válidas do espólio".

Al Hendrix e os seus novos advogados ignoraram o contrato de 1968 que Mitch e Noel assinaram com Jimi, descartando o acordo como "irrelevante". Jimi discutira isso comigo em 1969, depois que Noel deixou o Experience. Ele tinha plena consciência de ser responsável por garantir que eles fossem pagos pelos discos que houvessem gravado com ele e que recebessem todos os direitos autorais acordados. "Noel, cada um de nós receberá os nossos direitos autorais enquanto os discos venderem", falou Jimi. Acrescentou em relação às turnês: "Nós três concordamos, quando formamos o Experience, que eu teria direito a 50%, por ser o líder do grupo, e que Mitch e Noel ficariam com 25%, cada um, de tudo o que ganhássemos. Todos nós arcamos com as despesas das viagens, mas a maior parte delas fui eu que paguei, bônus e tudo mais." Não era da natureza de Jimi iludir e desrespeitar músicos como ele, muito menos seus companheiros de banda.

Cartas e documentos dos contadores do Experience em Londres e Nova York, que esclareciam as palavras de Jimi, também foram ignorados.

Aquela notificação de indeferimento foi um desastre para Mitch e Noel, tanto do ponto de vista pessoal quanto financeiro. "Eles estão sendo tratados como se nunca tivessem existido", disse na época um promotor de concertos de Nova York. "E nenhum deles dispõe de dinheiro para entrar com uma ação." Nem tiveram ânimo para empreender um processo litigioso demorado contra o espólio do falecido amigo.

Al e June Hendrix manifestaram muita alegria aos amigos, em 1971, quando "aconteceram duas coisas extraordinárias". Seus novos advogados conseguiram que Al começasse a receber, a partir de 1º de junho, 600 dólares por mês; e uma declaração trimestral de direitos autorais da Reprise, divulgada no final do ano, declarou que em breve seria emitido um cheque no valor de 323.622 dólares para o "espólio de Jimi Hendrix". Embora Al ainda se agarrasse aos seus sonhos de milhões de dólares, *essa* declaração de direitos autorais, disse ele, foi a coisa mais emocionante que lhe acontecera em toda a vida.

Entrei em contato com Leon Hendrix por telefone e pelo correio depois da morte de Jimi. Enviei-lhe fotografias e também lhe falei o quanto ele fora importante para o irmão. Em 1972, numa ocasião em que eu estava em Seattle a trabalho, nós dois nos encontramos. Leon, então com vinte e poucos anos, concluíra o serviço militar e naquele momento era apenas mais um jovem norte-americano tentando descobrir o que fazer para sobreviver. Estava ansioso para ouvir tudo o que eu pudesse dizer sobre seu irmão. Vasculhei minha memória à procura de qualquer história, pensamento ou anedota que Jimi houvesse compartilhado comigo. Lembrei a Leon um trocadilho que Jimi criara para ele. Leon sorriu de felicidade quando a recordação lhe voltou à mente.

Leon continuava impressionado e orgulhoso por Jimi "ter se dado bem" e ter se tornado um astro. Ao falar sobre o pai, demonstrava muito mais afeto do que Jimi. Comentou os fracassos de Al, mas com um ar de aceitação. Leon era bem-educado e gentil, o tipo de pessoa a quem sempre desejamos bem. Contou-me que a mulher de Al, June, não gostava dele. Leon tinha a impressão que ela era obcecada pelo dinheiro de Jimi. Se referiu à filha dela, Janie, como "minha irmã mais moça", de novo com aquela doçura infantil que parecia parte integrante de sua personalidade. Depois desse nosso encontro, Leon passou a me escrever e telefonar de vez em quando, às vezes a cobrar, para pedir conselhos ou alguma informação.

Em Londres, exibiram para mim um filme curto e encantador em que Jimi aparecia sentado num banco alto, tocando e falando naquele seu jeito, olho no olho, tão natural. Na Island Records, encontrei-me com um jovem inglês chamado Austin John Marshall, que dera assessoria ao filme até sua conclusão. Falou calorosamente sobre Jimi e explicou que diversas pessoas haviam contribuído ou emprestado pequenas quantias de dinheiro para o projeto. De passagem, mencionou o produtor de discos Joe Boyd como uma dessas pessoas. Eu já conhecia Boyd. Era norte-americano e tinha produzido discos de Nick Drake, da Incredible String Band e da Fairport Convention, entre outros. Havia pouco e mudara para a Califórnia, onde assumira um posto executivo na Warner Bros Records em Burbank. Marquei um encontro com Boyd. Sugeri que o filme de Marshall fosse lançado por todos os Estados Unidos como um presente da Warner Bros/Reprise aos fãs que tanto choravam e sentiam falta de Hendrix. Eu disse a Boyd: "O que gostei nesse filme é que ele mostra o Jimi verdadeiro, com os pés no chão, o cara que os amigos dele conheceram. É *ele*. Não aquela imagem exagerada. Não seria maravilhoso lançá-lo nos Estados Unidos a um preço mínimo, com o lucro totalmente destinado a instituições de caridade em memória de Jimi?"

Boyd pediu que eu assistisse a uma reunião no escritório de Leo Branton Jr., na parte baixa da Wilshire Boulevard, perto do hotel Ambassador. Noel Redding, que havia pouco chegara a Nova York, deveria ir comigo à reunião, cuja data já tinha sido alterada três ou quatro vezes. Mas Noel estava nervoso e inseguro. Acabou desistindo de ir. "Amor, por favor, faça o melhor que puder por nós", ele me disse na ocasião.

O escritório de Branton era um lugar completamente sem vida. Ele estava com um terno marrom que combinava com a mobília. A firma parecia ser formada apenas por ele e um secretário. Discutimos sobre o documentário. Branton pareceu se entusiasmar. Falei dos direitos autorais de Noel e Mitch para tentar saber quando seriam pagos. Branton me deixou animada ao prestar muita atenção ao que eu dizia. Porém, não fez nenhum comentário. Eu lhe disse algo como: "Se você quiser que eles apareçam no filme, posso assegurar que vão precisar da grana que lhes devem. Viajar de avião para Los Angeles, hospedar-se num hotel, tudo isso custa dinheiro, e eles estão sem trabalho no momento. É muito difícil, quando já se tocou com alguém tão especial quanto Jimi, sair por aí e começar tudo de novo. Lembre-se de que a platéia adora esses rapazes e que vai querer vê-los e ouvi-los nas entrevistas." Nada daquilo era de fato da minha conta, mas até aquele momento ninguém fizera sequer menção a Mitch ou Noel. Branton então falou a respeito deles: "São inteiramente irrelevantes." Lógico que eu não repeti depois essa frase para Noel. Enquanto isso, Boyd, que conversara várias vezes com Al Hendrix por telefone, fez dois ou três comentários depreciativos sobre o pai de Jimi. Branton concordou sorrindo. Os últimos dez minutos da reunião foram dedicados à tentativa de me agradar. "Agora é a sua vez", declarou Branton. Boyd disse: "Você será bem paga." A única resposta que pude dar foi lhes dizer que o meu cartão de estacionamento espirava em dois minutos e eu precisava ir embora.

Uma das regras propostas por Jimi num de seus "dias de auto-ajuda" era "nunca presuma nada". Levei alguns anos até compreendê-la.

Joe Boyd já produzira bons discos de artistas "sensíveis". Assim, eu apenas *presumira* que ele haveria de perceber o bom senso por trás da minha idéia e que também desejava prestar uma homenagem a Hendrix. Nunca me ocorreu que aquela minha simples idéia logo iria se tornar um espetacular documentário que levaria Boyd a encarar seu próprio futuro como o de um produtor cinematográfico. Um possível caráter beneficente do filme sequer entrou em pauta. Quando Boyd veio me convidar para assistir a algumas amostras das filmagens, fiquei angustiada ao ver na projeção um músico muito amigo de Jimi em plena crise emocional enquanto dois palhaços que trabalhavam no documentário davam risadinhas para a tela. Um deles exclamou: "A gente vai cortar um pouco dessa bosta!" Então, o remédio foi esquecer tudo sobre o "verdadeiro Jimi". A realidade que eu tinha de enfrentar era que estava oficialmente aberta a temporada do "Vamos todos ganhar muito dinheiro com Jimi Hendrix".

As pessoas nos bastidores do documentário adoraram a perspectiva de ganhar muito dinheiro fazendo filmes. Hendrix era só um cara morto e muito famoso que serviria para que pudessem decolar. Fiquei muito aborrecida e fui me queixar com os manda-chuvas da Warner Bros enquanto Boyd derramava seu charme para cima de mim, telefonando-me para se convidar para ir ao meu apartamento ("Levo um bom vinho e a gente fica ouvindo essas fitas cassete que você tem do Jimi falando"). Recusei a oferta, como também rejeitei outra que envolvia um valor de seis dígitos para eu trabalhar como consultora. Não agi assim por nobreza, mas por me sentir decepcionada.

A película de Boyd, *A Film About Jimi Hendrix*, obteve críticas favoráveis e contrárias ao ser lançado em 1973. Era interessante, comovente e divertido apenas em alguns breves momentos. A melhor parte para os fãs de Jimi, é claro, era a curta seqüência em que aparecia sentado calmamente naquele banco alto e logo em seguida explodia no palco como só ele era capaz de fazer.

Passados dois anos da morte de Jimi, em outubro de 1972, o semanário britânico *New Musical Express* publicou os resultados de uma pesquisa para eleger os melhores guitarristas do mundo. Jimi Hendrix foi o "indiscutível vencedor", ficando no topo da lista como "O Guitarrista nº 1 do Mundo". Embora Jimi não estivesse mais presente em termos físicos, o respeito por seu talento não estava morto. A Reprise Records ficou orgulhosa ao anunciar para a indústria fonográfica e para a mídia que o novo LP de Hendrix, *War Heroes*, fora o mais tocado pelas rádios FM de todo os Estados Unidos logo na semana de lançamento, em dezembro de 1972.

Ron Saul, que por coincidência também estudou na Garfield High School em Seattle – embora não na mesma época em que Hendrix –, tornou-se chefe de publicidade da Reprise nos últimos meses de vida de Jimi. "Tínhamos muito carinho por ele. Jimi tinha um talento incrível. *Jamais* vi outra pessoa como ele. Ele estava tão à frente de tudo... Era totalmente original", disse-me Saul algum tempo atrás. Ele recorda que se encontrou com Jimi apenas uma vez, e que por duas vezes o viu tocar.

"Como tanta gente, fiquei muito triste e decepcionado quando ele nos deixou. Lembro-me de como nos sentimos estranhos e infelizes durante a promoção de *Cry of Love*, lançado logo depois de sua morte." Considerado um excelente profissional em sua área, Saul, que agora está aposentado, explica: "Fiquei muito frustrado. Na companhia, todos gostávamos muito dos nossos artistas. Era para eles que trabalhávamos. Estávamos sempre motivados! Aqueles dias foram fantásticos para o mercado fonográfico. Muitas vezes desejei ter feito por Jimi tudo que eu – que nós –

fiz por outros artistas, e que pudéssemos compartilhar com ele o prazer de ver outro disco seu subir nas paradas."

Noel era jovem, disperso e temia o próprio futuro. Ele aceitou ansioso a oferta para gravar um disco para a Natural Resources, um novo departamento da Motown dedicada a músicos brancos. Seu amigo inglês Les Sampson, um jovem baterista cheio de entusiasmo e simpatia, e um guitarrista norte-americano, Rod Richard, que ficou pouco tempo na banda, compunham o trio de Noel, cujo nome não muito inspirado era Road. Ele se mudou para um pequeno apartamento alugado em Hollywood, e minha mãe o abasteceu com boas louças e diversos utensílios domésticos.

Enquanto isso, Mitch ficava entre a Inglaterra e os Estados Unidos. Tinha tocado com Jack Bruce e agora estava em entendimentos para integrar um novo grupo norte-americano chamado Ramatan, cujo destaque era a guitarrista April Lawton. Os leais fãs de Hendrix correram para assistir às aparições de Mitch pelos clubes, mas a banda teve vida curta.

Noel e Mitch não se falavam muito. Sempre lembrei a Noel que seria importante eles apresentarem uma frente unida caso desejassem receber o dinheiro que lhes era devido. Contribuí para essa causa de diversas maneiras, o que envolveu tempo, dinheiro e angústia. Os advogados de Nova York que Noel e Mitch conheciam dos velhos tempos eram muito caros e não tinham conseguido nada em suas negociações acerca do espólio de Hendrix. Por isso, Noel entrou em entendimentos com um advogado ambicioso e relativamente jovem de Beverly Hills, recomendado a ele por um amigo nosso que trabalhava na revista *Billboard*. Noel me pediu que explicasse ao advogado que ele não poderia arcar com uma despesa muito substancial. Em lugar disso, pagaria os honorários advocatícios, inclusive as viagens necessárias, e lhe daria uma bela percentagem sobre qualquer quantia que ele viesse a receber da Warner Bros como questionamento do espólio de Hendrix.

Por fim, Noel, o advogado e eu viajamos para Londres a fim de encontrar os contadores e outras partes relacionadas ao processo. Estávamos atrás de informações a respeito da misteriosa Yameta. Noel tinha esperanças de que aquela empresa das Bahamas pudesse ser sua mina de ouro. O ponto alto da viagem, se é que se pode chamar assim, aconteceu quando nós três entramos no escritório cheio de antigüidades de John A.

Hillman, no coração do elegante bairro de Mayfair, West End. Hillman, que aparentava ter cerca de 50 anos, se comportou com educação, confiança e tranqüilidade, agindo como se ignorasse quem era Noel Redding. Enquanto isso, eu procurava desviar os olhos da cara infeliz de Noel e me voltava para as sofisticadas paredes de madeira almofadada daquele santuário íntimo. Hillman era pequeno e vestia um terno caro. Logo concluímos que, por trás daquelas boas maneiras, o senhor Hillman era um homem áspero e que, malgrado seu aspecto cooperativo, ele não iria nos dizer nada. Era ele o homem de Michael Jeffery: o senhor Yameta.

Noel deu um profundo suspiro de alívio quando saímos. Tremia como uma folha de papel e agarrava meu braço com força. Alimentara muitas esperanças de que Hillman lhe pudesse ser útil. O advogado de Noel mais tarde convenceu Hillman a colocá-lo em contato com sir Guy Henderson, outro dos "diretores" da Yameta. Para tanto, viajou até a ensolarada Nassau com despesas pagas por Noel. Henderson era tão adepto quanto Hillman do discurso dúbio e charmoso. Quase nada se conseguiu.

Em Nova York, o Electric Lady Studios de Michael Jeffery funcionava sem parar. Parecia que todos os artistas queriam gravar um álbum em um dos dois estúdios do edifício da West 8th Street, entre os quais Kiss, Lou Reed, Carly Simon, Deep Purple e Led Zeppelin. Se o local tinha sido bom o suficiente para Jimi Hendrix, então devia ser uma maravilha! Depois da morte de Jimi, Jeffery mergulhou num breve período de aparente introspecção e passou a dizer que andava interessado em "meditação". Entretanto, quando abordava o problema de Mitch e Noel, ele não tinha mais tempo para pensamentos profundos ou para oferecer alguma ajuda. Os dois músicos tinham dinheiro para receber, tanto do próprio Jeffery quanto da Yameta Company Limited e da Reprise Records. Como sempre, os pensamentos de Jeffery voltavam-se para ele mesmo. Passado um ano e meio da morte de Jimi, Jeffery estava em plena caça de negócios. Não precisava de dinheiro, mas sentia falta do poder, do prazer de estar em evidência. Produtores de discos de várias gravadoras me telefonavam para conversar sobre artistas e bandas que Jeffery queria contratar. "Ele está de fato tentando usar Hendrix", disseram-me. "Fica dizendo que Hendrix era louco por alguns daqueles músicos ou que tinha a intenção de produzi-los etc. etc. Você saberia me dizer se antes de morrer Hendrix conheceu mesmo ou ouviu algum deles tocar?" O advogado de Jeffery, Steve Weiss, também era mencionado durante essa busca de contratos. Tive a impressão de que Jeffery voltava a lançar mão de seus velhos truques, usando Jimi depois de morto da mesma forma como fizera enquanto ele estava vivo.

No dia 5 de março de 1973, o destino acertou as contas com Mike Jeffery. Sessenta e oito pessoas morreram quando dois aviões espanhóis se chocaram em pleno ar sobre Nantes, na França. Um dos aviões, um DC-9 da Ibéria, desintegrou-se no céu, espalhando destroços e corpos mutilados num raio de 16km. Um daqueles corpos era o de Jeffery, que tinha 39 anos e só pôde ser identificado pelo relógio, os anéis e o cordão que sempre usava. O outro avião, um Spantax CV-990, conseguiu aterrissar sem vítimas. Sabia-se que Jeffery tinha muito medo de viajar de avião. Muitas vezes cancelava uma reserva no último instante. Mas o fato é que por muitos anos ele foi e voltou de avião de Majorca, local onde tinha muitas propriedades e muitos clubes lucrativos. Jeffery e outras pessoas de confiança da sua equipe costumavam transportar grandes somas de dinheiro nessas viagens. Na época, uma greve de controladores de vôo franceses, acusações infundadas de falha humana e de radar "não observado" constituíram a mistura e elementos básicos que causou o acidente. Porém, no que se refere ao falecido empresário do falecido Jimi Hendrix, não são verdadeiros os rumores de que o choque teria sido provocado por inimigos de Jeffery. Ele apenas deixou de contar com a sorte que o acompanhara por tanto tempo. Maravilhado durante anos com a própria esperteza, o sucesso e a riqueza, agora era só mais uma notícia de ontem.

Ed Chalpin vivia a se queixar por causa do álbum, *Band of Gypsys*, que recebera graças a acordos que ele jamais consideraria fechados. Último álbum lançado antes da morte de Jimi, *Band of Gypsys* vendeu muito, tanto antes como depois de Chalpin supostamente conseguir juntar cerca de dez milhões de dólares com as vendas ao longo dos anos. Quando Leo Branton Jr. assumiu o espólio de Jimi Hendrix, os observadores da indústria aguardavam com interesse para ver quem iria passar a perna em quem. O processo movido por Ed Chalpin em Londres, em 1970, antes da morte de Jimi, contra a Track Records e a Polydor, afinal chegou à agenda do tribunal em março de 1973, junto com outras ações relacionadas contra a Track, Chas Chandler, Mike Jeffery e o espólio de Jimi. "O juiz detestou o senhor Chalpin e achou que na verdade ele não tinha argumentos válidos", revelou-me um de meus amigos jornalistas da Fleet Street que assistiu ao julgamento. "Ele condenou Chalpin a pagar mais de 200 mil dólares norte-americanos para cobrir as custas do processo." Um executivo da Warner Bros me disse alguns meses depois do fiasco de Chalpin em Londres: "Chalpin é aquele tipo de cara que vive só pela emoção do jogo. Ele não queria ser excluído. E depois da história no tribunal de Londres, Branton deixou-o prosseguir impune, distribuindo o velho lixo da PPX."

Noel Redding por fim chegou a um acordo com a Warner Bros/Reprise Records. Ficou estabelecido que ele renunciaria aos seus direitos em troca da patética soma de 100 mil dólares. Sua carreira não deslanchava nos Estados Unidos, o que também não acontecera na Inglaterra depois que ele deixou o Experience. Noel comprou uma casa na Irlanda e passava o tempo revisando interminavelmente suas contas e documentações financeiras. Trabalhava de maneira esporádica num livro. Engajou-se numa contínua batalha contra as drogas, o álcool e a falta de dinheiro, mas sem jamais perder o charme, o senso de humor e a simpatia.

Os anos 1970 foram um período de muito uso de drogas na indústria do rock. Com freqüência, quando deparava com amigos e admiradores de Hendrix na Inglaterra ou nos Estados Unidos, eu ficava espantada com o comportamento daqueles rapazes e moças drogados que antes pareciam tão vibrantes e promissores. Agora o aspecto deles era envelhecido e baço, completamente descontrolado. E Hendrix ficou com a imagem do grande e perverso consumidor de drogas... Mas *isso* era bem pior. Jantar com alguns artistas significava, de repente, ter de mostrar, com todo o cuidado e afetando naturalidade, que o prato pelo qual esperavam já estava ali há tempos, diante deles, e que a comida ia esfriar. Outros simplesmente nem se importavam com refeições regulares. Tinham verdadeira tara por doces e pareciam sobreviver só de torrões de açúcar. O que teria acontecido, imaginava eu, com aquele tempo tão fluido e alegre em que todos sentiam e agiam com tamanha tranqüilidade? Muitas vezes, a pior parte depois desses angustiantes jantares era ver que o senhor ou a senhora Famosa, totalmente fora de si, precisava de ajuda para se pôr de pé e chegar até a limusine ou atravessar a rua. Era necessário avisar: "O sinal ficou verde. Podemos atravessar."

No auge desse comportamento autodestrutivo, fui convidada para uma festa em uma suíte ridiculamente luxuosa no hotel Plaza, em Nova York.

"Todo mundo que é *alguém* vai estar lá", me disseram. Uma banda californiana conhecida, de passagem por Nova York, onde fizera uma desleixada apresentação no Madison Square Garden, era a atração principal. Eram estimulados por importantes executivos de gravadoras que se divertiam à custa desses astros de rock pirados. Em cada um dos sete cômodos da suíte, destacavam-se sobre as mesas duas ou três tigelas cheias de cocaína.

Não sou uma menina boazinha com duas caras. Mas aquela lunática decadência não era um quadro ao qual gostaria de me associar. Abria caminho em direção à porta quando vi dois dos integrantes da banda californiana ouvindo um repórter da *Billboard* contar como um dos supostos amigos de Jimi Hendrix, o produtor Alan Douglas, pegara faixas inacabadas de Hendrix e acrescentara coadjuvantes na bateria e no baixo – instrumentistas que jamais tinham tocado com Jimi – para ganhar mais dinheiro, junto com Leo Branton Jr. e Al Hendrix. Um dos artistas disse:

— Cara, *aquele ali* suga mesmo! Hendrix ficaria furioso com isso! – limpou um resíduo de cocaína do nariz e completou: — Essa indústria é tão *cruel*! Todo mundo sabe que Douglas fez tudo para virar produtor de Jimi, e agora, com Jimi fora da jogada, ele afinal conseguiu. Você acha que a Warner Bros concorda com essa sujeirada toda?

— Ouvi dizer que o filho do advogado, Chip Branton, também está arrancando muita coisa de Hendrix – falou o repórter. — Ele disse algo sobre ser "produtor" musical de Jimi.

Os dois músicos pareciam confusos:

— Quem são esses Branton?

O homem da *Billboard* explicou:

— O pai é advogado, trabalha para o velho Hendrix. Acho que está querendo que seu garoto também faça parte da folha de pagamento.

Fiquei ali mais um instante, com vontade de me intrometer e fazer algumas perguntas. Mas desisti. Já tinha visto e ouvido o bastante.

Nem todos estavam infelizes com a "reinvenção" de Jimi Hendrix por Alan Douglas. O álbum que ele produziu, *Crash Landing*, pelo método do corte e cola, chegou às listas dos mais vendidos em 1975. E sua segunda "produção" de Hendrix, a música "Midnight Lightening", fez muito sucesso no final do mesmo ano. Douglas declarou à imprensa que trabalhava com cerca de 800 horas de fitas gravadas por Hendrix e que ainda havia mais discos a serem lançados. Leo Branton Jr. e o seu cliente Al Hendrix ficaram satisfeitíssimos por se associarem a Alan Douglas.

A vida estava ficando cada vez melhor para Al Hendrix. Recebera muito dinheiro do espólio de Jimi, o que lhe possibilitou comprar uma casa muito confortável com cinco quartos, cinco banheiros, duas salas de estar e seu próprio "esconderijo" no porão, com mesa de bilhar e geladeira para estocar cerveja. A casa tinha um terreno grande, uma garagem espaçosa e ficava numa vizinhança de classe alta no subúrbio de Skyway, em Seattle.

Foi lá que ele veio a conhecer o filho sueco de Jimi, James Henrik Daniel Sundquist, quando a criança e a mãe, Eva, foram a Seattle em visita. Tinham passado momentos difíceis, mas parece que isso já fora superado. O menino fora reconhecido legalmente como filho de Jimi por um tribunal sueco. Branton dissera a Al que isso lhe acarretaria despesas, o que aborreceu Al. "Todo mundo quer tirar dinheiro de mim", dizia. "Até quando não falam inglês!" Aborrecia-lhe o fato de Eva e o filho sentirem-se mais à vontade falando sueco. A voz de Leon, tio do menino, abrandou-se quando ele recordou a primeira vez em que viu a criança. "Quando conheci o pequeno Jimi, falei: 'Aaaaah!' Ali estava ele, exatamente como meu irmão, só um pouquinho achatado. Caminhou com aquele mesmo jeito que Jimi tinha." Linda, a filha de June Hendrix, recorda: "O menininho era adorável. Tão parecido com o pai!"

Após meses de estratagemas e regateios da parte de Branton-Hendrix, o filho de Jimi e sua mãe receberam cerca de um milhão de dólares "para o sustento deles". Receberam muito mais que a filha de Jimi, Tamika. As ações judiciais impetradas pouco depois da morte de Jimi não deram em nada, uma vez que os representantes legais da menina foram incapazes de apresentar provas da relação da mãe da menina com Jimi. Muito tempo depois, Tamika recebeu a enorme quantia de 100 dólares, presenteados pelo avô. Na adolescência, ela se encheu de coragem e telefonou para falar com Al Hendrix. Foi Janie Hendrix que atendeu e gritou para ela: "Você *não tem* nenhuma relação com meu irmão. Ele *não é* seu pai."

No *front* doméstico, dizia-se que o casamento de Al e June Hendrix era uma "situação esquisita", marcada por brigas e discussões, às vezes envolvendo bebida. As preocupações de June com "outras mulheres" também se faziam presentes. June queria sair de casa, embora nem ela nem Al aparentemente desejassem o divórcio, já que o dinheiro de Jimi estava em jogo. Depois de se aborrecer com muita "discussão", Al concordou em dar uma pensão à mulher e ela deixou a casa de Skyway. Sua filha Janie preferiu continuar morando com Al. Ele comprou uma casa simples para June, que logo depois sofreu um derrame e passou a precisar de fisioterapia. Afinal se mudou para um condomínio em Seattle. Várias doenças sérias a afligiram, deixando seus filhos mais velhos preocupados. A toda hora June era internada em clínicas de repouso.

Pelo menos uma coisa Alan Douglas fez para trazer benefícios à música de Jimi Hendrix: tomou a importante decisão de licenciar certo número de músicas para a Rykodisc, pequena companhia de Massachusetts especializada em tecnologia a laser aplicada ao som no então novíssimo formato do *compact disc*. Em 1987, a Rykodisc lançou *Jimi Hendrix Live at Winterland*. A alta qualidade sonora impressionou tanto os fãs mais velhos, que adoravam seus discos de vinil e as grandes capas coloridas cheias de textos informativos, quanto os mais jovens e os novos artistas, que correram para comprar CD *players* e ouvir Hendrix no volume máximo durante horas seguidas. O CD teve um sucesso de vendas que deixou a indústria fonográfica impressionada, levando os mais importantes selos a acreditar que em breve o vinil se tornaria obsoleto. O segundo e último CD de Hendrix pela Rykodisc, *Radio One*, também vendeu bastante. Poderíamos dizer que a Rykodisc foi um grande fator para ajudar a revitalizar a carreira de um artista que, apesar de morto, continuava iluminado.

CAPÍTULO 15

1990-1999
Uma série de acertos de contas

Em 24 de julho de 1990, telefonei para Leo Branton Jr. em seu escritório. Há tempos eu vinha sendo encorajada por muitos amigos e fãs de Jimi a escrever uma obra mais longa sobre ele, possivelmente para o *Sunday Times* de Londres, numa homenagem aos 20 anos de sua morte. Escutei durante anos muitas fofocas a respeito das atividades escusas da parceria entre Leo Branton e Alan Douglas com relação a Hendrix. Já era tempo de fazer algumas perguntas.

A secretária de Branton, com sua voz muito agradável, não perdeu tempo para colocá-lo na linha depois que eu disse meu nome e informei que estava pensando em escrever um livro em tributo a Hendrix. Aquela devia ser uma manhã morna para o advogado que havia 19 anos era representante de Al Hendrix. Eu planejara lembrar o senhor Branton das nossas reuniões e conversas telefônicas no início dos anos 1970. Mas ele não me deu chance. Estava com um humor muito jovial, ansioso para falar a respeito do pequeno reino que governava. Eu podia ouvir o rangido de sua cadeira giratória enquanto ele falava que a luz do sol se derramava pelas janelas de seu escritório naquele tranqüilo e ensolarado dia de verão. Ao longo dos 20 minutos da nossa conversa, Branton parecia à vontade e seguro de si: afinal, era um advogado em situação bastante favorável. *Agora* o sol estava brilhando para ele, num ambiente que, segundo eu me lembrava, era muito apagado e frio.

Perguntei-lhe sobre as vendas de discos de Jimi depois de sua morte. Ele respondeu com orgulho: "Gravadoras do mundo inteiro me enviam regularmente relatórios que dizem respeito aos direitos autorais." Mesmo assim se calou quando eu quis saber quantos milhares de álbuns de Jimi Hendrix haviam sido vendidos nas últimas duas décadas. Qualquer criança com uma calculadora poderia chegar a um resultado aproximado, baseando-se em todos aqueles demonstrativos de direitos autorais. Embora Branton preferisse ser lacônico sobre as vendas de discos, foi rápido em me dizer que todas as publicações a respeito de Jimi Hendrix e todos os copyrights de suas músicas eram controlados por ele, o que não acontecia com o licenciamento de todo o "catálogo" de Hendrix para as grandes gravadoras, como a EMI e a Sony. "As músicas dele devem ter a aprovação da Bella Godiva Incorporated", disse Branton, "da qual sou o presidente." Lembrei que Bella Godiva era o nome que Jimi escolhera no fim dos anos 1960, quando o editor profissional Aaron Schroeder administrava suas composições. Fiquei imaginando por que Branton teria escolhido a si mesmo para chefiar a Bella Godiva, uma vez que sua experiência era tão pouco significativa nesse lucrativo campo da edição musical.

Branton se referiu casualmente ao fato de ele e o então empresário de Jimi, Mike Jeffery, terem desenvolvido uma "amistosa relação de trabalho", concordando a respeito de muitas questões. Aquela aliança me surpreendeu. Eu imaginava que o advogado teria se chocado, e até sentido desprezo, ao saber das manipulações que Jeffery fazia com os lucros de Hendrix e com o próprio Hendrix. Observei:

— Então, quando se trata de Jimi Hendrix você agora é o chefe.

— *Sou* o chefe – concordou ele.

— O senhor se surpreende com o crescimento da popularidade de Hendrix?

— É um fenômeno – exclamou. — Sem dúvida ninguém esperava por isso na época da morte dele.

— Como o senhor justifica esse fato?

Ele soltou uma risadinha e respondeu de maneira inocente:

— Aparentemente, Jimi Hendrix era um músico muito maior do que jamais pensei que fosse. Meninos que nem tinham nascido quando ele morreu o consideram um dos melhores guitarristas de todos os tempos. Eu nunca imaginei que isso pudesse acontecer. Mas tenho de admitir que o mundo o reconhece assim.

É, aquele cara completamente estranho para o verdadeiro Jimi Hendrix estava de fato numa ótima situação, pensei, enquanto agradecia ao advogado por sua atenção.

No início de 1991, fiquei surpresa ao receber um telefonema de Monika Dannemann, com quem eu não travava qualquer tipo de contato havia quase 20 anos, desde a época em que ela me escrevera uma série de cartas procurando conquistar minha amizade e se convidando para ficar em minha casa em Los Angeles. Angustiada com essas cartas, recorri a Henry Steingarten, que me aconselhou a ignorá-las. "Ela está tentando se fazer mais importante do que é", disse ele. Agora, depois de todo esse tempo, Monika me telefonava da Inglaterra perguntando gentilmente:

— Lembra de mim?

Não respondi. Como eu poderia esquecer a mulher que deixou Jimi morrer?

Durante a conversa, em que lutei para manter a calma, por três vezes Monika insistiu para que eu fosse encontrá-la em sua "casa de campo" na costa sul da Inglaterra.

— Podemos conversar sobre Jimi – disse ávida. — Eu sei quantas lembranças maravilhosas você deve ter. E, é claro, eu também tenho muitas. Podemos compartilhá-las, tomar chá e aproveitar o jardim.

Era mais fácil eu enfiar minha cabeça num forno aceso que aceitar o convite dela. Compreendi que Monika queria as informações que eu pudesse lhe fornecer, muito provavelmente *precisava* muito delas. Amigos meus dos círculos jornalísticos de Londres volta e meia me avisavam que Monika vivia tentando conseguir algum contrato para escrever um livro sobre "o meu noivo", como em geral se referia a Hendrix. Lembrei-me de como ela se envolvera com Curtis Knight, aquele músico baixinho e convencido de Nova York, o primeiro a explorar "o Jimi que conheci". Monika contribuíra com a versão dela sobre a morte de Jimi para as memórias musicais, repletas de erros, publicadas por Knight pouco após o trágico acontecimento. E também incluíra uma versão deturpada daquilo que eu lhe falara rapidamente sobre o interesse de Jimi pelo número nove.

Ao escutar Monika de novo, senti raiva de sua tremenda frieza.

— Estou muito ocupada – disse eu. — Preciso desligar, tenho de sair para um compromisso.

Fiquei orgulhosa por conseguir superar aquele momento de "explosão do passado". Graças a Deus me livrei dela!

É claro que eu estava enganada quanto a isso. Meses depois, recebi uma carta registrada dos advogados ingleses de Monika Dannemann. Advertiam-me de que eu jamais escrevesse sobre a morte de Hendrix de algum modo que pudesse prejudicar a cliente deles. Apenas passei os olhos por aquela carta de duas páginas e em seguida joguei-a na lata de lixo. "Vá para o inferno", pensei. Mas o que mais me incomodava era Monika ter descoberto meu endereço, além do número do meu telefone, que não constava na lista e que voltaria a usar no futuro.

Na primavera de 1992, Al Hendrix viajou para Nova York para participar de um elegante jantar no hotel Waldorf-Astoria. O evento foi organizado para celebrar a entrada do Jimi Hendrix Experience no Hall da Fama do Rock. A impressionante multidão de pessoas se comprimia entre músicos e figurões da indústria fonográfica. Todos ficaram de pé para homenagear o falecido astro do rock e aplaudiram muito Mitch Mitchell e Noel Redding, que ladeavam o pai de Jimi. Al exibia um sorriso de orelha a orelha. Com todas aquelas aclamações, acabou vertendo algumas lágrimas. Neil Young foi o "apresentador" oficial. Teceu muitos elogios a Hendrix e em seguida interpretou "All Along the Watchtower".

"Não paravam de aplaudir, aquilo foi mesmo demais", declarou Al Hendrix para os fotógrafos após a cerimônia, enquanto posava para outras fotos. "Ele é um sujeito muito simpático", disse na ocasião um executivo da Atlantic Records. "Todo elegante em seu smoking. Nem de longe parecia o que se esperava do pai de Jimi."

Enquanto Al Hendrix se mostrava bastante satisfeito, limitando-se a esperar sentado pelos 50 mil dólares do espólio do filho que entravam todo ano em sua conta bancária – além de ter Leo Branton Jr. encarregado de seus impostos e das pequenas questões relativas ao fato de ele ser pai de um falecido astro do rock –, sua filha adotiva, Janie, queria *se envolver* no assunto. Era mãe de quatro filhos, a antiga profissão de cabeleireira não decolara e, embora não possuísse a menor experiência em negócios, começou a sonhar mais alto sob a inspiração de Leo Branton Jr.

Além dos 50 mil dólares que mandava para Al, de tempos em tempos Branton também enviava cheques a Leon e Janie a pedido do pai deles.

Em outubro de 1992, os dois receberam uma carta de Branton que, em nome de Al, solicitava a compra dos copyrights contingentes e futuros da obra de Jimi que lhes cabiam. Ele explicou que, segundo a lei federal de direitos autorais, os copyrights deviam retornar aos proprietários originais depois que se passassem 28 anos. De acordo com um longo resumo redigido e apresentado no tribunal por Robert Curran, advogado de Leon em Seattle:

> Branton informou a Leon e a Janie que Al originalmente lhe vendera os copyrights de Hendrix em troca de uma anuidade que proporcionara uma renda estável ao pai deles. Agora que aquele período original de copyright estava perto de expirar, Branton comunicava que Al desejava vender também os copyrights futuros reversíveis. Entretanto, para que isso fosse possível, ele precisava primeiro adquirir os direitos contingentes de Leon e Janie, que lhes seriam devolvidos no caso de Al morrer antes do prazo estipulado para a revisão.
>
> A carta de Branton requeria que Leon e Janie assinassem um acordo pelo qual cada um deles renunciaria aos seus direitos contingentes reversíveis sobre os copyrights das músicas de Jimi em troca de 300 mil dólares em espécie e de um crédito de 700 mil dólares para "a educação, saúde e bem-estar de seus respectivos filhos". Como os créditos seriam depositados graças à venda dos direitos reversíveis, a carta propunha fazer o depósito dos créditos ligados ao espólio de Al, caso o ressarcimento não se realizasse antes da morte deste.

Al e Branton se reuniram em Seattle antes que as cartas fossem enviadas a Janie e Leon. O advogado explicou várias vezes a Al o que significava "copyrights reversíveis", mas seu cliente levou muito tempo até compreender todos os detalhes. Conforme Curran argumentou no tribunal, "Leon assinou o acordo de direitos reversíveis porque acreditava ser uma solicitação de seu pai. Até aquele momento, Branton havia gerido todas as questões jurídicas e comerciais relativas ao espólio de Jimi. Além disso, Al sempre rechaçou as preocupações de Leon em relação a Branton e declarava a todo mundo que era 'muito bem orientado'. Leon também foi levado a acreditar que Al concordara com a proposta de Branton porque o pai lhe dissera algumas semanas antes: 'Branton tem uma coisa para você.'"

Janie não assinou. Contratou um importante advogado de Seattle, O. Yale Lewis Jr., do escritório Hendricks & Lewis, para assessorá-la. Lewis investigou o valor dos direitos contingentes e chegou à conclusão de que o espólio de Jimi era "extremamente valioso". Lewis então se encontrou com Al Hendrix e lhe apresentou muitas idéias. Janie acreditava que havia muitos outros milhões que ainda não tinham sido mencionados por Branton nas cartas que enviou a ela e a Leon.

Uma sobrinha de Al, Diane, telefonou para ele de Nova York dizendo-lhe que lera num artigo de jornal que Branton ia fazer um novo contrato para vender os "direitos" sobre a obra de Hendrix, o que produziria um montante de nada menos que 40 milhões de dólares. Al ficou estupefato. "Ele nunca me falou nada disso", disse à sobrinha e em seguida a Janie.

Logo se espalharam por Seattle as notícias de que Janie insistia com o pai para que demitisse Branton e movesse "uma ação para pegar nossa herança de volta". Ante a insistência de Janie, Al contratou Yale Lewis para "investigar a manipulação do espólio de Hendrix por parte de Branton". Paul Allen, um dos bilionários da Microsoft, mandou dizer a Al que se dispunha a emprestar-lhe cinco milhões de dólares para as despesas jurídicas. Se a "família" ganhasse a questão, poderia restituí-los. Se perdesse, Allen esqueceria a dívida.

No início de 1993, Branton recebeu inúmeros comunicados legais de Seattle. Uma delas era de Yale Lewis e dizia: "O senhor Hendrix pediu-me que lhe transmitisse as instruções dele para que Vossa Senhoria não tome mais nenhuma providência em seu nome ou faça algo que de alguma forma se relacione a quaisquer bens tidos em nome dele ou em qualquer outro nome em seu benefício sem que antes eu faça uma análise. Em anexo segue a 'Revogação de qualquer poder advocatício' relativo ao senhor Hendrix." Outra carta solicitava informações detalhadas e os autos de processos em nome de Al Hendrix. Branton de imediato tomou a defensiva e assumiu a posição de obstruir, lembrando a Al o quanto havia feito por ele. Em carta, Branton informava que levaria um longo tempo para localizar todos os relatórios referentes ao relacionamento profissional de 20 anos entre eles. De maneira compreensível, Al tinha medo do que desencadeara e estava apreensivo com o tempo que toda essa "coisa horrível" iria levar. Seus advogados o advertiram de que ele teria de prestar longos e aborrecidos depoimentos para declarar tudo o que sabia e esperavam que afirmasse diante de um juiz e de um corpo de jurados.

Ele não se sentia nada bem diante dessa perspectiva. Janie e seu marido, Troy Wright, animaram-no e o apoiaram. Falaram-lhe sobre "partes vitoriosas", garantindo que "essa é a coisa certa a se fazer!"

Quase 20 anos antes, Branton arrancara o espólio de Hendrix das mãos do advogado pessoal de Jimi, Henry W. Steingarten, e recebera carta-branca de Al Hendrix para fazer o espólio "se expandir". Foi um dia humilhante para Branton aquele em que sua família, seus vizinhos, seus colegas advogados e os fãs de Jimi Hendrix leram, na edição de 20 de abril de 1993 do jornal de sua cidade, o *Los Angeles Times*, uma destacada manchete nos seguintes termos:

PAI DE JIMI HENDRIX MOVE AÇÃO POR FRAUDE CONTRA ADVOGADO

O artigo assinado pelo jornalista Chuck Phillips informava:

> A ação acusa o advogado Leo Branton Jr., de Los Angeles, de vender os direitos das obras do falecido artista sem o conhecimento ou o consentimento de seu pai, James (Al) Hendrix. Em sua defesa, Branton declarou: "O senhor Hendrix renunciou, 20 anos atrás, a todos os seus direitos à suposta herança do filho em troca de uma compensação muito valiosa. Ele próprio assinou os documentos e os compreendeu muito bem. Agora que os valores aumentaram, ele tenta chantagear os proprietários dos direitos para que lhe dêem dinheiro, baseando-se na declaração de que não sabia o que estava fazendo.

Notícias, fatos e boatos corriam depressa por toda a indústria fonográfica de Los Angeles e se espalhavam pelo mundo inteiro. "Coitado do Jimi, até no túmulo ele continua enganado", comentou um músico que assistira à emocionante performance de Hendrix no Monterey Pop Festival. O que todos se perguntavam era: seria Branton um hábil trapaceiro? O produtor de discos Alan Douglas não contou com tanta simpatia. Afinal, ele se "metera" com a música de um gênio para se aproveitar. De todos, era de Al Hendrix que o povo mais sentia pena. "É o pai de Jimi, pelo amor de Deus! O homem merece todo respeito do mundo!" Executivos de gravadoras encaravam a questão de outra maneira. Tratava-se simplesmente de um negócio. Jimi Hendrix estava morto. Se o pai dele tomara decisões infelizes, azar o dele. Uma coisa era certa para esses profissionais: se a MCA Records e sua matriz, a Universal, queriam os direitos sobre as músicas de Jimi Hendrix, elas encontrariam uma forma de obtê-los. Todos têm o seu preço. Entretanto, o artigo do *Los Angeles Times* provocou tristeza entre os veteranos do mercado musical, que sempre associaram o nome de Jimi Hendrix com a Reprise Records. Como Bob Merlis, da Reprise, costumava dizer: "Jimi Hendrix é a pedra angular do nosso estilo moderno." Aparentemente, a Reprise e seus diretores tinham dúvidas quanto a um novo negócio envolvendo Hendrix, mas não se importavam muito em cobrir a oferta da MCA. Havia, é claro, a possibilidade de que Branton tivesse melhores razões para não querer mais a música de um astro de rock morto na Reprise, de que ele próprio aumentaria seu poder se assinasse um novo contrato com outro grupo de executivos.

Vários parentes de ambos os lados da família de Jimi, amigos e antigos vizinhos do bairro em que morava falavam sem parar da manchete do *Seattle Post-Intelligencer*:

> PROCESSO HENDRIX
> Pai do astro do rock move ação para obter propriedade de copyright

"Imagine Al Hendrix, logo ele, movendo um processo de tamanha importância", era o comentário que mais se ouvia em seu antigo bairro. O artigo do jornal relatava: "A batalha no tribunal é parte de uma disputa que no início deste mês adiou um negócio de muitos milhões de dólares, no qual o MCA Music Entertainment Group iria comprar os direitos de gravação e edição das músicas de Jimi Hendrix." A notícia surpreendeu e confundiu essas pessoas, que achavam que Al já era um multimilionário. Afinal, agora ele morava numa casa grande, longe do bairro central, e seu filho havia sido um dos mais famosos músicos do mundo.

No dia 14 de junho de 1993, os advogados de Hendrix aumentaram a pressão e expediram uma nova queixa que incluía novas emendas "por relatórios de contabilidade, quebra de dever fiduciário, fraude, representação deturpada e negligente, imperícia legal, restituição com base em rescisão de contrato, violação das leis de segurança, conspiração para fraude, violação de copyrights, competição injusta, conversão, infração de direitos de publicidade e sentenças afirmativas". A primeira página da queixa mencionava os personagens do drama:

Tribunal Distrital dos Estados Unidos
Western Washington, Distrito de Washington
Em Seattle, JAMES A. HENDRIX, indivíduo, autor, v. LEO BRANTON JR. E GERALDINE BRANTON, indivíduo e seu cônjuge; LEO BRANTON

JR., A LAW CORPORATION, corporação da Califórnia; BELLA GODIVA MUSIC, INC., corporação de Nova York; PRESENTACIONES MUSICALES, S.A., corporação panamenha; INTERLIT B.V.I., LIMITED, corporação das Ilhas Virgens Britânicas; AUTEURSRECHTENMAATSCHAPPIJ B.V., companhia holandesa; ARE YOU EXPERIENCED? LTDA., corporação da Califórnia; ALAN D. RUBENSTEIN a/k/a ALAN DOUGLAS e JANE DOE RUBENSTEIN, indivíduo e seu cônjuge; e LEO L. BRANTON III, réus.

Ao se ler a queixa de 75 páginas, além de inúmeros anexos, era impressionante constatar o número de companhias no exterior e de empresas em paraísos fiscais com as quais Branton tinha negócios ou que havia pessoalmente instituído. Michael Jeffery e John A. Hillman teriam ficado muito impressionados. Perto das lembranças da Yameta, aquilo parecia "um *déjà-vu*", como costumavam dizer os maiorais da Sunset Boulevard. A queixa declarava que Jimi morrera sem deixar testamento, "sem deixar esposa ou filhos", embora com certeza seu pai tivesse conhecimento de que Jimi tinha dois filhos quer os reconhecesse publicamente, quer não.

Em março de 1994, Al Hendrix, já com mais de 70 anos, reuniu-se por vários dias com um círculo de advogados – o dele e os que representavam Branton e Alan Douglas (um de seus sócios na produção fonográfica) – e com um relator do tribunal para depor no processo que movia. O advogado Kirk Hallam – representante dos réus, inclusive da Bella Godiva Music, da Interlit, da Elber B.V., da Are You Experienced? e de Alan Douglas – perguntou a Al Hendrix:

> HALLAM: O senhor tinha conhecimento, em 1970 ou 1971, de que o valor do espólio de seu filho dependeria em grande parte do grau de sucesso das vendas das músicas de Jimi?
> AL HENDRIX: Não. Eu não sabia nada sobre o espólio.
> HALLAM: Então, no seu entendimento, naquele período, 1970 e 1971, não existia nenhuma relação entre o valor que teria o espólio de seu filho e o número de álbuns de Jimi Hendrix a serem vendidos no futuro?
> AL HENDRIX: Eu não tinha a menor idéia do que estava acontecendo. O que sei é que herdei aquilo, e isso é tudo.

Houve poucas perguntas a respeito de como exatamente o espólio chegara às mãos de Al Hendrix: a definição do termo "herdar" era uma questão a ser evitada, já que Jimi Hendrix não fizera pessoalmente nem assinara testamento ou acordo que desse ao pai qualquer direito à herança no caso de sua morte. Entretanto, uma amiga de Al, a quem ele emprestara uma substancial quantia em dinheiro, deu um depoimento muito elaborado e significativo, fazendo elogios a Al e afirmando ter certeza das intenções de Jimi nesse sentido.

Várias vezes, em diferentes dias do julgamento, alguns advogados mencionaram o fato de que Al Hendrix parecia "sonolento" ou "cansado". Alguns parentes e amigos acharam que Janie pressionava muito o pai durante os ensaios dos depoimentos. Entretanto, essas pessoas mais interessadas não tinham permissão para assistir às sessões. Apenas Janie estava sempre ao lado do senhor Hendrix para dar apoio moral.

Uma série de respostas dadas por Al Hendrix nos depoimentos entrava em conflito com declarações que ele mesmo dera em anos anteriores, tanto a respeito de Jimi quanto sobre Branton. Seu testemunho acerca do relacionamento e de suas conversas com o filho estavam cheias de incorreções e rematadas mentiras.

Os depoimentos se transformaram numa verdadeira novela dentro de outra novela quando interrogaram Al Hendrix sobre um telefonema da esposa de Leo Branton, Gerry, no qual ela lhe pedia encarecidamente para não romper os negócios com o marido. Al Hendrix disse: "Ela também falou que havia muitas coisas de ordem pessoal nos processos que iriam prejudicar muito Leo, como também a ela, se fossem reveladas. ..." A senhora Branton, uma bela e agradável mulher, lembrou a Al que eles sempre tinham sido bons amigos e insistia para que ele fosse a Los Angeles para conversarem.

Em seu depoimento, Al declarou: "Ela ficava me implorando para eu ir até lá. Ela disse: 'Bom, confio muito em você. No caso de qualquer coisa vir a acontecer com Leo, eu gostaria muito que você administrasse os nossos bens.' Eu dei uma risada e falei para ela: 'Mas eu não entendo nada desse negócio de legislação.'"

Toda a roupa suja da família Hendrix veio à tona no decorrer do processo jurídico em Seattle. A quase 1.800km dali, na Costa Oeste, em Los Angeles, uma outra situação desagradável se desenrolava e poderia vir a atrapalhar o processo de Al Hendrix.

A existência do filho de Jimi ainda não era amplamente conhecida em 1994, quando chegou um jovem a Los Angeles, vindo da Suécia. Mudara o nome de James Sundquist para Jimi Hendrix Jr. Agora, aos 25 anos, Jimi Jr. contratou um advogado e entrou com um processo na Califórnia, reivindicando ser o herdeiro legítimo dos bens de Hendrix.

Era trágico ver como as pessoas que tinham interesses particulares na questão se referiam àquele jovem tão sossegado, parecido com Jimi, como se ele fosse um pequeno empecilho. Sua inesperada presença em solo norte-americano causou muito medo em Al Hendrix, sua filha Janie, Leon Branton e Alan Douglas. Até pessoas que não conheciam todas as circunstâncias envolvidas no processo diziam que ele não passava de um jovem interesseiro, intrometido e mentiroso. Outros, entretanto, compreendiam que Jimi Jr. tinha direitos legítimos e merecia ser reconhecido como filho de Hendrix, além de ter a prerrogativa de assumir uma identidade, em vez de se interrogar sobre sua origem, como já acontecera com o pai. Uma fonte confiável recorda: "Foi um pesadelo para aquele rapaz. Havia um acordo anterior pelo qual recebeu apoio financeiro e alguns cartões de aniversário e de Natal. Ele se parecia demais com Jimi. E, naquele momento, Janie olhava-o como se sentisse nojo dele. Sua pretensa família o evitava. Ele se sentiu humilhado."

Um juiz da Califórnia afinal derrubou a reivindicação de Jimi Jr. "Aquele menino nunca teve de fato alguma chance", disse-me um advogado de Nova York que conhecia bem o processo movido em Seattle e o de Jimi Jr. na Califórnia. "Enfrentou muitas dificuldades e muita gente."

O jovem por fim recebeu cerca de um milhão e meio de dólares graças a um acordo com a família Hendrix, o que só foi possível por recomendação dos advogados da família. Ninguém queria aquele "filho inconveniente" no caminho dos bens de Jimi.

Até os músicos experientes costumam tremer quando têm diante de si uma grande multidão. No entanto, assim como seu pai, Janie Hendrix parecia desfrutar cada minuto sob os holofotes. Isso ficou claro quando ela apareceu no segundo festival de Woodstock, realizado na região norte de Nova York em agosto de 1994. Depois de pedir que Carlos Santana a apresentasse ao público, Janie corajosamente avançou sobre o palco para se dirigir a uma platéia de cerca de 300 mil pessoas. No dia-a-dia, Janie parecia apenas mais uma garota morena e desinteressante. Mas em Woodstock ela fulgurava. Os fãs, é evidente, aplaudiram feito loucos quando ouviram o nome de Jimi Hendrix. Janie falou como ela e o pai lutavam para retirar o legado de Hendrix "das mãos daqueles advogados".

O que não foi esclarecido para o público é que Janie não tinha qualquer parentesco com Jimi. Ao longo do processo, ela prestou uma série de inacreditáveis declarações aos advogados. Além de afirmar que Leon não era filho legítimo de Al, declarou ser filha biológica deste, e portanto irmã verdadeira de Jimi. Como "prova", apresentou uma certidão de nascimento do estado de Washington que sua mãe recebera por ocasião da adoção dela por Al em 1968, quando a menina tinha seis anos. O documento não mencionava se Janie era filha adotiva ou biológica.

As declarações de Janie começaram a confundir a equipe de advogados de Seattle que representavam Al Hendrix. Por fim, outro advogado foi escolhido para sentar-se com Al Hendrix e fazer-lhe uma série de perguntas desagradáveis a respeito das declarações de Janie. Al foi direto: "Eu adotei Janie em 1968." Genevieve Lisa Jinka Hendrix Wright, ou Janie Hendrix, conhecera e observara Jimi Hendrix durante os quatro breves encontros que tiveram quando ele passou por Seattle em turnê. Jimi se apresentou duas vezes lá em 1968, outra em 1969 e mais uma em 1970. Nesse período ela tinha entre seis e nove anos. Poucas semanas depois que Janie, seus irmãos mais velhos e sua mãe, June, encontraram-se pela primeira vez com Jimi, o astro do rock, June começou a insistir para que Al providenciasse a adoção de Janie.

O caso Hendrix *versus* Branton seria apreciado por um corpo de jurados. O juiz que iria presidir o processo era Thomas S. Zilly. Apesar da atitude de ambas as partes, era evidente que o acordo seria uma solução preferível. Zilly pediu ao respeitável colega e juiz William L. Dwyer que mediasse um acordo. Dwyer atuaria como "conciliador", uma espécie de intérprete entre os dois lados. Não tomaria as decisões, que ficariam a cargo de Zilly.

Ficou estabelecido que os termos do acordo entre Al Hendrix, Leo Branton Jr. e Alan Douglas seriam mantidos em sigilo. No final, entretanto, certo número de jornalistas e advogados em Seattle, Los Angeles e Nova York soube, por pessoas importantes ligadas ao caso, que Branton e Douglas conservaram os milhões de dólares que ganharam com a obra de Jimi Hendrix. Al Hendrix também foi obrigado a pagar-lhes uma considerável quantia pelos direitos sobre as músicas de Jimi, que tinham sido adquiridos por Alan Douglas, pelos mais diferentes métodos, nos últimos 20 anos. Douglas possuía caixas e mais caixas com fitas de Hendrix, desde incríveis gravações originais até composições inacabadas e cassetes piratas. Ele conseguiu uma lucrativa profissão à custa de Jimi, e foi só com a morte do astro que pôde realizar seu anseio de produzir discos para Jimi Hendrix. Douglas dublou, remixou, reinventou material, acrescentou outros músicos e colocou até o próprio nome nos créditos como autor de algumas letras de Jimi Hendrix lançadas pela Reprise Records e outras companhias internacionais. Era uma audácia lamentável para alguém que costumava se declarar "amigo" de Hendrix.

O Tribunal Federal de Seattle jamais passara por experiência semelhante à do processo Hendrix *versus* Branton. Eram duas tenazes equipes de advogados que enviavam contas de milhões de dólares a seus clientes por um período de quase dois anos, gerando o impressionante número de 1.900 documentos, sendo que alguns tinham perto de 100 páginas.

Al Hendrix também estava contente. Posou para muitas fotos, em geral ao lado de Janie, no verão de 1995. Vencer é tão agradável! "A música de Jimi voltou para o seu lugar", declarou Janie. Ambos falavam em "vitória", como se o juiz e o júri tivessem tomado uma importante decisão pela qual os maus tivessem ido parar na fogueira enquanto o bons triunfavam. O fato essencial – que o processo resultara num acordo e que jamais chegou a ir a julgamento – foi ignorado. Houve muito palavrório a respeito da "herança" e de como Jimi teria exultado com esse desfecho.

A disputa legal não parou por aí. Depois dos acordos, Janie e seu marido, Troy Wright, contrataram outro advogado para entrar com uma ação contra o escritório Hendricks & Lewis, que trabalhara para eles por mais de dois anos naquele processo difícil e sem precedentes. Os Wrights, com a bênção de Al Hendrix, contestavam o valor das custas. "A família" – como agora se referiam a si mesmos nas declarações à imprensa – também não teve muita pressa para pagar o empréstimo feito por Paul Allen. Sem Allen a "vitória" não seria possível.

Livre para se aproveitar dos direitos autorais adquiridos pelo acordo, a família Hendrix conseguiu um negócio ainda melhor que aquele originalmente conduzido por Branton. Desta vez não haveria compra total da obra de Jimi, mas um contrato de licença, renovável quando o adiantamento se realizasse. Era um grande negócio, algo em torno do valor inicial de 40 milhões de dólares. "Al Hendrix não teve nada a ver com isso", disse um antigo executivo da MCA Records. "O velho mal sabia ler. Era apenas uma figura decorativa. Sua filha gastou os tubos para que advogados pesos-pesados do mercado fonográfico a orientassem durante a negociação. Ela também recebeu a ajuda de um colega nosso chamado Reed Wasson, do escritório de advocacia que ganhou o processo de Seattle para ela."

Janie deu o nome de Experience Hendrix à companhia formada pela família. Al ficou com o posto de presidente do grupo. Em setembro de 1995, Al Hendrix sentou-se num grande trono, portando um "manto real" e uma coroa durante um concerto em homenagem a seu filho, realizado no Memorial Stadium, por ocasião do Seattle Center's Bumbershoot Festival. Algumas pessoas da platéia acharam constrangedor aquele conjunto. Mas Al gostou muito, estava contente por se encontrar ali representando o papel de Jimi. Enquanto boa parte do público aclamava, ele saboreava cada instante do espetáculo, acenando e sorrindo de orelha a orelha. Nos anos seguintes à morte do filho, Al passara a gostar muito das luzes do palco, habituou-se a receber aplausos e a encontrar admiradores e amigos famosos de Jimi, que costumavam lhe telefonar para cumprimentá-lo toda vez que passavam por Seattle.

De maneira bizarra, começou a inventar diálogos que teriam ocorrido entre ele e o menino Jimi: "Eu disse a ele: 'Jimi, se você quer tocar guitarra, então seja original.' Eu lhe dava muitas sugestões." Quem conhecia Al há muito tempo se perguntava de onde poderiam vir aquelas recordações, concluindo que devia ser Janie que encorajava e "ajudava" o pai a ser admirado por suas "realizações". Assim como ela se preocupava em limpar a imagem de Jimi, também desejava que Al projetasse um passado em que desempenhara o papel de pai dedicado, como se tivesse educado o filho sozinho e fornecido inspiração e influência no desenvolvimento de sua carreira. Além disso, ela contratou um publicitário para ajudá-la a acreditar – e fazer com que os outros acreditassem – que tinha relação consangüínea com Al Hendrix e, portanto, com Jimi. Janie queria que o mundo inteiro soubesse que "meu irmão e eu éramos muito unidos".

A sorte da família prosseguiu com uma nova onda de interesse por Jimi e sua música. De meados ao final dos anos 1990, o canal a cabo de música VH1 começou a exaltar Jimi Hendrix. "É o maior músico que o rock and roll jamais produziu", resumiu Bill Flanagan, ex-jornalista com grande conhecimento de música popular. Vice-presidente sênior e diretor editorial da VH1, Flanagan foi o responsável direto pelo programa *Legend Special*, sobre Hendrix, que foi ao ar diversas vezes e agitou novas gerações de entusiastas da música. A emissora exibiu trechos do Monterey Pop e da aparição de Jimi em 1969 no *Dick Cavett Show*.

"A música avança em ciclos", disse Flanagan. "Nos anos 1990, muitos garotos se apaixonaram pelo rock pela primeira vez. O foco das atenções caiu sobre Seattle e a guitarra elétrica. Isso resultou em bandas como Nirvana e Pearl Jam, além, é claro, de Jimi." Larry King, veterano com mais de 17 anos na loja Tower Records da Sunset Boulevard, em Hollywood, e especialista em vendas a varejo de CDs, vídeos e DVDs, comentou: "Falando de modo geral, duas coisas foram particularmente importantes para estabelecer a longevidade de Hendrix como artista: a tragédia de sua morte prematura e toda aquela promessa perdida. Isso fez com que surgisse uma sensação de que alguém muito precioso fazia falta na música. Dois filmes abriram muito os olhos das pessoas, inclusive os meus, para Hendrix. Que talento performático ele tinha! O filme *Monterey Pop* fez todos quererem mais e mais Jimi. E, para a interminável fila de espectadores de *Woodstock*, Jimi era um verdadeiro gigante, passeando pelo palco como se o possuísse. Os dois filmes já foram exibidos inúmeras vezes na televisão. Essas imagens, somadas à revolução dos CDs, tornaram Jimi inesquecível. Embora ele não esteja mais entre nós, seu talento continua falando por si próprio."

Na Virgin Megastore da Sunset Strip, uma jovem gerente de vendas me falou com admiração sobre Janie Hendrix: "Ela é mesmo sensacional! Imagine só, dirigir a companhia de Jimi e tomar todas essas decisões. Ela é a prova de que as mulheres podem abrir seu espaço no mercado fonográfico. Eu acompanho as vendas e por isso sei como ela está indo bem. E o algo mais que ela consegue diz respeito a toda essa exibição pela televisão dos filmes com Jimi Hendrix. São uma espécie de comerciais gratuitos dos CDs."

Em 1996, Monika Dannemann me telefonou pela última vez. Fiquei furiosa quando peguei o telefone e escutei sua voz dizer com suavidade: "Quem fala é a Monika." Como é possível superar a tristeza se há sempre algum ser rastejante a trazer tudo de novo à tona? O que ela poderia querer agora? Será que esquecera a advertência legal que mandara seus advogados me fazerem? Como podia pensar que eu a considerava uma amiga? Monika começou manifestando mais uma vez seu desejo de que eu fosse "visitá-la". "Eu *realmente* preciso falar com você. ... Você poderia vir na semana que vem?"

Eu não acreditava no que estava ouvindo. Não a suportava mais e não pude me controlar.

— Nunca mais quero ver você ou falar com você de novo! Você contou várias mentiras durante muitos anos. Como é possível acreditar que eu possa querer ser sua amiga?

Diante do meu tom veemente, ela começou a gaguejar.

— Ah... então é um... m-m-momento ruim para f-f-falar...?

Parecia que as coisas andavam mal para ela e que estava metida em alguma encrenca. Mas pouco me importava.

— Você ajudou a matar um amigo meu. Não demonstrou respeito algum por Jimi Hendrix. Ele ficou coberto pelo próprio vômito durante horas. Você *deixou* que ele morresse!

Eu podia ouvir minha voz reverberar no telefone. Fiquei chocada com minha raiva.

— Você poderia ter chamado um médico, uma ambulância, a polícia, o gerente do hotel... Mas não fez nada disso. Na manhã seguinte, fingiu me contar o que tinha acontecido. Mas não contou tudo. Quando ele estava sufocando, lutando para respirar, você derramou vinho tinto pela garganta dele, não foi?

Houve uma longa pausa. Lembrei de algo que Jack Meehan havia me dito na ocasião a respeito da conversa que teve com o médico-legista, que me deixou intrigada por muitos anos.

— Eu sei que você fez isso – falei.

— Estava tudo tão sujo, ele estava tão nojento... Achei que isso iria ajudar – explicou ela, falando de maneira entrecortada.

Pude imaginá-la correndo para lavar as mãos porque o homem que estava morrendo parecia "sujo".

— *Você* piorou tudo.

Ela emitiu uma série de gritinhos agudos e histéricos, mas não contestou minhas palavras. Eu continuei:

— *Você* poderia ter conseguido uma ajuda que o salvasse. Mas *você* fez *sua* escolha e vem contando mentiras sobre isso desde aquele tempo.

Monika então começou a soluçar, mas conseguiu se conter para falar:

— Pare! Assim eu vou ter um ataque do coração!

— Isso é impossível – berrei. — Você *não tem* coração. Não tem *consciência*. Você mal conhecia Jimi Hendrix e ainda deixou que ele morresse.

— Não!

— Você e a sua história nojenta – disse eu, e me calei. Jamais me dirigira a outra pessoa desse jeito.

Ela também ficou calada. Os soluços haviam desaparecido.

— Nunca mais me telefone ou tente fazer contato comigo de forma alguma. Você é uma pessoa cruel e baixo-astral. Uma maldita mentirosa!

Monika Dannemann gemia nos meus ouvidos. Era horrível escutar aquilo. Ela afinal disse:

— *Desculpe*, acredite em mim, desculpe!

Eu não queria ouvir mais nada. Desliguei. Dois dias depois, segui o conselho dos meus amigos e mudei o número do meu telefone.

Ao longo dos anos, Kathy Etchingham, a primeira namorada de Jimi em Londres, jamais pôde engolir toda aquela salada do "Jimi que eu conheci" ou as inúmeras versões de Monika para a morte de Jimi. Nos anos 1990, Kathy fez sua investigação particular sobre aquela mulher de Dusseldorf, na Alemanha, e no final de 1993 solicitou às autoridades que reabrissem a investigação sobre a morte de Jimi. O inquérito da Scotland Yard não obteve um resultado conclusivo.

Monika continuou a fazer comentários caluniosos sobre outras pessoas, inclusive Noel Redding. Da maneira menos sábia possível, lançou uma série de falsas acusações a respeito de Kathy Etchingham para os jornalistas. Por essas declarações, Kathy levou Monika ao tribunal em abril de 1996. O juiz decidiu a favor de Kathy, e Monika ainda foi condenada por descaso ao tribunal. A imprensa inglesa deu ampla cobertura ao processo e todo o castelo de cartas de Monika desabou. Ela ficou atormentada pela humilhação pública.

Alguns dias depois da decisão do juiz, Monika conectou uma mangueira ao escapamento de sua cintilante Mercedes, fechou as janelas do carro e, sentada ao volante, ligou o motor. Aparentemente, seu último gesto quando começava a perder a consciência foi desligar o motor. Encontraram-na morta no carro cheio de fumaça em 5 de abril de 1996.

Levei vários anos para conseguir visitar uma biblioteca pública e passar 15 minutos examinando o livro que Monika publicou em 1995, reunindo 45 pinturas em cor de Jimi, ou que ela alegava terem sido "inspiradas" por Jimi, e um texto absolutamente confuso. A seguir vinham as fotografias de Monika chorando junto ao túmulo em Seattle e outras em que ela estava acompanhada por Al, June e Janie Hendrix, ou seja, pela brigada do "Vamos limpar a imagem de Hendrix". O pai de Jimi até apresentava palavras de apoio, inclusive com a ladainha sobre um suposto noivado, o que sem dúvida deixou embasbacadas muitas jovens que conheceram Jimi no último ano de vida. Nas primeiras páginas do livro, uma mensagem de Al Hendrix diz: "A quem possa interessar, ... gostaria de declarar que meu filho, Jimi Hendrix, estava comprometido com Monika Dannemann e que eles planejavam se casar. Todas as histórias caluniosas sobre Monika e meu filho são falsas." Embora Al jamais tenha feito contato com o filho depois da última apresentação de Jimi em Seattle, em julho de 1970, ele optou por concordar com as palavras escritas em seu nome no livro de Monika Dannemann.

Al Hendrix e Janie pegaram um avião para Londres em julho de 1996. Era a primeira viagem que ambos faziam à Inglaterra. Cada qual havia comprado um guarda-roupa completo para essa viagem de negócios. Al sentiu-se muito pouco à vontade em outro país. Estranhou algumas comidas, e Janie teve muito trabalho para mantê-lo longe do bar do hotel. Eles tinham uma *missão* a cumprir na Inglaterra: Janie conseguira marcar um encontro com Chas Chandler, amigo e ex-empresário de Jimi. Estava decidida a comprar as primeiras fitas gravadas pelo Experience, que ainda pertenciam a Chas. O encontro não pôde se realizar porque Chas morreu no dia 17 de julho, no Newcastle General Hospital, onde vinha se submetendo a exames relacionados a um aneurisma na aorta. Bryan James "Chas" Chandler era muito popular na Inglaterra. Sua morte prematura, aos 57 anos, foi um grande choque para os amigos. A perda foi devastadora para a segunda esposa, Madeleine, e seus três filhos com ela. E com certeza também para Steffan, o filho adorado do primeiro casamento com Lotta, a jovem que se mostrara tão gentil com Jimi e que chegou mesmo a ajudá-lo a lavar suas roupas no período em que ele se adaptava à vida em Londres.

A morte de Chas arruinou os planos de Janie. Ela resolveu então comparecer ao funeral com o pai. Pode-se imaginar como se sentiram como peixes fora d'água. Al se queixava o tempo todo de não entender nada daquele sotaque nortista de Newcastle. Janie fez uma série de contatos, encontrou com diversos amigos de Chas que haviam conhecido Jimi e fez questão de deixar claro que esperava comprar "o mais depressa possível as fitas do meu irmão".

Após sair do Experience, Chas trabalhou com diversas bandas. Mas o verdadeiro sucesso que teve depois de Jimi foi com o Slade, banda que estourou na Inglaterra nos anos 1970. Certa vez ele comentou que nunca tinha ganho uma quantia expressiva em sua juventude, quando era baixista dos Animals. Assim, era um grande triunfo para Chas ter se tornado um homem rico. Ele e eu sempre fomos amigos sinceros. Houve um longo período em que perdemos o contato, mas no início dos anos 1990 nos encontramos em Londres. Ficamos quatro horas falando sem parar num soberbo almoço em Mayfair. Chas me falou de seus planos para construir um grande complexo de esportes e entretenimento em Newcastle. O entusiasmo em sua voz e a confiança que transmitiam aqueles olhos azuis me diziam que o sucesso era certo. Pelo que me falou, era a hora exata para a construção do estádio que idealizara com a ajuda de um velho amigo. Fiquei feliz por ele. Entretanto, nosso assunto principal foi Hendrix. Chas estava tão "nas nuvens" por ter a chance de reviver aquele tempo em que conheceu Jimi que seu sotaque *geordie* ia ficando cada vez mais acentuado. Senti, enquanto ele falava, que as recordações de quando trouxe o magistral guitarrista para Londres, e ao ver que todos os músicos que ambos admiravam caíam aos pés de Jimi, lhe davam mais felicidade que tudo o que passara em toda sua carreira musical. Disse que lamentava muito a forma pela qual eram tratadas as músicas em que ele e Jimi haviam trabalhado juntos. Agradeceu-me pela "lealdade" e me abraçou. Como eu gostaria de vê-lo de novo.

No dia 14 de setembro de 1997, depois de muitas campanhas de Kathy Etchingham, o English Heritage inaugurou uma de suas famosas "placas azuis" no lado de fora do apartamento da Brook Street onde Jimi viveu por um curto período, em 1968. Essas tão disputadas placas há muito marcam lugares históricos e homenageiam pessoas que contribuíram de maneira significativa para a herança cultural do Reino Unido. Jimi foi o primeiro astro de rock a ser lembrado dessa maneira. Seu grande admirador e amigo Pete Townshend, do grupo The Who, falou longa e afetuosamente sobre Hendrix, chamando-o de "artista transcendente porque parecia criar luz no palco com a música". Uma multidão de fãs e músicos lotava a rua, aclamando o herói já falecido. A alguns metros de distância, observando a cerimônia, estavam Al Hendrix e Janie, que conversavam com alguns integrantes atentos da imprensa e difamavam o evento e também Kathy Etchingham. Davam assim uma verdadeira bofetada nos amigos e admiradores reunidos ali para celebrar o imortal Jimi Hendrix.

Em 1998, lembraram Janie Hendrix de que não era a única a ter direitos sobre a obra de Jimi Hendrix. O sempre vigilante Ed Chalpin, da PPX Enterprises, continuava com a questão dos direitos em sua posse. Chalpin entrou com um processo em Nova York contra a MCA Records, Leo Branton Jr., Alan Douglas, Are You Experienced? Ltda., Elber B.V. e Experience Hendrix, L.L.C. Chalpin queria pegar sua fatia do bolo. No final pouco obteve. Mas ainda voltaria à carga.

Janie ainda tentava "sanear" a imagem de sexo, drogas e rock and roll de Jimi Hendrix. Chegou a ponto de comprar todos as fotos e negativos que pôde e destruir aquelas que o mostrassem fumando ou fazendo algo que considerasse depreciativo. Enquanto isso, a mãe dela jazia em seu leito de morte. Após muitas crises em diversas clínicas de repouso, Ayako Fujita Jinka Hendrix, mais conhecida como June, morreu no dia 20 de agosto de 1999, aos 79 anos. Anos antes de morrer, ela declarou a amigos e também a estranhos que, "tempos atrás, Janie era uma boa menina. Agora, sinto vergonha dela". Linda, Willie, Marsha e Donna foram criados pelo pai, Satoshi Jinka, quando June, a mãe deles, abandonou a família. Ela se envolvera com outro homem, de ascendência européia, e deu à luz Janie. Seus filhos mais velhos ficaram sem ver a mãe nem conhecer Janie por muitos anos. June se tornou esposa de Al Hendrix em 1966, e, embora o pai verdadeiro de Janie ainda estivesse vivo, June encorajou-a a pensar que Al era seu pai, ainda que o casamento já tivesse começado instável e cheio de altercações. Os obituários e outras notícias sobre a morte de June se referiam a ela como "June Hendrix, madrasta de Jimi".

O redemoinho que se desencadeara desde a morte de Jimi continuou a crescer nos anos subseqüentes ao grande acordo obtido por Al Hendrix. Janie e "sua gente" procuravam se certificar de que os obituários iriam pintar o retrato de uma família sólida e unida, por mais que os fatos contestassem isso. June e Al estavam separados há muito, e ele tinha pelo menos uma amiga "especial". Mas agora, nessa triste ocasião, os leitores puderam criar a imagem de um viúvo desconsolado. Leon Hendrix, que quando mais jovem morara com o pai, June e Janie, nem era mencionado no texto. Jimi era o ponto central, tendo inclusive precedência sobre os quatro filhos mais velhos de June Fujita Jinka Hendrix. Dizia-se que June adorava a música "Purple Haze", de Jimi, e que por isso muitas vezes se vestia de púrpura da cabeça aos pés. Tocaram "Foxy Lady" no enterro de June. Os obituários não registravam, na verdade, como fora breve o tempo em que conviveu com o "enteado".

À medida que o século chegava ao fim, Janie Hendrix passava mais horas ao telefone, em reuniões de negócios e elaborando um estranho conjunto de idéias para manter vivo no mercado o nome de Jimi Hendrix. Ela estimulou o pai a escrever seu próprio livro: *My Son Jimi*. Jas Obrecht, um respeitável jornalista, foi contratado para ser "co-autor". Como a memória de Al Hendrix era muitas vezes imprecisa, Janie providenciou uma poderosa orientação por debaixo do pano. O livro – segundo fãs e alguns membros da família – continha erros factuais e declarações falsas. A história, assim alterada, concentrava-se mais em Al e no passado de sua família que propriamente em Jimi.

O livro, no entanto, não conseguiu nada comparável com a substancial quantia que veio da Reebock, empresa para a qual Janie concedeu os direitos de usar o clássico de Jimi "Are You Experienced?" num comercial de tênis. No front das gravações, Janie trabalhou duro e de maneira incansável para preparar e "produzir" uma caixa com quatro CDs intitulada *The Jimi Hendrix Experience*. Algumas gravações vieram das fitas que o falecido Chas Chandler por tanto tempo protegera. Janie comprou-as da segunda mulher de Chas por dois milhões de dólares, soma que pagou de má vontade. Mesmo assim, o resultado deixou-a muito entusiasmada. Foi como receber legalmente as jóias da coroa. Ela ficou convencida de que o mundo haveria de considerar sua caixa de CDs uma obra-prima e um triunfo para a Experience Hendrix.

Janie declarou à imprensa que procurava um local mais apropriado para os restos mortais de Jimi. Propôs que se construísse no cemitério um grande mausoléu púrpura que os membros da família e os fãs iriam adorar. Mas os fãs não tinham a menor dificuldade para localizar o túmulo de Hendrix. O escritor Tony Paris chegou a declarar: "Tudo o que se tem a fazer é seguir a trilha de pontas de cigarro e latinhas de cerveja deixadas por admiradores mais desleixados de Jimi." Sua lápide foi roubada diversas vezes, até que Al Hendrix foi pressionado a gastar dinheiro na substituição. Janie insistiu para que o público fizesse doações para o mausoléu púrpura. Mas houve muitos protestos por toda a cidade contra a sua idéia, e o seu plano se desfez no ar.

Nos últimos sete anos, Janie vinha trabalhando com muita determinação na reinvenção de uma imagem para Jimi e seu pai, modificando de forma drástica sua própria vida. Agora era *ela* que estava em situação muito confortável.

CAPÍTULO 16

2000-2004
A riqueza, o poder e o reflexo da glória

A música de Jimi Hendrix continuava a vender pelo mundo afora na entrada do novo milênio, embora o guitarrista tivesse morrido 30 anos antes. Quando críticos e historiadores avaliavam os diversos gêneros de música do século XX, com freqüência as palavras "lendário" e "imortal" apareciam ligadas ao nome de Jimi Hendrix.

Janie Hendrix sentiu-se revigorada com esses elogios ao irmão. Parentes e antigos colegas observavam as mudanças no comportamento e no tom de voz dela. Janie parecia se comportar como se fosse um ser humano muito raro e especial – uma "estrela", se quiserem. Muitas vezes escutava o próprio nome ser mencionado como fabricante do "produto" Jimi Hendrix, que emanava de sua empresa, a Experience Hendrix, graças à qual pagava a si mesma um salário de seis dígitos. Depois de se divorciar de Troy Wright, Janie alterou legalmente o sobrenome dos quatro filhos. Dali em diante eles passariam a se chamar Hendrix-Wright. Quem fazia negócios com Janie também podia notar que ela modificara a caligrafia de sua assinatura, que passou a ser estranhamente parecida com a do falecido "irmão".

Janie, presidente e diretora-executiva de sua empresa, trabalha numa sala grande e luxuosa no andar de sua propriedade num belo edifício de escritórios situado próximo a uma importante auto-estrada de Seattle.

Ela dirige uma equipe de dez pessoas, e mais Bob Hendrix, seu braço direito e vice-presidente, a quem alguns moradores do Central District costumam se referir como "o Jimi simbólico de Janie", que antes trabalhara como administrador de armazéns em Costco. Bob é filho do falecido Frank Hendrix, irmão de Al. Outra pessoa importante para Janie é o advogado Reed Wasson, seu assessor pessoal e de negócios desde a "vitória" de 1995. Além disso, Janie conta com advogados contratados em Nova York, Los Angeles e Londres. Ela realiza muitas de suas reuniões numa sala particular na qual os participantes ficam ao redor de uma mesa com tampo de vidro sobre um forro de veludo púrpura. Uma coleção de fotos de Jimi decora o andar inteiro, junto com imagens cuidadosamente selecionadas de Al Hendrix. Fotografias autografadas de diversas celebridades também integram o ambiente de trabalho de Janie Hendrix.

Embora Janie sempre garanta aos jornalistas que, na Experience Hendrix, o marketing é "algo secundário", o "centro de catalogação" ocupa outro andar inteiro do prédio. O Departamento de Atendimento ao Cliente lida com encomendas feitas pelo mundo todo, contando cerca de 650 itens que levam o nome ou a imagem de Jimi Hendrix. Os produtos vão desde bolas de golfe, shorts para lutadores de boxe e ventiladores Road Rage até um livro autografado por Janie das letras de música da autoria de Jimi Hendrix. Ela também produziu a tiragem de um dos desenhos feitos na infância por Jimi Hendrix, que intitulou *A oração*, embora a colorida composição não pareça ter nada a ver com reza ou religião. Uma reprodução pequena custa 600 dólares. Também é chocante ver camisetas estampadas, com a caligrafia de Jimi Hendrix, do estranho poema que escreveu nos últimos momentos de vida.

Esse catálogo de itens, bobo e maluco, parece demonstrar como Janie Hendrix resume o poder e a glória de seu irmão.

Um ônibus da Experience Hendrix chamado Red House circulou pelos Estados Unidos. No início, dava a impressão de ser um criativo "Museu Jimi" sobre rodas. O músico Dave Rabinowitz conta que, ao ver o ônibus estacionado em Boston, "mal podia esperar para entrar e conferir. Lá dentro, havia fotografias de Jimi, alguns discos de ouro e sobretudo toda aquela plêiade de coisinhas, na maioria muito malfeitas. Aquilo não era mesmo um museu, mas uma *loja*. Fiquei triste de ver Hendrix ser explorado dessa maneira".

O que em particular teria horrorizado e enfurecido Jimi Hendrix, como acreditam alguns fãs mais sensíveis, seria ver os CDs das gravações feitas por ele com tanto esmero e cuidado exibindo agora um selo dourado na capa com os dizeres "Aprovado pela família Hendrix". Muitas gravações produzidas pela família Hendrix contêm trechos que ele nunca teria aprovado, pois não considerava que tivessem um padrão digno de sua assinatura.

O grande golpe musical de Janie foi o lançamento de *Jimi Hendrix Experience*, em 2000, que vendeu bastante nos Estados Unidos e no resto do mundo. Críticos e fãs falaram com grande entusiasmo daquela elegante caixa de CDs. Houve até quem se referisse a ela – exatamente como esperava Janie – como "obra-prima". Embora a supervisão da maioria das faixas tenha sido do próprio Jimi, e de o resultado ter crescido e evoluído graças à sua dedicação durante as gravações, a caixa estampa o crédito habitual de Janie como produtora. Outro crédito de produção vai para um dos componentes do *staff* dela, o escritor John McDermott, que nunca conheceu ou esteve com Hendrix. Eddie Kramer – que realizou o trabalho de engenharia de som em inúmeras (mas não em todas) gravações de Hendrix, e que sem dúvida sabia muito mais sobre o som e a abordagem que Jimi procurava adotar no estúdio – não faz parte do grupo de produção.

Steve Rodham, editor do fanzine *Jimpress*, com sede na Inglaterra, acha que o conjunto de CDs tem "alguns momentos impressionantes", mas diz que, "para colecionadores mais especializados, a melhor coisa que a Experience Hendrix fez foi introduzir o selo Dagger para distribuir os discos-piratas oficiais".

Em junho de 2000, com um custo de 250 milhões de dólares, o bilionário Paul Allen, da Microsoft, inaugurou oficialmente o projeto de seus sonhos, com o ambiente decorado com uma réplica em vidro, feita pelo espetacular artista Dale Chihuly, de uma guitarra Fender Stratocaster. Na ocasião, Allen decretou sorridente: "Deixe o *Experience* criar!" Seattle não sabia o que pensar do Experience Music Project. A princípio ele fora inspirado pela admiração que Allen tem por Jimi Hendrix. Allen contratou o famoso arquiteto Frank O. Gehry para projetar o edifício, que ficaria ao pé da Space Needle.* Quando a construção já estava quase concluída, os

* A torre de Agulha Espacial, no centro de Seattle. (N.T.)

moradores de Seattle enviaram cartas aos jornais com comentários sobre a obra. A maior parte dizia coisas como: "Isso é um tremendo fiasco!" Astros e estrelas de Hollywood e Nova York, convidados para a elegante pré-estréia, entre os quais vários já conheciam o projeto do edifício, pareciam gostar muito. Ao menos foi o que disseram.

Al Hendrix e a filha compareceram a uma segunda inauguração. A relação deles com Allen, no dizer de Janie, parecia "cordial". Mas a mídia, os empregados de Janie e muitas das pessoas envolvidas no Experience Music Project sabiam como ela competia com Allen quando se tratava de Jimi Hendrix. Apesar da enorme ajuda financeira que Allen lhe deu na época do processo contra Leo Branton Jr., em meados dos anos 1990, Janie se recusou a lhe emprestar qualquer dos objetos da infância de Jimi que Al conservara dentro de caixas e pastas, com várias outras quinquilharias provenientes das diversas mudanças que fizera no decorrer dos anos. "Papai nunca se desfaz de nada", disse-me Leon, irmão de Jimi, anos atrás. "Vive juntando tralha. Guarda tudo quanto é porcaria. Felizmente também guardou as coisas do tempo em que Jimi era criança. E as minhas também." Entretanto, Al vendeu para colecionadores diversas peças de roupa usadas por Jimi no período de fama.

Quando afinal se permitiu a entrada do público no museu, alguém declarou que o exterior do edifício lembrava "uma latinha de refrigerante amassada". Outros também tiveram a mesma impressão. Mesmo assim, o EMP, como é conhecido, leva alegria e diversão a visitantes do mundo inteiro, ainda mais para quem ama Jimi Hendrix ou a música de um modo geral. Também agrada muito às crianças, que ficam fascinadas com a tecnologia interativa ali apresentada.

Muitos amantes da música que passeiam pelo EMP se referem a Jimi como "O Homem". "O maior dos maiores" é outra descrição que se ouve com freqüência, sobretudo por parte de guitarristas e das mulheres, que em geral acham Hendrix "muito sexy". Os visitantes ficam admirados com peças como o chapéu preto, o quimono de seda bordada e os diversos braceletes exóticos que Hendrix usava. As guitarras estão ali em grande número, especialmente no *lobby*, onde uma espantosa torre com 500 exemplares constitui o ponto mais importante da exposição.

Paul Allen tem até seu "Sky Church", embora bem diferente do "Skychurch" de Jimi. Enquanto este imaginava um ambiente aberto e restrito a seus amigos músicos, o conceito de Allen é um impressionante palco interno situado junto ao *lobby*, num espaço com o teto muito alto e que pode acomodar centenas de pessoas. Só de olhar para aquilo é possível imaginar que o som e a iluminação devem ser de primeira. O lado negativo de tudo isso é o ingresso para o EMP, vendido por 19,95 dólares. A maioria dos moradores de Seattle, principalmente os garotos do Central District, nunca pôde visitar o EMP. "É muito caro para pessoas como a gente", disse para mim um grupo de meninos, todos afro-americanos e na faixa dos 14 anos. "É difícil a gente conseguir 20 pratas." Quem sabe Paul Allen, com os executivos do EMP, não possa indicar um ou dois dias por ano em que os moradores entrem de graça, a exemplo de outros locais populares, como o Monterey Bay Aquarium, na Califórnia.

O calendário artístico de Paris para o outono e o inverno de 2001 estava rico e muito atraente, repleto de exposições muito boas. O Grand Palais destacava uma homenagem a Pablo Picasso e Henri Matisse, autêntica explosão sensorial acompanhada de textos explicativos sobre a evolução desses dois artistas brilhantes. Algumas quadras adiante, na Rue de Rivoli, no Musée de la Mode et du Textile do Palais du Louvre, os visitantes faziam fila para ver uma retrospectiva de Jacqueline Kennedy.

Do outro lado de Paris, na Avenue Jean Jaurès, uma grande exposição homenageava Jimi Hendrix. Ele – não tenho a menor dúvida disso – teria achado extraordinário o fato de uma mostra sobre ele se realizar em Paris, que, além de ser uma das maiores capitais do mundo, foi a cidade que tanto o impressionou 35 anos antes. Isso sem mencionar que ele era homenageado ao mesmo tempo que Pablo Picasso, Henri Matisse e Jacqueline Kennedy, todos merecedores de sua maior admiração.

Foi Emma LaVigne, da Cité de la Musique – complexo cultural que abrange tanto a música clássica ao longo dos séculos quanto a música contemporânea –, que teve a idéia de celebrar Hendrix. Os franceses não esqueceram que Jimi e o Experience haviam começado na França. A senhora LaVigne perguntou à direção do Experience Music Project, em Seattle, se eles emprestariam à Cité de la Musique uma série de peças de Hendrix. Os curadores do EMP ficaram muito animados com a possibilidade de estabelecer uma conexão com um local de tamanho prestígio e colaboraram de muitas maneiras. O evento também parece ter permitido que o EMP e Janie Hendrix desfizessem algumas barreiras entre si. Janie emprestou algumas "coisas do Jimi" que pertenciam ao pai dela para a mostra em Paris. Depois permitiu que esses objetos afinal fossem exibidos no EMP. Como presidente e diretora-executiva da Experience Hendrix, Janie embarcou num jato para Paris, ainda nos estágios iniciais de planejamento da mostra, para verificar – segundo me informou um jornalista parisiense – "se aquele local e aquelas pessoas sabiam mesmo o que estavam fazendo". Ele acrescentou: "Fico imaginando se Janie Hendrix considerou em algum momento a sorte de poder se associar a profissionais de tanto bom gosto e cultura, e que trabalharam de maneira tão exaustiva para homenagear Jimi."

Paul Allen, "chefão" do EMP, contribuiu para a exposição francesa com uma expressiva quantia em dinheiro, o que incluiu enormes *outdoors* espalhados por toda Paris. A imensa fortuna de Allen transformara este tímido nativo de Seattle, que se autoproclamava um "nerd do computador", em personagem do *jet-set*. Possui fabulosas casas de campo, jatinhos particulares, iates e gosta de se envolver com artistas de cinema e da música, muitas vezes patrocinando excursões ou dando festas para ficar lado a lado com pessoas como Mick Jagger e Clint Eastwood. Entretanto, Allen não compareceu à recepção de gala na noite de estréia da exposição em Paris. Era Janie Hendrix quem tinha todas as luzes voltadas para si.

Fui ver a exposição de Hendrix algumas semanas mais tarde, num gelado dia de dezembro. Quando chegava, parei para observar a Cité de la Musique pela janela do táxi. Havia um grande aglomerado de pessoas do lado de fora. Examinavam um pôster de Jimi. Fiquei imaginando se alguma daquelas pessoas teria visto a borboleta com a guitarra em toda sua glória no Olympia, "tanto tempo atrás".

Mas foi o livro de comparecimento, no *foyer* da mostra, que mais me impressionou. Centenas de admiradores franceses, como também visitantes de outros países europeus e do Reino Unido, tiveram o carinho de escrever afetuosas mensagens e testemunhos de amor a Jimi. Um grupo de crianças de escola caminhou comigo, visitando cinco ou seis salas de "*memorabilia* de Jimi". Uma sala ruidosa exibia um filme em meio a um show de luzes. Dei uma espiada lá dentro. A única coisa que faltava da atmosfera real dos anos 1960 era o cheiro de maconha. As crianças riam ao examinar os vários desenhos feitos por Jimi na infância, inclusive um que representava um grandioso Elvis Presley trajando uma jaqueta vermelha.

As peças de vestuário de Jimi ficavam expostas em vitrines especiais. Na última vez em que vira uma daquelas blusas, Jimi a vestia. Senti-me estranha e insegura ao dar com aquelas roupas. Certa vez ele me disse, numa das nossas conversas sobre assuntos variados: "Sabe, a lua é uma criada morta." Ao observar aquelas peças de vestuário, pensei nessa frase inusitada. Mas não pude conter o riso quando deparei com umas calças listradas bem ordinárias que ele havia comprado em Londres em 1967. Jimi detestou-as e deixou-as de lado assim que pôde comprar algo melhor. Algum tempo depois, Paul Allen pagou milhares de dólares por elas num leilão. Projetadas numa parede, sucediam-se fotos em preto-e-branco: Jimi quando criança, outras que o mostravam cheio de energia e um impressionante instantâneo em que ele parecia a própria encarnação da infelicidade e do isolamento. Leon aparecia uma vez. O pai, Al, diversas vezes. Janie, quando criança, também aparecia, é claro. Então, o que me pareceu quase um milagre, surgiu uma fotografia da mãe de Jimi, Lucille, com uma flor no cabelo. Eu nunca tinha visto aquela foto antes, mas Jimi a descrevera para mim: "É a imagem da minha mãe de que eu mais gosto. Espero conseguir uma cópia." As letras de música escritas em bloquinhos de hotel me causaram um sobressalto. A última vez que eu vira papéis como aqueles foi em Los Angeles e Nova York, quando ele me pediu para ler e perguntou: "O que você acha? Pode ser franca comigo! Está bom?"

Em Paris, cinco pessoas diferentes me falaram sobre a arrogância de Janie e seu comportamento neurótico. Mostraram-me uma carta que ela enviara a um grande fã de Jimi, um francês muito jovem para tê-lo visto tocar, mas que falava dele como "o homem que mudou minha vida". Ele tinha escrito a Janie para contar uma idéia que teve para fazer uma homenagem a Jimi, envolvendo inclusive a participação de Paul McCartney. A resposta autoritária e cáustica que recebeu mencionava "sir McCartney" ao menos cinco vezes. O texto deixava bem claro que o fã não deveria e nem poderia realizar seu plano, e muito menos tentar fazer contato com "sir McCartney". As palavras e o tom da carta eram cruéis e insultuosos. Vi o logotipo da Experience Hendrix, que trazia em destaque o rosto de Jimi, no alto da página. Pensei em quanto Jimi e Paul se respeitavam e como McCartney de muitas maneiras se mostrara gentil com Jimi e o Experience. Lembrei do prazer que transmitia a voz de Jimi quando ele me contou como tinha gostado de uma jaqueta que McCartney usava e que o Beatle insistira para que ele a aceitasse de presente. "Tinha até as iniciais dele dentro!", falou Jimi contente. Também fiquei pensando em como Jimi apreciava Paris e no calor que sempre demonstrou por seus fãs.

Três dias depois fui ver a mostra Jacqueline Kennedy: *Os Anos na Casa Branca*, exposição itinerante organizada com muita graça e integridade por excelentes curadores e sob a supervisão de Caroline Kennedy Schlossberg, da John F. Kennedy Library and Museum, em Boston. Era uma belíssima mostra de moda e arte, com esboços, cartas, manuscritos e detalhes da restauração da Casa Branca promovida pela tão amada ex-primeira dama dos Estados Unidos. Mostrava o coração, a mentalidade e o estilo original de Jacqueline Kennedy. Os franceses, apesar da chuva que caía naquele domingo, compareceram em massa. Visitantes chegavam em carros ou metrô, vinham a Paris especialmente para ver a exposição. Havia dois aspectos em comum com o tributo a Hendrix: os visitantes eram muito calmos e respeitosos, e as mensagens no livro de comparecimento também estavam repletas de amor. O tema comum a todas era: "Jamais esqueceremos você."

Janie Hendrix se apaixonou pelo atraente cantor e guitarrista negro Sheldon Reynolds, que ficou conhecido por seu trabalho com os Commodores e, mais tarde, com o Earth, Wind & Fire. Os dois se casaram numa cerimônia relativamente pequena, apesar de luxuosa, no Havaí. Em Seattle, circularam boatos de que ela dera de presente ao novo marido uma generosa quantia em dinheiro. E mesmo antes de Sheldon sair do Earth, Wind & Fire, a nova senhora Reynolds já o incluíra na folha de pagamento da Experience Hendrix.

Fazendo verdadeiros malabarismos para conciliar seu papel à frente dos negócios relacionados a Jimi Hendrix com as funções de mulher recém-casada e mãe, a agenda de Janie se tornava cada vez mais lotada. Era raro sobrar algum tempo para visitar o pai. Quando conseguia, a conversa sempre girava em torno de questões jurídicas. Nunca foi segredo para ninguém da família ou da vizinhança que Al tinha problemas com a bebida, além de problemas cardíacos. "Às vezes ficava deprimido e se sentia muito solitário", recorda-se uma antiga vizinha dele na zona residencial de Skyway. "Depois vinham dias em que os fãs de Jimi batiam à sua porta e o tratavam com muita educação e respeito. Se ele estivesse bem disposto, convidava a todos para entrar e lhes mostrava o que chamava de 'o quarto de Jimi', uma espécie de vitrine cheia de cartazes, quadros, uma grande cama e até um maço de cigarros na cabeceira. Era um tanto estranho. Embora tenha sido o dinheiro de Jimi que possibilitara a compra da casa, ele já estava morto na época em que Al se mudou para lá. Pelo que

June me contou, Jimi só esteve na casa dos dois quando eles moravam no bairro central, em Seward Parkway." Ela também mencionou as várias namoradas de Al e a filha que teve com uma delas. "Al jamais negou que fosse o pai e deu muito dinheiro para a criança e para a mãe."

Segundo uma fonte de Seattle que visitou Al em fevereiro de 2002, Janie fazia tudo para assegurar que enfermeiros e médicos dessem toda assistência possível ao pai durante suas internações e também quando estava em casa. Essa fonte observou que, embora Al estivesse no "limite da senilidade", ele tinha períodos de grande lucidez. "Ainda se mostrava *muito animado* quando o assunto era dinheiro, falava bastante sobre sua riqueza. Mas também parecia gostar de me contar sobre os velhos tempos como jardineiro. Disse que já não trabalhava de verdade havia muitos anos. Fiquei imaginando se ele sentia falta da época em que podia controlar a própria vida. Muitas pessoas idosas sentem isso. Mas, de modo geral, a impressão que ele me passou foi a de ser uma pessoa solitária."

Em março de 2002, ficou evidente que Al Hendrix estava para morrer. Durante várias semanas mantiveram-se vigílias sob a supervisão de Janie. Segundo depoimentos e relatórios feitos ao tribunal, ela sempre pedia que não avisassem Leon sobre a condição do pai, nem que lhe permitissem qualquer contato com ele. Foi só na véspera da morte de Al que Leon teve permissão para visitá-lo.

"PAI DE HERÓI DA GUITARRA MORRE AOS 82 ANOS." Foi essa a manchete do *Seattle Times* de 18 de abril de 2002. Assim como na morte de June, o obituário de James Allen Ross Hendrix continha a já habitual inverdade propagada por Janie: "Foi o senhor Hendrix que pôs o filho em contato com a música."

O texto dizia: "A saúde debilitada forçou o senhor Hendrix a se aposentar de sua atividade de paisagista em 1979", cerca de 23 anos antes de sua morte. "Será sempre lembrado como um homem muito trabalhador e religioso." E ainda citaram a seguinte declaração de Janie: "Quando me perguntavam como Jimi seria hoje, eu falava que olhassem para meu pai. Jimi era muito doce e sua fala era branda. A sabedoria dele ia muito além da idade que tinha. Assim como papai."

O artigo explicava que, depois do acordo firmado entre Al Hendrix e Leo Branton Jr., em 1995, Al transferira o controle do espólio de Jimi para Janie. E mais uma vez Janie declarava a respeito do pai adotivo: "Todos que o conheciam ficavam comovidos com sua delicadeza."

Embora o avô sempre se recusasse a reconhecê-la em público como sua parente, sem querer nem ouvir falar "desse tal de" teste de DNA, Tamika – agora uma mulher de 35 anos – teve permissão para assistir ao funeral, onde se viu Janie observar de olhos arregalados a filha de Jimi. Ironicamente, Janie proclamou dias depois à imprensa: "Todos amavam meu pai. Pelo mundo inteiro! Ele foi um avô universal!" Essas declarações, assim como a deificação do pai adotivo, continuam a ser calorosamente debatidas por um grupo de moradores de Seattle, entre os quais alguns que conheceram o jovem Jimi e outros que consideram os contínuos dramas da família Hendrix uma novela de muito mau gosto, que deixa Seattle constrangida.

Após a morte de Jimi, os jornais de Seattle passaram a tratar as notícias relacionadas à família Hendrix com muita prudência, embora vários repórteres tivessem conhecimento, por inúmeras fontes de informação, da verdade que existia por trás de tudo. Os editores permitiram que fosse publicada uma certa quantidade de inverdades que partiam de Al Hendrix e, em particular, de sua filha Janie. Pode-se afirmar, sem medo de cometer injustiça, que os jornais, de um modo geral, mostraram-se mais que honestos por não revelar abertamente toda aquela sujeira, jamais se permitindo chegar até o nível dos tablóides sensacionalistas ao abordar os supostos delitos cometidos na "reinvenção" de Jimi e a briga interna da família por dinheiro. O modo de pensar da imprensa séria de Seattle não se modificou após a morte de Al Hendrix. Ela se limitou, mais uma vez, a publicar apenas os fatos. E os fatos mais recentes eram estarrecedores.

Em 16 de agosto de 2002, Leon Hendrix entrou com um processo contra Janie em Seattle. Alegava que lhe fora negado o legítimo direito à herança do pai e que Janie Hendrix empregara "influência indevida" ao supervisionar o testamento e a conta fiduciária de Al, assinados por ele enquanto uma câmera de vídeo registrava o acontecimento.

Lance Losey, um dos diversos advogados que representavam Leon, declarou: "Acreditamos que, se Al estivesse em plena posse de suas faculdades e no pleno conhecimento de todos os fatos, ... ele não teria deserdado Leon como parece ter feito. O aspecto principal é que acreditamos que o testamento foi elaborado por Janie, e não pelo próprio Al."

A única coisa que Leon recebeu de Al Hendrix foi um disco de ouro, e, mesmo assim, escolhido por Janie.

Numa resposta à ação de Leon, a Experience Hendrix declarou: "Esta é a mais recente tentativa de Leon para explorar a fama e o legado de Jimi." Os diretores, Janie Hendrix e o primo de Leon, Bob Hendrix, ainda comentaram: "Essas alegações refletem a triste história de um homem que fez muitas escolhas erradas em sua vida, que é infeliz com as conseqüências naturais dessas escolhas e que continua a jogar a culpa sobre os outros."

Depois que Al Hendrix e Janie começaram a ganhar muito dinheiro com a concessão dos direitos sobre a música de Jimi Hendrix para a MCA, numa negociação de muitos milhões de dólares, Al se mostrou generoso com a família, embora ignorasse a família da mãe de Jimi, sobretudo Dolores Jeter Hall Hamm. A irmã de Lucille fora muito atenciosa com Al em diversas oportunidades, tanto na ocasião em que ele serviu o Exército quanto depois, quando voltou e precisava de lugar para ficar. Muitas vezes, foi a Dolores a quem recorreu quando ficava desempregado. Ela lhe deu comida e cuidou de seus filhos em inúmeras ocasiões. Vários primos de Jimi por parte de mãe e outros parentes em dificuldades alimentavam esperanças de conseguir emprego na Experience Hendrix. Porém, nenhum gesto de cortesia ou de socorro partiu de Janie. Cada vez que Al demonstrava falta de consideração pela família da mãe de Jimi, era o próprio Jimi que desconsiderava. Jimi dava muita importância à sua relação com os Jeter. Mesmo na homenagem a Jimi Hendrix feita pelo EMP em Seattle, com muitas fotos e objetos emprestados por Janie, a família Jeter quase não aparecia. Na questão do testamento e da conta fiduciária, nada foi deixado para Dolores Jeter Hall Hamm ou para qualquer pessoa da família da mãe de Jimi.

Janie continuava a criticar Leon publicamente, e mais uma vez declarou que ele não era filho biológico de Al Hendrix. Ela usou fotos relativas à vida agitada da falecida Lucille Jeter Hendrix. Mas o fato é que Al Hendrix sempre se referiu a Leon como seu filho, inclusive em testamentos anteriores.

O que Janie não teria meios de saber é que, em seus últimos meses de vida, Jimi me descrevera em detalhes a vida que sua mãe levara. Ele chegou inclusive a dizer: "Existe uma grande possibilidade de Al não ser realmente meu pai." Compreendi então que ele se sentia ferido por seu pai ver nele apenas o que Jimi chamou de "máquina de fazer dinheiro". Mesmo assim, eu já tinha visto fotografias de Al Hendrix e percebido alguma semelhança entre os dois.

Leon, como Jimi temia, não reagiu bem ao fato de viver à sombra de um irmão famoso. Anos após a morte de Jimi, Leon se viciou em drogas. Sua vida entrou numa seqüência de altos e baixos. A certa altura, ele parecia seguir o antigo caminho do pai, fazendo biscates aqui e ali. Uma pessoa que por algum tempo foi amiga dele me contou que era comum se dizer de brincadeira: "Quer encontrar o irmão de Jimi? É só ligar e fazer o pedido." Isso foi na época em que Leon trabalhava como entregador de pizzas. Ele se casou e teve seis filhos, mas sua vida familiar foi interrompida quando seus problemas com as drogas cresceram a tal ponto que ele foi parar na cadeia. Nos anos 1990 conseguiu se recuperar. Entrou num centro de reabilitação, começou a ter aulas de guitarra e a estudar música. Era muito realista, não esperava seguir as pegadas do irmão. "Eu adoro música, trabalho todos os dias, pratico e componho", disse-me ele. "Já estou sóbrio há mais de seis anos. Sempre achei que tinha uma grande força criativa dentro de mim, desde garoto, mas nunca fui estimulado. Mas agora, posso jurar, estou *concentrado*! Espero que você escute minhas fitas. E pode ser sincera comigo. Sei que são boas, talvez não sejam maravilhosas, mas são boas o suficiente para que eu não me envergonhe de mostrá-las a você."

Muitas despesas de Leon, tanto com a música como as de outro tipo, foram financiadas por Craig Dieffenbach, que começou a trabalhar como conselheiro e agente dele nos anos 1990. Dieffenbach é uma pessoa brilhante e agradável. É divorciado e tem uma filha de oito anos, a quem adora. Tempos atrás, segundo me contou, também enfrentou problemas com drogas. Fez um esforço para mudar de vida e acabou ganhando milhões de dólares ao vender sua participação na SeattleOnline.com, que ele fundara, e como corretor imobiliário no estado de Washington. Dieffenbach possui diversos edifícios, e seus sócios costumam dizer que ele fica muito sensibilizado com pessoas que passam por problemas. Chegou inclusive a pagar um tratamento dentário, urgente e caro, para alguém que mal conhecia. Com certeza precisou encarar alguns riscos ao se relacionar com Leon Hendrix.

Eu encontrara Billy Cox apenas algumas vezes depois da morte de Jimi. Em uma delas foi quando se apresentou no Whisky Au Go Go, em Hollywood, quando integrava a banda de música country de Charlie Daniels. Em janeiro de 2003 voltei a falar com ele. Billy morou muitos anos em Nashville. Ele me disse: "Não dou a mínima para a indústria musical de hoje e não estou interessado em viver na estrada. *Nunca* fui disso. Passei tempos difíceis depois que o Jimi morreu." Nos anos 1970, Billy voltou à faculdade "para ter um meio de ganhar a vida. Virei as costas para a música".

Eu disse a ele que jamais iria esquecer do olhar de satisfação de Hendrix ao me falar de seu primeiro encontro com Cox, no início de 1962, no Forte Campbell, em Kentucky. Jimi sempre se lembrava das primeiras palavras de Billy para ele: "Você tem muito talento." Lembrei a Billy que certa vez ele havia declarado que Deus tinha "enviado Jimi como um mensageiro especial".

— Você ainda pensa da mesma maneira sobre Jimi? – perguntei-lhe agora.

Ele demorou algum tempo para responder. Compreendi que era doloroso para ele falar de Hendrix, voltar ao passado, garimpar lembranças que talvez tivesse preferido descartar em nome de sua paz de espírito.

— Sim, penso – respondeu.

Falamos brevemente a respeito da mágoa que ele sentira por certas pessoas não desejarem a presença dele perto de Jimi. Por fim, falou com tristeza e amargura:

— Jimi achava que se alguém fosse um bom instrumentista, as pessoas iriam tratá-lo bem. As pessoas se aproveitavam dele o tempo todo. Ele era ingênuo.

Noel Redding morreu sozinho em casa, em Clonakilty, Irlanda, no dia 11 de maio de 2003. Sua mãe, Margaret, falecera algumas semanas antes. Noel sentiu muito essa perda, pois ela sempre fora sua inabalável defensora, tanto nas épocas boas quanto nas ruins.

Meses antes, depois de insistentes processos e questionamentos legais, o império de Janie pagou a ele, com relutância, uma quantia menor que 30 mil libras (que ele precisava desesperadamente), enquanto milhões de dólares entravam nos cofres da Experience Hendrix. Quando Noel solicitou uma cópia da caixa de quatro CDs do Experience, responderam-lhe que tinham enviado um exemplar pelo correio, com a tarifa a ser paga pelo destinatário, assim como o valor dos CDs. Mais tarde um porta-voz de Janie negou esse fato. No funeral realizado na Irlanda, dezenas de coroas de flores foram exibidas em homenagem a Noel. Janie Hendrix enviou um buquê de flores que foi descrito como "o menor e mais barato ... que já se viu". Assim como os fãs do Experience por todo o mundo, fiquei muito triste ao receber a notícia da morte de Noel. Parecia-me que ele havia se exaurido. Ian Grant, seu grande amigo e chefe de uma nova versão da Track Records na Inglaterra, tem esperanças de que a casa de Noel na Irlanda venha um dia a ser transformada num museu da música.

Durante meses após a morte de Noel, admiradores de todo o mundo reagiram com tristeza e trocaram preciosas recordações do Jimi Hendrix Experience entre si. Lembro-me de que, numa das últimas conversas que tive com Noel, ele falou de como gostaria de ter sido mais encorajador com Jimi, apoiando-o mais quando surgiu a questão com Ed Chalpin. "Sabe, querida, primeiro achei que o problema era só do Jimi. Hoje vejo como aquele contrato horroroso de gravação afetou de muitas maneiras e por muitos anos a nossa banda. Agora sei tudo sobre prejuízos, desilusões e decepção. Gostaria de não ter ficado tão voltado para mim mesmo na época. Eu tinha que ter dado aquele grande abraço em James muito mais vezes."

Estávamos ambos à beira das lágrimas quando contei como Jimi se sentia horrivelmente angustiado nos últimos dias de vida por causa dos processos judiciais que Chalpin movera na Inglaterra.

De maneira impulsiva, na manhã de 11 de junho de 2003, passei cerca de uma hora procurando o atual telefone, em Nova York, de Ed Chalpin, aquele produtor e editor musical um tanto evasivo que não gostava muito de chamar a atenção para si. O dia começou com aquela atmosfera astuciosa de uma peça de Molière. Telefonei para o escritório de Chalpin e falei com uma mulher muito educada que declarou ser "apenas uma substituta" e não conhecer realmente o senhor Chalpin. Ela me disse que ele não se encontrava ali no momento. Também não sabia informar quando ele estaria de volta. Deixei o meu nome e número de telefone, disse que estava escrevendo um livro e precisava conversar com Chalpin.

Uma hora depois, liguei de novo e a mesma voz me repetiu a história de ser uma "substituta". Eu podia ouvir ao fundo uma voz masculina. De repente me dei conta de que aquela repetição era sem dúvida um procedimento habitual da "Chalpinlândia". Ele devia ter muitos chamados que achava melhor evitar. Quando a mulher prosseguiu com o seu "não sei de nada", tive de rir.

— Você é uma *grande* atriz. Você *não é* substituta coisa nenhuma. Parece até muito sabida! Aposto que você trabalha há anos para o senhor Chalpin – falei.

Ela também não pôde conter o riso.

— Bem... – disse, e me pediu que aguardasse. Logo em seguida, voltou para perguntar:

— É da parte da Warner Bros Records?

Fiquei admirada.

— Não, não é.

— Tem certeza?

— Como já falei, sou escritora. Esse telefone que lhe dei é da minha casa, que fica a quilômetros de distância da Warner Bros.

Chalpin, que agora parecia ter ficado curioso, veio então me atender por alguns minutos. Dispus-me a enviar-lhe por fax meu currículo pessoal para que ele constatasse por si mesmo que eu não tinha nenhuma ligação com a Warner Bros. Pareceu gostar da idéia, mas não retornou a ligação como prometera fazer. Fiquei me perguntando por quê, depois de todos esses anos, ele ainda ficava tão nervoso por causa da Warner Bros Records. Por isso telefonei para diversas fontes em Los Angeles e Nova York. Informaram-me que, embora Chalpin tivesse recebido uma "quantia substancial" da Warner a partir de 1967, depois da morte de Jimi a guerra recomeçara.

Às 15h40 na Costa Oeste, sentia-me contrariada por Chalpin não ter chamado de volta. Então me lembrei de que ele e eu tínhamos um conhecido em comum, uma pessoa séria e poderosa que costumava me dizer, enquanto eu tentava conter o riso: "É tão solitária a vida de alguém que está no topo... Você nem pode imaginar. Quando me sento em meu escritório no fim do dia, completamente sozinho, tem vezes que quase chego a chorar."

Disquei o número de Chalpin e... ponto! Sem "substituta". Só o próprio Chalpin, que atendeu seu telefone particular em Nova York no final do dia. Ele falou durante duas horas. Era um orador capaz de enfeitiçar os ouvintes. Contou toda a história dele, e, a certa altura, me surpreendi pensando se ele não seria o cara mais incompreendido do mercado fonográfico e se Jimi não tinha entendido tudo errado. Ao me dar conta de que estava mordendo a isca, pensei em sua eficiência ao oferecer ao jovem Jimi aquele contrato de três anos em 1965 e dar-lhe uma nota de um dólar. "Você quer usar meu *estúdio*? Ponho você lá como músico acompanhante. Garanto. Claro! A qualquer hora!"

— A Warner Bros me deve dinheiro e quer calar a minha boca – Chalpin me disse. Revelou-me também que odiava o primeiro advogado de Al Hendrix, Leo Branton Jr. — Esse cara armou uma cortina de fumaça para encobrir o que estava preparando. E teve a audácia de me pintar como um vilão.

E prosseguiu me dizendo coisas ainda piores sobre a baixinha Janie Hendrix, presidente e diretora-executiva da Experience Hendrix.

— Parece que o senhor não gosta muito dela – falei em tom de brincadeira.

— Bom, a senhora sabe, nós nos encontramos no tribunal na Inglaterra – falou, como se o mundo inteiro estivesse com os olhos voltados para seus litígios.

Eu sabia que a Experience Hendrix processara Chalpin e sua PPX Enterprises na Inglaterra, no ano anterior, declarando que ele quebrara um contrato de 1973 com Leo Branton a respeito do lançamento de gravações dos tempos de Jimi no estúdio com Curtis Knight, em meados dos anos 1960. A Experience Hendrix conseguiu uma vitória parcial na Suprema Corte Inglesa, e Chalpin ficou arrasado com a decisão do juiz, que lhe obrigara a pagar grande parte das custas do processo, embora concedesse à PPX o direito de apelar.

— Estou lhe telefonando para falar sobre música, não de processos – esclareci. Não queria mais ouvir nada acerca desses malditos processos envolvendo a criatividade de Jimi.

Ele declarou:

— Um mérito eu concedo a Janie: foi muita esperteza dela contratar Branton.

Embora aquela observação parecesse um elogio, seu tom de voz sugeria que Janie Hendrix ainda ouviria falar dele. Todos que tiveram negócios com Ed Chalpin sabiam que ele também era muito "esperto".

Então começou com uma ladainha a respeito das suas "relações afetuosas" com Jimi. Assim como Al Hendrix foi, de forma gradativa, passando a se referir a si próprio como a grande inspiração e influência para a música de Jimi, Chalpin agora declarava ter sido ele quem introduzira Jimi às suas técnicas pioneiras de gravação. Ele era o próprio charme em pessoa ao me contar:

— Ensinei a técnica do *overdubbing** a Hendrix. Depois que ele ficou famoso, veio ao meu estúdio e trabalhou em algumas gravações que me devia. Foi muito gentil comigo. Passamos bons momentos. Ele estava tão entusiasmado... Fez até um desenho para mim.

Pobre Jimi, pensei enquanto escutava tudo aquilo. Lembrei-me de como ele tentava a duras penas acalmar a situação para que os processos cessassem e sua música não viesse a sofrer com eles. Chalpin continuou falando sobre Jimi. De repente ouvi a minha própria voz lhe interromper:

— Mas não foi *isso* o que Jimi de fato disse!

A reação dele foi imediata. O tom de voz ficou agudo, próximo da histeria.

— Não foi isso o que *Jimi* disse? O que a senhora está falando? A senhora *conheceu* Jimi Hendrix?

— Conheci – respondi com a maior calma. — E muito bem.

Ele me pediu detalhes. Contei-lhe de modo resumido como Les Perrin nos apresentara.

Tive a impressão de que Chalpin sabia quem era Les Perrin e que talvez agora pudesse confiar mais em mim, depois daquela preocupação toda de que eu fosse alguma espiã da Warner Bros.

— Quer dizer que a senhora foi uma das namoradas de Jimi?

— As namoradas chegam e se vão – respondi. — Eu fui... ahn... uma amiga verdadeira.

— Uma *amiga* – repetiu. E num tom de genuína sensibilidade, comentou: — É, ele precisava mesmo de uma amiga.

Agora estava pronto para tentar me enfeitiçar. Falou-me sobre sua esposa e os dois filhos pequenos, que moravam na Suíça, onde a mãe deles tinha outros filhos de um casamento anterior. Disse que desejava desfazer a imagem de vilão que Branton espalhara.

— Quero que meus garotos tenham orgulho de mim.

Perguntou-me se eu achava que ele deveria contratar um especialista em relações públicas.

Definiu-se como uma "pessoa religiosa" e me falou das muitas pessoas a quem teve de processar ao longo dos anos:

— A natureza dos negócios é assim.

---

* *Overdubbing:* técnica de gravação que permite adicionar novos sons (instrumentos, vozes, ruídos etc.) a uma gravação já realizada. (N.T.)

Queixou-se de como eram caros os advogados. Até mencionou o fato de possuir "80 pastas com documentação jurídica relacionada a Hendrix".

Toda vez que eu me via quase gostando dele, ou ao menos lhe compreendendo, ele vinha com comentários que aos meus ouvidos soavam como giz arranhando um quadro-negro.

Contou-me que em setembro de 1970 ele e Jimi tinham planejado estabelecer um acordo para resolver as divergências legais. Eu sabia que isso não podia ser verdade. Lembrava-me que Chalpin tinha uma audiência programada para a Suprema Corte da Inglaterra em setembro de 1970. Pedi-lhe que me fornecesse mais detalhes sobre essa conversa a respeito do suposto acordo. Ele se conteve por um instante e afinal admitiu não ter falado pessoalmente com Hendrix sobre o assunto, pois na verdade só chegara a Londres na sexta-feira, 18 de setembro, dia em que Jimi morreu.

— Eu vi as manchetes nos jornais e refleti comigo mesmo: eles o mataram – disse Chalpin.

Enquanto ele falava, fiquei me perguntando se não seria ele o criador original da teoria conspiratória segundo a qual Jimi teria sido assassinado. Essa hipótese foi discutida por muitos anos, mas jamais se apresentou uma base sólida em seu apoio.

E agora, eis que Chalpin, quase 30 anos mais tarde, continuava, continuava e *continuava*. Ele pareceu ficar aliviado quando mudei de assunto e me afastei daquele lamentável mês de setembro.

Perguntei sobre Curtis Knight, que lhe apresentara Jimi em 1965.

— Quando Curtis e Monika Dannemann ficaram íntimos, isso nos anos 1970, ele a trouxe até meu escritório e ela me perguntou se eu não queria ser o agente dela.

Bom, era uma proposta muito fácil de se recusar, pensei, mas disse:

— Ah, sim... Monika, a campeã de patinação no gelo...

Ele riu e logo me surpreendeu mais uma vez:

— *Eu também* fui campeão de patinação no gelo. E aprendi com esse esporte que não tem graça nenhuma em trapacear para vencer – declarou afetando virtude.

Perguntei se ele poderia esclarecer um boato que eu escutara durante certo tempo:

— É a coisa mais louca que já ouvi, mas soube que o *senhor* está encarregado do espólio de Mike Jeffery.

Ele me afiançou com orgulho que isso era verdade.

— Quando Jeffery morreu naquele desastre de avião, em 1973, seus bens ficaram para os pais, senhor e senhora Frank Jeffery. Depois que ambos morreram, o espólio foi herdado por 14 instituições de caridade. Fui até essas instituições e declarei que eu poderia ajudá-las a conseguir lucros maiores com o espólio. É, eu sei manobrar as coisas muito bem.

Em teoria, Jeffery e Chalpin eram arquiinimigos quando Jimi era vivo. Jeffery usara com esperteza o medo e a decepção de Jimi em relação a Chalpin para consolidar sua posição de empresário e "protetor". Jeffery haveria de se sentir ultrajado ao ver Chalpin desferir esse golpe de misericórdia.

O verão de 2003 presenciou a continuação do drama dos processos entre Leon Hendrix e a filha adotiva de Al Hendrix, Janie. Um artigo do *New York Times* a respeito da contenda circulou pelo mundo inteiro. Houve uma época em que o nome de Jimi Hendrix era mencionado no *Times* exclusivamente pelo talento. Agora estava envolvido no marketing de ventiladores e bolas de golfe da marca Jimi Hendrix e nas matérias sobre questões judiciais que envolviam sua herança. Enquanto a família lutava sob os holofotes, Janie Hendrix, sempre tão preocupada com a imagem de Jimi, agora tinha os seus agentes totalmente voltados para si. Uma reportagem com Leon e seu advogado, de um lado da tela, e Janie e o advogado dela do outro, entrevistados em locais diferentes, deixou os fãs mais antigos muito abalados. Certa vez um motorista de táxi em Londres comentou comigo: "Gosto de Jimi Hendrix por sua música. Eu costumava ficar no lado de fora dos clubes quando ele se apresentava. Ouvi ele tocar três vezes. Fico feliz porque, no lugar onde está agora, ele não precisa ver como seus parentes andam se comportando."

Uma manchete do *Seattle Post-Intelligencer* no início de 2003 dizia:

> NOVO MEMORIAL HENDRIX TEM CAPACIDADE PARA ACOLHER MULTIDÕES. RESTOS MORTAIS DO ÍCONE DO ROCK SÃO TRASLADADOS. SUNTUOSO LOCAL EM RENTON ESTÁ QUASE CONCLUÍDO.

Em segredo, Janie havia transladado o corpo de Jimi, o que produziu um terrível choque em Leon, que declarou: "Nós temos sangue indígena. Os índios não gostam que mudem seus mortos de lugar." Janie tomou as providências para que Al Hendrix, a mãe dele, Nora, e sua própria mãe, June, também tivessem suas sepulturas na mesma cripta projetada sob uma cúpula de granito de nove metros de altura, apoiada em colunas de mármore cinza-pérola e decoradas com o que ela descreveu como "mármore iridescente". Janie também espera descansar ali, perto de Jimi, quando sua hora chegar.

Em uma visita que fiz a Seattle em outubro de 2003, ao sair apressada do Nordstrom's Rack, um paraíso para aos caçadores de pechinchas, esbarrei sem querer numa senhora de idade que andava apoiada a uma bengala. Ela acenava para outra velhinha que estava em frente à entrada da loja. Ao lhe pedir desculpas, aproveitei para perguntar se ela não poderia me dizer onde pegar um ônibus que passasse pela Pioneer Square. A senhora me deu todas as instruções. Devagar, nós duas caminhamos pela rua sob o sol de uma tarde um tanto quente para um dia de outubro naquela região. "Eu me chamo Ruthie", disse ela. "Já vivo aqui há milhares de anos! Bem, para ser mais exata, há 91 anos." Contou-me que ela e sua amiga tinham passado o final daquela manhã no "cemitério de Renton". Como o sol nos atingia em cheio, comecei a ficar com sede e, num impulso, perguntei se ela não gostaria de uma bebida gelada. Logo estávamos num dos muitos cafés do centro da cidade. Minha nova amiga falou sobre como fora crescer em Seattle e disse que ainda morava na mesma casa da família, não muito distante da Garfield High School.

Falamos sobre o monte Rainier, as montanhas de Cascade e a arquitetura local. Fiquei pensando como era estranho aquela senhora desconhecida ter mencionado, no espaço de menos de dez minutos, vários temas que me faziam lembrar Jimi. Era uma senhora branca que provavelmente nem saberia quem fora ele. Mesmo assim, perguntei: "A senhora alguma vez ouviu falar de alguém chamado Jeter?"

Ela refletiu um instante e respondeu:

— É claro, mas você é muito jovem para ter conhecido a moça em que estou pensando. Ela já morreu há muito tempo. Costumava ajudar uma amiga dela que já era mais idosa a fazer a faxina na casa da minha mãe. Chamava-se Clarice. Clarice Jeter.

Fiquei muito surpresa ao ouvir aquele nome, Clarice Jeter. A avó de Jimi.

— Para ser franca – prosseguiu Ruthie – eu estava pensando nela quando fomos a Greenwood esta manhã. Greenwood é o nome do cemitério, que também está muito diferente – acrescentou. — As pessoas continuam morrendo e Greenwood permanece em expansão. Pusemos flores na sepultura de uma amiga, que aliás fica perto do local mais espetacular que você pode imaginar. Quem poderia imaginar que o netinho de Clarice estaria enterrado ali debaixo daquela montanha de mármore? Tem até uma placa: "Círculo Hendrix". Jamais conheci aquele garoto, mas sei que ele se tornou um músico famoso.

— Ele era muito talentoso – foi o que consegui dizer.

— Clarice teve muitos filhos, acho. Eu morava na casa de meus pais, nunca me casei. Trabalhei como secretária até me aposentar. O único motivo de eu ter conversado algumas vezes com Clarice foi porque em uma ou outra ocasião eu fui levá-la de carro até a casa dela.

Ruthie e eu bebemos nossos refrigerantes gelados. Ela comentou:

— Você parece ser uma pessoa boa e pode achar engraçado o que vou dizer, já que não é daqui. Mas minha amiga e eu quase desejamos não ter visto aquele monumento tão luxuoso – fez uma pausa, parecendo emocionada, mas prosseguiu: — Minha mãe me contou que a filha mais nova de Clarice era problemática e morreu muito jovem. Chamava-se Lucille. Eu pensei nela hoje também, embora não a conhecesse. Muito triste em Greenwood foi lembrar de minha mãe contando que a filha de Clarice, Lucille, foi enterrada na parte do cemitério onde estão os pobres. E não há sequer uma lápide decente para ela. Fica bem longe daquele monumento fantástico, tão distante que não pudemos nem ir até lá. Muito longe de seu menino. Não havia lugar para ela no Círculo Hendrix, ao que parece. Mas da próxima vez que eu for a Renton com a minha amiga, vamos procurar alguém que nos ajude a encontrar o túmulo de Lucille e vamos levar rosas do meu jardim e lhe prestar nossa homenagem.

Leon Hendrix e os diretores da James Marshall Hendrix Foundation há muito haviam planejado e anunciado a cerimônia anual de entrega do Prêmio Jimi e a comemoração do aniversário do guitarrista em 27 de novembro de 2003. Poucos dias antes do evento, Janie tentou impedir a realização. Segundo o crítico musical Gene Stout, em reportagem para o *Seattle Post-Intelligencer*:

> Dirigido por Janie Hendrix, a Experience Hendrix controla o espólio de Hendrix, cujo valor está estimado entre 150 e 240 milhões de dólares. A

> companhia detém a propriedade sobre o nome, a imagem e as músicas de Jimi Hendrix.
>
> A companhia tentou impedir o uso do nome JAMES MARSHALL (JIMI) HENDRIX FOUNDATION e colocar todo o dinheiro recebido pela fundação em depósito judicial. A Experience Hendrix também solicitou que os organizadores do Prêmio Hendrix declarassem publicamente que o evento de modo algum tinha alguma relação com a companhia de Seattle ou com o falecido Al Hendrix.
>
> Mas Leon Hendrix, que está processando a Experience Hendrix por lhe ter negado sua legítima herança do espólio do pai, declarou que, em 1988, Al Hendrix lhe concedeu permissão para usar o nome de Jimi Hendrix em causas não lucrativas de caridade.
>
> Além de comemorar o aniversário de Jimi Hendrix em 27 de novembro, o Prêmio Jimi ajudará a Fundação a levantar dinheiro para restaurar a casa onde Jimi e Leon passaram a infância, assim como para melhorar a vida de crianças carentes e de suas respectivas famílias. ...

O juiz Thomas S. Zilly negou a ordem de restrição temporária e a liminar de suspensão que Janie solicitara numa tentativa de cancelar o evento. Em sua decisão, o senhor Zilly declarou:

> A parte queixosa não agiu em absoluto de forma prudente, ao esperar tanto tempo para, no último instante, tentar acabar com um evento beneficente. ... Acredito firmemente, pelos fatos que observei, que a parte queixosa, no último momento e de maneira proposital, tentou impedir um evento que, por outro lado, há muito fora planejado. É uma infelicidade, e chega a ser trágico, que essa família e suas diversas partes não possam ser e não tenham sido capazes de solucionar o legado de Jimi Hendrix de um modo mais positivo.

No dia 9 de fevereiro de 2004, mais duas pessoas se juntaram a Leon num dos diversos processos que ele movia contra Janie Hendrix. Na questão da "conta fiduciária revogável de James Allen Hendrix" uma "petição conjunta" colocou Linda Jinka (irmã de Janie) e Diane Hendrix-Teitel (irmã de Robert Hendrix e prima de Leon e Jimi) na batalha judicial. Elas nunca haviam recebido um centavo sequer da conta de Al, concedida por ele mesmo, ainda vivo, como "presente" aos beneficiários.

A parte queixosa solicitava ao Tribunal Superior do Estado de Washington, na King County Court House o seguinte:

- que o tribunal destitua Janie Hendrix da posição de procuradora da conta fiduciária revogável de James Allen Hendrix e indique em seu lugar um profissional;
- que o tribunal destitua Janie Hendrix da posição de representante pessoal do espólio de James Allen Hendrix e indique em seu lugar um representante;
- que o tribunal destitua Janie Hendrix e Robert Hendrix dos cargos administrativos da Experience Hendrix, da Authentic Hendrix, da Axis Inc., da Bodacious Hendrix e de qualquer outra entidade comercial relacionada a Hendrix;
- que o tribunal ordene que Janie Hendrix e Robert Hendrix paguem pessoalmente aos peticionários e a outros beneficiários do espólio de James Allen Hendrix os prejuízos e a restituição por suas numerosas quebras de dever fiduciário, e a reembolsarem o espólio pelas despesas efetuadas no decorrer do litígio.

Linda Jinka, já mãe e avó, comentou comigo com tristeza:

— A minha irmã tem um coração perverso.

Ela conversou sobre seu relacionamento "confuso" com Janie, a quem viu pela primeira vez quando esta já tinha três anos, depois que June, a mãe delas, abandonara o marido e os filhos mais velhos.

— Janie era a minha irmãzinha. Eu a amava.

Linda tentou ser o mais positiva possível a respeito da presidente e diretora-executiva da Experience Hendrix, mesmo depois de ter sabido que Janie havia lhe "aviltado por completo" em depoimentos ao tribunal no começo de 2004.

— Janie acredita que trabalhou para ter tudo o que tem. Ela *lutou* pelos direitos de Jimi Hendrix. Fez o que quis e o que tinha de fazer, pois Al estava inabilitado. Ele não sabia como agir – disse-me Linda.

Ela tinha cerca de 20 anos quando conheceu Jimi Hendrix em 1968. Suas recordações de Jimi, porém, não se ampliaram como as de Janie, que na época tinha apenas seis anos.

— Achamos muito emocionante conhecê-lo e ver que havia uma estrela na família – disse Linda. — Jimi parecia uma pessoa ótima, mas nós não o conhecíamos de verdade.

O que incomoda Linda profundamente é que agora se estabeleceu uma divisão entre ela e seus irmãos, que também são beneficiários de contas abertas para eles por Al Hendrix. Alguns membros da família Jinka estão na folha de pagamento de Janie e precisam que seus salários continuem sendo pagos.

Linda me confessou não ter nenhum "sentimento familiar" genuíno em relação a Robert Hendrix.

— Ele nunca se mostrou muito caloroso – disse ela sem se exaltar. — Para mim, é muito difícil não ter ressentimento contra ele. Bob não agiu de maneira honesta como procurador.

Linda Jinka fica desanimada diante dessa infeliz situação. Sente-se prejudicada. Criticar Janie não lhe dá prazer algum. Entretanto, se Linda se mostra muito simpática e calma, Diane Hendrix, prima de Jimi, é bastante enérgica.

Durante um breve tempo, Jimi morou com os primos menores, Diane e Bob, na casa dos pais destes, Frank, irmão de Al, e Pearl, sua esposa. Lembro de Jimi me dizer algo sobre "minha priminha Diane". Ela me falou que a última vez que viu Jimi, já adulto e astro do rock, foi quando ele se apresentou em Vancouver em 1968. Mais ou menos um ano depois, Diane e Jimi se falaram diversas vezes por telefone. Uma dessas conversas foi sobre Jimi tirar férias e ir "se esconder" em Vancouver.

Diane, que durante alguns anos trabalhou em Nova York, voltou ao estado de Washington, onde ela e o marido são pastores religiosos. Mencionei o medo que um número incrível de pessoas sente de Janie, ao que ela redargüiu:

— Mas eu não tenho medo dela. A minha vida inteira sempre acreditei em justiça. Janie não me dá medo.

Diane tem esperanças de que, quando essa lamentável situação estiver resolvida, ela possa trabalhar com o primo Leon na realização de obras beneficentes em nome da Fundação James Marshall Hendrix, onde ambos fazem parte do conselho diretor.

— Meu primo Leon é uma pessoa muito, muito amável – disse ela. — Só agora ele parece estar organizando sua vida. Tem mais de 50 anos e ainda está crescendo, mas tenho confiança nele.

David Osgood é o jovem advogado de Seattle que representa Linda Jinka e Diane Hendrix. Os colegas o respeitam muito. Em minhas conversas com ele, compreendi por que o descrevem como "um advogado objetivo, muito capaz e honesto".

Ele me disse:

— Tenho esperanças de conseguir retirar Janie e Bob dessas questões e do controle da companhia.

Mas, se isso vier a acontecer, quem irá administrar a Experience Hendrix?

— O ideal é que seja alguém com experiência em negócios e administração, e que a dirija em favor de todos os beneficiários e membros da família – disse Osgood.

Ele me pareceu muito convencido de que a justiça irá prevalecer.

— O juiz levará em consideração não só os fatos e provas, mas também o modelo legal. Os procuradores de contas fiduciárias têm o dever absoluto de cuidar dos beneficiários. É isso que se chama dever fiduciário, e significa que não podem usar suas posições para enriquecimento próprio. O dever de lealdade é com relação ao beneficiário, acima de qualquer outra pessoa, inclusive deles próprios. E se eles se colocam numa posição na qual, em virtude de sua representação, quem vai sair ganhando são eles, e não os beneficiários, então será dever deles renunciar. Os deveres são tão claros como a matéria da lei.

Aquele mês de fevereiro foi o mais angustiante da vida de Janie. Sua imagem pública estava cada vez mais abalada e seus advogados trabalhavam sem parar nas estratégias legais para rechaçarem Leon, Linda e a irmã de Bob Hendrix, Diane. Janie e o marido, Sheldon Reynolds, organizaram um concerto itinerante em três cidades. O título era "Celebração da música e do legado de Jimi Hendrix". A noite de abertura foi em Seattle. Em seguida a turnê se dirigiu para Portland e depois para São Francisco, onde Jimi fora tão amado desde que retornou aos Estados Unidos.

Peguei um avião para Seattle três dias antes da estréia. Na véspera do show, conversei com dois músicos de meia-idade que no passado tinham conhecido o adolescente Hendrix e participado de algumas *jam sessions* com ele. Disseram que não iriam assistir ao show. "Não é para gente como nós", declarou um deles com toda a franqueza. "É coisa de Janie." O amigo dele acrescentou: "Ela é uma bruxa! Tudo que Janie fez até hoje foi usar a memória de Jimi para ficar rica e importante."

Fiquei pensando naquelas palavras durante todo o concerto, realizado no teatro Paramount, uma verdadeira jóia em estilo *art-déco* no centro de Seattle. O ar estava carregado de emoção naquela noite de domingo, e a promotora do show – a própria Janie em seu novo papel – colocou no saguão uma comprida mesa em que uma equipe de jovens amigos dela vendiam uma grande variedade de artigos da Experience Hendrix ao público. Para quem havia pago quase 50 dólares pelo ingresso e ainda desejava algum produto relacionado a Hendrix, aquela noite saiu bastante cara. Uma coisa, entretanto, era de graça: o famoso catálogo da Experience Hendrix, abarrotado de artigos para todas as idades. Iniciei uma conversa com uma jovem que observava o trabalho dos vendedores.

— Dá vontade de vomitar – declarou ela. — Meu pai admirava muito Jimi Hendrix, e fiquei muito animada quando consegui um lugar para trabalhar com Janie. Achava que meu pai ia ficar muito orgulhoso. Mas agora, vendo a forma como ela age...

— Há quanto tempo você trabalha aqui?

— Faz pouco tempo. Ela não é uma pessoa legal. Pode olhar para você como se você não passasse de um lixo. Mas se alguém *importante* de verdade chega ou telefona, ela imediatamente se transforma, vira a gentileza em pessoa e fala sem parar de como era íntima do irmão.

Não mencionei que havia conhecido Jimi. Eu estava ali apenas para ouvir a música e ver Mitch Mitchell e Billy Cox de novo em ação.

O marido da jovem se aproximou e disse:

— Consegui um ótimo lugar para estacionar, baby. Uma vaga grátis!

Ela sorriu e me explicou:

— Cem dólares por dois ingressos é muito dinheiro para nós. Mas Jimi vale a pena.

A platéia de cerca de 1.500 pessoas ouviu mais de três horas de música excessivamente alta, sem intervalo. O show começou com a versão de Sheldon Reynolds para "Foxy Lady". Ao final da canção, ele anunciou: "Esta foi para Janie!" Fiquei surpresa de não ver nenhuma foto maravilhosa de Jimi decorando o palco, tampouco flores ou palavras sobre o que ele considerava bom e especial. Seguiram-se outras músicas de Jimi. "Lembre-se, tudo tem a ver com os tons", dissera-me ele tantas vezes. Ali tudo tinha mais a ver com volume. E então, a senhora Genevieve Jinka Hendrix Wright Reynolds – Janie – subiu ao palco. Na minha frente, um homem de meia-idade comentou: "Parece uma Minnie Mouse pesadona." Durante todo o show ele fez piadas desse tipo. "Sem dúvida que foi muita sorte dela ter Jimi Hendrix como irmão."

Janie, que costumava se alongar em suas reminiscências de Hendrix, naquela noite quase não mencionou o nome dele. Já com quarenta e poucos anos, Janie preferiu prestar homenagem a Al Hendrix. A morena baixinha presidente da Experience Hendrix vestia calças escuras que iam até pouco abaixo do joelho e sapatos de salto alto com tiras de couro entrelaçadas nas pernas. Vestia uma blusa colorida, sem dúvida cara, com o rosto de Jimi estampado em *silk-screen*. Bob Hendrix, o vice-presidente, estava com uma blusa muito parecida e o tempo todo desempenhou o papel de animador de torcida e candidato a astro de rock enquanto os verdadeiros músicos entravam e saíam do palco, incluindo o Living Colour e a Double Trouble. Kenny Wayne Shepherd – num desempenho muito influenciado por Hendrix e por Stevie Ray Vaughan – tocou com uma paixão que certamente Jimi teria apreciado.

Oitenta por cento da platéia era masculina, e as idades variavam entre dez e os 70 anos. Verdadeiras claques aclamavam e aplaudiam algumas bandas locais de Seattle que tinham sido incluídas na programação. Graças a Deus, no meio do concerto, apareceram Billy Cox e Mitch Mitchell. Billy apresentava um largo sorriso, satisfeito por ser reconhecido pelos fãs. Mitch, ainda magro e loiro, aparentava uma certa preocupação com a arrumação da bateria, que parecia não estar à altura de seus meticulosos padrões. Embaraçado, foi ao microfone para explicar à platéia que quase não haviam tido tempo para ensaiar no teatro. A falta de uma apresentação adequada fez com que muitos se perguntassem quem seria ele. Outros não conheciam Paul Rodgers, o fabuloso vocalista de grandes bandas britânicas como o Free e a Bad Company, quando ele se juntou a Billy e Mitch para uma versão de "Angel". Ele encorajava a platéia a acompanhá-lo no refrão.

Buddy Guy, trajando uma roupa de um verde bem vivo e boné combinado, executou com maestria alguns blues de Chicago na guitarra acústica. Saí um pouco antes do fim e perdi sua versão, acompanhado por Mitch e Billy, de "Red House", de Jimi. O número final, segundo as críticas dos jornais, contou com nove guitarristas executando "Voodoo Chile".

A celebração da música de Hendrix em três cidades foi uma grande realização para Janie. Mas depois disso ela ficou numa situação bastante difícil. As semanas se transformaram em meses de depoimentos, com mais de 40 testemunhas contando suas histórias. Um senhor que caminhava pelo corredor do prédio contou a um repórter que Janie Hendrix havia saído aos prantos de uma sala, dizendo a um de seus advogados: "Não posso me arriscar a ir a julgamento!"

Janie Hendrix Wright havia se apresentado diante da gigantesca multidão de Woodstock II em 1994, quando declarou estar trabalhando contra o relógio para enfrentar os advogados gananciosos. Pintou um retrato de si e do pai adotivo como se fossem os salvadores da obra de Jimi. Agora, dez anos depois, quando começavam a circular por Seattle os detalhes a respeito dos gastos exorbitantes de Janie Hendrix-Reynolds, ela não tinha o ar de uma salvadora, mas sim de uma aproveitadora cuja crença seria que a caridade começa pela sua própria causa. Ela só não gastou muito dinheiro com seus deveres fiduciários como principal procuradora da conta de Al Hendrix: passados dois anos da morte do pai, os beneficiários de sua conta fiduciária ainda não haviam recebido absolutamente nada.

Em 1995, pouco tempo depois que Al Hendrix, sempre com Janie ao seu lado, tomou de Leo Branton o controle do espólio de Jimi, ela declarou à imprensa: "Agora sim, Jimi retornou à sua casa e nós vamos cuidar dele. Ele está de volta à sua família, a seu verdadeiro lugar."

Os relatórios financeiros, até então muito bem guardados, da Experience Hendrix e o extravagante modo de vida de Janie demonstram muito bem como "se cuidou" de Jimi e como Janie tomou conta da "família".

A manchete do *Seattle Post-Intelligencer* em 29 de junho de 2004 dizia: COMEÇA O CONFUSO JULGAMENTO DO LEGADO DE JIMI HENDRIX.

Uma das primeiras testemunhas a depor foi Yale Lewis, advogado especializado em propriedade intelectual e em legislação sobre entretenimento que orientou Al e Janie até chegarem ao "acordo vitorioso". Ele testemunhou sobre seus negócios com Janie entre 1993 e 1995. Lewis disse ao juiz Jeffrey Ramsdell que, mesmo antes do acordo, Janie se preocupava com a exclusão de Leon do testamento de Al, deixando bem claro que não queria de forma alguma o envolvimento do "irmão" no espólio. "Ela estava muito preocupada", declarou Lewis, "em garantir que a administração do legado permanecesse na linhagem *dela* por várias gerações, como acontecia, segundo ela, com famílias como as de Rockfeller e Ford." Janie pretendia que seus quatro filhos "tivessem os mesmos benefícios e a mesma herança". Os espectadores ficaram pasmos quando ouviram que, mesmo antes que o espólio fosse assumido por Al, Janie já sonhava com os filhos incluídos na mesma estirpe das tradicionais e bilionárias famílias norte-americanas.

O relatório de 43 páginas do processo movido por Leon, apresentado à corte por seus advogados Robert J. Curran, Lance L. Losey e John P. Mele, era um documento factual que detalhava de maneira sucinta a composição da família, conduzindo o tribunal para dentro do labirinto financeiro que passou a existir depois que Al e Janie fundaram a Experience Hendrix em 1995. Começava da seguinte forma:

> A ganância é muito esperta e encontra espaço entre aqueles que não a reconhecem. A ganância é ilusória e esconde os imensos benefícios que faz a si própria atrás de uma fachada de benefício adicional aos outros. A ganância é magnética, atrai aqueles que devem saber como ajudar nessa causa específica.
>
> Porém, quando a ganância encontra algo que verdadeiramente ambiciona, sua avareza, de maneira inevitável, a conduzirá à queda. Ela irá fracassar porque a natureza inteira é muito pouco para ela...

Durante o julgamento, que se prolongou por muitos meses, Robert J. Curran, principal advogado de Leon Hendrix, apresentou um poderoso e desagradável estudo sobre a "ganância e o fracasso". Ele examinou e interrogou uma lista de testemunhas em apoio a uma declaração importante no relatório do processo:

> Tanto antes quanto depois da morte de Al, Janie ignorou todos seus deveres fiduciários e toda a responsabilidade da corporação a fim de levar uma vida extravagante, como se fosse uma grande estrela do rock. Embora a Experience Hendrix tenha ganho mais de 48,5 milhões de dólares entre 1995 e 2002, os gastos da empresa foram de cerca de 49,54 milhões, com uma perda bruta de cerca de 540 mil dólares durante esse período. Pelo menos 19,2 milhões desse montante se perderam em desperdício e má administração.

Documentos demonstravam que a Experience Hendrix havia perdido dinheiro em todos os empreendimentos comerciais em que se lançara por conta própria:

> Apesar das perdas comerciais que cresciam a cada ano, Janie e seus companheiros de diretoria pagaram a si mesmos exorbitantes salários e bônus ainda mais imorais. Por exemplo: Janie pagou a si mesma 672.800 dólares em salários e bônus em 2003. Contratou o marido, Sheldon Reynolds, como consultor, pagando-lhe quatro mil dólares por mês. As despesas da companhia incluíam 34.128 dólares por ano com o pagamento da Mercedes de Janie. No total, ela recebeu mais de 4,1 milhões de dólares em compensações e benefícios durante o ano de 2003. Seu marido ganhou um adicional de 250 mil dólares.

Janie, Robert e Amanda, sobrinha de Janie, também se beneficiaram com mais de um milhão de dólares para liquidar as hipotecas de suas casas. Curran sugeriu que esses fundos poderiam ter sido usados para o pagamento dos débitos da companhia ou para serem distribuídos entre os beneficiários da conta.

"Desde o primeiro dia, Janie tratou a Experience Hendrix como algo de sua propriedade", declarou ao tribunal o advogado David Osgood. "Eles irão dizer que a renda dos últimos anos chegou a 47 milhões de dólares. Mas não dirão que gastaram 48 milhões de dólares no mesmo período, o que constitui uma evidente operação deficitária."

Os risos precisaram ser contidos no tribunal quando se mencionou que Janie debitara na contabilidade da Experience Hendrix mais de 100 tratamentos de beleza, com um custo de 500 dólares cada.

O principal advogado de Janie, John Wilson, declarou que "as queixas deles se referem a Al. Eles podem achar as decisões ruins, mas foram todas iniciativas de Al".

Wilson pintou um relacionamento problemático entre Al e Leon. Disse ao tribunal que os pedidos de dinheiro feitos por Leon ao pai aumentavam à medida que ele enfrentava dificuldades com drogas, e que Leon não mencionara uma fiança criminal paga pelo pai.

Os advogados de Janie fizeram questão de informar à imprensa que Janie Hendrix era uma "cristã devota" que freqüentava a igreja com regularidade.

Leon, ágil e elegante como o irmão, chegava sempre cedo ao tribunal, assistindo tanto às sessões matinais quanto às vespertinas. Vestido de maneira apropriada e com o cabelo escuro com mechas grisalhas preso num rabo-de-cavalo muito bem feito, parecia ter menos que seus 54 anos.

O tribunal do juiz Ramsdell na antiga e histórica King County Courthouse, que na época passava por uma lenta e grande restauração, tem um ambiente agradável, com paredes brancas e grandes janelas que deixam a luz do sol penetrar no recinto. Duas mesas compridas, dispostas em paralelo, ficam em frente à bancada do juiz. Janie e Bob Hendrix sentavam-se com seu grupo de advogados em uma das mesas, a apenas alguns metros de Leon e seus assessores, todos na outra mesa. Uma terceira mesa compõe a base dessa disposição em forma de "U". David Osgood, representante da maioria dos beneficiários da conta fiduciária de Al Hendrix, e Karen Bertram, advogada dos filhos menores de Leon, sentavam-se ali, cercados por uma montanha de pastas cheias de arrazoados jurídicos e documentos. O tribunal pode abrigar no máximo 75 espectadores. Um espectador regular das sessões era o alto e atraente marido de Janie, Sheldon Reynolds, que ao longo do dia a abastecia de café e refrigerante em copinhos de papel.

E de vez em quando também encarava Leon e seus advogados. O irmão de Janie, Willie, e suas irmãs Donna e Marsha, compareciam em algumas ocasiões. Eram os três beneficiários da conta fiduciária de Al Hendrix que não se juntaram aos demais no processo contra Janie e Bob.

Antes que se iniciasse o julgamento, Jackie e Frank Hatcher se juntaram a Linda Jinka e Diane Hendrix-Teitel como clientes do advogado David Osgood. Os Hatcher são os filhos já adultos e herdeiros da sobrinha de Al, Gracie, outra beneficiária de Al. No banco das testemunhas, Jackie Hatcher identificou fotos da família e recordou os dias em que Jimi e Leon moraram na casa dos pais dela. Falou com simplicidade sobre "os ricos e os pobres". Com calma e dignidade, enfatizou que a pobreza sempre fora a situação financeira da família. Jackie revelou ao tribunal que Al fora generoso com ela, dando-lhe todo mês um cheque de 500 dólares para sua subsistência. Quando Gracie contraiu câncer e se viu sem meios para pagar os cuidados médicos e toda a medicação necessária, Al Hendrix disse aos Hatcher: "Falem com Bob." Mas não veio ajuda alguma da Experience Hendrix. Num depoimento de cortar o coração, o filho de Gracie, Frank, que teve de abandonar os estudos para tomar conta de sua mãe quando ela já se encontrava próxima da morte, falou sobre os últimos dias de Gracie. "Mamãe morreu na pobreza. Não teve dinheiro para ir para um hospital." Tampouco puderam os Hatcher providenciar um enterro decente para Gracie, uma das beneficiárias da herança de Al. Mais uma vez foram procurar Bob Hendrix. Ele e Janie concordaram em fazer-lhes um empréstimo de 10 mil dólares a serem pagos à Experience Hendrix com juros de 6%.

Numa tarde de julho, Joe Alan, amigo de longa data de Leon, sentou-se no banco das testemunhas, onde foi exaustivamente interrogado por John Wilson, advogado de Janie Hendrix. Wilson queria saber o que se comentava sobre os pais de Leon em seus tempos de meninice. Não existiam rumores de que a mãe dele havia "estado com outros homens" antes do nascimento de Leon? Alan ficou muito constrangido e declarou que os amigos de Leon consideravam Al o "pai de Leon".

Janie Hendrix e seu primo Bob não paravam de encarar Leon, que se encontrava apenas a poucos metros de distância. Quando me acomodei na sala do tribunal naquele dia, vi que ambos estavam satisfeitos com os depoimentos e os interrogatórios de John Wilson, advogado deles. Leon se manteve imperturbável enquanto Wilson tecia breves comentários sobre a vida pessoal da mãe dele e de Jimi, e também quando o advogado tentou, sorrindo, deixar claro que Leon não era um Hendrix.

A cada dia do julgamento, uma grande variedade de fãs de Jimi aparecia diante das portas do tribunal, todos querendo saber o que se passava lá dentro. Observei alguns homens, entre os 30 e os 40 anos de idade, aproximarem-se de Leon quando ele ia chegando ao elevador, logo depois do depoimento de John Alan. "Como é que está indo tudo, Leon?", perguntaram em tom de preocupação. Leon forçou um sorriso: "Bem", disse. E repetiu: "Bem." Refletiu um instante e em seguida sorriu, pensativo, em minha direção. "Eu tenho Jimi e tenho a minha mãe." Falava como se suas lembranças fossem talismãs que o ajudariam a vencer aquela situação. Por mais que Janie e seus advogados procurassem prejudicá-lo, ele não estava sozinho.

Perguntei a um advogado que assistia ao julgamento, embora não representasse Leon Hendrix, o que ele de fato pensava a respeito do irmão de Jimi. Fui clara:

— Ele é um vigarista? É um mau elemento?

A resposta dele, cuja aparência era a de um advogado conservador, me surpreendeu:

— Para ser sincero, não acho que a vida que levou seja muito diferente da de qualquer outra criança jogada no sistema de abrigos para menores. Existem razões para ele ter levado essa vida tão difícil. Creio que qualquer adulto é responsável por si mesmo. Mas isso pode levar muito tempo para qualquer um de nós. Leon Hendrix me impressionou hoje. Parece um homem muito correto.

O antigo e deprimente Projeto Yesler, um dos muitos locais onde o jovem Jimi Hendrix morou nas redondezas da miserável zona central de Seattle, fica numa colina perto do tribunal. Em 1968, Jimi resumira suas recordações nestas simples palavras: "Ali nada havia para mim. ..." Ninguém naquelas cercanias poderia imaginar que Jimi haveria de se desenvolver e realizar tanta coisa em tão pouco tempo. Agora, passados esses anos todos, seu legado havia se transformado numa batalha que sem dúvida alguma lhe teria provocado muita dor, raiva e humilhação. Há uma incrível ironia no fato de o dinheiro gerado por seu talento ter sido gasto em 2004 com o pagamento dos advogados que representavam Janie Hendrix na tentativa feroz de desacreditar e desprestigiar aquele irmão caçula que ele tanto amava.

Na quarta semana de julgamento, Jas Obrecht, respeitado jornalista que por muito tempo foi editor da revista *Guitar Player* e que hoje é professor da Faculdade Comunitária de Michigan, sentou na cadeira das testemunhas. Contou como ficou emocionado ao receber um telefonema de Janie Hendrix "no dia 18 de setembro de 1985, 25º aniversário da morte de Jimi". Janie lhe disse que gostaria que ele escrevesse uma biografia autorizada da família, trabalhando em parceria com Al Hendrix. Obrecht comentou: "Jimi foi o herói da minha infância e fiquei muito honrado com a oportunidade de vir a conhecer o seu pai." Respondeu a Janie que preferia que o livro tivesse um formato do tipo "segundo a narração de".

Alguns dias depois, ele pegou um avião para Seattle, onde Janie foi buscá-lo pessoalmente no aeroporto SeaTac. Levou-o para almoçar e durante a refeição esclareceu bem algumas coisas. Janie queria que ele compreendesse que Leon não era filho de Al e portanto não era irmão de Jimi. Disse também que durante a infância os dois não eram muito próximos, e que ela era filha de Al e irmã de Jimi. Ainda lhe pediu para não perguntar a Al se Jimi havia deixado algum filho.

Obrecht acabou participando de 17 reuniões com Al Hendrix, na casa deste. Também conversou com ele muitas vezes por telefone para escrever o livro, que recebeu o título de *My Son Jimi*. Ele declarou ao tribunal que, em um dos primeiros encontros com Al, lhe mostraram uma caixa com os desenhos de Jimi no tempo de escola. Obrecht ficou horrorizado quando Janie, que comia um sanduíche muito gorduroso, pegou sem o menor cuidado as velhas folhas de papel, de modo que ficaram várias manchas de gordura nas bordas de alguns desenhos.

Obrecht disse em seu depoimento que, durante os quase quatro anos em que teve contato com Al, pôde notar uma grande modificação na saúde e no comportamento dele. "Tornou-se mais lento, como se tivesse sofrido um derrame." Obrecht ficou triste ao dizer com toda a calma: "No telefone, parecia desnorteado, como se não me reconhecesse. O livro demorou muito para ficar pronto porque Al tinha muitas dificuldades para ler. Ele não tinha muito estudo. Por fim, minha esposa gravou o manuscrito em fita cassete para que Al pudesse ouvi-lo."

Al disse a Obrecht que costumava ir ao escritório da Experience Hendrix nas segundas-feiras e que ali assinava tudo o que Janie e Bob queriam que ele assinasse. "Sou apenas uma figura decorativa", confessou a Obrecht.

Robert Hendrix estava muito pouco à vontade ouvindo aquele depoimento. E a expressão no rosto de Janie parecia dizer: "Entrei numa fria."

Obrecht relatou ao tribunal uma conversa que teve com Al Hendrix enquanto seguiam na Mercedes do pai de Jimi. "Ele me falou que às vezes se sentia frustrado por Leon sair da linha. Mas que tanto Leon quanto os filhos e netos de Leon jamais haveriam de sentir falta de nada. Al disse: 'Eles estão contemplados no meu testamento. Tenho certeza de que Jimi ia querer que fosse assim.' Al tinha plena consciência de que todos eram parentes consangüíneos de Jimi."

Pouco depois desse depoimento, "Rayrae" Goldman, um amigo de Leon, me disse que muitos anos atrás Leon fora visitá-lo em sua casa no sul da Califórnia. "Ele disse: 'Eu sei que você tem o livro que papai escreveu. Gostaria de dar uma olhada'", recordou Goldman. "Fiquei me sentindo muito mal. Disse-lhe que não tinha o livro. Mas Leon insistiu para eu lhe mostrar *My Son Jimi*. Por fim, peguei-o e falei um pouco sobre ele. Leon ficou examinando o livro e depois disse: 'Tem muita coisa aqui que não é verdade.' Todo mundo sabe que Janie estava envolvida com aquele livro e com algumas coisas falsas que Al escreveu. Mas Leon não conseguia acreditar que ela pudesse ter agido dessa maneira." Mais tarde, ainda no mesmo dia, Leon telefonou para o pai. Goldman ouviu-o dizer: "Não me interessa o que você escreveu nesse livro. Eu amo você, pai." Depois que desligou, Leon contou o que Al respondera: "Eu também amo você."

Al Hendrix – que como jardineiro ganhava pouco mais de 500 dólares por ano e que ficou exultante nos anos 1970 quando Leo Branton Jr. conseguiu que ele recebesse 50 mil dólares por ano do espólio de Jimi – iria aos poucos registrar diversos testamentos. Logo depois de Janie contratar o escritório Hendricks & Lewis nos anos 1990, Lewis redigiu uma "Revogação dos testamentos anteriores" para Al assinar. A fim de evitar uma situação de conflito de interesses, uma vez que eles estavam representando tanto Al quanto Janie, o escritório trouxe o advogado Jonathan Whetzel a fim de redigir outro testamento para Al. Segundo o resumo feito por Robert J. Curran e apresentado ao tribunal, "o principal propósito daquele outro testamento era substituir o anterior, redigido em 1987, que deixava a maior parte do espólio de Al para uma conta fiduciária controlada por Branton. Leon, Janie e June eram os principais beneficiários daquele novo testamento que Al assinou em 29 de janeiro de 1993".

"Em 21 de setembro de 1994, Al registrou um segundo testamento, redigido por Whetzel", continua o resumo. "Esse testamento deixava 38% do espólio de Al para June em uma conta fiduciária em favor dela. Janie também receberia 38%, sendo 19% em espécie e o restante em crédito. Leon receberia 24% em crédito. ..." Com a morte de June, o restante da conta em seu nome deveria ser distribuída da seguinte forma: entre os filhos de Jane – Linda, Donna, Marsha e Willie; a sobrinha de Al, Diane; o sobrinho Robert; a cunhada de Al, Pearl Brown; e a sobrinha desta, Grace Hatcher.

A relação advogado-cliente entre Jonathan Whetzel e Al era muito afável e profissional. Eles se encontravam a sós, o advogado ouvia as opiniões do cliente, respondia às suas perguntas e despachava a correspondência dele com o resumo das decisões. Al sentia-se perfeitamente à vontade com Whetzel.

Depois que Al recuperou "o legado de Jimi" das mãos de Leo Branton, Reed Wasson, advogado de Janie, contratou os serviços do escritório Stoel Rives, do especialista em espólios George Steers, a fim de preparar um projeto para o espólio de Al. Em novembro de 1996, segundo o relatório apresentado ao tribunal,

> Al registrou um terceiro testamento redigido por Whetzel. Este era semelhante ao que ele havia feito em 1994, exceto pelo fato de agora reconhecer a formação da Experience Hendrix e suas companhias relacionadas, e o nascimento de uma criança, Corvina Pritchett, que ele acreditava ser sua filha. Leon e seus filhos deveriam receber 24% dos títulos de Al em crédito. Os outros beneficiários de Al receberiam integralmente suas quotas nas empresas da família. De acordo com o testamento de 1996, nenhum herdeiro deveria ficar com a maioria absoluta das ações. Ainda segundo o texto, Janie receberia 38% do espólio de Al.

De acordo com um relatório apresentado pelo advogado de Leon:

> No final de novembro de 1996, Janie e Robert reuniram-se de novo com Al, Wasson e Steers para discutir o planejamento do espólio de Al. ... Whetzel não foi chamado para participar dessa reunião, tampouco para redigir qualquer novo planejamento testamentário para Al.
>
> O planejamento feito pela Stoel Rives diferia muito dos termos dos testamentos anteriores de Al. Acabava com o conceito segundo o qual a família era proprietária e administradora da empresa, substituindo-o por uma estrutura estratificada de entidades a serem controladas por um "sucessor". Em essência, conferia o controle total das empresas Hendrix a Janie e, em

menor escala, a Robert. Nenhum dos outros herdeiros de Al teve direito a manifestar sua opinião naquelas operações. Nas primeiras versões desse plano, inclusive as que foram explicadas a Janie em 1996, Leon e seus filhos deveriam ter uma participação de 24% na conta fiduciária.

George Steers, da Stoel Rives, foi chamado para dar seu testemunho ao tribunal em 22 de julho de 2004. O juiz Ramsdell ouviu com atenção o depoimento do especialista em espólios que redigira o último testamento de Al. Steers parecia um tanto escorregadio e defensivo enquanto respondia às perguntas. Ao ser interrogado, reconheceu a presença do advogado Reed Wasson nas reuniões e o seu papel na negociação do testamento de Al. O advogado de Leon argumentou que, na qualidade de empregado de Janie, Wasson havia se envolvido em um conflito de interesses. Agora, sentada na ensolarada sala do tribunal de Seattle, Janie Hendrix não parecia muito preocupada com as conclusões a que o juiz poderia chegar. Mascava seu chiclete, dava risinhos e cochichava ao ouvido do grande e calvo Bob Hendrix, que escrevia ou rabiscava sem parar num bloquinho azul. Era como se eles estivessem numa sessão de cinema.

Em 1968, Janie, ainda uma menina, e June, sua mãe, a quem Jimi qualificara de "deslumbrada", viram Jimi Hendrix pela primeira vez. Ele viera preparado para agradar o pai, trazendo muito dinheiro no bolso, e se mostrou generoso com a nova família de Al. Depois do segundo e último encontro com eles, que ocorreu em 1970, Jimi deixou sua cidade natal magoado e desiludido com a pressão que sofrera para fazer seu testamento. Após a morte de Jimi, Leon também se desiludiu, e por várias razões, inclusive, segundo ele contou em 1971, pelo fato de "June me tratar de maneira tão desagradável. Isso tem tudo a ver com dinheiro". Agora a história se repetia. Mas era a filha de June que se mostrava desagradável. Ao longo dos anos, tanto a literatura quanto o cinema têm abordado a personagem da filha ambiciosa, manipuladora e ingrata. Mas nesse caso se tratava da vida real. Al Hendrix fora muito bom com Janie, mas mesmo assim ela e sua empresa ainda levaram seis meses pagando um bando de consultores jurídicos para "aperfeiçoar" os desejos de Al.

No final, como de hábito, Al assinou todos os papéis colocados à sua frente. Em 16 de abril de 1997, assinou o primeiro adendo ao testamento de 1996. Legava todo o capital aplicado numa empresa subsidiária, a Axis Inc., para Janie. Também aumentava a parte de Corvina Pritchett na herança, caso ficasse provado que ela era de fato sua filha. Aumentava a quota da esposa para 50% do restante do espólio. Deixava para Janie os direitos contingentes reversíveis que Al havia comprado de Leon. Deserdava Leon, que recebia apenas um disco de ouro, e também os filhos dele.

Em 12 de fevereiro de 1998, Al assinou sua conta fiduciária, e o testamento, com os adendos que o acompanhavam, foi oficializado. Janie cuidou para que uma câmera de vídeo registrasse o momento da assinatura.

Karen Bertram, representante dos seis filhos de Leon e a única advogada envolvida no processo com prática em planejamento de espólio, conta fiduciária e inventários sob litígio ouvia com toda a atenção o depoimento de George Steers no dia 22 de julho. Em nome de seus clientes, declarou que esperava "obter uma decisão pela qual o testamento de 1996 regesse o espólio".

Leon e seus advogados solicitaram que o tribunal analisasse as seguintes soluções e correções:

- criação de uma conta fiduciária para Leon e seus filhos, que juntos detinham 24% do legado de Hendrix, a ser retirada da parte do legado que atualmente é de Janie;
- uma sentença de dano contra Janie, em favor de todos os beneficiários do espólio, menos ela e Robert, segundo suas quotas proporcionais, pelas quantias que ela injustamente desperdiçou enquanto controlava o legado de Hendrix;
- destituição de Janie da condição procuradora do espólio de Al;
- destituição de Janie e de Robert da condição de procuradores das diversas contas criadas depois de 1996;
- injunção permanente impedindo Janie e Robert de agirem em qualquer condição fiduciária, de participarem da direção da Experience Hendrix e de receberem qualquer compensação da Experience Hendrix além de suas quotas dos lucros líquidos como proprietários da companhia;
- sentença contra Janie e Robert em favor do espólio, obrigando-os a devolver as custas advocatícias e demais despesas devidas pelo espólio por conta de solicitações feitas por eles;
- sentença contra Janie e Robert em favor de Leon pelas custas de honorários advocatícios, despesas de litígio e outras despesas feitas por ele neste processo.

No dia 25 de setembro de 2004, um sábado, a manchete do *Seattle Times* dizia: IRMÃO DE JIMI HENDRIX NÃO OBTÉM NADA DO ESPÓLIO DE 80 MILHÕES. O artigo, assinado por Christine Clarridge, que cobria regularmente o julgamento desde junho, dizia:

> A irmã postiça de Jimi Hendrix – uma pessoa que ele viu apenas algumas poucas vezes – vai herdar o grosso do espólio do falecido astro do rock, segundo decisão tomada ontem pelo juiz do Tribunal Superior de King County.
>
> O irmão de Jimi, Leon Hendrix, não conseguiu obter uma parte do total aproximado de 80 milhões de dólares. A batalha judicial durou sete semanas e deixou os dois lados da disputa machucados e com aspecto nada inocente.
>
> Como parte da decisão do tribunal, lida pelo juiz Jeffrey Ramsdell diante de um recinto repleto, porém silencioso, Janie Hendrix – que foi adotada pela família Hendrix quando sua mãe casou com o pai de Jimi – foi destituída da condição de procuradora de alguns dos outros beneficiários por ter violado sua responsabilidade financeira para com eles.
>
> Em outras palavras, não houve vitória óbvia para ninguém.

Observadores na sala do tribunal disseram que Janie chorou depois da leitura da decisão e que os integrantes da igreja que ela freqüentava ficaram o tempo todo animando-a e exclamando: "Deus quer que você ganhe!" Leon, ferido e decepcionado, manteve a compostura.

Brian Alexander relatou no *New York Times*: "Amigos e parentes do lado de Leon e de Janie Hendrix enchiam o hall anexo ao tribunal. Os partidários de Leon Hendrix trajavam camisas brancas com os seguintes dizeres: 'O sangue de Jimi corre em mim' e 'O legado dele vive em sua família e em seus amigos.'"

Fontes jurídicas de Seattle acharam a decisão do juiz muito conservadora e argumentaram que ela abre espaço para novas audiências legais sobre a forma pela qual os beneficiários seriam tratados no futuro e também para outras questões financeiras importantes. "O juiz não gostou de Janie nem de Leon", declarou um advogado não envolvido no processo. "Ele se ateve aos fatos, e estava claro que Al dera a Janie todo o poder que ela desejava, fosse para ficar encarregada do dinheiro, da música ou do local que escolhesse para trasladar os restos mortais de Jimi."

O juiz Ramsdell considerou que "Al acreditou e confiou em Janie para que esta lhe fornecesse assessoria e conselho"; que "Janie se envolvera na preparação e execução do plano de espólio de Al"; e que "o legado recebido por Janie era excepcionalmente grande". Se, por um lado, esses fatos eram "suficientes para levantar suspeitas de influência indevida", o próprio comportamento de Leon, por outro lado – inclusive o fato de não ter sido capaz de concluir um programa de reabilitação de drogas e os seus "fracassos em administrar recursos monetários" –, indicava que o legado seria por ele desperdiçado. Tudo isso, segundo a opinião do tribunal, constituía motivo suficiente para que o pai o deserdasse. Mas Ramsdell também concluiu que Janie e Robert haviam quebrado seus deveres fiduciários com relação aos beneficiários da conta e deviam ser destituídos da condição de procuradores.

Entre os "Julgamentos e conclusões sobre as questões legais apresentadas" na decisão de 35 páginas do juiz Ramsdell, ele declarava o seguinte:

- O tribunal julga que o demandante [Leon Hendrix] não conseguiu demonstrar que Al Hendrix carecia de condições para se envolver em seu próprio planejamento testamentário após 1996;
- asserção de conflito de interesses implica a convicção de que os advogados que criaram o planejamento testamentário de Al não agiam da melhor maneira para cumpri-lo. Após analisar exaustivamente a evidência apresentada, não me é possível achar que essa asserção estivesse fundamentada em evidência;
- Leon Hendrix e seus filhos não conseguiram provar a existência de influência indevida por meio de uma evidência clara, persuasiva e convincente. Por isso sua solicitação de substituição foi negada;
- este tribunal determina que Janie e Robert sejam destituídos da condição de procuradores das contas de Diane Hendrix-Teitel, Linda Jinka e da família Hatcher. O tribunal também ordena que Janie e Robert sejam obrigados a pagar as despesas advocatícias dos beneficiários acima mencionados, as despesas relativas à investigação por um conselho especial e os custos relacionados ao papel do Washington Trust Bank como co-procurador. Esses gastos foram necessários pela quebra, por Janie e Robert, do dever fiduciário, e por isso devem ser arcados por eles;
- o pedido para destituir Janie da condição de inventariante do testamento de Al foi negado sem qualquer idéia preconcebida. Este tribunal não está convencido da existência de uma justificativa adequada para que ela seja afastada dessa posição. Entretanto, o tribunal continuará com o poder de reexaminar a questão se por acaso futuras circunstâncias exigirem uma reconsideração. Janie e Robert ficam também obrigados a continuar colaborando e esforçando-se para identificar despesas pessoais e empréstimos que devem ser corretamente ressarcidos à Experience Hendrix.

Durante o curso do julgamento, revelou-se que a Sony/ATV, a companhia internacional que administra os copyrights das músicas de Jimi, emprestou a Janie e à Experience Hendrix 2,5 milhões de dólares para as despesas judiciais. Essa cortesia surpreendeu alguns membros da indústria fonográfica, que achavam improvável a Sony/ATV tomar partido na questão. De fato, essa apreciável soma, a ser ressarcida por meio de ganhos com a música de Hendrix, foi gasta na tentativa de punir e derrotar o irmão que Jimi amava e para proteger e defender Janie, a quem Jimi mal conhecia. "Tem alguma coisa muito cruel nessa história toda", resumiu um estudante de direito de Seattle, "mas o fato é que esse julgamento nunca foi por Jimi ou pelo que Jimi teria desejado. Afinal, ele se retirou da equação no dia 18 de setembro de 1970."

Nos anos que se seguiram à morte de Jimi houve inúmeras disputas para se obter a posse dos direitos sobre as músicas dele, com as diversas partes reivindicando para si esses direitos em diferentes países. Várias dessas disputas resultaram em litígios na justiça. Na verdade, é muito provável que Janie Hendrix tenha gasto mais dinheiro com advogados do que jamais gastou para pagar músicos.

Um advogado de Seattle que conhece Leo Branton foi ainda mais esclarecedor a respeito dos motivos pelos quais ele não foi convocado. Disse ele: "Suponho que, apesar do árduo processo dos anos 1990, Leo Branton tenha continuado a dar assistência ao espólio de Al Hendrix em vários litígios posteriores e também na tentativa de recuperar outras propriedades intelectuais." Quando demonstrei minha surpresa ao saber que Branton continuava a dar assessoria a Janie, que o difamava para Deus e o mundo, o advogado deu um risinho e acrescentou: "Janie até lhe enviou uma carta pedindo desculpas."

Telefonei para Leo Branton e ele confirmou que em 31 de março de 2003 Janie Hendrix enviou-lhe uma longa carta na qual lhe agradecia por sua recente ajuda no litígio com a PPX na Inglaterra e também por seu parecer legal acerca de outros contratos. Ela reconheceu a lealdade dele com relação a Al e lamentou que o processo de 1993 tivesse levantado acusações infundadas de fraude contra ele. O advogado, agora aposentado, me informou que achava que Reed Wasson, principal advogado de Janie, provavelmente havia sugerido que as diferenças fossem superadas. A carta de Janie fez com que Branton se sentisse um pouquinho melhor em relação ao assunto. Em sua resposta, ele agradeceu as palavras.

Branton está convencido de que Janie jamais teria encorajado o pai a mover uma ação contra ele se ela não estivesse sendo influenciada por Paul Allen.

— O processo era inteiramente desnecessário – disse ele.

— O senhor acredita que ainda estaria administrando o espólio de Hendrix se não fosse por aquele processo? – perguntei.

— Claro que sim! – respondeu.

Em nossas duas longas conversas, Branton teceu comentários sobre vários personagens da contínua saga de Jimi Hendrix, o astro do rock que foi mais valioso morto que vivo. Quanto à situação de Leon Hendrix no litígio de 2004 contra Janie, Branton disse:

— Havia um testamento pelo qual Leon receberia uma certa percentagem. Passado um ano, o testamento foi modificado e ele foi cortado por completo. Não sei o que pode ter acontecido para mudar as coisas nesse meio tempo. Acho lamentável. E fico muito surpreso por ninguém ter entrado em contato comigo para que eu desse o meu testemunho no caso.

— Estou pasma – falei. — Acho que o senhor teria sido uma testemunha muito importante.

— Também acho – respondeu. — Mas ninguém me chamou.

Perguntei-lhe sobre o que sentia em relação a Ed Chalpin.

— Em 2002 o senhor foi muito útil a Janie Hendrix na questão com Ed Chalpin. Esteve com ele alguma vez durante esses anos?

— Estive, claro – respondeu Branton. — Costumo dizer, quando descrevo Chalpin, que ele sente algo parecido a uma atração sexual pelos litígios. Lembro que, quando fui à Inglaterra para comparecer ao julgamento do caso, em 1973 – que ele perdeu –, ele tentou chegar a um acordo comigo. Mas eu não estava disposto a lhe dar nem 50 centavos que fosse. A Warner Bros já tinha feito acordo com ele sobre os direitos nos Estados Unidos. Perceberam que Hendrix era um produto que valia muitos milhões de dólares e não queriam saber de qualquer possibilidade de perdê-lo. Eles *correram* atrás de um acordo, mas, ao mesmo tempo, os advogados de Hendrix não puderam convencer Chalpin a desistir de seus direitos no exterior. A coisa toda teria de se resolver de uma vez, ou não seria resolvida. Chalpin... Ele e aqueles acordos. No final das minhas negociações com ele, eu lhe disse: "Não vou lhe dar nem um dólar para você comprar cafezinho e biscoito."

"Mostre os seus direitos. Prove!" Provocações desse tipo surgiam no caminho de Janie vindas dos mais diversos lugares. Dois homens de certa idade haviam adquirido interesse especial pelo julgamento que colocara Leon Hendrix contra ela. Numa cidade costeira da Inglaterra, John Hillman, que elaborara todos os contratos originais da Yameta e fora diretor da empresa, junto com seu sócio, o hoje falecido sir Guy Henderson, telefonavam com freqüência para fontes em Seattle a fim de acompanharem os mais recentes progressos da Experience Hendrix.

Ed Chalpin também fica o tempo todo ao lado do telefone em seu apartamento, em Nova York, no qual passou mais da metade da vida, situado a poucos quarteirões do antigo estudiozinho onde encontrou Jimi Hendrix pela primeira vez, em 1965. Dizem que passa os dias enviando e-mails sobre aquele dia, sempre cheio de sugestões para negócios potenciais com a música de Jimi.

Por certo tempo, Chalpin e Hillman pareciam amigos. Tiveram, contudo, uma séria desavença. Chalpin havia encorajado Lawrence Miller, um executivo da indústria fonográfica britânica, a formar uma gravadora independente com o nome de Purple Haze Records, garantindo que Janie não tinha "os direitos sobre todas as fitas gravadas por Hendrix. Vá em frente!" Logo depois Chalpin e Miller brigaram.

Após esse episódio, Hillman e Miller colaboraram em quatro CDs com material de Hendrix. Os discos foram distribuídos com o selo da Purple Haze e o último desses lançamentos trazia uma apresentação de Jimi em Estocolmo, em 1969. Miller declarou à imprensa que ele havia denunciado Janie e o advogado dela, Reed Wasson, ao procurador-geral dos Estados Unidos e ao FBI. Informou também que estava entrando com uma ação contra ela. Miller não forneceu nenhum detalhe sobre a natureza das supostas transgressões ou mesmo das reivindicações dele. O fato é que o governo não tomou qualquer providência contra nenhum dos dois.

Segundo certos documentos da Ordem dos Advogados inglesa, em 2 de novembro de 1989, John Arthur Hillman foi cassado pela Comissão de Disciplina da Ordem. Por cerca de 15 anos, começando pouco depois da morte de Michael Jeffery em 1973, Hillman foi acusado de uma série de graves infrações, muitas vezes relacionadas com traição da confiança de seus clientes. Isso incluía usar em proveito próprio "dinheiro mantido e recebido por ele em nome de seus clientes".

Depois Hillman teve de se submeter a uma série de operações cirúrgicas no coração. Ainda assim, sofreu um grave ataque cardíaco mais tarde. Perdeu inclusive a memória por um período. Embora tivesse se encontrado apenas algumas poucas vezes com Jimi Hendrix, agora, quando falava a seus parceiros de negócios ou com a imprensa, costumava recordar conversas absolutamente improváveis com Jimi e até com Monika Dannemann. Hillman diz que *ele* detém os direitos dos álbuns do Experience, e *não* Janie. Mas não apresenta qualquer prova, ridiculariza as tentativas de limitação legal e pouco se importa de discutir em público a própria falência, que o obrigou a renunciar ao posto de diretor da Yameta.

Leo Branton, nos vinte e poucos anos em que trabalhou como advogado de Al Hendrix, com certeza é um dos homens mais bem informados sobre os diversos direitos musicais envolvendo Jimi Hendrix. Ele se mostrou muito surpreso ao saber das declarações de Hillman em 2004. Branton diz: "Se por um lado é verdade que John Hillman foi um dos idealizadores e fundadores da Yameta nos anos 1960, nos anos 1970 fomos *nós* que assumimos o controle da empresa e sobre qualquer produto dela."

Ele acrescenta: "Todo dia agora aparecem pessoas afirmando coisas. Esperam ganhar algum dinheiro com Hendrix ou ao menos fazer um acordo. Acho que essa saga não irá terminar nunca."

Um advogado de Londres, conhecedor de muitos detalhes do passado de Hillman, comenta: "Ele é um homem muito esperto, acha que sabe sempre onde se esconde a melhor fatia. Talvez ele queira vender seu conhecimento. Ou, como Ed Chalpin, ele apenas goste de participar do jogo."

Um executivo aposentado de Nova York que conheceu Jimi e trabalhou na promoção dos discos do Experience, além de também ter tido negócios com John Hillman e com Ed Chalpin, considera Chalpin a maior ameaça ao império de Hendrix. "Chalpin está sempre à espreita atrás do palco", disse ele. "Imagino que ele já deva ter outros mísseis preparados. É um agitador implacável quando se trata da música do pobre Jimi."

A série de graves acusações contra Janie Hendrix, "presidente e diretora-executiva da Experience Hendrix", também envolveu a Vivendi/Universal, associada da MCA Records na qual a música de Jimi Hendrix constitui um componente de orgulho. Fontes de Seattle dizem que o acordo da MCA com a Experience Hendrix será renovado no final de 2009 e que, antes do início do julgamento de 2004, Janie gostava de mencionar a quantia de 50 milhões de dólares como o montante do próximo adiantamento. Entretanto, segundo fontes confiáveis de Nova York, Los Angeles e Seattle, as diversas "produções fonográficas" de Janie feitas por intermédio da Experience Hendrix ainda precisam arrecadar a enorme quantia correspondente ao adiantamento recebido no final dos anos 1990. E, é claro, ninguém pode saber ao certo quem estará no controle da Experience Hendrix em 2009, ou mesmo se ainda existirá uma Experience Hendrix em funcionamento.

Inúmeros fãs de Jimi Hendrix e gente da mídia pelo mundo todo acham muito triste a maneira como a música e a memória dele têm sido agredidas. Ainda vivo, Hendrix era adorado, bem como explorado. Podia confiar apenas em algumas pessoas, e, ao que parece, isso não se modificou nos anos que se seguiram à sua morte.

Um exemplo recente dessa incessante ganância por lucro é o anúncio de página inteira no número especial do *Hollywood Reporter* dedicado à música de cinema e televisão. O destaque é uma grande foto de Jimi Hendrix tocando a sua guitarra em Monterey. O texto no alto da página diz: "O maior guitarrista do mundo." No rodapé, lê-se:

EXPERIENCE HENDRIX
Autoriza o nome, a reprodução, a imagem e a música de Jimi Hendrix

Todos os detalhes de como entrar em contato com os escritórios de Janie em Seattle também estão incluídos no texto.

John Fogerty, o talentoso compositor do Creedence Clearwater & Revival, declarou a um repórter: "Quando se usa uma música num comercial de TV, isso banaliza o significado da música, transforma-a praticamente em nada." Sem dúvida Jimi teria concordado com a afirmação. Mas nada existe que um astro morto possa fazer quando suas músicas são usadas em propagandas de tortas, automóveis ou tênis. Ou quando sua imagem e suas letras são comercializadas no catálogo da família.

Jimi certa vez falou com admiração do romance *David Copperfield*, de Charles Dickens, e de como a emocionante história lhe trouxera lágrimas aos olhos. Entretanto, ele nunca leu *A casa sorturna*, também de Dickens, em que uma das tramas descreve as gerações lutando de maneira interminável, ao mesmo tempo que os advogados vêm e vão, lucrando durante décadas enquanto sangram a propriedade.

Desde sua morte, e principalmente nos últimos dez anos, os dons artísticos de Jimi Hendrix têm sido reféns da ganância e do ego de pessoas que quase nada têm em comum com ele, com sua visão criadora e com a satisfação que a música lhe proporcionava – para não falar em seu senso de humildade e humanismo. Jimi Hendrix não possuía cartões de crédito. Não era milionário. Não tinha casa. Vivia de seu talento e de seu trabalho árduo.

No verão de 1969, numa conversa muito séria a respeito da constante pilha de documentos jurídicos ao longo de seus quase três anos de sucesso, Jimi sentou-se, refletindo calmamente, e disse: "Posso imaginar o dia em que todas essas coisas materiais forem retiradas de mim. Como a minha alma ficará mais forte."

PARTE IV

O verdadeiro legado

"Jimi was the very first, and perhaps the last, to be loved so deeply, so purely.*"

BILLY GRAHAM, Promotor de concertos

*Jimi foi o primeiro, e talvez o último, a ser amado tão profundamente e de forma tão pura. (N.T.)

CAPÍTULO 17

O navio de asas douradas

Os bons guitarristas sempre prestam muita atenção aos instrumentos de sopro.

Aprendi isso com Jimi, que tinha os ouvidos atentos para os tons, fossem eles divinos, áureos, inesperados ou até então desconhecidos.

Nos anos posteriores à morte de Hendrix foram feitas muitas comparações entre ele e John Coltrane, o impressionante visionário do sax tenor, e também com o reverenciado Charlie "Bird" Parker, outro improvisador capaz de nos eletrizar a alma com o sax alto. Mas Hendrix sempre me fez pensar num outro jovem pobre que se transformou num trompetista inovador e que foi amado e respeitado pelo mundo inteiro: Louis Armstrong. Muito antes de surgirem músicas como "Hello Dolly", Armstrong, no auge de sua carreira, produziu um impacto musical que ampliou os limites do jazz e da música popular norte-americana.

Além da infância difícil, Armstrong e Hendrix viveram muitas outras coisas em comum. Tinham personalidades maiores que a vida, um vocabulário eclético e um grande amor pelas palavras, além da modéstia inata. "Louis Armstrong costumava dizer que já tinha nascido com o talento dentro dele", disse-me Jimi. "Lutar é uma coisa. É praticar... sempre, sempre, sempre. Mas é preciso ter talento para começar. E eu acho que também é preciso *necessitar* dele."

Houve um breve período no começo da vida de Hendrix em que tudo parecia destinado a acontecer de uma outra forma. Naqueles curtíssimos meses passados em Berkeley, Califórnia, a mão do destino alcançou-o e abençoou-o com o alimento e a estabilidade de que tanto precisava. Até que, sem qualquer aviso, retirou subitamente a dádiva. Nessa tremenda virada do destino, que transportara aquele menino de dois anos e meio de Seattle, Washington, até Berkeley, a cerca de 1.300km de distância, só nos é possível especular sobre o que e quem ele teria se tornado caso houvesse permanecido com a "família secreta" que o acolhera. O jovem "Johnny" sempre haveria de se lembrar de como queriam que ele ficasse com eles, mas o que soube é que aquela família tinha pedido para adotá-lo.

Assim que saiu do Exército, Al Hendrix tinha muito pouco a oferecer ao filho, a quem iria encontrar pela primeira vez, mas decidiu que o menino voltaria para Seattle com ele. Por mais bem-intencionadas que fossem, aquelas pessoas não iriam adotar o filho *dele*.

"Ninguém jamais poderá imaginar como me senti ao ir embora com aquele homem estranho", recordou Jimi Hendrix 23 anos mais tarde. "Eu chorava, chorava... Foi a pior coisa que já tinha me acontecido."

"Jimi Hendrix já nasceu Jimi Hendrix", comentou seu amigo Tony Palmer, diretor de cinema reconhecido no mundo todo por seus importantes documentários sobre música, além de ser uma autoridade quando se trata da vida de vários deuses da música ao longo dos séculos. "Os grandes músicos não são feitos. Eles *já nascem* assim. Jimi já estava destinado à música."

Jack Joseph Puig, produtor de discos de Los Angeles, coloca a coisa da seguinte maneira: "Aquilo de que tantos instrumentistas carecem hoje é justamente o que Jimi tinha: *sentimento*. E isto não se transfere. Ele vem da alma, que Deus faz inata e única para uma determinada pessoa. Sem sombra de dúvida, Hendrix é responsável por uma nova abordagem da guitarra no rock e por uma atitude da qual, para ser franco, ninguém até hoje chegou perto."

O grande milagre de Johnny/Jimmy foi ter conseguido transcender àquela sua instável fase inicial e criar para si uma personalidade rara, empregando para isso seus mais profundos sentimentos e sua sensibilidade praticamente inigualável para o som. Ele se impulsionou pela simples vontade e concentração, e, acima de tudo, construindo uma verdadeira fortaleza com sua imaginação.

No verão de 1967, um repórter do *New Musical Express*, Keith Altham, visitou o apartamento que Jimi dividia com Chas Chandler em frente à Edgware Road em Londres. Altham reparou que no quarto de Hendrix, bem no centro do aposento, pendurados numa luminária, havia dois querubins dourados que ele havia comprado num antiquário. Um deles tinha o braço partido. Segundo a matéria de Altham, Jimi teria comentado sorrindo: "É isso o que ele tem de sensacional: pode voar mesmo com o braço quebrado!"

Hendrix guardou aquele recorte de jornal em uma caixa na minha garagem. Até hoje penso no querubim como uma metáfora sobre ele. Embora nunca tivesse perdido as cicatrizes de sua infância tão acidentada, ainda assim conseguiu voar.

Seu verdadeiro legado jamais poderá se resumir pelo número de discos e de CDs vendidos, muito menos pelas quantias em dólar ligadas a seu nome. Para ele, o grande eixo do Universo era a música, e ele se regozijava com o poder iluminador dessa música, com a força e o prazer que ela proporcionava. Desejava compartilhar o dom que possuía com os outros. E esse dom continua vivo.

Com certeza existem muitos fãs de Hendrix, tanto nos Estados Unidos quanto em todo o mundo, que vivem na mesma pobreza em que Jimi viveu. Outros admiradores são ricos mas carecem de talento, coisa que o dinheiro não pode comprar. Inúmeros fãs são excelentes músicos que têm Jimi como inspiração. Um exemplo é Pete Townshend, da banda The Who, amigo dele desde os primeiros tempos em Londres. A edição de 18 de setembro de 2003 da revista *Rolling Stone* trazia uma lista com os "100 melhores guitarristas de todos os tempos". Jimi Hendrix encabeçava a lista. Townshend escreveu um texto de página inteira publicado pela revista em homenagem a Hendrix: "Tenho muita pena das pessoas que julgam Jimi Hendrix apenas com base nos seus discos e filmes. Em carne e osso ele era ainda mais extraordinário. Possuía a capacidade de um alquimista. Quando estava no palco, modificava-se por completo. Seu físico se alterava. Tornava-se incrivelmente gracioso e lindo. Não eram só as pessoas que tomavam LSD que achavam isso. De modo algum. Mas ele tinha um poder de quase deixar sóbrio quem quer que estivesse viajando de ácido. Ele era maior que o LSD."

Townshend ainda escreveu: "Ele tornou linda a guitarra elétrica."

Em 1977, John Lennon, com a voz embargada pela emoção, me disse: "Nunca vou deixar de sentir falta daquele menino tão brilhante. Eu gostaria tanto de ter tocado ou cantado num álbum junto com Hendrix! Ele trazia emoção para qualquer ambiente. Só sua presença física já era estonteante, quanto mais sua música! Ah, companheiro Jimi, nós vamos lhe amar sempre. ..."

O cantor e compositor Chris Jagger falou sobre seu amigo Hendrix com muita afeição: "Jimi, obrigado por todo aquele tempo maravilhoso que você nos deu. 'Purple Haze'... *Aquilo* foi uma verdadeira revelação."

Glyn Thomas é um professor de ginásio da zona sudoeste de Londres. Nasceu e foi criado em South Wales. "Em 1966 eu era como a maioria dos garotos de 14 anos: todos adorávamos os Beatles. Mas eu me interessava mais pelas bandas de R&B, que tinham um som mais forte, como os Yardbirds e os Rolling Stones. Por isso gostei tanto do som de 'Hey Joe' assim que a ouvi. Entretanto, o momento decisivo para mim foi quando lançaram 'Purple Haze', que era tão diferente de tudo o que se fazia na época. Era um resumo dos anos 1960, de toda aquela fase psicodélica, com aquela letra apaixonada e aquele *riff* de guitarra com um som que nunca ninguém ouvira antes. Fiquei numa dúvida cruel, sem conseguir decidir se gastava o meu dinheirinho ganho com tanto esforço em *Are You Experienced?* ou no *Sgt. Pepper's Lonely Hearts Club Band*, dos Beatles. Fui até a loja Sound Centre, em Tredegar, e paguei a minha única libra e mais alguns *shillings*. Nunca lamentei minha escolha."

Como tantas outras pessoas, Thomas ficou arrasado ao saber da morte de Hendrix. "Para mim, aquilo foi o fim das bandas com grandes guitarristas. Eu sabia que ninguém mais poderia chegar nem perto de Jimi." Ele sente orgulho por sua filha também ser fã de Jimi. Ela começou, anos atrás, pegando os discos do pai emprestados, mas agora tem a sua própria coleção com os "principais CDs" de Hendrix. "A música de Jimi sobreviverá sempre", diz Thomas. "As lembranças dele e seu legado irão passar de geração em geração." Pais, avós, tias e tios que gostavam de Jimi Hendrix vão querer que as gerações seguintes também o amem.

"Hoje, Jimi é um genuíno herói popular", comenta David Wish, músico e professor que, em 1996, frustrado com a falta de verbas para a educação musical das crianças, contribuiu muito para a formação de uma organização conhecida como Little Kids Rock. Milhares de crianças que cursam o ensino fundamental na Califórnia, em Nova York, Nova Jersey e Tenessee já receberam educação musical e instrumentos musicais grátis por meio desse programa popular ministrado depois do horário escolar. Os alunos ouvem e aprendem a tocar rock, funk, hip-hop e blues. "Os garotos são apresentados a uma grande variedade de artistas e músicas", diz Wish. "Você pode achar estranho ver tantas crianças, de até seis ou sete anos, familiarizados com o estilo de Jimi e de algumas músicas dele. Elas sabem que Jimi é sinônimo de guitarra." Les Paul, B.B. King, Bonnie Raitt, Paul Simon e Bob Weir estão entre os músicos de destaque que apoiam o programa Little Kids Rock.

Phil Lehman é diretor-executivo do Fender Museum of Music and The Arts, em Corona, Califórnia, associado à empresa Fender Guitar e ao programa Kids Rock Free. Uma jovem aluna que está aprendendo a tocar bateria escreveu para ele: "Muito obrigada por me dar a oportunidade de fazer o que eu gosto." Os pais dela acrescentaram: "Ela fica o tempo todo esperando a próxima aula!" De maneira similar, um menino que aprende guitarra relatou: "Aprendi mais do que podia esperar. O professor nos ensina tudo o que queremos." Os pais dele observaram: "O senhor proporcionou um canal muito positivo para o meu filho extravasar a música, as emoções e a energia dele." Vários estudantes do programa Fender aprendem a tocar diversos instrumentos. A inspiração vinda da criatividade de Jimi Hendrix e de seus companheiros músicos tem constituído um fator crucial no sucesso dessas organizações.

Quando menino, Jimi fez um desenho de Elvis Presley. Na mostra sobre Hendrix na Cité de la Musique, em Paris, pude ver aquele delicado retrato de Elvis reproduzido como o protótipo do típico garotão norte-americano: pele clara, calça jeans, jaqueta vermelha e, é claro, o enorme topete! Hendrix tinha muito respeito pelo impressionante título de Elvis: Rei do Rock. Sabia que Elvis viera de baixo, com raízes na pobreza, até o topo.

Certa vez, um amigo de Elvis Presley comentou: "Ele na verdade nunca prestou muita atenção à música, a não ser que fosse gospel. Lembro de quando foi apresentado a alguns músicos ingleses e depois me falou: 'Mas que diabo é esse Led Zeppelin?'"

Fiquei me perguntando se Elvis teria tido algum pensamento a respeito de Jimi Hendrix no final dos anos 1960. Perguntei a dois dos melhores amigos de Elvis, Jerry Schilling e Joe Esposito, membros importantes do que era afetuosamente conhecida como "Máfia de Memphis".

Schilling me disse: "Um promotor de concertos, Tom Hulett, falou sobre Jimi conosco. Tom tinha promovido alguns shows de Jimi na época em que também promovia Elvis. Ele tinha a intenção de conseguir um encontro entre Elvis e Jimi, mas isso nunca aconteceu." Joe Esposito me contou: "É claro que Elvis sabia quem era Jimi, e apreciava muito o grande artista. Conversamos algumas vezes sobre ele, Elvis logo compreendeu que Jimi tocava com o coração e a alma. Com Jimi, a platéia podia *sentir*, e isso sempre foi muito importante para Elvis."

Um prodígio do piano quando criança, Herbie Hancock hoje é um dos mais renomados pianistas de jazz do mundo. Nos anos 1960, aos 23 anos, ele se juntou ao Miles Davis Quintet, que também contava com Wayne Shorter, Ron Carter e Tony Williams. "Eu era jovem", diz Hancock, "mas não pensava exatamente como um jovem. Era um 'músico sério' e nunca cheguei a imaginar assistir a uma apresentação de Hendrix. Eu tinha uma visão muito limitada do jazz e não prestava a menor atenção ao rock and roll. Você pode dizer que o meu ponto de vista era muito limitado nos anos 1960. Mas então repararei que Miles Davis tinha os discos de Jimi Hendrix, do Cream, de James Brown e outros. Ele se interessava por muitos tipos diferentes de música. Miles, para mim, era a imagem da perfeição. Então disse para mim mesmo: 'Espere aí!' Eu achava que só podia ser tocante quem estivesse exclusivamente no jazz, mas ao ver que Miles era tão aberto, decidi que ser aberto também leva à emoção. Comecei a pesquisar um pouco mais e a ouvir rock e funk. Mais tarde", disse Hancock, "chegou uma hora em que comecei a lamentar não ter reconhecido antes o talento de Hendrix enquanto ele estava vivo e em evolução. Senti pena de nunca ter ido vê-lo tocar. Era tarde demais quando me dei conta de quanta música existia ali. Um grande improvisador que tocava com muita liberdade. Ah, pode ter certeza, ele era de vanguarda!"

Como Hancock, o grande guitarrista de jazz Barney Kessel também tinha dúvidas a respeito de Hendrix. No início, ele achava que o rock era um fenômeno passageiro. Seu filho Dan Kessel recorda: "Desde quando eu e meu irmão David vimos Jimi tocar no Bag O'Neils, em Londres, passamos a acreditar muito nele." Os meninos tentavam a todo custo fazer com que o pai, a quem tanto amavam, se tornasse fã de Hendrix. "Papai reconhecia que havia criatividade ali, é claro, e nós insistíamos de maneira incansável para que ele escutasse o disco de Jimi. Ele também começou a ouvir outros músicos a quem respeitava falarem sobre Hendrix. Por fim, acabou parando para escutar a música de Jimi e depois disse: 'Está bem, está bem, talvez ele seja o músico mais avançado que já escutei. Acho muito legal ele se basear no blues. É um rock and roll blues. É, Jimi é o cara.' Ele compreendeu que Jimi se dedicava por inteiro à sua arte. Quando vimos que papai mudou de opinião, ficamos muito felizes."

John Mayer, o herói musical de algumas gerações posteriores, era jovem demais para ter conhecido Hendrix. Mas o tributo que ele escreveu na edição de 15 de abril de 2004 da *Rolling Stone* sobre "Os Imortais" transmite uma compreensão maravilhosa e uma familiaridade rara com tudo o que Jimi significava.

Mayer escreveu:

> Jimi Hendrix é um desses extraordinários núcleos centrais da música aonde todos chegam em algum momento. Todo músico acaba passando pelo Hendrix International Airport – seja ele fã do Black Sabbath ou do Grateful Dead. Ele é o denominador comum de todos os estilos de música. Havia diversas facetas em seu modo de tocar. Ele era um *bluesman*? Escutemos "Voodoo Chile" e teremos um dos mais fantásticos blues que se possa imaginar. Era um músico de rock? Ele usava o volume como recurso. E isso é rock. Era um cantor e compositor sensível? Em "Bold as Love" ele canta "My yellow in this case is not so mellow/ In fact I'm trying to say that it's frightened like me"[*] – trata-se de um homem que conhece bem o formato do próprio coração.
>
> Acho que o motivo pelo qual os músicos gostam tanto do jeito de Hendrix tocar se deve ao fato de que a linguagem dele nasce de sua cabeça e de seu coração. Ele tinha uma relação secreta com a guitarra. Embora fosse incrivelmente técnico e baseado em teoria, era sua própria teoria. E acho que isso era sagrado para ele.

Essas expressões – "Hendrix International Airport" e "denominador comum de todos os estilos de música". Minha nossa! Jimi Hendrix era o tipo de cara que ficaria maravilhado e comovido pelo fato de outro músico e compositor dedicar tais pensamentos a ele e até gastar seu tempo a escrevê-los e, de uma forma tão marcante, lembrar ao mundo – como expressou Willie Dixon – "sobre o que quer dizer tudo isso".

Ao recordar seus tempos de adolescência, o escritor Kirk Silsbee, de Los Angeles, disse: "Uma das coisas que mais me marcou em relação a Jimi e

* Meu amarelo neste caso não está tão vivo/ Na verdade está mais assustado, como eu. (N.T.)

o Experience foi que a banda afinava os instrumentos entre cada música. A gente não via isso acontecer com a maioria das outras bandas. Elas só continuavam, passavam de uma canção para outra. Mas Jimi não, ele ia até o microfone e dizia: 'A gente afina porque se preocupa.'" Jimi em geral sentia-se à vontade e bem-disposto em seus shows em L.A. Denny Bruce lembra de outros momentos de Hendrix em uma das apresentações do Experience no Forum: "Hendrix começou a introdução de 'The Wind Cries Mary' com grandes acordes de música country. Então ele foi até o microfone e exclamou com alegria: 'Nashville, U.S.A.!'"

É muito provável que a platéia tenha ficado a se perguntar o que o psicodélico Jimi Hendrix poderia saber da capital norte-americana da música country. O fato é que Jimi sempre considerou Nashville a cidade onde pela primeira vez ele embarcou na estrada para o reconhecimento mundial. Durante 1962 e 1963, era possível vê-lo caminhar com freqüência pelas ruas de Nashville "tocando" uma guitarra desligada. Ganhou por isso o apelido de Biruta. Isso não o incomodava nem um pouco, já que sua guitarra seria sempre sua amiga, seu motivo de concentração, seu abrigo seguro.

Em março de 2004 o Hall da Fama da Música Country estreou uma grande mostra intitulada "Night Train to Nashville: Music City Rhythm & Blues 1945-70". Um texto de apresentação da exposição declarava: "Cecil Gant cantou em 1945: 'Nashville realmente pula.' Gant sabia bem disso porque era um dos muitos artistas que tocavam R&B na emergente capital da música country. Durante os anos em que Nashville cresceu até receber o título de 'Cidade da música dos Estados Unidos', artistas afro-americanos como Little Richard e Jimi Hendrix passaram horas de aprendizado tocando com bandas pelos clubes freqüentados por negros na cidade. Ao mesmo tempo, a estação de rádio WLAC, de Nashville, lançava o R&B por todos os Estados Unidos, enquanto a maioria das rádios do país consideravam um tabu esse tipo de música; e quando músicos negros e brancos gravavam discos de sucesso juntos nos estúdios de Nashville, isso representava um evidente desafio à segregação racial."

Nessa fascinante mostra vê-se o jovem Jimi tocando com entusiasmo num clipe do programa *Night Train*, da TV de Nashville, que antecedeu em cinco anos o programa *Soul Train*, de Chicago. Esse vídeo raro foi emprestado por um amigo de Hendrix, o cantor Frank Howard. Também se expôs um pequeno anúncio de jornal do Jolly Roger, um dos tantos pontos noturnos da Printers Alley, em Nashville, em que se lê:

JOLLY ROGER
Apresenta BILLY COX and the SANDPIPERS
Também JIMI HENDRIX
E SUA GUITARRA MÁGICA

Michael Craig, o dedicado e detalhista curador da exposição, disse-me que Billy Cox, que há muito reside em Nashville, colaborou bastante e emprestou vários objetos, inclusive o velho amplificador Gibson que ele dividia com Hendrix.

Do lado de fora, naquele sábado de julho, fazia um calor úmido típico do Sul. Mas no interior do Ford Theater, no Museu do Hall da Fama da Música Country – um belo projeto em estilo clássico –, estava fresco e agradável. Mais de 200 fãs de todas as idades esperavam ansiosos para assistir a uma mesa-redonda especial. Estavam todos curiosos para saber o que se iria falar sobre o jovem que passou cerca de um ano em Nashville, embora de maneira intermitente, entre 1962 e 1963, depois de sua dispensa da 101ª Aerotransportada. A platéia, formada na maioria por brancos, incluía vários músicos e outras pessoas mais idosas que haviam conhecido Hendrix naqueles primeiros tempos e estavam ali para prestar sua homenagem ao artista que nunca mais puderam ver. Era uma ocasião de muita alegria, o mais perfeito tributo possível ao "Biruta", aquele que nenhum dos amigos de Nashville poderia imaginar, no início dos anos 1960, que se tornaria uma figura inesquecível do grande mundo da música.

Com mediação de Ed Salamon, uma autoridade do rádio que, quando ainda menino de 14 anos, viu Jimi com os Isley Brothers, a mesa era composta por Johnny Jones, Frank Howard, George Yates, Marion James, Billy Cox e Teddy Acklen Jr. Todos pareciam orgulhosos pela mostra. O reconhecimento de suas raízes tinha um grande significado e todos fizeram questão de manifestar seu agradecimento público a Michael Gray.

Johnny Jones, que começou sua carreira tocando com Junior Wells e Freddy King em Chicago, foi apresentado como "o principal guitarrista da época de ouro do R&B em Nashville". Diversos músicos de R&B já tinham me dito que Johnny, principal instrumentista dos Imperials, fora o verdadeiro rei dos clubes da Jefferson Street, e que Hendrix não representara uma ameaça para ele. Agora integrando a mesa, Jones mais uma vez assumiu a liderança para afirmar com toda confiança diante da platéia que acontecera isso mesmo. Assim como os demais, ele reconheceu que Hendrix era um tipo diferente de pessoa e lembrou a todos que até sua forma de falar era diferente.

A platéia aplaudiu com um calor especial quando Billy Cox foi apresentado como "um dos amigos mais antigos de Jimi, que tocou com ele em Woodstock e fez parte da Band of Gypsys". A maioria dos integrantes da mesa trajava seu melhor "traje domingueiro", mas Billy, louco por motocicletas, estava vestido como um motoqueiro. Como explicou, iria "mais tarde participar de um rali".

Um de seus amigos me informou: "Hoje, a paixão número um de Billy são as Harleys."

A cantora Marion James, conhecida como a "Rainha do Blues" de Nashville, foi uma das poucas mulheres a liderarem uma banda nos anos 1960. Durante algum tempo ela trabalhou com Hendrix e Cox. Ela se lembrou de uma vez em que foi de carro apanhar Jimi para uma apresentação fora da cidade. Depois de esperar um bom tempo, viu que ele não aparecia e decidiu ir lá dentro buscá-lo. E ali estava ele sentado na cama tocando absorto sua guitarra. Disse que estaria lá embaixo "num minuto". Ela voltou para o carro e começou a esperar, impaciente. Por fim, entrou de novo na casa e "Jimi ainda estava sentado na cama tocando guitarra".

Teddy Acklen Jr. cresceu cercado por música, era filho do dono do Club del Morocco, onde seu pai era conhecido como o "Tio Teddy". O "jovem Teddy", agora um homem de meia-idade, era uma pessoa muito agradável, divertida e interessante. Quando a tarde chegava ao fim, ele ficou sério e fez questão de se dirigir à platéia: "Jimi Hendrix era uma pessoa muito boa."

George Yates, outro participante da mesa, foi apresentado por Salamon da seguinte forma: "Um cara que tocava guitarra com a mão esquerda, com os dentes e, não, eu *não* estou falando de Jimi Hendrix." Os dois canhotos se encontraram pela primeira vez quando Hendrix e Billy Cox apareceram no New Era Club, na esquina da 20th Street com a Charlotte, em 1963. Mais tarde Yates e eu conversamos. Ele me disse:

> O que eu e a maioria dos músicos daquela mesa nos demos conta nos anos 1960 foi que o povo de Nashville sabia o que era música boa. Você tinha de saber o que estava fazendo para poder tocar e ganhar algum dinheiro. Uma das coisas que eu sabia como músico era que as pessoas queriam ver um espetáculo. Por isso eu enlouquecia, tocava por trás da orelha, das pernas e das costas. Isso era parte do que eu tinha de fazer para ganhar um dólar.

> Não tinha nada a ver com aprender ou tocar muito bem. Fazia parte do show, e as pessoas pareciam embarcar naquilo. Na noite em que conheci Jimi, ele se interessou pelo que eu fazia, em particular numa música chamada "Lucky Lou". Ele pareceu ter uma certa admiração pelos meus tons, pelo meu estilo e também pela loucura. Minha impressão foi de que aquela era a primeira vez que ele via alguém tocar guitarra por trás da cabeça. Lá de onde eu venho, em Louisville, todos os guitarristas faziam isso e eu aprendi com os melhores, os melhores mesmo. O primeiro cara que vi fazer isso, foi o Arthur Porter. A gente chamava ele de Agie. Costumava acompanhar Hank Ballard and the Midnighters.
>
> Eu tinha uma guitarra de canhoto, mas ela era encordoada do jeito como uma pessoa destra toca, com as cordas mais finas em cima. A de Jimi tinha as cordas grossas em cima. Mas ele conseguia tocar na minha guitarra. Era uma Fender Stratocaster novinha. Ele havia trazido sua louríssima Fender Telecaster. Jimi era um homem da Fender!

Havia mais uma coisa que Yeats lembrava com muito carinho acerca de Hendrix. Ele disse: "Jimi queria sempre apresentar um bom espetáculo. Ficava de fato louco se as coisas não saíssem bem. Quando ele já estava famoso e eu ouvi 'All Along the Watchtower', falei para mim mesmo: 'Olha aí o Jimi *de verdade*. Essa linha melódica por cima... esses tons!'"

Yeats, homem de grande sensibilidade, prosseguiu: "Depois que eu soube que ele morreu, cheguei à conclusão, na época e muitas vezes depois, que ele com certeza realizou tudo o que tinha se proposto a realizar."

A região próxima a Hollywood conhecida como Universal City é dominada pelo extenso complexo da Vivendi/Universal, que abrange uma longa e ilustre história. Fica ali a famosa torre negra da administração, cercada por brilhantes edifícios ultramodernos, o suntuoso quartel-general de Steven Spielberg e os imensos 35 estúdios sonoros onde atores premiados com o Oscar – como Marlon Brando, Paul Newman, Robert Redford, Gregory Peck e tantos outros – manifestaram a sua emoção em filmes clássicos. Quatro ruas estreitas vigiadas por guardas formam as principais entradas para o estúdio. Seus nomes homenageiam grandes personagens do mundo do entretenimento: o diretor Alfred Hitchcock, o ator James Stewart e Lew Wasserman, que durante anos foi o chefão da Universal Studios e praticamente o rei de Hollywood. A quarta rua tem o nome de JIMI HENDRIX DRIVE. Esse reconhecimento teria deixado abismado o amante de cinema Jimi. Em 1967, numa reunião que teve com Les Perrin para discutir seu passado e suas metas, tendo em mente uma primeira biografia para publicidade, perguntaram-lhe sobre suas ambições profissionais. Jimi deu um sorriso de orelha a orelha e declarou: "Ser artista de cinema, acariciar as telas com o brilho da minha luz." E logo em seguida ficou encabulado.

Ao dar o nome dele a uma rua, a atual gravadora de Hendrix, que é ligada aos estúdios de cinema da Universal, prestou-lhe uma grande homenagem.

Há vezes em que os amigos de Jimi sonham com o impossível: que ele possa ver com os próprios olhos a JIMI HENDRIX DRIVE, que possa assistir a "todos aqueles filmes" que tanto sonhou ter tempo para assistir, que possa conhecer as idéias, o humor e o talento de gente como Eddie Murphy, Chris Rock e Jim Carey. Jimi, que sempre apreciou tanto o riso, teria sido o primeiro a reconhecer a capacidade artística deles.

Quando penso em tudo que Jimi deixou de conhecer, lembro-me também da placa especial afixada no centro da cidade francesa de Evreux. Está escrito nela: AQUI ACONTECEU O PRIMEIRO CONCERTO OFICIAL DO EXPERIENCE DE JIMI HENDRIX, MITCH MITCHELL E NOEL REDDING EM 13 DE OUTUBRO DE 1966. Jimi ficaria emocionado ao constatar que a França não esqueceu o trio de músicos que naquela nervosa noite de outubro ainda mal conhecia um ao outro. Em Paris, na mostra "Jimi Hendrix Backstage 2002", ele teria ficado pasmo ao ver exposta sua Stratocaster quebrada em 1965, agora parcialmente consertada e preservada. Em 4 de junho de 1967, no Saville Theatre, em Londres, ao terminar a execução de "Are You Experienced?", Hendrix arrebentou a guitarra e a lançou sobre a platéia. Havia desenhado flores na parte da frente, e atrás pintara um coração com as palavras "My darling guitar. Rest in peace. Amem".*

Os norte-americanos que visitaram o Museu de Belas-Artes de Boston entre 5 de novembro de 2000 e 25 de fevereiro de 2001 puderam ver outra das guitarras de Jimi numa memorável mostra que abrangeu os 400 anos dos instrumentos de corda e cujo título era "Curvas perigosas... A arte da guitarra". O curador da exposição, Darcy Kuronen, escreveu: "A guitarra tem sido um ícone da música por mais de quatro séculos, desde as cortes

* Minha guitarra querida. Descanse em paz. Amém. (N.T.)

da Europa até os campos de Woodstock. Durante esse tempo, sua forma e decoração variaram muito, mais que qualquer outro instrumento, e se modificaram segundo a época e o lugar. Quer esteja entre os braços ou seja usada como talismã, a guitarra está intimamente ligada a quem a toca: não se trata apenas de um instrumento, mas de uma parceira." Ali em Boston, ao lado de sofisticadas guitarras barrocas, liras, bandolins e harpas, estava uma Gibson Flying V de 1967 que pertenceu e foi tocada por Jimi Hendrix. Nas salas daquela exposição encontrava-se a prova de uma das mais ardentes convicções de Jimi: a da continuidade, da ligação entre todos os músicos ao longo dos séculos. Todas aquelas "parceiras" expostas ali, destinadas a dedos mágicos... Jimi teria ficado entusiasmado.

No verão de 1969, num perfumado anoitecer de sexta-feira, fui de carro até uma rua lateral da West Hollywood que levava à Sunset Strip. Os últimos raios de sol ainda iluminavam o céu. Mais adiante, na esquina que se projetava, eu podia ver as brilhantes cores do Whisky Au Go Go enquanto aguardava um interminável sinal se abrir.

Ali naquela esquina, em frente ao Whisky, estava uma figura alta e esguia vestida com uma calça de couro desbotado, um blusão com uma espessa franja também de couro e, completando o traje, uma bolsa a tiracolo na qual as franjas ondulavam com a brisa. Era um impressionante retrato de Jimi Hendrix de perfil, de uma beleza plena, um conjunto soberbo. Quando ele se voltou, entretanto, algo em seu rosto, em sua linguagem corporal, transmitia solidão, a sensação de estar ligeiramente deslocado ali. Enquanto permanecia lá sozinho, a calçada começou a se encher de jovens de ambos os sexos que iam para a noitada no Whisky, talvez esperando pela sorte de encontrar lugar nas cabines vermelhas junto à parede e não apenas nas mesas e cadeiras do andar de cima. Quando reconheciam Hendrix, a expressão em seus rostos era de dúvida. Pareciam docemente emocionados.

Quando o sinal enfim ficou verde, segui pela Sunset. Vi um adolescente deter-se a meio-caminho. As janelas do meu carro estavam abertas. Ouvi-o dizer quase sem voz: "Não acredito!" Entrei no pátio de estacionamento do posto de gasolina, a alguns metros do Whisky, para continuar observando a encantadora cena dos jovens impressionados por estarem tão perto daquele deus do mundo delas. Hendrix continuava imóvel, mas agora sorria para as dezenas de fãs que haviam se aproximado, embora mantivessem uma distância respeitosa. Ouvi quando ele disse: "Como vão vocês?" E ele se mostrava tão agradável e gentil com eles quanto também fora comigo na noite em que o conheci. Os garotos trocavam expressões de alegria entre si. Como era possível de repente toparem com *aquilo*?

Parada ali no posto de gasolina, fiquei ao menos cinco minutos imaginando se deveria sair do carro e ir perguntar a Jimi se ele queria uma carona. Por que estava sozinho? Artistas famosos não costumam ficar sozinhos pelas esquinas de Los Angeles. Entretanto, eu não podia sequer pensar em interromper a alegria daquele grupo. Jimi era um homem feito. Podia se virar. Além disso, ele estava cercado por muito amor e admiração. Tenho certeza de que nenhuma daquelas pessoas que estavam ali naquela noite de verão poderá jamais esquecer o encontro brilhante.

Mesmo após todos esses anos, para mim, para seus outros amigos, de Nashville a Londres, de Los Angeles a Nova York, nossas recordações de Hendrix são tão vívidas hoje quanto nos anos 1960. Jimi era único.

Todas as probabilidades eram contra ele desde que nasceu. O sucesso, quando chegou, ofereceu-lhe uma vida que também se revelou precária e nada confiável. Ele sempre foi traído, sempre.

Agora isso talvez não tenha mais importância. Pois o magnífico talento e o espírito incandescente de Jimi Hendrix continuam a triunfar. Um público sempre crescente, de todas as idades e de todos os países do mundo, reverencia a música daquele jovem humilde que, segundo suas próprias palavras, tocava apenas "verdade e emoção".

Lembrem-se do "navio de asas douradas" que fez a menina aleijada pular, em uma das suas maiores canções – "Castles Made of Sand"? "And it really didn't have to stop", sussurrou Hendrix. "It just kept on going."*

O castelo se desfez no mar. Mas a fama, essa tão caprichosa deusa, permanece sempre a seu lado.

* "E aquilo não precisava realmente parar./ Apenas seguir em frente." (N.T.)

CRÉDITOS DAS IMAGENS

Fotos entre p.192-3

[1] Cortesia Dolores Jeter Hall Hamm.
[2] Cortesia Dolores Jeter Hall Hamm.
[3] Cortesia Dolores Jeter Hall Hamm.
[4] Foto de Jean-Pierre Leloir.
[5] Foto de Jean-Pierre Leloir.
[6] Foto de Henry Diltz.
[7] Foto de Jean-Pierre Leloir.
[8] Foto de Jean-Pierre Leloir.
[9] Foto de Jean-Pierre Leloir.
[10] Foto de Jean-Pierre Leloir.
[11] Foto de Jan Olofsson/Redferns.
[12] Foto K&K ULF Kruger OHG/Redferns.
[13] Foto de Barrie Wentzell.
[14] Foto de Jean-Pierre Leloir.
[15] Foto, cortesia da Hollywood Chamber of Commerce.
[16] Foto, cortesia da Cité de la Musique, Paris.
[17] Foto, cortesia da Cité de la Musique, Paris.

Nossos sinceros agradecimentos pela permissão de citar os seguintes textos:
"Hoochie Coochie Man", escrito por Willie Dixon, copyright © 1957, renovado em 1985 por Hoochie Coochie Music (BMI); administrado por BUG. Todos os direitos reservados. Usado com autorização.
"Ain't no Man Righteous (No Not One)", letra e música de Bob Dylan, copyright © 1981 Special Rider Music. Todos os direitos reservados. Copyright internacional protegido. Reimpresso com autorização.

AGRADECIMENTOS

Agradeço às mais de 250 fontes, nominalmente citadas ou não, nos Estados Unidos, Inglaterra, Escócia, Irlanda e França, pelas significativas conversas a respeito de Jimi Hendrix tanto antes de sua morte quanto nos anos que se seguiram a ela. Em relação aos 68 advogados e aos muitos executivos da indústria fonográfica que falaram sob a condição de se manterem anônimos, agradeço a confiança que depositaram em mim.

Muito obrigada aos vizinhos de Seattle, amigos e admiradores do jovem Johnny/Jimmy Hendrix por compartilharem comigo suas impressões e lembranças guardadas há tantos anos. Mantenho minha promessa, feita a cada um de vocês, a respeito do direito de todos de não ter seus nomes citados.

Obrigada aos fotógrafos Jean-Pierre Leloir, Barrie Wentzell e Henry Diltz. E um especial agradecimento à tia de Jimi, Dolores, pelas fotos de Johnny/Jimmy/Jimi, de Leon e de Lucille.

Muito obrigada a todos os homens e mulheres, pelo mundo todo, que continuam arriscando a vida pela paz e liberdade dos seres humanos. Em muitos de vocês a música de Jimi Hendrix ainda repercute, e isso seria muito importante para ele.

Rosas, sempre, para minha mãe, Margaret Lennartz Lawrence, para Caroline Boucher, Vicki Wickham, Nancy Lewis Jones, Patricia Costello e para a já falecida, grande e adorável, Penny Valentine.

Agradeço à fonte mais importante de todas – o próprio Johnny/Jimmy/Jimi – que falou comigo, do fundo de seu coração e de sua alma, por um período de três anos, desejando apenas que em determinado instante no tempo as pessoas viessem a entender que havia muito mais coisas no Jimi ser humano que na espetacular imagem criada por sua celebridade. Ele jamais imaginou que, passados todos esses anos, a simples menção de seu nome fosse significar tanto para muitas pessoas. Mas com certeza ele sempre teve esperanças de que sua música fosse perdurar.

ÍNDICE REMISSIVO

A marca FSC é a garantia de que a madeira utilizada na fabricação do papel interno deste livro provém de florestas de origem controlada e que foram gerenciadas de maneira ambientalmente correta, socialmente justa e economicamente viável.

Este livro foi composto em Berkeley e impresso por Geográfica Editora em dezembro de 2007.